RESEARCH
OF
BASIC ACCOUNTING THEORY

# 会计基本理论研究

杨雄胜 ◎ 著

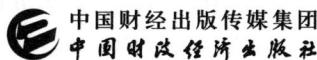

图书在版编目（CIP）数据

会计基本理论研究 / 杨雄胜著. ——北京：中国财政经济出版社，2021.10（2021.12重印）

ISBN 978 − 7 − 5095 − 2984 − 3

Ⅰ.①会… Ⅱ.①杨… Ⅲ.①会计学 − 研究 Ⅳ.①F230

中国版本图书馆CIP数据核字（2021）第171121号

责任编辑：樊清玉　　　　责任校对：张　凡
封面设计：陈宇琰　　　　责任印制：党　辉

会计基本理论研究
KUAIJI JIBEN LILUN YANJIU

中国财政经济出版社 出版

URL：http://www.cfeph.cn
E − mail：cfeph@ cfeph.cn

（版权所有　翻印必究）

社址：北京市海淀区阜成路甲28号　邮政编码：100142
营销中心电话：010 − 88191522
天猫网店：中国财政经济出版社旗舰店
网址：https://zgczjjcbs.tmall.com
北京时捷印刷有限公司印刷　各地新华书店经销
成品尺寸：170mm×240mm　16开　20印张　335 000字
2021年10月第1版　2021年12月北京第2次印刷
定价：68.00元
ISBN 978 − 7 − 5095 − 2984 − 3
（图书出现印装问题，本社负责调换，电话：010 − 88190548）
本社质量投诉电话：010 − 88190744
打击盗版举报热线：010 − 88191661　　QQ：2242791300

# 序　言

　　会计基本理论，无非是解释会计到底是什么，应该是什么样子。不仅对会计行业，就是对社会公众，回答这些问题都是极其重要的。前者决定了会计是否拥有正确的自我认知，从而增强做好会计研究与实务的自觉性和能动性；后者影响着社会各界对会计的正确认知并赋予恰当的身份角色和进行功能责任定位，从而充分发挥会计制度以及会计实务的积极作用。但据个人所接触到的现有会计基本理论，似乎还没有很好地从根本上解决以上问题。作为一名会计学者，鉴于会计基本理论研究在目前中外会计界不受待见的现实，更出于对现实会计实务饱受社会各界非议而会计界尚是一副"躲进小楼成一统，不管春夏与秋冬"状态的极度焦虑，不揣冒昧，立足整个社会科学知识层面，就如何认知会计问题发表个人的一些看法，以为深化会计基本理论研究提供值得讨论和争议的议题。当然，希望这种探索有助于澄清社会各界包括会计行业内部对会计的各种模糊认识。

　　因会计已是我此生职业的唯一选择，故自己对会计事业自然形成了一种无需激发的使命感。会计制度、会计知识、会计理论与实务工作，在我心里均获得了与生俱来的神圣而崇高之身份。用心讲授会计，精心研究会计，倾心讨论会计，成了个人会计学术人生的座右铭。我相信自己从事的会计事业对整个人类社会而言，是有用而文明的，主流方面代表着人类积极向上的力量。1982 年经济学诺贝尔奖得主乔治·J. 施蒂格勒在《经济学家与说教者》一书中，很直接地为经济学家身份角色做了定位:说教者。他认为,经济学家无非是要劝导人们和社会采取合适的行为,"一直以大众接受的方式解释实际经济现象"①。不过,他又不无调侃地说:"一个说教者的声望大小未必能衡量出他作为说教者更不用说作为学者的影响力。事实上,人们也许可以说不受欢迎的说教反而更有影响——当然,假如对立面是正确的,而说教者只是使听众坚定信念,那么,教士就应该站在教徒的后面,让更聪明的人来引导众人。无论经济说教者是引导还是跟随,他们都需要一个伦理体系来指导他们的建议。"② 这番见解,对我们会计研究富有启发性。尽管会计行业的从业人员——包括会计学者——在价值观上可以各持己见,但这种各持己见仅限于审美价值观(美丑)与人生价值观(利己与利他),在道德价值观方面,即善恶选择上,只能而且必须以善为唯一标准。这是人类文明进步的最基本要求。在这一点上,我相信,社会各界对会计本质的要求,包括会计行业对自身职业取向的认同,都应该毫无疑义地倾向于善,而不可能也不应该是恶。正是本着这样的信念,我才愿意把自己对会计的基本认知,以出版专著的形式,求教于社会各界尤其是会计同行。您可以不同意我书中的所有观点,但我相信您绝对不会否认我们对会计反映并引导人类经济活动呈现越来越多善性方面的所作所为,乃是会计最本质的特征,从而是会计制度存在价值的根本所在,这一对会计本质的基本认知。

会计基本理论,前辈们已留下了相当丰硕的成果。这些成果,为我在书中研讨会计本质问题提供了很好的借鉴。就中国会计学界看,"管理活动论"与"信息系统论"已公认为有关会计本质问题的两种主要观点。但是,这些会计本质的研究只具有描述性意义,在会计发展的大方向与基本格局方面,尚缺乏应有的导向作用。当

---

① 乔治·J.施蒂格勒,2018.经济学家与说教者[M].格致出版社:5.
② 同①,第13页.

会计实务出现较大挑战时，会计本质问题的现有各种认识，不仅未能为统一对会计认知进而解决问题提供理论基础，反而为社会各界妖魔化会计以及会计界自身的无可奈何提供了托词。正因如此，我才意识到，会计本质问题研究，若不能提升到人类社会经济文明进步层面予以观察分析，则整个会计制度与实务及至会计知识，就很难在现代社会中真正拥有无可置疑的身份与地位。本书正是作者把会计置于人类社会经济文明层面找回属于自己的灵魂而找到最终归宿所进行的探索研究，所得出的这些观点与结论，虽然尽可能依据了一些权威的理论与资料，但对于会计基本理论而言，可能仍只能是假设性质，尚待会计界共同努力，从而赋予这些与既定的会计基本理论中的"公认说法"并不完全一致的观点以科学性。

我对会计基本理论问题研究，始于1984年对会计属性与对象问题的研究。我与当时会计同行，尤其是一批会计权威专家，在研究思维层面产生了很大分歧，表现在对经济活动分为两个基本方面的认知：传统而权威的说法是"使用价值生产与交换和价值的创造与实现"，我则接受了"人财物实体流以及相应的信息流"的观点。前者自然得出会计归属于价值及其管理方面的工作，后者会计只能认定为信息流及其管理方面的工作。我很幸运，杨纪琬教授与阎达五教授，这两位中国会计界"管理活动论"权威专家，以极大的包容与开放心态，给予我这个挑战他们学术观点的无名之辈以多方面扶持与肯定，《会计研究》率先发表了我这方面的论文，从此使我受到了巨大的精神鼓励。这样的学术鼓励，居然鼓舞着我对会计本质问题的思考贯穿于至今近四十年的学术人生。展现在读者面前有关会计基本理论的探讨，正是我近四十年有关会计本质问题研究思考的系统总结。其间，王庆成教授循循善诱的学术指导，黄菊波教授源源不断的学术鼓励，我导师谷祺教授与欧阳清教授的倾心栽培，葛家澍教授与余绪缨教授的名师点拨，李天民教授的学术纠偏，管锦康教授的慷慨支持，郭道扬教授与汤云为教授的专业方向指点，金莲淑、冯淑萍、刘玉廷等财政部专业领导的关怀与鼓励，以及南京大学提供的专业成长平台，刘明辉、刘永泽、黄世忠、周守华、陈毓圭、曲晓辉、魏明海、宋献中、赵德武、戴德明、耿建新、荆新、王世定、王化成、张鸣、谢志华、王斌、王光远、时现等一大批中国会计同行教授的帮助与鼓励，都是我会计学术人生的精神支柱和动力源泉。本书初稿，曾通过《会计研究》《财务与会计》《财会月刊》分别征求了同行意见，需要特别感谢的是《财会月刊》给本书初稿以很多篇幅的连载，使作者观点得到了更广泛的传播。本书定稿，樊清玉编审是我遇到的少有的专家型编辑，她竭尽心力，明显提升了本书的档次。

中国会计无论从社会形象还是学科地位，现在尚有不尽如人意之处，这正是中国会计研究的动力所在。在我心里，相信会计"历尽沧桑浮沉，归来依然少年"！

# 目 录

**第一章 导论** …………………………………………………………（ 1 ）
    一、会计：魂在何方？ ………………………………………………（ 1 ）
    二、在人类文明祠堂为会计安身立命 ………………………………（ 2 ）
    三、寻找会计灵魂的殿堂 ……………………………………………（ 3 ）
    四、科学哺育着会计精神 ……………………………………………（ 4 ）
    五、打造人类经济的识别系统 ………………………………………（ 7 ）
    六、责任和担当：会计难以承受之重 ………………………………（ 10 ）
    七、魂归故里：时代呼唤与会计重生 ………………………………（ 12 ）

**第二章 现代会计理论前提与范式** …………………………………（ 14 ）
    一、认识会计需要新的起点与视角 …………………………………（ 14 ）
    二、理解现代会计不可忽略的三大知识 ……………………………（ 15 ）
    三、认识、研究会计的基本框架 ……………………………………（ 19 ）
    四、会计理论研究应有的境界 ………………………………………（ 31 ）
    五、如何观察并研究会计？ …………………………………………（ 32 ）
    六、会计研究要有价值认同 …………………………………………（ 33 ）
    七、会计职业需要崇高的境界 ………………………………………（ 35 ）
    八、东方和西方对"人性"认识的差异 ……………………………（ 36 ）
    九、会计研究的历史背景 ……………………………………………（ 37 ）
    十、西方以个体主义为主导的会计理论面临挑战 …………………（ 39 ）
    十一、会计研究的方向 ………………………………………………（ 41 ）
    十二、会计研究的范式或思维框架 …………………………………（ 42 ）

## 第三章 社会经济文明与会计 (46)
- 一、作为知识的会计 (46)
- 二、15 世纪以来人类文明的发展 (50)
- 三、文明发展史中的会计 (56)
- 四、关于会计本质的现有观点 (58)
- 五、对会计本质问题现有观点评述 (64)
- 六、会计本质问题：经济基本要素与内涵决定会计制度的基本定位 (72)

## 第四章 会计是什么？
### ——立足人类理性认识会计本质 (86)
- 一、会计基本理论步履维艰 (86)
- 二、会计是什么：怎么定义？如何认识？ (87)
- 三、会计是什么：来自东西方会计历史源头的考察 (91)
- 四、会计是什么：会计学术层面的思考 (99)
- 五、让东西方会计汇入世界文明进步潮流 (109)
- 六、"会计是什么"应予思考的层面 (110)
- 七、必须重视会计基本理论研究 (115)
- 八、深化会计基本理论研究应予注意的问题 (116)
- 九、拓展会计基本理论研究的视野 (119)

## 第五章 什么是会计？
### ——基于会计发展历史的理论反思 (134)
- 一、现实会计使命感缺失陷阱 (134)
- 二、找回会计初心 (135)
- 三、形成现代会计理论的三大核心观念 (142)
- 四、现代会计制度的核心概念：会计要素 (146)
- 五、什么是会计——现代会计发展 (148)
- 六、历史的意义 (157)
- 七、西方历史中的会计 (159)
- 八、东方的会计 (174)

**第六章 会计基本理论结构** ……………………………………………（182）
    一、会计与统一认知框架 ……………………………………（182）
    二、会计理论、实务的理想与现实 …………………………（185）
    三、会计：魂兮何在？ ………………………………………（187）
    四、现代会计理论与实务的"真实性"困局 ………………（191）
    五、会计"两重性"之必然 …………………………………（196）
    六、交易信用契约本质决定会计基本属性 …………………（200）
    七、会计计量属性的回归与丰富完善 ………………………（207）
    八、会计理论基础创新与重构 ………………………………（209）
    九、夯实会计制度目标基础 …………………………………（210）
    十、会计使命感与职业尊严 …………………………………（213）
    十一、会计基本理论主要观点总结 …………………………（215）

**附录 A** 中国会计理论研究应有历史使命感 ……………………（219）
**附录 B** 会计理论范式革命：黎明前的彷徨与思考 ……………（229）
**附录 C** 现代会计与人类社会文明关系问题探讨 ………………（247）
**附录 D** 中国会计发展：立足国际大背景的战略思考 …………（271）
**附录 E** 仰望会计星空　静思会计发展 …………………………（293）

# 第一章 导论

## 一、会计：魂在何方？

我进入会计行当至今已有近 40 年光阴，会计学术几乎耗尽了个人的会计人生。我曾经以为，研究会计可以把世俗性很强的会计学，提升到可以让人类真切地体验到生活、生命的现实意义如此崇高的境界。数十年来，我一直苦苦地为会计制度与具体实践乃至整个会计存在，寻找足以让人类感到会计神圣和可信赖的理论依据。

于是，我痴迷于各种科学，包括社会、人文、自然各经典学科的知识与前沿的任何理论，期望为会计理论与实践奠定一个雄厚扎实的学理基础，从而彻底摆脱长期以来会计有术无理的窘境。这一过程中，出于人类对自然科学的较高认同，我力图更多地使以生产商业数据为己任的会计，具有更多的自然科学理论支撑，从而让社会各界对会计职业与数据产生基本的信任感。其间，我始终认为，会计如果具有更多地接近自然科学的属性，则必然会给会计学带来相对崇高的社会地位。在整个人类知识体系中，会计学可以成为一个"贵族大户"或"名门望族"而备受青睐与尊重。

根据常识，凡具有崇高成分的人与事，包括知识，应该对整个人类物质与精神文明进步具有保障和促进作用。那么，会计学具备了更多的自然科学属性，是不是会明显增加其崇高的一面？这个问题的答案，我一直以为确定无疑。但是，当我读到西方文明发展具有旗手作用的卢梭《论科学与文艺的复兴是否有助于使风俗日趋纯朴》一文，让我顷刻有种精神崩溃的感觉。卢梭尖锐地指出："仔细研究产生科学的根源……都找不到……表明人类喜欢研究科学的起因。天文学诞生于人的迷信，雄辩术是由于人们的野心、仇恨、谄媚和谎言而产生的，数学产生于人们的贪心，物理学是由于某种好奇心引发的。所有这一切，甚至连道德本身，都是由人的骄傲心产生的。由此可见，科学和艺术都是由于我们的种种坏思想产生的。"我一直怀着极其崇高的心理定位，充满激情地研究会计，这样的心态被卢梭毫不留情地定性为"虚妄"。于是我想，我一直顶礼膜拜的自然科学，其始点竟是一群极其自私和偏执的人捣鼓出来的东西，那么，自然科学崇高的成分不可能来自先天的本能，只能是后天应用的结果。会计学也会如此？我们以关注的目光平扫人类至今的历史，呈现在我们面前的会计，恰如科学一样，其产生与发展的历史及其功能作用的现实，让我们看到的确是崇高与卑鄙混浊一体的状况。于是，我不禁感到，会计崇高不崇高，并不在于会计理论中，而在于一代代会计人的心中。应该说，对会计崇高的深信不疑，才使千千万万的会计人员，通过会计工作，把这份发自内心认同的职业崇高注入我们全部的信念与意志力，化作为人类社会经济活动中更多的善良、爱意、理性，从而使社会经济的各类主体，有更大组织与生产规模，拥有越来越强的影响力和凝聚力，促进整个社会经济和谐发展，带来人类社会越来越丰富的幸福感。

  基于这样的认知，会计对社会经济文明进步应该承担着基础性的保障与促进作用。这种基础性的保障与促进作用，集中表现为会计的两大功能：为所有经济、活动提供合适与否的标准框架与行为规范，即会计制度、准则；对所有经济活动满足社会经济文明进步要求的状况与程度，提供具有社会共识性并具有可验证的证明报告，即会计工作。会计理论的任务，就是要把建设会计制度、履行会计职责的基本原理、技术方法、组织机制、业务规范，概括为系统性知识，以为会计工作提供理论依据。而这种系统化的会计知识，必须足以证明会计之崇高，即把社会经济文明进步的基本要求具体化为会计制度并物化到会计工作中。如何在具体会计实务与社会经济文明进步基本要求之间建立起无缝衔接的关系，正是会计基本理论研究所要完成的首要任务。在会计基本理论中，社会经济文明进步基本要求不再是一个个鸡汤式的道德观念，而是一系列有实实在在内容的会计业务。会计基本理论就是要把所有会计业务即整个会计系统从制度到工作应循的道理——社会经济文明进步的相应要求——完整地挖掘出来，从而赋予会计职业以灵魂和能动性。

## 二、在人类文明祠堂为会计安身立命

  一旦树立了这样的理念，我们很容易明白，目前会计学界从现有知识中找理论依据，以此建立会计理论与方法体系的做法，存在着很大的不足。尽管我们可以假定人类现有知识本身就是人类文明进步的产物，但人类知识发展到现在，已经是一个无论总体还是个别问题上均内含很多截然不同说法的格局。这些不同认识既可以认为是人类文明的实践内容，也可以认为是对同理文明人类不同的实践方式，与人类文明进步基本要求比，已是一种从属于文明大系统的子系统知识，而不是直接表达人类文明进步基本要求的总体系统知识。会计人类经济文明进步基本要求保障者（守护神）与促进者（导航仪）的身份角色，决定其理论依据必须从人类文明总体系统知识中寻找，而不能从子系统知识中寻找。如果不从人类文明知识总体层面发掘会计基本理论，就难以保证这样形成的会计理论及其指导下的会计实务，真正满足社会经济文明进步的基本要求；同时，对各种不同的会计理论与实务，我们也很难作出允当方面的评价，会计理论与实务就陷于缺乏基本共识和杂乱无序困境。

从另一角度看，在人类文明总体系统知识中，会计与经济、政治、社会、法律、心理、管理等学科，都属于子系统知识，这些子系统知识之间是共生互动的关系，不存在谁指导谁的问题，它们都毫无例外地服务于人类社会文明进步的总体目标。因此，从人类社会经济文明进步总体理论出发，直接概括会计理论，并透视现行的会计理论与实务，既是提高会计理论层次的有效途径，也是摆脱会计理论贫瘠与实务充斥非理性困境的破冰行动。但目前会计基本理论在这方面的研究，尚未作出应有的建树，本书试图对此作出探索性尝试。

## 三、寻找会计灵魂的殿堂

作为会计基本理论，还应该为整个会计学科奠定学理基础。一门学科的学理基础，按美国科学史专家伯纳德·科恩在《社会科学与自然科学互动》一书中的说法，包括逻辑基础、哲学基础、科学基础。由此，审视目前会计学科，作为社会科学的重要组成部分，在学理三大基础方面的工作，尚未真正做好，会计学术讨论与理论探索对这一问题研究也未予应有的重视，从而使会计学科在整个人类总体知识大家庭与社会发展宏观格局中，一直处于难以自处和正确定位的尴尬境地。

改变会计学科在学理基础层面的尴尬身份，有必要改弦易辙，从整体知识尤其是哲学层面，为会计学科夯实理论基础，从而为会计理论与实务确立完整、规范的世界观与方法论。同时，严格应用演绎与归纳相结合的方法，立足社会经济文明进步的基本要求——使人类社会拥有越来越多的善意，定义并分析、理解会计作为制度与工作产生与发展的基本出发点与归宿点以及过程功能作用的具体路径，为整个会计行业搭建大家认同并仰望的星空和每一个会计人内心都深藏并自觉遵循的道德法则；形成"会计是什么"（人类理想世界的会计）与"什么是会计"（实际存在的会计）二元分析框架；最后在理想与现实的动态比较中，建立实现会计健康发展的"自适应"机制，从而使会计学科具备基本的学理意义。

对于当今的会计理论与实务，我们实在无法给出恰如其分的评价，如果非要描述，可谓"五味杂陈"。因此，在目前的会计理论与实务框架内，我们可能难以在会计基本理论学术研究方面实现突破性进展，更遑论取得了具有共识意义的成果。我感到，会计最为深层的本质属性体现着人类社会建立会计制度的初衷，因此，古今中外会计在这一层面，应该别无二致。但现实生活中，会计工作在世界各国面临不一样的环境，这种不一样带来了会计现实内含巨大的复杂性，即使我们透过琳琅满目的会计现实与历史，仍不能保证能找到真真切切体现会计初心的原型。现在要回答会计的本质属性问题，我们只能采取快刀斩乱麻的方法，直接从已有基本共识的社会经济文明基本要求出发，找到会计"守护神"与"导航仪"的原始身份，以此明确会计制度建设与会计工作组织的根本立足点，从而使我们对纷繁复杂的会计实务、充满个性与专业性的会计职业、众口难调的会计准则，有一个理性选择与判别的公认框架与标准，让会计拥有一个有效的理性自增强机制。本书本着这样的原则，提出了会计基本理论的基本框架与核心内容的设想，期望以此对提高、增强进而统一社会与会计自身对会计的基本认知能力，发挥会计基本理论的教化作用。

## 四、科学哺育着会计精神

为了使本书研究具有尽可能高的可靠性，我们回归科学知识的母体，回望科学发展艰难历程，聆听科学进步穿越时空的回音。

现代科学史巨擘乔治·萨顿（2007）在《文艺复兴时期的科学观》一书中，把现代公认会计鼻祖帕乔利称之为当时最重要的数学家。"文艺复兴时期最重要的数学家之一帕乔利（Franciscan Luca Pacioli，约1445—1509年之后）尝以意大利语发表一论文，题为《神圣的比例》（Divina proportione，Venice：Paganinus，1509）。"该文首卷讨论黄金分割（即"神圣的比例"）讲解线段的中末比问题。① 文艺复兴时期，才产生了对人类具有首创地位的会计意义上的算术——商业计算，以及算术意义上的会计——簿记。萨顿认为，"现代算术概念中世纪才产生，所谓'算术'（Arithmetic）乃是中世纪的产物"。② 当时，所有的计算，尤其是一些非常复杂的计算，适应13世纪商业贸易与银行信贷的大规模发展而快速普及。而这些所谓复杂计算，就是应用于大型商号和银行信贷机构的商业计算，正是日后卢卡·帕乔利所说的"簿记"。当时的意大利，企业不管规模大小，都产生了对帮助计算账目知识——簿记的强烈需求。据萨顿在上述论著中提供的资料，较早介绍商业计算知识的书，似乎不是卢卡·帕乔利1494年的《数学大全》，之前已有"《算艺》（Arte dell'abbaco，Treviso，an.，1478）在意大利出版，作者不详；意大利出版的第二种算术书《算术》（Arithmetica，Venice，1484）内容更为详细丰富，作者是彼得罗·博尔吉（Pietro Borghi）。"③ 这些书籍没有像帕乔利所写之书产生如此广泛影响，可能不在于其介绍内容是不是完全满足商业实践的需要，而是由于印刷技术革命带来的后果。萨顿在书末介绍，1500年，《圣经》有大量印刷本，既方便携带又方便阅读，售价比手抄本大为便宜，因此得到广泛传播。而1500年前后印刷图像技术的出现，使出版业可以批量生产标准复制品，同时，具有图像精确说明的书籍，对于通俗直观阐述文本表达的含义、便于读者轻松阅读与正确理解并应用知识，产生了极大的推动作用④。卢卡·帕乔利出版的书，正好踩上了印刷技术革命的发生时点，因而比之前一些商业计算书籍产生了多得多的印刷数量，拥有了更广泛的读者而得到了更多的应用，从而赢得了传播现代会计知识第一书的地位。萨顿回顾文艺复兴时代科学发展历史后，面对已比中世纪复杂得多的当代世界，发出了发人深省的感慨："我们的时代是科学的黄金时代……然而今天也是技术、商业、管理的黄金时代；过度组织化、失去个性的时代，这不能不说是个可耻的恶兆。……行政官员和技术官僚……的贪婪和效率还能导致其他

---

① 乔治·萨顿，2007. 文艺复兴时期的科学观[M]. 上海：上海交通大学出版社：294.
② 同①，第335页。
③ 同①，第337页。
④ 同①，第372页。

后果？……对真理的追求不应该有丝毫的松懈，但汲汲于效率和利益的趋势或许应该有所减缓。应该承认，物质利益的价值，并不像善良的大众被诱导相信的那样值得追求。美、正义、快乐的创造，其价值与光荣皆无限高于创造的财富。"①

萨顿在另一专著中，揭示了科学发展内涵的人文主义精神。他认为："人类生命的最高目的是造成一些非物质的东西，例如真、善、美。"② "人类的主要目的是要创造像真、善、美那样一些无形的价值。"③ 关于科学史的本质，他认为是"注入历史的精神，注入对过去的敬仰——对作为一切时代的善的见证的敬仰"④。科学是如此，作为科学知识组成部分的会计学，亦应如此。会计无论是制度建设，还是会计工作，都是为了唤起或激发人类对善性的追求。萨顿考察语言史后感慨道："语言产生于自然，这不但极大地增加了它的难度，而且增加了它的精巧、它的神秘的魅力与优雅，以及它的表述能力。"⑤ 对于作为商业语言的会计学而言，这样的特征同样具备，从而为会计基本理论研究提供了方向和切入点。但是，对于会计界而言，会计理论研究并不是一个神秘而高深莫测的领域。"完成科学大厦中的许多任务并不需要想象力，除了老实和忠诚之外也不再需要什么美德。各种技术上的复杂性和困难性的增加为技术的熟练提供了广阔的天地，因为技术的熟练正像演奏音乐技巧一样，既可以令人钦佩也可以让人鄙视。当它恰如其分地为思想所制约的时候，它是令人钦佩的；当它过于以自我为中心、自以为是的时候，它就变得让人鄙视了。掌握一项复杂而费力的技术常常能掩盖智力的平庸，就像礼仪和信条掩盖了对宗教的愚昧一样。"⑥ "必须找到把科学和我们的文化的其他部分结合起来的方法，而不能让科学作为一种与我们的文化无关的工具来发展。科学必须人性化，这意味着至少不能允许它横冲直撞。它必须成为我们的文化中的一个组成部分，并且始终为其余部分服务的一部分"⑦。萨顿以上对科学研究精神的表述，对会计学研究特别适用。会计本身其实很简单，但会计制度与工作涉及人类切身利益关系的塑造与调整，从而

---

① 乔治·萨顿，2007. 文艺复兴时期的科学观[M]. 上海：上海交通大学出版社：384.
② 乔治·萨顿，2007. 科学史和新人文主义[M]. 上海：上海交通大学出版社：3.
③ 同②，第12页。
④ 同②，第48页。
⑤ 同②，第104页。
⑥ 同②，第148页。
⑦ 同②，第151页。

带来了异常的复杂性,只有从社会经济文明进步基本要求这一人类共识点出发,我们才有可能在意见严重分歧甚至对立的会计制度设计与会计工作中,拥有求得共识、实现各方满意的沟通基础。

萨顿的科学史研究,给会计基本理论探索,为会计作基本定位,树立了可以直接借鉴的框架和观察视角。他在《科学的生命》一书中,有一段呼喊:"人类的根本目的不是为生存、为霸权而斗争,不是为尘世的利益尔虞我诈,而是在创造和传播精神财富的过程中宽宏大量、富有成果地你追我赶。这种创造在很大程度上是秘密进行的,它不是群众完成的,也不是众目所瞩的达官显贵完成的,而常常是由穷困的不知名的人物完成的。他们没有政治势力的推崇,没有社会和宗教的赞誉,他们分散在整个文明世界各地的矮小陋室、条件恶劣的实验室或者其他偏僻的角落,默默无闻地完成自己的神圣使命"[①]。会计在人类经济文明进步中,似乎也扮演着这样的角色。从某种意义上说,会计将不厌其烦地告诫经济生活中人们勿忘文明进步,不断增强、提升社会经济发展的善性能力与水平。

## 五、打造人类经济的识别系统

《法国百科全书》主编吕西安·费弗尔(2012)在《十六世纪的无信仰问题》一书中,从政治、经济、宗教、哲学、自然科学等不同角度,综合考察并挖掘存在人类发展大动荡时期的"集体心理与个人理性"。他借助于对当时最伟大散文艺术家拉伯雷——这个时代的代言人又是未来的开创者——的研究,回答了拉伯雷是不是"宣布新时代到来的人和预示宗教传统理性信念即将被摧毁的先驱"。以此为出发点,通过与拉伯雷交集的各类人士在哲学、科学、教育诸领域心态与行为的研究,揭示了整个16世纪人类对经济理性拥有了什么样的集体心理。他分析表明,人类真需求知,才能产生科学精神;只有在技术与内心深处信仰的支持下,科学才得以建立。

这样的分析,让我们对会计发展重拾了很多信心。不是吗?离开了会计制度与工作的支持,科学就难以存在并发展。从这个意义上说,科学拥有的精神与品质,应该是会计鼓励、保护并努力塑造的,会计应该而且必须具有

---

① 乔治·萨顿,2007. 科学的生命[M]. 上海:上海交通大学出版社:62.

科学同样的精神与品质，从而为确认会计与科学互动共生关系提供了理论依据。费弗尔在研究过程中，在"工具和科学语言的缺乏"命题下，以卢卡·帕乔利1494年出版《数学大全》一书前后时代背景下人们的言行为考察对象，揭示背后隐含的个性与群体心理。他首先把帕乔利的《数学大全》一书定性为中世纪"第一本大众化的数学论文"。这篇大众化的数学论文，之所以能引起社会公众的广泛兴趣，是因为当时人们的计算能力尤其是复杂的商业计算能力严重不足，计算的方法也不统一，而帕乔利的书，告诉人们3种减法、8种乘法。这些实用性较强的计算方法，彻底改变了人们计算方法原始落后的局面，也有效缓解了社会日益增长的对商业计算（复杂算术）知识的饥渴。整个社会计算能力的提升，产生了建立语言符号体系的需要，"方法还没有固定，符号也不够用。1489年，约翰·维德门（Jean Widman）和艾吉（Eger）的商业算术当中就有了加号（+）和减号（-），但当时是作为缩略符号使用的，而不是运算符号。1484年，巴黎人尼克·舒凯在里昂为商人工作，在《算术三编》当中还用p表示'加'，用m表示'减'。实际上，韦达是我们所知道的第一个以固定的方式，从1591年开始使用这些符号的人，并将这种用法渐渐推广开来。罗贝尔·雷考德（Robert Recorde）1557年在一篇论文当中引入了等号'='，但这篇论文在很长时间里只是手稿，等号'='到了17世纪才变成了常用符号。乌格特雷德（Oughtred）1631年开始使用乘号'×'，可是当时这并不是占主导地位的符号。莱布尼茨还用'（'表示乘号。除号'∶'产生于1631年。到了1614年，耐普才发明了对数符号。"

我们不难相信，卢卡·帕乔利的《数学大全》以大众化语言介绍的"借贷"为符号的复式计算记录知识，在突然产生商业计算巨大需求的中世纪，一下子吸引了社会公众尤其是商业精英的眼球，从而赢得广泛赞誉，为社会经济发展提供了基础性保障。费弗尔在这里向我们提出了一个非常有趣而严肃的问题：对计算语言符号化的强烈追求，于人类文明进步而言意味着什么？对此，有专家曾作过间接分析。"1478年，《翠维索算术》出版，试图普及阿拉伯数字系统，教授人们如何使用阿拉伯数字来计数、加、减、乘、除。此时数字才形成现代使用的形式。印刷技术革命迫使书写标准化。加、减、乘、除符号很晚才引入。'+、-'出现在1489年，'×'出现在1631年，'除号'出现在1659年，'等号'出现在1557年，'大于与小于号'出现在 1631 年。用小数表示分数出现在 1585 年。"① 无疑，计算语言符号本身就是时代精神的标签化表达，商业计算符号化更是社会经济文明进步时代要求的标签化。因此，定格到中世纪会计，当时借贷复式簿记的主要含义，恰如帕乔利书中一再强调的那样：是以上帝名义记录并监督商业活动。上帝作为一个神圣的存在，通过会计，变成指导、鼓励与约束每一个商业行为的具体制度与工作。

对复式簿记产生这段历史，《现代欧洲经济制度史》② 一书有精彩的描述。1450 年，莱昂·巴蒂斯塔·阿尔伯蒂出版《家庭之书》，强调了对坚实可靠、诚实可信的追求，把信守契约的商业美德置于家族规范的首位，预示了理性主义会计——复式簿记的开始。15 世纪末，法国、英格兰、西班牙等现代国家的建立，带来了物质与金融的需求，资本主义伴随着工业技术进步和复式簿记制度的建立，适逢其时较好地满足了这种现代化需求。复式簿记的最大贡献，可能是在于赋予每个企业追求利润与商业理性主义的精神。"对资本主义发展来说，也就是对于理性地追求无限利润来说，系统簿记的重要性怎么说都不过分"。"从这种对商业活动的结果所作的抽象表达出发，只需一步就可以抵达合理化。系统簿记使得资本主义企业家能够规划他的目标，能够认识到他在何种程度上实现了这一目标，能够决定未来行动的计划。如果没有簿记，诸如固定资本和生产成本之类的概念几乎是不可能存在的。资本主义依赖于完整簿记的另一个方面，是商业的机械化和去人格化簿记使得企业家和企业互相分离"。现代会计源头——复式簿记为企业确定了一个明确目标：理性地追求无限利润。理性表达了经济活动必须符合并满足人类文明进步的基本要求；无限鼓励企业不放过任何获利的机会，从而使资源得到最高效率运用，创造出更多满足消费者需求的物质与精神产品。会计的使命何其崇高！只是以后的历史，会计被无情现实野蛮绑架，"理性逐利"（崇高）变成了简单以至粗暴的"利润最大化"追求（贪婪）。会计基本理论研究，应该直面近 500 年现代会计发展的历史，拨开掩盖其上的层层迷雾，倾听会计发展过程各种干扰带给会计的痛苦呻吟，认真反思纯洁干净的灵魂是怎样一步步地与世俗和解，最终成为人类践行贪婪财富观的同盟军，有时候还是一个志愿者。

---

① 马克·鲁宾斯坦，2017. 投资思想史[M]. 北京：机械工业出版社：4.
② 弗雷德里克·L. 努斯鲍姆，2012. 现代欧洲经济制度史[M]. 罗礼平，等译. 上海：上海财经大学出版社.

## 六、责任和担当：会计难以承受之重

会计对自身担当的放弃，不仅表现在会计制度与准则以及实务层面，更表现在会计理论与学术研究层面。就会计学术研究而言，20世纪60年代是一个转折点，表现为会计研究范式从规范方法全面转化为实证方法。会计研究基本风向的这种转变，是会计理论对20世纪30年代社会科学领域尤其是经济学领域转向数理分析范式的呼应。会计学术层面对相邻学术风格转变的反应，也体现了与会计信息反映现实经济一样的特征：滞后性。那么，20世纪初，整个社会科学学界，在大势上发生了什么样的发展趋向？1978年诺贝尔经济学奖得主赫伯特·西蒙学术人生传记——《穿越歧路花园》对此作出了较为可信的分析。对社会科学与数学的关系，20世纪30年代才有倾向性变化。之前，大部分社会科学家没有受过高等数学训练，而且对数学是否具有人文科学价值抱有极大的怀疑。但20世纪30年代经济危机，许多自然科学家和数学家失去了工作，人们对数学应用于社会关系研究越来越感兴趣，"工程师、数学家和自然科学家涉足社会科学的现象，首先是在20世纪30年代引起人们注意的，它部分是由供给驱动的。大萧条时期对每个人来说都是很艰难的，物理学家和数学家也不例外。工作很难找，尤其是欧洲移民的涌入加剧了对本已稀缺的工作岗位的竞争。……当这些受过数学教育的物理学家和工程师为他们的技能寻找新市场时，他们首先注意的是经济学。因为大部分新古典主义经济学理论是以19世纪后期的物理学为模仿对象的。此外，20世纪30年代的经济危机使每一类知识分子都将注意力放在经济问题上。大量工程师（包括西蒙父亲的一些朋友）都试图构建经济学体系的物理模型，希望找出使国民经济体系更平稳运转的方式。""尽管这些在数学上有造诣的科学家和工程师的新加入对于将数学引入经济学起着重要的作用，但需求方的转变也同样重要。对数学和定量化的新态度体现了未来社会科学领导者的特征，尤其是在经济学中。这些较年轻的经济学家往往乐意接受物理学家、工程师和数学家对他们的领域发生兴趣。在他们看来，无论这些新经济学家对经济现实的知识多么缺乏，他们都可以用其数学技能和严谨的分析来弥补，且绰绰有余。""此外，大型科层制组织对可量化数据的需求日益增强，再加上社会科学家似乎永无休止地要证明自己是真正的科学家，这就使定量化和数学化在两次战争之间对很多领域产生了吸引力"。

这段背景描述，我们可以概括四点：（1）数学盛行于经济学是大萧条就业压力带来的结果；（2）年轻一代经济学者普遍缺乏对现实经济的了解，数理技能可以忽视这种不足，而且使经济学研究表现出更鲜明的科学特性；（3）大型科层制组织的形成，产生了可量化数据的强烈需求，从而使数理经济学拥有了广阔的市场；（4）经济学从"劳动价值论"转向"边际革命"，研究重点从进步与贫困转向稀缺资源的有效分配，要求经济学基本概念便于测度与量化。从而，经济学数学化成为主要趋势，数学分析成为职业经济学者的基本能力要素。最后，整个社会科学界产生新的共识："如果一个概念没有可操作性，即如果没有一套步骤可以测度（或至少检测）构成该概念的几个术语，那么，这个概念在科学上就无法立足。如果一个概念具有可操作性，那么，它在科学上就有位置，这就意味着，只有当社会科学能够适当地定义并能计量其术语，它们才可能变成真正的科学"。自此，测量与建模，就成了经济学研究的主要特征。

经济学这种学术风向转变，直接影响了会计学术，而这种影响是一个潜移默化的过程。至1968年，美国学者Ball与Brown在芝加哥大学主办的《会计研究杂志》发表了《会计利润数据的实证性评估》一文，他们以1946—1965年261家在纽交所上市公司为研究样本，实证检验"超预期盈余"与"异常报酬"之间的相关性，从相关性意义上证明会计利润数据对股价确实产生了直接影响。该研究被誉为会计学术全面引进经济学新范式——实证研究的开山之作。此后，会计实证研究蔚然成风，跃居为会计研究领域的主旋律，而传统的会计学术研究被冠以"规范研究"之名，由于得不到满足"社会现实需要"的一些成果，而遭到了非常务实的年轻一代会计学者的鄙视和摒弃。现在我们可以冷静地回顾这段已经过去的历史，不免质疑：当代会计学术如此的研究定位与价值取向，到底是会计走向成熟、科学性提高而对社会履行自己庄严承诺的标志，还是会计丢失初心、忘却自己所应担负的历史使命而盲目迎合既得利益要求的自甘堕落？

我们不能回避的事实是，近百年会计迎合整个社会赚快钱心理，出现了一些魔幻般的做法与效应，会计领域居然出现了"创造性会计"。在实践中，只要一家市盈率高的公司收购一家市盈率低的公司，即使两家公司都依旧如故，新公司产生的市盈率会远远高于两家公司分别存在时市盈率的加权平均数。加上当时对企业合并的会计处理有各种随心所欲的选择方法，从而可以编造出任何想要的当期盈利。"联合企业的投资计划更像一种金字塔式投资。

对公司合并进行财务评估的会计师会创造性地运用资源,编造一个令投资者满意的盈余数字;投资者,作为对这一技艺的回应,将购买这家公司的股票,从而迫使其市场价格上涨,回到较高的市盈率水平;然后,这家公司会进行新的合并,编造新的更高的盈余水平,如此反复。联合企业不费吹灰之力,只需要不断收购公司,编造更高的盈余水平。这简直是魔术,直到金字塔不堪重负地倒塌"①。我们感到,这不只是在抨击美国资本市场,看看中国资本市场一路走来一些公司的所作所为,何等相似!当然,会计界出于基因的本能反弹,确实想在过于失态的这些方面稍微体现一点自身的良知,以不负社会公众的基本信任。

自20世纪30年代至今,美国会计界在职业道德与纪律方面,一再地作出了不懈的努力,但不管怎样,由于会计在整个社会经济生活中只是一个被动与服从的角色,所以会计界一切试图赢得自身尊严的努力最终也只能是徒劳。布鲁克斯对此不无讽刺地说道:会计界为维护自己职业尊严而采取的所有努力,只是"搭建了一间根本无法抵御下一次飓风的茅草房"②。

## 七、魂归故里:时代呼唤与会计重生

会计理论与实务效果的江河日下,强烈召唤会计界勿忘自己的责任担当,站在新的历史起点,重新反思会计本质属性,创造性地建设崭新的服务于人类社会经济文明进步基本要求的会计理论与方法体系。我在本书里,为此另辟蹊径,围绕"会计是什么"与"什么是会计",这两个决定会计产生与发展的基本命题,在中外会计现有理论的基础上,提出我们历经数年研究的一些基本看法。期望这样的会计基本理论探索,能为会计学术研究的健康发展,提供一点值得讨论和批判的题材。

**本章参考文献:**

麦克尔·怀特,2001. 列奥那多·达·芬奇——第一个科学家[M]. 阚小宁,译. 上海:三联书店.

---

① 约翰·布鲁克斯,2006. 沸腾的岁月[M]. 北京:中信出版社:117-118.
② 同①,第119页.

约翰·布鲁克斯,2006. 沸腾的岁月[M]. 万丹,译. 北京:中信出版社.

乔治·萨顿,2007. 科学的历史研究[M]. 陈恒六,等,译. 上海:上海交通大学出版社.

乔治·萨顿,2007. 科学史和新人文主义[M]. 陈恒六,等,译. 上海:上海交通大学出版社.

乔治·萨顿,2007. 科学的生命[M]. 刘珺珺,等,译. 上海:上海交通大学出版社.

乔治·萨顿,2007. 文艺复兴时期的科学观[M]. 郑诚,等,译. 上海:上海交通大学出版社.

亨特·克劳瑟-海克,2009. 穿越歧路花园[M]. 黄军英,等,译. 上海:上海科技教育出版社.

卢梭,2011. 论科学与艺术的复兴是否有助于使风俗日趋纯朴[M]. 李平沤,译. 北京:商务印书馆.

弗雷德里克·努斯鲍姆,2012. 现代欧洲经济制度史[M]. 罗礼平,等,译. 上海:上海财经大学出版社.

吕西安·费弗尔,2012. 十六世纪的无信仰问题[M]. 闫素伟,译. 北京:商务印书馆.

马克·鲁宾斯坦,2012. 投资思想史[M]. 张俊生,等,译. 北京:机械工业出版社.

伯纳德·科恩,2018. 自然科学与社会科学的互动[M]. 张卜天,译. 北京:商务印书馆.

# 第二章 现代会计理论前提与范式

## 一、认识会计需要新的起点与视角

会计基本理论主要解决对会计的基本认识问题。对社会而言，树立对会计的正确认识，可以赋予会计恰当的任务与功能，从而合理评价会计制度与会计实践；对会计界而言，可以确立正确的会计观，从而充分履行会计的责任担当。学校里开设会计基本理论课，主要为了使学生加深对会计制度以及基本原理与具体准则、实务的理解，从而提高学习与研究会计的理论水平。鉴于目前会计界对会计基本理论问题存在较大的分歧，同时，会计学术界越来越忽视对基本理论的深入研究，我们拟另辟蹊径，从人类文明的角度，带领大家来深刻认识、理解和把握现在的会计知识和会计职业，以适应社会经济发展对会计变革完善的客观需要。会计基本理论试图回答两个根本问题：会计是什么？什么是会计？前者回答会计应该是什么（会计应是什么），即人类社会需要什么样的会计；后者回答会计产生与发展至现在具有了什么样的形式与内容以及特征（会计已是什么），即现实生活中存在的会计是什么样子。把两者结合起来分析，我们就可以对现实生活中的会计作出基本判断：这样的会计，是我们需要的会计，还是不需要的会计？如果是不需要的会计，那我们应该做怎样的改革完善？现实中的会计，多大程度上体现并满足了人类经济文明进步的需要？会计基本理论这门课，就是试图为解决以上这些会计基本问题，提供一些认知和认识问题的具体框架与视角。

现代社会已进入了信息化时代，会计发展面临着前所未有的挑战。人们的知识、认知，包括对会计的了解，已拥有比以前任何时候都普及与广泛的渠道，给会计教育带来了很大压力和挑战。会计行业确实已经到了需要好好反思、好好认识自我的发展阶段。过去，我们对这个问题重视是不够的，对会计的一些现实而尖锐的问题，一般习惯于从直观的制度与技术层面作出一些治标难治本的分析。但是现在，随着我国社会经济开放程度和文明程度的提高，立足治本角度认识、反思进而解决这个问题，成为会计发展的内在需要。为此，我们不能只抱怨社会各界对会计的不重视，需要立足自身思考一个非常严肃的问题：会计自身到底有多少值得人们尊重、尊敬的成分？

我们面对的是当代会计。从整个人类社会发展历史来看，从16世纪至20世纪这整整500年的时间里，整个人类社会呈现出了超快发展的态势，其间恰恰正是现代会计发展成型时期。然而，已经过去500年的大部分时间，对中国而言，是一部屈辱的血泪史。当然，新中国成立后，尤其是改革开放四十多年来，我国已取得了举世瞩目的进步，中国的年轻一代已经拥有了基本的物质生活条件。但是一个民族、一个国家想要发展就需要面对自己的历史。近代的500年，西方占据了世界舞台中心，中国饱受欺凌，而这一时期恰恰是现代会计成型、成熟的时代，也是中国会计全面西化的历史。这是中国会计学者研究会计基本理论时，必须要面对并做出冷静思考的现实。

## 二、理解现代会计不可忽略的三大知识

近500年，决定西方国家领先世界的关键因素来自三大方面：市场经济、工业革命、现代科学。而这些，也是我国经过四十多年改革开放，努力向西方发达国家学习的主要知识，对我国高等教育也产生了直接影响，以至于我们在大学硕士、博士阶段课堂上传授的知识包括教科书介绍的经济知识，除了这些以外没有其他可言，而中国年轻一代也对这些知识深信不疑，几乎可以崇拜形容之。事实上，现在如果让我国高校撇开这些知识，我相信，我们师生写论文会很困难，在分析社会经济具体问题的时候，会由于缺少了基本框架而惊慌失措。总之，市场经济、工业革命、现代科学，现在已理所当然地成为我们学生接受的标准知识体系。其中，市场经济讲授的是经济资源如何有效配置问题；工业革命解决物质资料如何满足人类日常丰富的消费需要的生产与管理问题；现代科学解决了知识与人类认知创新问题。这些知识也直接影响了现代会计：市场经济是会计服务的对象；工业革命是现代会计生存发展的基本空间；现代科学为会计理论与方法的完善提供了动力与方向。但是，我们还需要看到这三大知识的背后，存在着对理解现代西方会计至关重要的另外三大知识。而这也恰恰是我们以前在会计基本原理课堂

上，讲授现代会计知识时，常常忽视的三大基础知识。

### （一）资本主义

资本主义，以货币与利润即资本为中心的政治经济制度，对现代西方会计制度的形成产生了决定性影响。从某种意义上说，现代会计就是资本主义的应声虫和经济大使，资本主义的基本要点，只是通过会计才变成了现实。对此，马克斯·韦伯在《新教伦理与资本主义精神》一书中认为，资本主义精神是借助于复式簿记而全面体现的。会计目标与要素以及业务处理准则的形成，都毫无例外地打上了资本主义的烙印。利润指标的计量与报告以及成为评价企业绩效的核心指标，从而损益表成为会计核心报表，都是会计对资本主义制度背景的自然回应。

### （二）政治民主

政治民主是西方文明的重要内容。作为一门知识，政治民主解决了个人意愿的有效表达问题，解决了社会的行为、社会的决策如何充分尊重每个个体的意愿。具体到经济领域，资源配置与应用中，市场只是创造了一种环境，在组织内部，如何让利益关系各方的意愿得到充分表达和应有尊重？需要会计制度在提供信息方面予以保障。这样的基本要求，直接影响了现代会计制度基本结构的形成：组织对外定期会计报告，形成财务会计，满足资本所有者意愿准确表达以及权益得到充分保障的需要；组织内部定期与不定期、经常与专题会计报告，形成管理会计，满足内部管理与治理的基本需要。西方民主政治，对社会的意愿如何尽可能照顾好个人的意愿，形成了一套非常程序化和制度化的做法，成为现代公司会计与财务运行的制度基础，从而直接制约了会计与财务制度的基本定位与结构。在我们课堂上讲财务管理、公司治理的时候，股东如何在公司行使权利，就是政治民主的具体实践，会计上通过"股东权益"的动态核算，有效地反映出资人利益在企业得到尊重与保障的程度。你若想让公司行为完全服务你个人意志，你必须投资很多钱成为公司的控股股东。因为只有控股股东对企业应怎么做有绝对的话语权。这样的理念，直接影响了会计报表合并制度。合并报表有一个简单理论：对外投资占该实体股本51%以上，两者会计报表可以绝对合并。问题在于50%以下能不能合并？于是会计上创造了一个专门名词：重大影响。如何理解重大影响，最终还是看对组织各项决策是不是具有决定性影响。由此可见，在经济领域如何才能解决人类意愿充分而恰当表达这一问题，并不如我们想象这么简单。按政治民主的要求，建立相应的制度，并借助嵌入会计制度而落地，是西方经济领域实现民主的主要特征，也成为现代西方会计制度固有的基本特征。

### （三）宗教

这是我们课堂与学术研究最不愿意涉及的一个领域，但确实是我们研究西方会计无法回避的领域。当然，我们可以用高雅一点的词，称宗教为精神文明。以往的舆论，使我们往往把宗教等同于迷信，而迷信是人类愚昧的具体表现。但在西方文明进步中，宗教作为人类精神力量，赋予了人类的信仰，使人类解放过程中有所自我约束。信仰给人一种敬畏感。对于人类而言，认知局限与偏差的客观存在，决定了人类行为不能随心所欲，而应该有一个严格、共同的底线，从而赋予人类行为的基本敬畏感。敬畏与害怕并不等同。敬畏，是自觉自愿的害怕，心甘情愿的害怕。但害怕可以是强制的结果。如果一个人心里没有害怕的东西，那你一生行为毫无底线，这样社会就失去应有的凝聚力。为此，社会创造了各种规范，以使所有人行为取舍有一个共识性标准，从而形成基本的社会秩序。卢梭在《社会契约论》中由衷感叹道："人生而自由，但无往不在枷锁之中。"人来到这个世界，他应该是自由的，但是你真的成为一个人，你很快发觉，现实人还是有很多的条条框框，不是想怎么样就怎么样。这些条条框框在现实中往往成为人类行为的无形枷锁。其实这背后是翻译问题，枷锁听着不舒服，那么换一个词：制度，再换一个词叫"秩序"。人类应该不应该要有秩序，答案毋庸赘言。说到底，对于一项社会制度于个人而言，我们无法明确区别秩序、制度和枷锁差别在什么地方。对整个人类而言，它们都是有关行为边界的条条框框，告诉人们哪些能做，哪些不能做。宗教，是唤起人类对自然秩序的敬畏，也提醒社会制度包括会计制度的设计者，必须保持对自然秩序的敬畏。会计制度必须尊重并体现自然秩序的要求，才能在社会经济文明进步中产生积极作用，这是宗教对现代会计的具体影响。

在会计基本理论课程学习与研讨之初，我试图传达一个明确的概念给大家，理解并把握现代会计理论与实务，必须全面掌握并真正理解了市场经济、工业革命、现代科学、资本主义、政治民主、宗教主要是基督教等基本知识。事实上，当我们在课堂上学习会计具体知识的时候，笼统意义上是讲不清的，每一个具体理论与方法和实务的背后，往往有很多非常值得我们了解并理解的一些背景知识。只有了解并理解了会计理论与实务的背景知识，我们才能真正理解会计制度与做法的道理所在。会计基本理论这门课，某种意义上就是要带领我们去面对一般学习层面不加深究的会计学学理基础，从而让人们对会计的本质与社会价值有个深刻而确定的认识，使社会评价会计以及会计自我评估具有一个共同的尺度。

会计基本理论试图回答：会计到底是什么？如果这样一个对会计发展具有决定性意义的问题，大家都模糊不清，那么，我们对会计的准则、实务以及会计对现实社会经济影响这些问题，也就无法形成恰当而足够深刻的见解。

就本质上看，所谓研究，就是要打开人类的思维窗口，通过不同观点的碰撞，给人以豁然开朗的感觉，让人做每件事情明白应该往哪一个方向去做，去改善。这才是我们研究所要诉求的东西，而不是对问题越思考和研究，越感到无所适从，反而增加了诸多烦恼。因此，回答"会计是什么"之前，首先需要打开一个从尽可能广阔的视野去观察会计的思维窗口，从人类社会生存发展整个大背景下去思考会计产生与发展问题。综观目前国内会计界对会计诸多的不同认识，以至于同样的会计准则、实务以及难题，居然在会计行业内部可以发出很多不同的声音，更不用说社会对会计的认识是那样的众说不一。我们感到，只有把会计放到人类社会经济文明进步这样的大环境下考察，我们才有可能在会计本质属性，这一决定会计产生、发展最为根本的问题上，达成共识，从而正确开发会计理论、设计会计准则、研究会计问题、处理会计实务，最终充分发挥会计的积极作用。我们现在一直讲着一句非常感性的话，即：会计学的人文情怀，或者叫人文关怀。此话说起来似乎很高雅，但实质性内容有些什么，我们其实并不知道。我们面对纷繁复杂和日复一日的大量会计业务，怎么感受并体现会计的人文精神？当你处理大量的业务，整天忙于点击电脑鼠标进行记账、报表时，内含了多少人文关怀？企业给员工发工资是根据他的努力，还是根据他的需求，以及根据他的贫困或富有的情况？类似业务怎么处理，才算具有并体现了人文关怀。现实让人窒息，现代社会令人发指的不公平，很大程度上正是我们会计的杰作。在这样严酷的现实面前，谈会计的人文情怀是不是有点装腔作势甚至虚情假意、言不由衷？所以，联系会计现实中的一些深层次问题，会计的人文精神可能是一句言之无物的空话而已。大学的教学，某种意义上是要完善你的人格，如果我们只注重能力的培养，忽视人格的完善，那么，对社会精神会产生很大的负面影响，这也是我们现在大学教学发展过程当中面临的一个巨大挑战。会计教育亦如此。正是直面这样的挑战，我们试图跟大家围绕会计基本属性问题做些深度沟通，以下所述的内容，都取之于大家熟知的一些知识，但又不满足既有的知识，而是把这些我们已有的一些共识，放在发展变化的当代崭新环境中赋予与时俱进的意义，在综合运用一些人类发展新共识的基础上，对会计产生与发展问题作出一些本源性思考。对会计基本理论作出如此探索性研究与讨论，主要目的是让学生们在掌握会计原理与方法的同时，对现行各种会计理论知识具备应有的甄别能力。因此，会计基本理论的研习，首先需要解决基本的思维习惯和思维方法问题，这一内容我们称之为"总论"。

## 三、认识、研究会计的基本框架

### （一）学习、研究会计的切入点

作为总论，主要解决两个问题，第一个是"我们为什么要学知识"；第二个是"我们怎样把握具体的知识"。这两个问题的顺利解决，需要我们掌握基本的辩证法并树立相对论观念。所谓辩证法和相对论，就是非常明确清楚地给自己以下定位：在整个自然面前，人类是一个渺小的存在；在整个人类面前，会计是一个渺小的存在；在整个会计的面前，我们某一个会计人是一个渺小的存在。当然，在你的一生当中，今天这一堂课是一个渺小的存在。做这样的思辨性讨论，无非需要我们每一个人都真正明白：我们每一个人的存在或不存在对整个人类而言是等价的，从最终意义上我们大多数人都是非常渺小的，渺小到一旦你离开了这个世界，还存在于这个世界的每一个活生生的人，可能都不曾意识到你曾经的存在和现在的不存在。这种近乎宿命的现实困境，恰恰让我们活着的每个人，都会情不自禁思考人生价值问题。而对这个人生终极问题的思考，自然激发了我们每一天都会努力追求、塑造并践行自我，以赢得人类感觉到我作为个体的真实存在。由此决定了每一个人都是一个独立的自我存在，这种独立存在取决于吸取尽可能多的知识和个人意志力作用。

同一时间与空间，各个充满活力与个性个体，组成了整个人类社会。对这样的社会基本形态，不同的学科有不一样的认识与描述。管理学从组织角度看是金字塔形；经济学从收入水平人群分布看是橄榄形；社会学基于人类联系视角看是网状形。依此而言，每一个具体存在的个人，与生俱来的诉求，无非都是追逐金字塔的塔尖、橄榄形的高收入群、网状形的中心或核心。人类个体追求的自然作用，反复强化着固有的金字塔、橄榄形、网状结构。能真正梦想成真的，在整个人类社会中，至今的历史一直表现为少数人群，大部分人只能在底层。社会经济的活力就在于，底层的人总想要不断地努力向上，成为少数人群，从而形成了人类至今竞争不息的历史，这正是人活着的主要动力与意义所在，也使你生命的每一天充满了激情。从而形成了一个非常简单明了的描述：我们每个人都是渺小的存在，但是我们希望通过自己有限、微薄的努力（获取并拥有尽可能多的知识与能力，以及顽强意志力的实现），得到更多、更广、更长时间与空间的社会承认。这就是人生的价值。求知，成了决定人生价值的核心能力。

1. 知识来源与存在

知识来自什么？来自存在。我们接下来讲的可能比较哲学化，但是很重要。如果没有这样的思维能力与基本框架，将来面对日益复杂的会计问题时，容易做出令人啼笑皆非的分析。

当我们说存在的时候，首先必须回答：存在是什么？如果这是一种描述性的表达，这是实实在在的存在，还是你感觉的存在，以及是你"欣赏或中意"到的存在？这些存在是一回事吗？这样看问题，知识就形成了最简单的三个决定因素，概括来说就是真（实在存在）、善（感觉存在）、美（欣赏或满意的存在）。所以说，一个简单的"存在"两个字，具有非常复杂的含义。这种复杂性含义，纯粹是人类思维理解活动而人为造成的，跟存在自身实质上无关。人类这样的认知框架，唯一目的就是了解适应并享用这个无处、无时不在的存在。在现代知识体系中，因为发现存在的"真"，形成了科学；让存在满足人类身心健康，就表达了存在对人类的"善"，产生了"管理"；使存在成为人类赏心悦目的东西，满足了人类的"爱美"之心，表现为"艺术"。迄今为止，人类有关世界所有知识都由这三个基本部分组合而成。某种意义上，知识都是针对人类而言才产生的，善是知识本质属性，美是知识表达形式上的基本要求，真则代表了知识可验证的客观性内涵。

（1）真

我们最常说的就是科学，科学到底是什么？真实有真和假两个东西，因为有真的实，也有假的实。我们需要真的实还是假的实？真的实还有两个，是全面的还是片面的，什么叫全面的呢？全面的是整体的。什么叫片面的呢？一个因素，一个侧面。我们需要的是全面的实还是片面的实？当然是要全面的实，这个全面的实还可以分为短期的和长期的。当然，人类所追求的是整体、全面、长期即永恒的知识（存在）。

联系会计学术，目前我们对科学性的坚守做得非常片面以至于有些固执。以现在盛行的实证研究为例，实证研究一般需要时间窗口。这方面，中国会计学界在实证过程中已经闹了不少笑话。例如，收集数据五六年或七八年就开始煞有介事做回归了，但据我们了解到的实证相关性研究要求看，实证研究若少于20年的时间窗口，做出的回归是毫无意义的。西方教科书中，诺贝尔经济学奖中的几个经典金融理论，包括MM定理、CAPM理论、布莱克-斯科尔斯模型以及资产组合策略，都需要很长时间（500年）[①] 去检验，才得以证明这个理论是否成立。由此可见，以不足10年的数据做相关性研究的实证做法，可能属于学生做作业范围而没有资格称之为"学术研究"。

知识的创造不仅需要真实，还需要真相。真实与真相，是任何科学研究必须要达到的基本境界和要求。科学意义上的真相，表现为一条整体、全面、长期的实线。但这条实线，并不直观呈现在人类面前，科学的任务，就是在纷繁杂乱无序现象的长期观察中，找出这条实线。所以，在西方有一个很著名的观点：科学从来没有任何的创造，它只是一种发现。问题在于，在我们打着科学的旗号做研究的时候，我们是在整体或局部、全面或片面、长期或短期的哪一段，我们仅满足于在片面、短期这一段做学问，则按物理学上有用功或与无用功的说法，我们这样的研究，是在做有用功还是无用功呢？

（2）善

管理的特定意义，可以定义为人类区别于其他动物的基本能力。真正的管理实际上是让我们人类的善意得到更充分的表达，这是管理大师彼得·德鲁克在《卓有成效管理者的实践》中的说法，我深以为然。这句话挑战性很大。因为什么叫善，这本身就是一个难以说清、更难以计量表达的问题，但这不妨碍这种说法对理论与实践的引领作用。其实，所谓善，不外有大善与

---

[①] 格尔德·吉仁泽，2015. 风险与好的决策[M]. 王晋，译. 北京：中信出版社：120.

小善。所有善，集中表达了人类以下基本理念：在自然面前，人类是渺小的；对于人类而言，会计是渺小的；对于会计而言，每一个会计人是渺小的。反过来，我们每个人对于会计行业，会计行业对于人类社会，人类社会对于整个自然，不再成为渺小。体现并追求这种成为不渺小，就形成了朴实无华的善概念。我们会计行业，在我们的人类社会文明进步当中不再渺小，那必须对人类文明进步有所善贡献，即表现为激发、鼓励、引起人类表达善意，而不应该助长恶行。当然，人类其他所有制度与技术、工具、方法应用都是这样。这种善意追求，对整个人类发展而言具有必然性。对此，法国著名的思想家、数学家彭加勒在《最后的沉思》一书中阐述了这种必然性存在的客观基础："让我们暂且承认，物理规律在很长的世世代代的过程中，已经经历了变化，让我们扪心自问，我们是否会具有觉察到这些变化的手段。让我们首先不要忘记，在人们生活和思考过的若干世纪之前，有一个无法比拟的更漫长的时期，当时人类还不存在呢；毫无疑问，今后接着的将是人种灭绝的时代"。那么，人类怎么样才能在自然这个大框架里，从短暂的存在变成相对时间长一点的存在？最好能成为永恒存在。但是，自然怎能让人类成为永恒的存在呢？这唤起了我们对人类本身生存价值的一种思考，从而自然激发了人类善意，这形成了人类生存发展的一种最基本的需求。但是，这种最基本的需求，不是概念化的口号、简单的图腾，而是融入我们整个人类每一个具体人血液当中，落实到我们每个人的每时每刻行为当中。在现实生活中，善也不是一个抽象的概念。中国人跟人家打交道时，有以人为恶还是以人为善两种基本观念。又说"害人之心不可有，防人之心不可无"，这表明在人类社会发展整个历史长河中，求善、行善非常艰难。有关这些问题，在人类文化、文明进化中，一两句话无法讲清楚。当我们学一种理论，学一种知识的时候，特别是我们在实践当中碰到挑战的时候，必须要回到我们人类的这个基本层面去反思。你的基本立足点，是从善意的出发还是从恶意的出发，这一点很重要！对人类每一个具体主体即个人而言，在生存发展的人生中体现善意的保护和激发，还是邪恶理念的肆意妄为？我们穷其一生每时每刻都在选择，而知识的创造与传播，包括学习，特别是大学教育，当然是人类最基本愿望的充分表达，使每个人的言行，接受并表达和践行更多的善意，从而让人类发展拥有越来越多的希望。会计制度的建立与实践作用，更是如此！

（3）美

美也很重要，我们会计上面有没有美？有什么美？以前讲三张报表、会计要素的时候说，会计有一种形式美"变量 A – 变量 B = 变量 C"，即一个指标减去另一个指标等于一个结果性指标，资产减去负债等于所有者权益、收入减去费用等于利润、流入减去流出等于净流量。三张报表，三个最基本的公式，我们通常把它概括为会计的形式美。会计中最重要的一张表是资产负债表，它最大的特点是什么？一分为二，我们以前叫平衡表，出版于 1494 年的意大利的卢卡·帕乔利的第一本所谓的会计书——《簿记论》，其实翻译方面很有意思的，你们去查看原文，我们很多人把"proportion"翻译为"比例"，它揭示了会计本质上反映了经济活动中的比例关系，但是我觉得生活·读书·新知三联书店比较靠谱，它们出版翻译帕乔利著作《簿记论》的时候，对此非常贴切地以中文"对称"两字表达①，使会计本质特性表达得淋漓尽致：会计无非是把经济活动中无处、无时不在以及决定经济活动发生变化的"对称性"关系，以简明、直观、通用的"借贷"复式予以如实记载并综合表达，从而使人类认知、管理经济活动有了一个标准、有效、实用的基础性工具与手段以及知识。

  发轫于 1494 年卢卡·帕乔利学术贡献的现代会计，以复式簿记为主要形式，它创造了两重世界，通过借贷两极对称反映实现了静态和动态的平衡，从简单的数学意义上再现了现代企业责任和权利的对等、制衡和动态优化关系。很多现代经济学当中非常棘手的问题，在资产负债表中得到了一览无余的充分表达。因此，一张资产负债表既可以看作是两权分离的直观表达方式，又可以看作是对公司治理内在制衡机理的直观体现。借贷两极之所以永远相等，不仅仅代表着数量上的平衡，更代表着一种责任和权利的平衡；资源和能力的平衡；委托和代理关系的平衡。所以，关于现代经济学的一系列难题，在现代会计学当中已经表达得非常清楚。反过来，解释并解决现代经济所有的难题，离开了会计的努力，都将一事无成。所以对于会计而言，美是一个始终的存在，绝不是一种花哨调侃。

  现实中，人们往往问会计到底是一门科学，还是一门艺术？于是有人就讲了：会计既是艺术也是科学，但又既不是科学也不是艺术，有时候更像魔术。这方面，往往使年轻一代会计陷于迷茫失措的尴尬境地。由此而言，会计理论教育任重道远。

---

① 麦克尔·怀特，2001. 列奥那多·达·芬奇[M]. 阚小宁，译. 上海：三联书店：117.

2. 人类存在的载体：利益

知识对人类才有存在价值。甚至可以说，知识只是对人类而言才有价值。在知识面前，人类本身也成为一个客观存在。作为会计构成其一部分的社会科学，以人类本身这个客观存在为研究对象。当从知识的角度来概括人类存在这一范畴时，社会科学领域产生了一个专门概念：利益。人类存在以"物质与精神"来概括，产生了哲学意义上的概念范畴，通过人类存在这两个基本层面及其关系分析，深刻地揭示了人类存在的客观基础、内在结构、心理与生理实现机制，从而赋予人类作为生命存在的世界观与行为规则。哲学意义上的人类存在概念，知识转换至社会学领域，就产生了利益概念。人类存在知识具体化到心理学领域，形成了"欲望"概念。人类存在哲学范畴应用于经济学，形成了"需求"概念。但人类需求概念太笼统了，更实在具体一点就产生了"财富""金钱"概念，最终进化出"货币"概念，形成了金融学。由此可见，货币是人类存在的衍生范畴。人类一旦接受了货币概念，其行为以及利益诉求就变得明确而具体，结果产生了一个令现代社会头疼异常的概念——贪婪。我们现在这个世界面临的困境，用最感性说法，是物欲横流。表明人类社会已进入了极度贪婪的时代。对人类贪婪倾向的有效疏导与管理，成为现代社会经济实现文明进步的关键。

（二）会计功能作用的现实场景

1. 公司与金融制度的坍塌

当今世界占主导地位的西方文明，在其形成的几百年中有两大显著的贡献：第一个是公司制度，第二个是金融制度。应该承认，这两个制度对于当代人类文明作出了非常了不起的贡献。公司——特别是股份有限公司——对市场经济机制的完善作出了奠基性贡献。金融制度，特别是发达的资本市场，也对人类利益的充分表达与有效实现，提供了能够分散与管控风险的灵敏系统。

但在 21 世纪的头十年，这两个最基本的制度，也是市场经济最神圣、庄严的两根柱子，被残酷的事实无情击倒了。现在网络上，最时髦的一句话叫"人设坍塌"，意为原认为一个很崇高或了不起的人，结果发现很"渣"，差到难以想象。一个人一旦人设坍塌，那就会被社会彻底抛弃。西方文明代表的两大制度，21 世纪初也出现了"人设坍塌"危机。

2001 年，以美国安然公司为代表的一些大公司的会计舞弊，摧毁了整个社会对大公司的信任。大公司原来是社会繁荣昌盛的根本，社会经济的稳固发展依赖于这些大公司的贡献。我们一直坚信大公司是可以信赖的，但安然事件告诉我们，大公司也会骗人，这种骗局对全社会更具有欺骗性，如此形成了十分严重和恶劣的后果。如果社会对大公司失去了信心，那么，这个社会的信任基础就消失了。资本市场靠投资者信心维持，如果投资者最基本的信心丧失掉，资本市场就会崩溃，社会经济出现动荡，这是安然事件带来的后果。对现代企业制度的重大贡献，美国哈佛大学的企业史研究专家小艾尔弗雷德·钱德勒，通过三本非常经典的著作作出了深入研究：第一本《看得见的手——美国企业的管理革命》，他认为亚当·斯密指出"看不见的手"即市场很伟大，但对现代经济发展起决定意义作用的，还有一只看得见的手——企业管理。而且他认为，现在"看不见的手"的地位与作用，在大企业出现后，就被"看得见的手"替代，这只"看得见的手"才是现代经济发展的主要推动力量。亚当·斯密的"看不见的手"是指市场，钱德勒讲的"看得见的手"是指企业管理，他认为，企业管理才是导致经济发展增长的生生不息的决定性因素。第二本《战略与结构：美国工商企业成长的若干篇章》，讲的是大公司的发展，带来了企业组织的深刻变革，这种组织的变革极大地影响了我们这个时代。在20世纪初期，杜邦公司、通用汽车、通用电气，这些公司的企业制度乱七八糟，但通过反复努力，这些公司形成了现在世界上所有的大公司都采用的经典的组织机构，即"M"形的组织结构。这个"M"形的组织结构，集中表现为科层制、事业部、分公司，层层关联，形成了现代组织与管理的崭新模式，从而推动了现代社会经济的强劲发展。在会计上，在"M"形的结构底下，产生了完整意义上现代会计很重要的领域——管理会计。"M"形的组织结构，产生了对管理会计充分发挥作用的强烈的本能性需求，会计这一功能恰恰是传统财务会计无法企及的，从而带来现代会计制度基本结构的极大完善以至基本成型。第三本是《规模与范围：工业资本主义的原动力》，或者叫《规模经济与范围经济》，它讲的是社会经济发展过程中，大企业通过什么形式推动社会经济的发展，实现社会的繁荣。一个叫规模，另一个叫范围，前者讲的是生产的量，后者讲的是生产的边界。这本书回答了战略发展中很重要的一个问题，企业的发展到底是纵向一体化还是横向一体化？通过纵向一体化和横向一体化实现公司的有效增长，带动了整个国民经济的健康发展。钱德勒通过三大专著系统研究，表达了一个很重要的理念：社会经济发展到工业化时代，人类生活物质文明水平明显提高，企业以及管理成为社会经济发展的基本力量。在这样的一个时期，人类的利益得到了极大的满足，中产阶级也是在这个时候出现的。《福特自传》介绍，亨利·福特对公司发展，具有一个很强的理念或者初心梦想：让每个人都要拥有汽车。你可以攻击他，说他是为了挣钱。但是他要造每个人买得起、用着好的汽车，解决了两大问题：第一个是生产与组织、管理标准化；第二个是明显提高工人的工资水平，从而有效提高了整个社会的购买力。第一个标准化就可以实现大量生产，大量生产可以持续降低成本，降低成本后以更便宜价格满足消费者需要。这样快速显著扩大了全社会供求关系的总规模，带来了人类的生产与消费能力水平大幅度提升。这就是工业革命在20世纪初期对人类社会经济发展的巨大贡献。工业化带来了人类的文明进步，但这种文明进步主要是通过企业管理革命包括了现代会计制度，尤其是管理会计制度的积极作用而实现。

钱德勒是从经济学角度研究企业发展对社会经济发展的决定性作用，但市场与企业发展到一定程度，就必然产生另一个很重要的领域：金融。所谓金融，若把经济比作人的身体，金融恰似人身上的血液。但是，一个人的血液必须全在自己身上，而企业不是这样。企业有一个非常重要的特征，其血管要跟整个社会尤其是其他企业的血管打通，成为整个社会血液循环系统的一个支流，形成互流关系，这就叫金融。金融对经济的贡献很大，一定程度上成为现代社会经济的生命活力之源。但是，金融也会对社会经济产生严重副作用。金融对现代社会经济非常重要，金融行业的人才对现代金融制度的成败起着关键作用。金融行业的精英，应该是整个社会精英中的精英。我们都知道华尔街，代表了世界金融界精英集中的场所。华尔街的精英们应该是充满情怀，对人类文明充满使命感的一批人。但本世纪初发生了一系列经济疯狂事件，以雷曼公司等投资银行为代表，华尔街成了一批贪得无厌的金融骗子，充分施展其"才华"的地方。华尔街在全球范围内也出现了"人设坍塌"。当我们与华尔街略为深交，顿时感受到了一种对人性极具腐蚀作用的文化——贪婪已成为华尔街精英奉行的主流文化。从而，由华尔街出发，这样一种对金钱世界的病态迷恋与诉求，通过资本的国际自由流动，有效地带到了地球的每一个角落。

诺贝尔经济学奖得主罗伯特·希勒在《金融与好的社会》一书中认为，金融会带给社会美好。我看后对照华尔街丑陋的事实，觉得并非如此。金融真的给我们带来了美好社会？在中国资本市场，"股市"与"故事"是谐音，中国股市主要靠什么运行？有人戏言靠讲故事，如果你能一个接一个讲好公司的各种故事，你的公司股票就有很好的表现。这样的调侃，道出了中国金融诸多无奈的冰山一角。2007年，华尔街"雷曼事件"以后，大家终于明白金融不只是带给社会快乐，也会带给社会虚幻最终铸成巨大灾难。华尔街雷曼事件起因于美国盛行的次级贷款。次级贷款是何概念？简言之，应该是按常规无法放出贷款。现以公司理财中应收账款为例解之。大家知道，应收账款一发生，就内含着可能收不回来的风险；收不回来的应收账款，叫坏账。坏账在会计上就要冲抵。但是，西方人这方面特别聪明，隐含坏账的应收账款不用急着处理，可以便宜点卖给别人。于是，在自己手里明显有坏账风险的应收账款，卖给别人以后与其他具有坏账风险的应收账款打包组合，形成新的理财产品，金融因此形成了创新产品——资产证券化，这样坏账的痕迹就抹掉了。这种化腐朽为神奇的本事，成为华尔街精英征服整个世界的"核武器"。因为在我账上叫坏账，卖给你怎么办呢？一般有两种做法：第一种是打包，形成债券组合，打包以后就不叫坏账，可以结合成一种新债券。A坏账加B坏账加C坏账，坏账加坏账可能变成好账，再发一个债券，如果债券卖不掉怎么办，把这个债券跟另外一个债券再组合，打包到一定时候，人们就看不清楚它的底盘是什么了，就有老百姓买了，这就叫次级债券。这种说法太难听，就有人把它跟期权打包，取名叫金融创新，或者金融衍生工具。实质上，所有的金融创新工具或衍生工具都是为了管理资本市场的风险产生的，那么，这种风险具体含义是什么呢？事后看来只能理解为骗不到公众钱的风险。中国学了其中另外一种做法，就是把这些坏账合在一起，专门交给银行处理，银行取名叫资产管理公司，让银行打包不良资产进行盘活。金融究其本源有个非常本质性的品质：信用，是金融实践不能亵渎的神明。金融的基础是社会的信用，金融发展必然带来社会信用的增强。金融理论是这样描绘金融带给人类的无限美好，但是发展到最后，金融却彻底忘掉自己对社会的基本承诺，带给人类更多的是信用的丧失（越来越多的庞氏骗局）。

基此，安然事件发生后，美国出台了《萨班斯-奥克斯利法案》（全称《2002年公众公司会计改革和投资者保护法案》）整治上市公司与会计；后来，雷曼事件以后，又出台了《多德-弗兰克法案》（全称《多德-弗兰克华尔街改革和消费者保护法》）整治金融。但我们现在看美国的资料，到目前为止，这两个法案都是停留在字面上，落地层面看根本没有解决什么具体问题。特别是《多德-弗兰克法案》几乎是美国有史以来篇幅最长的一个法案，两千四百多页，这样巨大篇幅，不要说执行，就是完整阅读，也是一件让人望而却步的事情。

安然事件发生后，很多人都在骂安然公司的高管贪婪，美联储主席格林斯潘认为不是现在的人贪婪，而是现在的制度，把每个人都引向了贪婪。现代社会已发展到你不贪婪已不行的地步。你要生存，你要发展，你必须贪婪。这里我们可以把贪婪作为一个中性词来解释。2007年雷曼事件以后，美国人在质疑华尔街在发放次级贷款的时候，就已经为社会埋下危机，因为次贷很重要的背景是房贷。美国为了解决房贷成立了两个公司，房利美和房地美。这两家公司专门解决穷人没有房子住的问题，不同于中国人几代人存款买房，美国人是从来都没有存款的，美国人就是刷信用卡，提前消费，就是用买的这个房子抵押给银行贷款，当贷款人无法还贷的时候，房子被银行收回，贷款人大不了从房子里被赶出来。这项政策让很多老百姓很容易能住到房，因此深受老百姓欢迎。但这样严重违反了贷款的基本原理。贷款中有个必要的前提是偿债能力，对于有偿债能力的人才能给予贷款，这叫社会信用基础。次贷开了给没有偿债能力的人予以贷款先河，银行贷款变相成为一种社会福利。房子盖很多卖不出去，而房地产是靠银行的钱堆出来的，老百姓没那么多钱，就到银行以所买房子抵押申请贷款，这样等同于银行自己花钱盖房子，再花钱把盖的房子买回来，如此折腾，银行具有流动性的资金，变成了流动性很差的不动产。当房贷者不能如期归还房贷成为普遍现象时，次贷危机也就爆发了。在这个过程中，银行、证券公司挣了很多很多钱，但对整个社会带来很大的灾难。所以后来对"次贷危机"有了一个更贴切的名字——金融海啸，最后成为事实上的经济危机。从而，一个美国次贷危机事件，带来了全世界的普遍而长期的经济衰退。

关于20世纪末至21世纪初美国金融危机，被誉为继《光荣与梦想》以后具有史诗般反映美国1978年至2012年社会经济发展的《下沉年代》[①] 一书，对此有一段非常真实的描述。20世纪80年代"储贷危机"与21世纪初期"次贷危机"，其背景是金融机构一味鼓励并煞费苦心地提供各种工具、手段与产品方便人们，尤其是年轻人实现超前消费。20世纪80年代，短时间内出现了700家金融机构破产，其背景是由于当时这些银行一大批负债者

---

① 乔治·帕克, 2021. 下沉年代[M]. 刘冉, 译. 上海：文汇出版社.

主动要求破产。这些主动要求破产的银行债务人，不是由于他们的不负责任，更不是钻空子欠债不还，而是完全由于他们深陷债务依赖泥坑难以自拔，害怕余生笼罩在每日沉重的偿债压力下而惶惶不可终日。《下沉年代》以1998年长期资本管理公司（LTCM）破产为例，揭露了当时银行如何通过肮脏账目，滥用了整个社会的信用资源，一步步走向万劫不复的深渊。其间，形成了三种奇观：银行利润猛增；金融业奖金飙升；巨大风险转嫁给社会平民层。这样的"财务崩溃——这不是社会性耻辱，而是个人的悲剧，也很少是性格软弱的后果。倒不如说，这是监管不力的后果。"现在看来，真实的背景，可能不是简单的监管不力，而应该是一定程度上的监管纵容。即使当时联邦储备委员会主席沃伦对此"不可原谅"，但所有尝试兑现"不可原谅"的企图，招来了整个美国体制精英的"不可原谅"，华尔街还是依然如故。事实上，当时的美国，政治、经济、金融三者融为一体的制度，已打造了一种畸形的社会经济生态："舒适的腐败已经成为国会山周边做事的正常方式。"正是美国的抵押贷款，加上全球信贷，把整个世界彻底搞乱，以至于整个地球至今还深陷美国"次贷危机"带给世界经济严重打击的阴霾中而奄奄一息。对此，约翰·麦基在《伟大企业的四个关键原则》一书中进行了严厉谴责："贪婪、金钱和利润已经成为企业的夸张画像，不幸的是，在涉及市场经济的金融部分，这是准确的。与其他任何经济部门相比，华尔街的显著特征就是短期财富的创造以及高得难以置信的薪酬水平。……2008—2009年金融危机显示，华尔街产生的巨大财富原来是来自短期投机、交易和赌博，而不是真正的投资，这些活动产生的收益由投机者和交易员装入个人腰包，但损失却由政府和纳税人来埋单。"[①]

次贷危机刚爆发，社会公众异口同声谴责华尔街的精英人士，在职业层面已经彻底堕落了，根本没有最基本的伦理道德底线。亚当·斯密的同情心在华尔街精英身上，似乎已荡然无存。

我不知道大家听了这些，此时此刻的内心世界有何感慨。但我讲这么多，无非是试图传递给大家一个明确的信号：我们任何行动，都是在一定知识背景下进行的。从某种意义上说，我们每一个人都是知识的奴隶。不妨做个自我判断，自己现在处于受何种知识控制状态？我们上学、上班、做研

---

① 约翰·麦基拉金德拉·西索迪亚，2019. 伟大企业的四个关键原则[M]. 史建民，译. 杭州：浙江人民出版社：109.

究，到底是在追求什么。安然与雷曼事件，两者过程都离不开会计一路的"保驾护航"。试想，离开了会计积极配合甚至主导，安然与雷曼能成为"事件"吗？联系这样的现实，会计似乎成了安然与雷曼事件的幕后黑手，其社会形象已难言高尚，有时倒觉得有点猥琐。此话很难听，但说给会计同行听，可谓"苦口良药"。

2. 守护神与导航仪

社会一步步发展，会计制度也在逐步演进。会计不是一种在真空中存在的自然制度，而是一个非常现实的社会制度。会计知识、会计制度比经济知识、管理知识、社会学知识等要更加普世。因为它是每一个人、每一个行为过程中都无法逾越的一门知识。理论上，我们可以赋予会计以"公有知识"身份，会计可以提供以下两个方面公有知识。

我们认识经济世界，没有会计知识辅助绝对不行。会计知识提供了我们理解现代经济世界的基本框架，我们现在理解基本的经济活动，不是靠我们的经济知识，而是依赖我们的会计知识。更重要的是，会计对每一个微观和宏观的经济行为能产生直接的影响。我们强调会计对经济的影响，主要体现对经济活动中每个法人与自然人具体行为的影响。会计的这种影响，主要体现在两大方面：一个叫守护神，另一个叫导航仪。导航仪是给我们的经济提供方向、力度与能力组合结构的指导。所谓守护神是每时每刻对我们行为的约束，这种约束体现在会计准则、制度、规定对任何经济行为都具有框架性（边界）与动作性（如何做）的约束。用会计语言讲，守护神更多地体现了会计监督的要求。所谓导航仪，体现的是对经济活动的引导优化，即现在应该怎样做才能更好，由此形成了会计核算功能。核算与监督这两大功能，决定了会计产生与发展历史的基本面。

如果我们将会计落实到具体的领域，可以从这几条线去观察。从基本层面，会计功能作用大概分为宏观经济与微观经济两大领域；从会计服务对象看，会计分为对外报告的财务会计与对内报告的管理会计两大领域；从会计主体性质上看，分为营利组织会计与政府与非营利组织会计两大领域；从知识构成看，会计分为会计理论、会计制度与准则、会计职业、会计实务四大领域。因此，会计具体内容非常丰富而且极其复杂，不是一个单独、孤立、简单的存在。作为研究会计的同学，必须要有正确的思维框架，如果没有一个准确的思维框架，在纷繁复杂的会计问题面前，我们是无能为力的。何况你们缺乏社会经历，没有任何关于会计的经历和真情实感，要研究会计可能是一个很大的问题。缺少与社会对话进行的社会问题研究，只能是笑话。我们如果不能了解会计的现实，那么，所做的会计学术研究就难以指望有所贡献。所以说，会计基本理论这门课程，从某种意义上是要唤起大家对会计的一种深刻的本源性思考，这种思考能带来会计学术与职业的健康发展。

## 四、会计理论研究应有的境界

中国文字博大精深，"思想"这两个字下面都是心。表明凡是论文具有思想性内容，应该是作者发自内心的声音。对会计的所有思考，都应该来自我们自己学习、从事、研究会计的内心所向。从另一个角度看，思想两字，上边一个是田，一个是相，表明人的思想，必须脚踏实地去努力寻求事物的真相。这要求会计论文的作者，对会计任何的感受，必须具备直接起码也有间接的社会与会计实务经历，不然写出来的论文，极有可能是纸上谈兵或无病呻吟。具备了这样的前提条件，写出来的会计论文才可能对读者产生应有的感染力，观点与论据才具有真正的可验证特征。但是，目前会计学界这方面真的值得反思。现在，很多会计论文的作者，既没有会计实践的直接体验，也没有对一些会计二手数据了解把握的间接经历，甚至从头到尾根本不懂会计，连简单的会计业务借贷处理也搞不明白，读到这样的会计论文，连惺惺作态的感觉都没有。我曾经很感性地告诉学生，真正好的会计论文，应当是读者看了，透过一个个文字、一段段话、一个个论证、一句句结论，明显感到作者的血，在一滴滴地往下滴，而且滴到读者心里，让你感到一滴一个震动甚至产生颤抖。这应该也是我们会计学术研究追求的境界。因此，会计学术与论文，必须来自作者对会计理论与实务的切身体验和深邃思考，而且我认为真正优秀的会计论文应该是独一无二的，旁人连抄袭都无法仿制。至于基于数据的会计学术研究，也应该服从追寻会计真相的基本原则。一般而言，所有数据只是表明事物的表象，与我们所要了解的事物真相，往往存在着很大的差异。中国传统文化中的《易经》，里面有象卦，用于观察自然，也去相面、相风水，而不会叫"象面""象风水"。这说明，我们祖先即使处于文化原始阶段，也认为象与相，完全不一样。事实上，我们学术研究尽管努力追求这个相（所谓坚持科学精神），实际能做到的只是以"象"及"相"，这个"象"就是数字，是行为过程与结果的表现，只是兑现了"毕达哥拉斯"的哲学理念而已。会计制度也只是本着这样的前提，为人类认知并管理经济活动，提供有助于了解经济活动真相的观察框架和系统数据，从而满足了人类经济文明进步的基本要求。

人类永远面对的是事物的"象"，但是要回答的是事物真相。现象跟真相永远是两回事。我们只能缩小这两者的差异，但是我们很难彻底消除这种差异，实现合二为一。这正是我们学术与科学研究的魅力所在。衡量一个学者科学研究的贡献，就在于看通过研究，缩小还是扩大了两者差异？如果说，两者差异扩大了，这叫学术倒退；只有缩小了两者差异，才叫学术进步，才是一个学者学术研究应有的追求。因此，我们现在课堂上练习的实证研究，存在着一个很大的思维误区：只要跟以前不一致的，论文就有理论贡献。但是这个贡献很有可能是进步，也有可能是倒退。我们希望，更提倡中国会计学界养成追求学术进步的良好习惯，并以此作为衡量学术质量的唯一标准。

## 五、如何观察并研究会计？

端正观察与研究会计的框架和视角，是保证会计基本理论学习与研究质量的必要前提。

康德在《实践理性批判》一书结尾，对人类有一个很中肯的告诫。基本意义已众所周知，即人不能光埋头思考，还要学会经常抬起头来看看星空，并拍拍自己的胸口。星空代表了大自然，任何人都必须敬畏；拍胸是以深藏自己内心的道德法则，来审视自己的言行。人类文明进步要求人类行为不断提高理性水平，这种理性水平集中体现人类行为过程的方方面面。而人类行为能力与理性水平的提高，一般来自人类知识的增长，而知识增长完全来自学术研究的不断贡献。从终极意义上看，所有学术研究都是为了提高整个人类文明当中的理性水平。不过，"理性"讲起来很容易，做起来很难。人类从蒙昧时代到野蛮时代，进化到现在文明时代。但我们看到，文明时代的人还经常做一些蒙昧、野蛮的动作，会计也是如此。这不得不引起我们的反思，表明会计研究还有很多的路要走，体现在基本层面，就是我们还没有很好地解决"怎样认识会计"问题。就整个会计理论发展而言，它虽不是一个必然王国而远未进入自由王国。在理论世界，自由王国是我们已知的，还有一个未知的叫必然王国。认识会计的未知世界，形成了会计理论研究的全部任务。对于会计行业而言，研究的目标是发现更多的必然。为了实现会计的自由，必须加强会计基本理论研究。西方说得好："不自由，毋宁死。"那么，为会计行业赢得更多的自由，必须踏踏实实地学习并研究会计。

## 六、会计研究要有价值认同

完整的知识需要全面体现出真、善、美的和谐统一。而会计作为一种社会科学知识也应该具有完整表达真、善、美的基本特征。会计不只是一门技术，会计人员也不只是一个技工。若会计仅仅满足于技术层面，那么，会计就难逃被计算机替代的厄运。因为计算机最为擅长的就是对标准化工作的替代，会计在目前恰恰是社会标准化程度比较高的职业，而对比较个性化的工作，计算机尚难胜任。会计作为社会职业，应该有自己的社会担当，拥有自己的灵魂，值得每一个会计人用心履职。服从自己的内心去从事会计工作，这应该成为每一个会计人员寻求的精神境界。

说到会计用"心"，其实是一个极具感性的表达。"心"常常代表"人心"或"民心"，其实，"人心"和"民心"都表达了一种"使每个人的利益最大化"的愿望。"使每个人的利益最大化"这句话说起来容易，做起来其实很难，但这体现了人们心中的一种理想。会计应为这样一种理想的实现做点什么呢？

我们来到这个世界，每个人都觉得自己是这个世界上独一无二的。而从基因的角度上看，人类与大猩猩的基因相似度高达99.3%。可见，人与大猩猩之间在基因上的差异非常之小。但就是这样一种微小的差异决定了大猩猩与人类的不同。决定我们每个人之间差异的到底是什么？这种差异看似微小，实则非常重要。人性需要回答这个问题，会计也要回答这个问题。

我们在面对存在诸多问题的现实会计的时候，经常会得出简单结论：会计不应该是这样。这尽管是一种价值判断，但这确实是我们的会计职业、会计知识、会计学科，包括每一个会计人员时常面对的问题。如果我们在"会计应该是这样而不应该是那样"这个最基本的问题上面，没有非常清晰和确定的认识，那么，我想所有的会计知识，具体化为会计准则，表现为会计行为，最终成为会计信息，会计整个链条所有环节都将产生很多很多的问题和误解。而这种误解不仅仅存在于我们个体会计之中，还可能存在于我们整个会计行业的生存和发展历史当中。从整个国际层面的会计发展来看，会计准则从无到有再到完善的这样一个过程，其实有很多方面是值得我们好好进行思考的。我们的准则制定本身，事实上存在着自觉或不自觉地偏离原来轨道的风险，这种风险并没有被我们很好地认识，当然也谈不上加以合理管控。会计行业发展到现在面临诸多问题，从根本上看，可能跟我们自己没有很好地把控这种风险直接相关。我们的会计职业在社会上有时不但未能充当好自己应有的角色，反而走向了自己职业担当的对立面。对会计的社会担当，我们上文很感性地概括为社会文明及其进步的"守护神"和"导航仪"。首先看"守护神"角色，现实中，对诸多经济不文明行为，会计更多地充当了"帮凶"而不是"守护神"的角色。其次，看"导航仪"角色，现实中，会计在最近半个世纪尤其进入本世纪以来，不时地将人类导向不是好的而是不好的方向。无论是2001年的"安然事件"还是2007年的"雷曼事件"，都说明了这一点。安然是个大公司，雷曼是华尔街投资银行翘楚。这两个主体之所以能够做出危害全球的事情，都是由于会计的为虎作伥。安然公司的恶性事件，主要是因为安然的会计在合并报表时，没有准确地反映安然公司的财务状况，从而误导了投资者。雷曼公司之所以破产，是因为雷曼的会计事先未恰当披露所持有证券中隐含的巨大风险，又在毫无征兆的前提下突然计提了巨额的"公允价值变动损益"，使得雷曼公司财务报表非常显著地表明公司流动性已面临枯竭的风险。

　　让会计人员在工作中拥有基本的是非观，是保证会计用心工作的前提。为此，从事会计职业的所有人员需要形成一种基本的"价值认同"。这种价值认同对于实际会计工作究竟会产生什么样的后果，我们以往经常在学生什么都不懂的背景下，讲会计的"经济后果"，往往让全体同学如坠云雾。其实，我们说会计准则有经济后果，会计行为有经济后果，这种经济后果是指会计对我们整个人类行为产生的具体影响。"好"的会计会将人类行为导向"善"，反之，则导向"恶"。只有在价值认同后，我们才会在会计学习和研究中充满信心、激情以及无怨无悔。这也就是为什么我经常跟自己指导的学生说："写论文其实是一件很愉快的事情，写论文的感觉就如同将皮肤上长的大脓包挤掉，论文写出后应该非常轻松、愉悦和畅快。"但现在我们很多的学生写论文的过程是痛苦不堪的，论文写出来后更加痛苦。导致如此状况，主要还在于我们从灵魂深处没有产生对会计神圣使命的崇拜。只有解决了会计的价值认同后，学习和研究会计过程才会变得非常轻松。因为这是你所认同的，你知道学习这个东西的意义与价值所在，学习研究以及工作就会自然而然地理直气壮。

## 七、会计职业需要崇高的境界

用心会计，涉及"心"的三重含义：第一个是"心情"；第二个是"心景"；第三个是"心境"。"心情"是复杂多变的，金融学中的行为金融就是专门研究投资者情绪的。我们的存在可以是多种多样的，但是我们的出发点应该是一样的，即"善"。但要达到这一点，必须要塑造我们的"心景"。心理学中有一门课叫情绪管理，情绪管理无非是改变你的"心景"，心中的意念、想象和定格。我们以前很多的学生，走向社会经常会遇到很多的挑战，很多事情是令人沮丧的。我在与学生日常沟通中，经常会讲一句话"一个人最大的本事，并不是赢得了人生，而是将自己人生发展过程中遇到的很多坏事变为好事"。也就是说，将坏事变为好事这才是一个人真正的本事。当你觉得这是一件坏事时，心情绝对不会好。但是当你换一场景，吸取坏事教训增长了你以后做事的智慧，则坏事就变成了好事，心景顿时发生了质变。"心景"决定了你的"心情"，而决定"心景"的是"心境"。换一种"心景"可以换一种"心情"。但归根结底，一个人的"心情"是由"心境"决定的。无论是一个人的言谈举止、交流沟通，还是一个人的决策行为、处理问题的方式都会体现一个人的境界。什么是"境界"？"境界"是人生的一种定格和高度。

年轻人应该比我们看得更远更深。但是不可否认，人与人境界差异与每个人的经历，更与每个人接受的教育直接相关。会计从本科到博士的培养，最具有挑战性和本质意义的，就是帮助并督促学生完成会计理想境界的塑造。当然，我必须承认，我们这一代可能比你们要幸运，因为我们一路走来经历了很多苦难和贫穷，而你们没有这样一种经历。没有这段艰苦的经历当然很好，但正是这样一段经历导致了我们的认知与你们存在差异。你们来到这个世界的时候到处是阳光，你们已习惯于听好话。我们教育界也竭力提倡赏识教育，对学生以鼓励为主。但现实让我们当老师的非常纠结，如果你们做得很差，还要我们去鼓励，那我就不知道在鼓励什么？如此教育的使命到底是什么？我们学校培养的人才，现在有许多需要反思的问题。我们会计系的人才培养也是如此。我举两个简单的例子：第一个，你走进教室的时候，愿意坐在后面还是坐在前面？第二个，我们在上课时，总有学生迟到，但每个学生迟到总会说出一大堆理由。其实，这些现象和行为都是有信号作用的。我不知道你们愿不愿意与一个经常迟到并能找一大堆理由的人一起合作。一个人的境界并非浮在半空当中。当我们说这个人是非常"大气"的，其实这句话已经非常概念化了。我希望我们培养出来的人才，如果要成大才，肯定是要有境界的。没有境界的人是成不了大才的。当然你们可能会说："我看到很多没有境界的人，日子过得很好。"甚至你们会找很多的事例来证明：有境界的人往往比没有境界的人过得更糟。但是，我把我们的革命导师列宁爱引用的一句话送给你们。这句话出自《克雷洛夫寓言》，即"鹰有时会飞得比鸡低，但是鸡永远飞不到鹰这么高。"我希望我们会计专业培养的学生，更多地成为社会的精英，成为社会文明进步的贡献者。但成为社会精英、成为社会文明的贡献者，需要有一定的境界。没有境界的人，即使在一个很高的位置上，最后也会出这样那样的问题。会计硕士生和博士生应该要有一点境界。你们毕业后，进入会计的各个岗位，你们的言行举止就是会计的活广告。你们表现得好，会计的形象就好；你们表现得不好，会计的形象就被扭曲。由此，我们可以这样认为，会计在整个地球上如果普遍形象不好，则与我们会计人士对自己的境界没有很好的定位有直接关系。因为人们看到的会计与大家想象的会计反差太大。显然，现实中较为严重的境界不高的会计行为，必然难以受到人类的认同和支持。

## 八、东方和西方对"人性"认识的差异

那我们应该如何看待人性呢？我对人性没有太多的研究，只是在现有的知识中挑一些东西给大家介绍。我们将分别介绍东方和西方对人性的认识。要理解这一点，需要看很多很多的东西。我一直建议研究生要看一些经典的著作，而不是一味地看论文。我们很多杂志发表的论文，若用会计专门的语言来表达，对这些文献进行记账的话，大部分的文献只能计入"低值易耗品"。而我们的经典名著则属于长期资产或无形资产，可以源源不断地为我们的研究提供思想和力量。回到我们要讲的内容上，东西方对人性的认识是有差别的。西方对人性假定，往往是较为个体化。而东方对人性的假定，往往是整体和个体融为一体的。

西方的个体化人性假定，主要有两个代表。一个是道格拉斯·麦克里戈提出的"XY理论"，另一个是马斯洛提出的"需求层次理论"。马斯洛的"需求层次理论"将人的需要分为五大层次，分别是：生理的需要、安全的

需要、归属与爱的需要、尊重的需要、自我实现的需要。总之，该理论关注的重点在于"我"，至于"你"和"他"的需要则未被提及。道格拉斯·麦克里戈的"XY理论"中，"X理论"假定人是必须要进行管理的；"Y理论"假定人是不需要进行管理的。我们很多人是奇怪的，对别人是X，对自己是Y。我们在做内部控制研究过程中，遇到很多领导说要如何如何控制，讲到实处往往表现为对别人进行控制，而自己却不希望受到任何控制。领导一旦知道内部控制实施需要对自己进行控制，他们就不爱听了，甚至避而远之。我们都不喜欢被控制，但是我们为什么要专门研究控制呢？其实我们每一个人都是"X理论"和"Y理论"的结合。从人性的角度看，我们每个人都有好的一面，也有坏的一面。或者说，我们每个人都有阳光的一面，也有阴暗的一面。我们每个人都有见得人的一面，也有见不得人的一面。我们经常将见不得人的一面叫作"隐私"。如果一个人非常高尚，他的隐私重不重要？这个问题可以问一下苏格拉底，看看他到底有没有隐私。

东方对人性的假定与西方并不完全一样。在古代，我们将一个人最高的境界叫作"天下"。孙中山留给我们四个字"天下为公"。在《礼记·大学》中有一句话，"物格而后知至，知至而后意诚，意诚而后心正，心正而后身修，身修而后家齐，家齐而后国治，国治而后天下平"。即"格物、致知、诚意、正心、修身、齐家、治国、平天下"。格物：是遵循本性。致知：具备良知，一心向善。诚意：不自欺，自谦，慎独。正心：平和，勇敢，爱好追求，心在焉。修身：知善恶，辨是非，行端正。齐家：对父母孝，对兄弟姐妹悌，对他人慈。治国：爱憎分明，惩恶扬善，积聚民心，行权为公。平天下：天下为公。这些代表了中华民族对人性境界层次的具体定格，是我们中华民族非常值得继承尤其应在现代大力弘扬的文明精髓。

西方认为人性不管是怎么样的，最后都归结为"理性"。但在中国的文化中，对人性的认识有一条线，即"礼—理—心"。"礼"是孔子提出的，"理"是朱熹升华的，"心"是王阳明完善的。"理"是在"礼"的基础上进一步发展出来的，包括了"礼"的内容。"心"是在"礼"和"理"的基础上进一步发展出来的，包括了"礼"和"理"的内容。从而，在东西方，有关人性的修炼上，都有了具体的愿景目标与方法论基础。

## 九、会计研究的历史背景

我们现在研究西方历史，一般关注的是1850年。为什么呢？因为1850

年是西方工业革命成熟和发展的标志性的界限。1850年，我们的成本会计基本成熟。1494年，世界上第一本会计书问世。1492年，哥伦布发现新大陆。为什么要提这些时间？我们的主要目的在于引导大家把知识放到人类社会发展的整个历史长河当中。若没有时间维度，我们很难理解人类文化进步的脚步，我们的研究会变得非常的空洞。我们说东方和西方存在差异，那么，到底在哪个时间点上东方和西方开始产生差异的，或者说拉开距离的？我们通常将文艺复兴作为西方崛起的标志。文艺复兴发生于中世纪。在中世纪之前，我们中国在整个人类发展过程当中，无可置疑是领先的。这个时期其实是非常有意思的，王阳明所在的时期是中国的明朝，这正好是西方的中世纪时期。1450年古滕堡印刷术的革命，加快了知识的传播速度。西方若没有古滕堡印刷技术的革命，文艺复兴基本是不可能的。这是我们学会计的人不能不面对的历史。我们现在讲的会计几乎是西方为主的会计，而这样的会计，最早出现在1494年卢卡·帕乔利的《数学大全》这本书中。而这本书是对当时社会实践的一种总结和反映。卢卡·帕乔利最大的特点是将当时出现的很多相关的知识收集、汇总在一起，命名为《数学大全》，并得到广泛的传播。我们现在将1494年作为现代会计学诞生的时点。现代会计的兴起，是西方文艺复兴时期产生的一种现象。

西方文艺的复兴、工业的发展以致工业革命的诞生，有很多东西值得我们好好去研究。例如，工业革命为什么发生在西方？资本主义为什么发生在西方？市场经济为什么发生在西方？基督教为什么发生在西方？我们可以从不同的维度去看社会的发展。但我们不可否认的是社会的文明发展是一个整体。当我们在讲文明发展的时候，不可避免地包括了会计。当西方兴起的时候，中国文化的顶峰也就到了。从此，所谓的会计是"accounting"。会计与"accounting"并非一个概念。中华文化现在面临着全面复兴的趋势，意味着我们中华文化重新来到人间，必须要去面对这种文化遗产。我们中国传统文化中的这些元素如何在我们会计制度当中进行体现？或者说，如何在会计制度重塑过程中来体现中华文化的元素？这值得我们进行深入思考和研究。反过来讲，若是中国传统文化的这些元素不能在会计制度（特别是管理会计）当中进行体现，这些文化是不能落地的。我们党中央提出社会主义核心价值观，但这个社会主义核心价值观如何在我们会计中体现呢？社会主义核心价值观不能只是一句口号，必须通过我们的会计制度转化为人们的行为。这样的研究其实是很有意义的，但是非常有挑战性。会计并不是简单的记几笔账、算几个指标、报几张报表。因为在任何的信息报出之前，每个从事经济活动的人都明白，会计准则与制度不仅为会计工作提供了尺度，更重要的是为每一个经济行为设定了一个基本的认知框架。从某种意义上说，会计准则与制度提供了人类认识客观经济世界的基本框架和标准。

## 十、西方以个体主义为主导的会计理论面临挑战

文艺复兴到现在也就500年左右的时间，工业革命到现在也就300多年的时间，美国很厉害，至今也就不到300年的时间，这就是世界现代历史。西方发展到现在已遇到很多很多的问题。西方为什么是个体主义为主？艾伦·麦克法兰在《英国个人主义的起源》和《现代世界的诞生》这两本书中有较为详细的介绍。个体主义为主的这样一种文化必须承认，在西方的社会发展中有其进步的地方。工业革命发生的过程就是与人类个体主义得到充分弘扬是紧密相关的。工业革命带来很大的贡献是让普通大众也能享受以前只有贵族和社会精英才能够享受的生活。从人类生活水平和质量这个基本面上，大大提升了整个人类社会的幸福感。我们可以看一下西方第一代企业家心中的梦想。例如亨利·福特的梦想，就是让每个家庭、每一个人都拥有一辆汽车。汽车从以前很富有的人才能享有的奢侈品，变成普通大众都能享有的商品。因此我们说，在西方，个体主义的发展确实具有一定的制度背景，具有一定的优越性，把每一个人的积极性都激发了出来。让我们每一个人的欲望都得到更多的满足。这种欲望的满足，我想是没有人会拒绝的。只不过要考虑，得到这些东西，需要我们付出什么。西方的文化是要人们靠加倍的努力去争取得到自己想要的东西。社会的发展是通过我们的努力可以实现这样的梦想。但如果一个社会不需要努力也可以得到丰厚的物质财富，或者说，一个社会不是靠我们自己的努力，而是靠非理性的竞争手段来获得丰厚的物质财富，那就比较麻烦了。在西方发展至目前，上述决定其领先于东方的理性受到了挑战。首先，"理性"变成了"有限理性"。"有限理性"体现在三个方面：(1) 有限的认知。认知的有限主要来自信息的有限。信息的有限导致对情况的了解是有限的。(2) 有限自私。人很自私，但有时候又不自私，所以说人是有限自私。(3) 有限意志力。其次，有限理性又蜕化为"动物性本能"，人类愚蠢与野蛮甚至残忍的一面，变成越来越经常出现的具体行为。人类从近代至今的日益堕落，在西方社会引起了精英们对自己所拥有的基本

制度能否充分表达人类善意进行反思。人类经济行为与会计信息是互动的。我们现在研究会计将人看成一个被动的接受体，这是不对的。事实上，会计信息与人类行为之间存在一种双向的互动关系。即会计信息会影响人的行为，人的行为也会影响会计信息。这种互动关系，彻底地改变了我们传统的会计理论。

现有研究足以表明个体主义面临着巨大的挑战。个体主义强调个人为中心。但是，究竟什么是个人？简而言之，个人就是我。而对于什么是"我"？在西方，至今仍是一个争议众多的话题。

弗洛伊德认为有三个"我"："本我""自我"和"超我"。"本我"是指动物性本能；"自我"是指以自我为中心；在我们面临很多政治领域问题时，需要超我，"超我"代表一种理想、追求和信念。在西方，"超我"是不被提倡的，生命才是最重要的。西方对人性的认识以及对生命的尊重，从古希腊到古罗马的民主共和制度中可以看出。在民主共和制度下，一般是不提倡杀人的。而现在的西方已经背离了这样的原则，产生了"斩首"行动。

要了解"本我"可以看一下乔治·阿克洛夫和罗伯特·席勒写的《动物精神》这本书。要了解"自我"可以看有关西方政治民主方面的书。特别是在《公司财务》中，讲董事会治理的时候就是典型的自我表达。大股东与大股东之间、小股东与小股东之间、大股东与小股东之间、股东与经理人之间都是在"自我"层面上的较量。要了解"超我"可以看看乔布斯和马斯克，在他们身上应有所体现。

Google的总工程师库兹韦尔在《人工智能的未来》中写道，人类的大脑有众多识别模式，正常人大脑中的识别模式有1亿个，一般人在一生当中用到的识别模式差不多一百个，诺贝尔奖得主的大脑一生中用到的识别模式差不多三百多个。我在想，人类所用到的这些识别模式有没有等级之分？有没有善的识别模式和恶的识别模式？人们所用到的识别模式中是善的模式多，还是恶的模式多？库兹韦尔没有做出进一步的研究。这表明，我们人类认知水平的提高还有很多的空间。我们已经获得的对客观世界的认识还很肤浅。会计恰恰是我们人类认识客观经济活动的主要手段。从这个角度上说，我们会计认识社会经济活动的能力和水平还有很多发展的空间。

美国会计学家巴鲁克·列夫在《会计的没落与复兴》中，认为目前企业的账面价值与市场价值相比在10%—15%。如果说这个比例代表着会计信息对现实经济活动的一种解释力度的话，其解释力也就在10%—15%，还有

85%我们解释不了。但是，我们目前财务报表分析有着很霸道的要求，要用15%的信息来分析100%的经济活动，那这种解释误差的风险就很大。财务报表分析若不正视这样的现实，不彻底改变传统的线性思维，必将陷于被人类无情抛弃的困局。

罗伯特·库尔茨班在《人人都是伪君子》中认为，人类大脑里有很多的选择、判断模块，这些模块有时是相互排斥的，有时是相互补充的。当人类在做选择时，有一个模块发挥主要作用，但人类判断前后不会采用固定的结构。不同的模块在日常发挥作用时，其结构和性能以及组合结构也是不一样的。这表明人是复杂多变的，思维框架是不可能重复的。但客观发生的经济活动，需要我们每个人对此认知，具有相同的基本框架，从而产生了对统一会计制度的现实需求。树立了这样的认识，就为我们会计完善制度设计打开了一个知识窗口。

但是，会计准则毕竟是人制定的，其制定过程实际上代表的是一些个人的利益诉求。这些现实的来自人类的利益诉求带来的直接后果，就是让活着的人对现实的行为做选择的时候，都毫无差别地体现出短期化的特征。我们的组织制度也加重了这种短期化。因为组织制度是"任期制"。"任期制"来源于"科层制"。"科层制"对提升人类的组织化水平和管理能力做出了巨大的贡献。但如今"科层制"成为导致人类行为短期化的一个重要原因。

我们通过以上背景与知识介绍，无非想说明，西方即使在个体化为主导的同一理论背景下，由于个体化认知分歧，从而导致有关会计理论诸多不同的说法。概括起来，西方假定个体是1，1代表了一成不变的，其实在现实当中，在经济活动当中无论是个体还是法人主体其认知与利益结构均是复杂多变的。在这样的语境下，个体主义理论本身就难以为西方会计理论提供坚实牢靠的学术基础。我们现在课堂上向全体同学讲述的会计，是以"假定个体是一个基本结构相对稳定的主体"，以此搭建了现代会计理论与实践的大厦。应用我们上述分析背景可知，这样的一种会计制度，即使在西方的理论框架内，也有很大的完善和改进的空间。更何况，按西方精英们的共识，西方以个体化为主导的理论已经走到了尽头。

## 十一、会计研究的方向

我们社会所有的制度，包括会计制度在内，都要毫无例外地将我们每一个个体导向"善"。什么叫"善"？这是一个非常难以精确定义的概念。如果大家想好好地回答这个问题，我建议大家看一下日本西田几多郎的《善的研究》。他认为，"善"是个体的行为相对于整体的一个很好定位。也就是说，个体对整体是有益处的才叫善。个体与整体的关系，有不同的层次，例如个人与民族、民族与世界、世界与整个人类、人类与自然。个体与整体之间关系的不同层次，表明善有着不同的境界，有小善也有大善。而我们追求的是"至善"。"至善"是指从自然主义的角度来看人类的行为。这也是我们为什么追求可持续发展目标。但是，我们现在的会计，与这样的一个要求差异还是很大的。

## 十二、会计研究的范式或思维框架

会计在回答这样一个问题过程当中要用到非常多的思维框架，我们已经分别从东方和西方的角度来看我们的会计定位。下面我们强调认知的定位，还需要熟悉并善于运用两个最为基本的范式：第一个是柏拉图式；第二个是托马斯·库恩式。

### （一）柏拉图式

柏拉图提出三个世界："存在""信息""知识"。这三个世界也叫作："物理""数学""知识"。这三者之间的关系如图 2-1 所示。A 到 B 是整个完整的认知过程，A 代表客观存在；B 代表知识；D 代表客观信息，指客观存在，我们可以看到的信息；C 代表主观的信息，是我们计量出来的；E 代表模型。A 到 D 叫作影响，D 到 C 叫作感知，C 到 E 叫作思想，E 到 B 叫作理解。并且满足如下的比例关系 $AC:CB = AD:DC = CE:EB$。波普尔在《客观世界》这本书中也运用了柏拉图三个世界的理论。柏拉图提出三个世界的目的是让人们了解客观的存在。但是，人类了解 A 的目的是什么？达尔文说"适者生存"，人类了解客观世界，是为了能够更好地适应客观世界并生存下去。但是，在现实中，人类了解 A 的目的是控制和统治 A。这种控制和统治是体现了我们的善意还是恶意，要看这种控制和统治对 A 是有益的还是有害的。信息有两种信息：一种是主观的信息，另一种是客观的信息。主观信息从某种意义上讲是人造的信息。我们人类社会很多的信息都是主观信息，而不是客观信息。你们称体重时，秤上显示的信息是客观的信息还是主观的信息？有人研究，如果把秤精确到小数点后几百位，每次秤的重量都不一样，那么，哪个数字才是真实的？这说明，秤上显示的信息是主观的信息。主观信息受客观信息的制约，而客观信息是直接反映存在的，主观信息如何解释还要加我们的模型，模型是根据我们人类的意志和认知能力、要求、利益设计的。主观信息与模型两者结合就产生了思想。可以说，思想是人与主观信息的结合。反过来讲，这个模型对我们的主观信息也有影响，因为主观信息有一个框架，这个框架如何建立，是由人来决定的。会计就是典型的主观信息。"会计"的好坏，一方面取决于会计对客观信息的印证程度，另一方面取决于会计对人类理解客观世界这种需要的满足程度。我们讲经济后果，实际上就是讲 B 对 A 的影响而产生的后果。

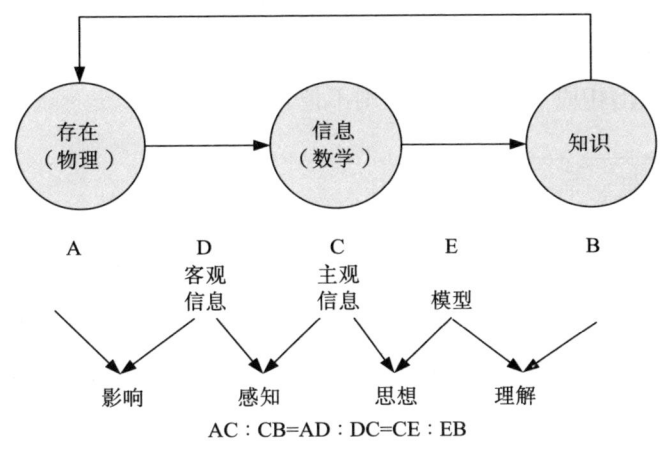

图 2-1　柏拉图三个世界理论

## （二）托马斯·库恩式

托马斯·库恩在《科学革命的结构》中认为，科学研究要遵循一个重要的思维模式，这个思维模式叫范式。范式包括"定义""概念""变量"。而范式受制于一个"前提"。也就是说，所有的"定义""概念""变量"都是有前提的。而"前提"可能变也可能不变。若"前提"不变，则相应的"定义""概念""变量"也就不变。若"前提"改变，则相应的"定义""概念""变量"也要改变，即产生了科学革命。我们有六大前提：市场经济、工业革命、现代科学、资本主义、政治民主和宗教。现在，至少工业革命这个前提已经发生了变化，工业革命转变成了信息经济。这种信息化改变了我们的市场，也改变了我们的经济活动。我们原来的经济活动叫作现实的经济活动，在信息化背景下，我们的经济活动是一种虚拟的经济活动。虚拟的经济活动比现实的经济活动更加接近我们的事实。我们物理的空间和时间的概念在信息化时代发生了改变，而这样的改变更加符合现代经济的现实。这就必然带来了经济管理生态的变化。我们会计的方法、理论和实务也要进行彻底的调整。

以上这么多展开分析，主要是要让大家在研究会计的时候，能够清楚地了解会计研究的背景，从而选择出真正有价值的研究问题，不至于陷入"为研究而研究"的窘境。当我们思考一个问题时，要知道这个问题在整个宏观层面所处的地位和重要性，这是一个什么性质的问题以及这个问题应如何改进才是正确的。只有把这些问题解决了，我们会计研究的价值才能真正体现。一个好的会计理论、会计研究，必须要为提高会计在整个人类文明进步当中的作用作出相应贡献。反之，则不值得研究。

## 本章参考文献：

康德，1960. 实践理性批判[M]. 关文运，译. 北京：商务印书馆.

西田几多郎，1965. 善的研究[M]. 何倩，译. 北京：商务印书馆.

小艾尔弗雷德·钱德勒，1987. 看得见的手：美国企业的管理革命[M]. 重武，译. 北京：商务印书馆.

彭加勒，1996. 最后的沉思[M]. 北京：商务印书馆.

罗伯特·库尔茨班，2000. 人人都是伪君子[M]. 李赛，周彦捷，译. 北京：中信出版社.

麦克尔·怀特，2001. 列奥那多·达·芬奇——第一个科学家[M]. 阚小宁，译. 上海：三联书店.

小艾尔弗雷德·钱德勒，2002. 战略与结构：美国工商企业成长的若干篇章[M]. 孟昕，译. 昆明：云南人民出版社.

德鲁克，马恰列洛，2006. 卓有成效管理者的实践[M]. 上海：上海译文出版社.

王昌锐，蔡传里，许家林，2006. 卢卡·帕乔利的《簿记论》[J]. 财会月刊（10）：49-50.

小艾尔弗雷德·钱德勒，2006. 规模与范围：工业资本主义的原动力

[M]．张逸人，译．北京：华夏出版社．

艾伦·麦克法兰，2008．英国个人主义的起源：家庭、财产权和社会转型[M]．管可秾，译．北京：商务印书馆．

帕特里克·亨利，2010．不自由，毋宁死[J]．领导文萃（003）：55-57．

亨利·福特，2012．福特自传：为什么生意并不总是很好做？[M]．刘麟，译．南昌：江西教育出版社．

亨利·福特，2012．超级产品的本质[M]．张舟，译．江苏文艺出版社．

罗伯特·希勒，2012．金融与好的社会[M]．束宇，译．北京：中信出版社．

托马斯·库恩，2012．科学革命的结构[M]．金吾伦，胡新和，译．北京：北京大学出版社．

艾伦·麦克法兰，2013．现代世界的诞生[M]．清华大学国学研究院，译．上海：上海人民出版社．

卢梭，2014．社会契约论[M]．李平沤，译．北京：商务印书馆．

格尔德·吉仁泽，2015．风险与好的决策[M]．王晋，译．北京：中信出版社．

马克思·韦伯，2015．新教伦理与资本主义精神[M]．马奇炎，陈婧，译．北京：北京大学出版社．

雷·库兹韦尔，2016．人工智能的未来[M]．盛杨燕，译．杭州：浙江人民出版社．

乔治·阿克洛夫，罗伯特·席勒，2016．动物精神[M]．黄志强，译．北京：中信出版社．

巴鲁克·列夫，谷丰，2018．会计的没落与复兴[M]．方军雄，译．北京：北京大学出版社．

艾伦·格林斯潘，阿德里安·伍尔德里奇，2019．繁荣与衰退：一部美国经济发展史[M]．束宇，译．北京：中信出版社．

约翰·麦基，拉金德拉·西索迪亚，2019．伟大企业的四个关键原则[M]．史建民，译．杭州：浙江人民出版社．

卡尔·波普尔，2020．客观知识：一个进化论的研究[M]．舒炜光，等，译．上海：上海译文出版社．

乔治·帕克，2021．下沉年代[M]．刘冉，译．上海：文汇出版社．

# 第三章　社会经济文明与会计

## 一、作为知识的会计

理解、学习甚至研究会计的时候，必须做好基本的知识准备！这些需准备的知识，不啻简单的经济学知识，还包括现在已非常成熟的社会学、法学、政治学、人类学、心理学、管理学等知识，甚至还应该熟悉一些自然科学的知识。下面，对会计基本理论的讲解，我将联系人类知识积累过程中知识的走向，阐述社会科学和自然科学怎样交叉互动共同发展，使大家明白：一门健康的社会科学从某种意义上更像一门自然科学；如果一门社会科学发展到严重冲击自然科学原理的时候，这门社会科学也就走到了尽头，迟早被人类知识进化淘汰。

### （一）会计主体变迁

从西方兴起近五百年历史来看，现代知识形成的时间并不长。科学的发展、知识的成长，具有一个很重要特点——包容。凡是基于包容的知识从理论上讲都体现了人类进步、进化最基本的要求——善。这是我们需要确立的基本立场。离开这个基本立场，我们很难理解会计发展为什么从分散的个人行为变为法人组织的行为定位会计，再上升到从国家民族政治角度来看待会计，最后需要从整个人类社会生存可持续发展的高度重新定位会计的角色与功能。

今天的会计知识，从会计学教育角度来说，远远不能满足会计职业发展对会计人才培养的需要。这方面，就像现在对经济学批判中，一致认为，"以经济单位简单要素组合循环来概括并阐释经济原理，对现实复杂经济活动根本不具有基本的解释力，因而无助于提高人们对经济活动的理性认识"。

会计学在基本层面也存在类似的缺陷：作为会计主体，一个企业难道只有供、产、销、人、财、物那么简单吗？现代企业实际业态以及环境，远远超出"人财物与供产销"的那种标准化组织以及运营状态；每一个经济活动都是复合（国内与国际、业内与业外、市场与管理、竞争与合作）且多元（政治、经济、社会文化诸方面不同价值观与利益诉求）的，企业已完全置身于这样错综复杂而且动态变化的关系网络中，所有经济活动均越过了很多困难、挑战后，才形成（呈现）我们看到的经济结果。但是，这样的复杂过程，在现代会计上只是表现为一个很简单的算式，先算成本，再算收入，两者相减得到利润。结果，在现实中，一个企业会计不厌其烦好不容易算出来的利润，事实上根本无法提供人们真正需要的信息：说明企业经济活动以及发展的一些实质性关系、要素、环节、活动以及问题。简单化思维会计与复杂多变经济现实，形成了貌合神离的矛盾。现在社会方方面面对会计的诸多不满，应该与会计学以简单化思维再现经济的做法直接相关。

当然，人类社会发展与进化是个漫长的过程。从单个业务分散的会计，到以法人为主体的会计，进而发展到以国家、民族乃至自然为主体的会计，这是一个逐步当然更是漫长的发展过程。从历史发展看，会计一开始，既没有完整的报表也无法作出成本计算，更谈不上对固定资产的折旧。后来有了完整的"企业会计"，又拓展出了"非营利组织和政府会计"，甚至于现在已可以名正言顺地强调"社会责任会计"与"自然资源会计（生态环境会计）"。这一过程伴随着人类对任何个体经济活动外部性问题的认知并关注，会计工作的边界与深度得以不断拓展。任何经济活动的外部性问题，集中表现在对人类社会文明与自然环境的影响，这样的影响可能是好的，也可能是不好的后果。人类社会发展的主旋律即对理性的不懈追求，决定了经济发展外部性更多地需要呈现好的结果。这种外部性对社会文明进步至关重要，应该是当代会计必须作出计量并报告的核心内容之一。但现在的会计恰恰在这一方面非常无力无助，这既是计量手段与技术的瓶颈制约，更由于我们会计基本理论研究的薄弱。目前企业会计通常意义上的利润概念，并没有回答企业经济活动外部性问题的任何方面。有时，企业实现很多利润的时候，可能也是对社会造成很多危害的时候。外部性问题，产生了企业社会责任，相应形成了社会责任会计。时代发展已迫切要求现代会计突破社会责任会计视觉，而上升到整个人类社会可持续发展的高度，进入了生态环境会计时代。不管我们愿不愿意面对，会计必须回答：自然能不能无限制满足现代人类需求的问题！科技与企业经济的不断进步，带来了人类欲望的日益释放，同时对人类可持续发展带来了风险。人类如何有效地约束并管控日益膨胀的欲望，成为当代人类文明进步面临的严峻挑战，当然也成了会计应当有所作为并积极主动有效贡献的领域。基于此，产生了很多跟自然与生态相关的会计，而这些方面的会计，对于传统的会计世界，几乎都是天方夜谭。我们看到，在联合国层面，最时髦的会计不是金融衍生工具会计，而是碳排放会计。这表明，超越人类个体，立足整个人类可持续发展来理解并设计现代会计制度，具有必然性。以人类个体即所谓微观为立足点建立起来，而且我们已习以为常的现代会计，怎样顺应时代发展需要，拓展为以整个人类可持续发展为立足点，现有的会计理论与实务均无法作出有所作为的实质性努力。如何冲破传统会计理论与实践桎梏，构建服务于人类可持续发展的现代会计，是当代会计研究的重大课题，也是《会计基本理论》这门课无法回避和逾越的一个现实难题。

### （二）人口问题

自然给人类的生存空间是一定的，人类膨胀的欲望发展到最后会挑战自然的极限。实际上，人类社会很多问题来自人口增长。人类社会起源时人数并不多。《圣经》告诉我们，人类源头只有两个人——亚当和夏娃；达尔文告诉我们，人类进化来自一只公猴子和一只母猴子。这些说法虽然无法验证，但我们相信，人类源头的人数是少而又少，以至于人与人之间除了必须合作、友好、互助才能生存以外，根本不存在任何需要自私和争斗的必要。因此，人类源头并没有民主与自由之说。随着人口的增长，社会开始产生种种问题，而核心问题无非是物质资源的占有与生产、分配。物质资源总量总是赶不上人口数量需要消费的规模，人类之间的争斗就产生了，从而也形成了人类善恶的概念。资源与人口矛盾日益尖锐，人类内部的争斗就愈演愈烈。为此，如何协调一定时间资源有限与相应人类需要的矛盾，成为人类社会文明进步的核心内容。人类社会在这方面，形成了一系列扬善抑恶的伦理道德与法律规范基本要求，成为作为具体的国家、民族以及企业、家庭乃至个人行为的伦理道德与法律规范基础。历史表明，这些基本的伦理道德与法律规范要求，首先是通过会计制度而对现实中的所有人产生规范与约束、引导作用的。正是基于这一点，我们才可以说，会计是人类实现可持续发展的基本抓手。1967年，国际层面成立了一个以研究经济发展对人类带来的挑战为目的的机构——罗马俱乐部。1972年，罗马俱乐部发表了人类社会有史以来第一个提醒人类面临人口增长与自然矛盾冲突危机的报告：《增长的极限》。它的公布在全球范围内引起了很大的反响。这个反响实现了对经济学家马尔萨斯所提出的著名理论——"人口论"的超越。"人口论"讲人口增长服从自然规律，人太多会引发战争、瘟疫，人口便会自然减少。马尔萨斯的"人口论"有进步的一面，他忠告人类，我们是不可以无止境增长的。但马尔萨斯人口论很糟糕，主要在人太多怎么办这一问题上。人在哲学上只有两个问题，"生"与"死"，即从哪里来到哪里去。苏格拉底研究了一辈子也没有很好回答。人类社会"生"并没有问题，人一辈子最担虑的问题，应该是死的问题，所有的努力都是为了迟一点死（长寿）。现在，许多人听到将来人类可以永生就激动。这表明，所有人都喜欢生，不喜欢死。但大家不要乐观，永生意义上的是机器人，而不是我们这些生物人。因此，人类出现永生，会挑战我们生物人类存在的意义与价值，因为这意味着很多工作机器人比我们做得更好。如果南京大学买了一个集中了世界顶级大学所有顶尖教授智慧的机器人来给学生们上课，南京大学现在所有教授顷刻就要全部下岗。我们来到世界，好好努力，好好学习，还不是指望可以找到好工作？但人类永生这个概念，挑战了人类已有的人生观。当然，马尔萨斯"人口论"没有考虑人类永生一说，只是说人类生育越来越多，多到自然无法养活所有人的程度。罗马俱乐部1972年判断，30亿人地球就会爆炸，这个警告让我们胆颤心惊了好几十年，但现在地球人口已达70亿，地球却没有爆炸。人口增长是否超过地球承受能力，这个命题的真伪不是我们操心的问题。但是，人类需求与现实资源相矛盾，却是当代社会每时每刻都客观存在的问题，也是人类滋生各种矛盾的源头所在。因此，一个很重大的挑战在我们面前，人类可持续发展，首当其冲是如何很好地协调人口增长与资源配置能力允许的矛盾，并不断实现自我超越。无疑，解决这一人类发展的主要难题，离不开会计发挥提供信息方面的基础性作用。显然，在这方面，现代会计的认知与作为，尚处于朦胧、懵懂状态。

### （三）空间概念——新冠肺炎疫情的启示

新冠肺炎疫情对人类社会到底意味着什么？我们现在没法回答。但它至少已提醒我们，人类不能再延续以往习以为常的生活与工作方式了。上班不能这样上班，上课不能这样上课，什么行动都不能照过去老套路做了。集中到一点，就是彻底改变人类行为的空间概念。现在的空间知识，是自然存在即物理空间概念。我们对它，用一个非常简单的定义叫"物"或"实体"，实在的物理空间。现在，我们已拥有了与物理空间迥异的新空间概念：信息空间（信息平台）。以前你在宿舍，不来上课教室，我们就认为你今天缺课。但现在不对了，你在宿舍打开视频听课，算不算缺课？不算。新冠肺炎疫情后，每个人来教室上课不正常，不来上课才是正常的。但课还在上，只是大家在各自的物理空间上网，通过网络到同一个信息空间听课。什么叫"实"，以前是真正的物理、地理的存在才等于实。而现在，你和美国同学视频，在一个空间还是两个空间？在地理上是两个空间，在信息平台上完完整整是一个空间。这个概念不是简单的"实体"的概念，已经直接冲击甚至颠覆我们已有的很多知识乃至常识。我们以前在学国际贸易、国际金融、国际投资、国际理财的时候，发现不同国家之间有很多差别，如时间差、汇率差。这是因为以前不同地区间的交易信息传递很慢。传统习惯上，我们说时差，是指自然的时间。但信息革命后，时差（时滞）的概念似乎已为实时概念替代。实时概念的确立，也使会计信息与人类行为之间互动关系成为必然。现在，我们创造了一个新名词：虚拟现实（VR）。这样，带来一个很大的问题，物质现实与虚拟现实都是实，但是，哪一个更真呢？真和假的主要区别是什么？如果两个都是真实，哪一个更真实？这些原来没有问题的问题，现在却成了一个经常性问题而困扰我们。对于一直视"真实性"为生命的会计而言，真实世界存在形式与内容的如此天翻地覆，已出现了非常严峻挑战，根本出路是理论方法的提升还是脱胎换骨？

## 二、15世纪以来人类文明的发展

### （一）15世纪——西方文艺复兴

15世纪是文艺复兴的时代，文艺复兴跟中国的春秋战国时期类似。春秋战国尽管天下大乱，但学术与思想领域呈现了"百花齐放、百家争鸣"。文艺复兴的时代，对西方而言，是人类从知识混乱转变为知识相对规范的时代。在世界知识体系当中，希腊跟罗马是一体的。无论是希腊还是罗马，代表了西方文化的本源。所谓文艺复兴，严格意义是西方世界文艺复兴，但这是影响15世纪以后整个世界发展的事件。大家知道，15世纪在中国是明朝。

明朝的开头几个皇帝，特别到朱元璋儿子明成祖朱棣的时代还是想开放、想富强。洪武帝过世后永乐帝的当政有两项标志性成果。这两个标志性成果都体现了积极开放进取这一中华文化之精髓。第一个是《永乐大典》，集中华文化大成。第二个就是郑和下西洋，打通中国与世界的海洋通道。但郑和下西洋，由于没有设计好可持续的商业模式，使国家财力消耗过度，导致明朝为保国力关闭了与世界经济互动的大门。自此以后中国闭关锁国，走上了在国际上自我边缘化的道路。这个时间点很重要。当西方打开大门（文艺复兴）走向世界的时候，我们把门关起来自娱自乐了。也是从那时起，中国跟西方各国慢慢成为两个世界。这种中西对比，让现在的中国会计深感融入世界找到了久违的感觉。而中国曾经开放与曾经成为世界一枝独秀这一高度配比的历史，提醒中国会计在走向世界过程中，必须充分尊重并吸取中华文明进步过程中已经形成的各种智慧与经验以及优良传统。

### （二）16 世纪——国际贸易开端

西方有本书叫《十六世纪的无信仰问题》。16 世纪没有信仰，奉行自己认为自己强大就行。这充分保留了人性里"自强、自信与狂妄"融为一体的品质。16 世纪的西方也是打杀的世纪，在这个过程中形成了很多我们关注的现象。正是 16 世纪，人类不再局限于一个地方，开始关注海洋。在这里有个不得不提的国家——荷兰。在荷兰，产生了国际贸易的前辈——海盗。现代社会中很多规范性制度，包括合伙制会计，正是海盗组织产生的，包括有限制、民主、共同体、受托责任制等。即使现在看，海盗仍然是世界上所有组织中最为严密的组织。有一本书叫《秩序》，讲的就是最不法的组织最有秩序。

### （三）17 世纪——全球贸易爆发

17 世纪是国际贸易快速发展的时期，也是现代科学逐步成型的时期。以实验、观察、求证为主的科学，在 17 世纪形成。但 17 世纪更重要的是全球贸易大爆发。荷兰以后出现了两个海上强国——葡萄牙和西班牙。在全球范围内发展它们的自由贸易，从而成为现在跨国经营与国际贸易会计的祖师爷。

### （四）18 世纪——工业革命

18 世纪是工业革命产生的时期。针对工业革命的产生有许多研究，如为什么发生在 18 世纪，为什么发生在英国。这些都不是会计所关注的，我们关注的是历史发展的大事件，工业革命就是这样的大事件。我们现在把工业革命看得非常简单，事实上工业革命并不是少数工程师的心血完成的，是科学、技术、商业、政治包括人类文化文明综合作用的结果。瓦特的蒸汽机，还得靠一个人——博尔顿把蒸汽机变成产业的关键性贡献。博尔顿为瓦特提供钱、提供设备，最终形成生产力，这才产生了工业革命。封闭在实验室里的所有东西都是没用的。因此，18 世纪工业革命并不是简单的概念，是所有学科知识的大融合。

### （五）19 世纪——英语文化国际化

19 世纪是工业革命的发展时期。但更重要的是出现了一个世界上从来没有那么强大的国家，这个国家占据了整个地球 50% 的地区，太阳升起与太阳落下的地区都属于它，我们称它为"日不落帝国"。然而，英国面对这段历史很伤感。它从小岛出来统治了世界，在短短 100 多年后，又灰溜溜地回去了。但就是这个来回，把英国的语言、文化、法律，带到了全世界——殖民的所有地方。当我们看这段历史的时候，有两点需要关注。一是知道英语主导世界的历史是怎么形成的。为什么现在全世界都讲英语？我们也很不服气。郑和在西方大搞殖民之前就在世界走了几遭，当时明朝有世界上最强大的海军，完全可以征服世界。如果那个时候的中国不是由朱元璋领导，稍有一点国际化视野，到世界各处去办中文学校，那么，英文在后来连发展的机会都没有了。英国在对殖民地统治期间通过文字、宗教、政治体系等进行文化渗透。当英国人回去了，英国的文化、文字、制度都留下了。没有人能证明英文比中文要优越，文字文化不存在优劣，只存在一种认同与感化的问题。二是国际化最核心的东西是一种文化、文明。19 世纪的英国历史很辉煌，同时也给人类整个文明带来很大进步。此时，英国努力把人类社会主旋律的频道放在英语文化的基础上。我们现在所谓的国际化，事实上在那个时候已经定格。

### （六）20 世纪——新世界秩序

#### 1. 世界秩序的形成

20 世纪是一个世界列强重新对世界进行洗牌的世纪。经过两次世界大战，形成了新的世界格局。西方一直崇尚自由竞争。竞争是怎么来的？在古希腊城邦，人们汇集到一个地方把特长现（献）出来进行比赛。这种比赛凭的是体力、技艺，叫竞赛。到了古罗马，开始变得残忍、血腥，竞赛变成竞争，竞争的最高境界是战争。罗马成于战争，也毁于战争。当罗马征服了一个地方，绝对不允许原族的人待在原来的地方，而是把这些人迁到另一个地方，告诉他们要活命就要换一个地方。原有地方就派中意罗马的一批人住。后来罗马发觉，这种做法成本太高。于是改为把征服地区的领导人迁到罗马核心区享受原来的待遇，派中意罗马的一批人当这个地方的统治者。后来英国的成功就是复制了这种做法。中国有一个人也是走的罗马的路线——成吉思汗。成吉思汗试图以战争征服世界，但成吉思汗可能是对古罗马文明那一面缺乏了解，只学到了以残忍的战争征服异族的做法，占据一地就把该地的人杀光。人类最大特点就是怕死，后来人家看到成吉思汗来了就走，不走肯定死。成吉思汗以武力打下大片土地，但也在西方世界塑造了中国人极其暴虐的形象，最终元朝也是强大一时很快衰落。

20 世纪前 50 年，通过两次世界大战，形成了国际相对稳定的秩序，产生了联合国。20 世纪下半叶尽管没有发生世界大战，但形成了世界秩序当中另外一种秩序，以美国为首和以苏联为首的两大阵营竞赛。1989 年，以苏联解体为标志，冷战结束。最后，英文文化体系成了主导世界文明的主流文化。

我们对以上历史要抱有尊重的态度。现在去批判、指责任何人，是没有道理的。我们也不能还原到那个时代，重新开始。社会科学任何对象都没有假如，历史只能尊重与面对，而不能有任何改变。但是我们从这段历史过程中可以看到，一个国家、一个民族、一种文化，必须要放到整个大的世界当中去定位，会计也是这样。我们不能自以为是说会计很伟大。你膨胀的欲望与人类给你的定位不符的时候，就出现塞万提斯在小说《堂·吉诃德》中所描写的情况：吉诃德认为自己是世界的卫士，是正义公正的代表，到处行侠仗义，做出与时代相悖的事情，最后到处碰壁，在无奈中死亡。现在我们把《堂·吉诃德》作为现实主义作品来讽刺社会败坏到"逆淘汰"的状况，即好人得不到好报，劣币驱逐了良币。但这是会计必须融入其中的文化，会计领域的各种问题，莫不默默地体现着现时的文化。

2. "平庸之恶"

美国一个很有名的哲学家阿伦特，在著作《耶路撒冷的艾希曼：一篇关于平庸的恶的报告》中提炼出一个非常经典的结论"平庸之恶"。希特勒当道的时候手下一个监狱长艾希曼，忠实地执行了希特勒的指令，大量屠杀犹太人。在国际法庭审判"二战"战犯的时候,艾希曼在法庭上认为自己是无辜的,他忠实地执行了元首的指令,没有任何个人的意志。应该去审判希特勒而不是审判他。法官对判还是不判很纠结。艾希曼人很不错,在道德面前不能说有任何瑕疵,但恰恰发生了这样的事。哲学家阿伦特作为陪审团成员有感于这个现象,认为人类社会发展到最后碰到一个很大的问题:忘了人性当中对恶的最基本的抵制,对现实已经缺乏了判断力。这就是社会所讲的从众心理在作祟。当领导喜欢听话的下属还是不听话的下属?不仅希望很听话,更希望24小时听话,不仅希望形式上听话,更希望思想上也听话。这是正常的社会心理,这种社会心理也概括了20世纪带给人类的一种挑战。冷战结束以后,美国、英国文化成为全球主流文化的时候,这个文化是不是我们人类需要的文化,这种文明是不是代表我们人类理想的文明,这种制度的结果是不是带来我们全体人类更大的善?没有。因为我们人类认识不够,21世纪就开始教训我们。在现实中,寄生于科层制组织中的会计,其尽心尽力做好本职工作,会不会只是一个现实版的"艾希曼"角色,从而带来了会计职业的"整体性平庸"?

### (七) 21世纪——人类欲望膨胀

#### 1. 追求形式财富

21世纪短短的二十几年时间,美国经历了两次经济危机。在这样一个时间窗口,经济危机表面上看是一种生产过剩的现象,但本质上代表了一种人类需要、需求、欲望已经达到不可理喻的程度,形成了一种"贪婪"。这种贪婪的作用恰恰又背离了西方经典。亚当·斯密活到现在,可能会大失所望而把《国富论》付之一炬,因为现实跟他讲的差异太大。亚当·斯密在《国富论》中有个很重要的假定,是个人利益的最大化会带来社会福利的最大化。这是自由竞争、自由市场带来的必然后果。他以无可置疑非常严密的逻辑来证明人为什么要追求利润最大化。人们追求利润最大化去投资办厂,会雇用更多的人,使更多的人就业,社会变得更好。这种假设非常简单。现在我们看看,挣了很多钱的人,以后会怎么样?当人类社会对财富的追求从对财富本质意义上的追求变成形式意义上的追求时,同样的贪婪会带来截然不同的后果,21世纪验证了这个道理。人追求本质的财富是有限的。比如,人在本质上只需要住一套房子,但问你需要几套房子?人类这种占用财富的欲望是无边界的。就房子而言,每个人都希望世界上所有人住的地方,都有你的房子。这样，人拥有的财富越多，社会资源就越来越稀缺，可提升全人类生活水准的社会财富越来越少。当我们人生财富的追求定格在形式即货币（钱）的时候，会让我们的欲望变得无限贪婪，因为钱是一个无底洞。这个理念会在会计理论的分析里贯穿始终。我们说，追求本质意义上的财富，应该是善的作用曲线。但现代会计功能作用的结果，是通过货币计量把人类追求形式财富的积极性调动至极致——人因此贪婪成性。

我们身边就有这方面很直观的案例。大家通常认为，我给你钱，你会为我好好干活。因此我们给很多钱让境外的教授来给我们学生上课。按照假设，收了多少钱应该付出多少劳动。但最后上课时，他来现场将已发表的个人论文做成 PPT 放映一遍，这是我们不花钱也能达到的效果。后来我们发觉，这不是南京大学一所学校的情况，整个中国教育部的学校都是这种情况。我们花了很多钱请人家来，却从来没有人好好地帮我们干活，是我们出了问题还是他们出了问题，抑或整个教育过程出了问题？会计在计量现金流出时，其匹配的学术付出是否等价？目前会计无法回答这一问题，但实际效果已充分说明了事实的本质。这代表了现代社会非常扭曲的现象。

2. 未来展望——世界秩序重建

21 世纪才刚刚开始，未来会怎样，我们也不知道。但我们相信 21 世纪人类会碰到比 20 世纪更严峻的挑战。美国哈佛大学政治学教授萨缪尔·亨廷顿认为，世界发展到最后，只有一个东西，叫文明冲突。在研究了世界上所有文明，特别是世界五大文明后，萨缪尔·亨廷顿提出一个预言：最终只有两大文明会有直接的交锋的可能，这就是西方的基督教文明和东方的儒家文明。儒家文明从严格意义上讲应该是中国。日本启蒙思想家北野在其著作《文明学的概论》中认为，日本文化是中华儒家文化传承的最好的一个民族。因此，讲儒家文化其实是东方的概念。将来的文明就是两大文明在冲突，现在实际上越来越印证这样一种关系。萨缪尔·亨廷顿在其著作《文明的冲突与世界秩序的重建》中认为，文明冲突导致世界秩序重建。世界秩序重建意味着现有的世界秩序要进行变革。现有的世界秩序都是靠制度和准则维持的，而这些制度和准则当中很重要的一种制度和准则就是会计。如果说整个世界的秩序要重建，言外之意现在的秩序要调整，那么，有一件事确定无疑，那就是现有的秩序不能再维持下去。但是现在的秩序是以英文为主导形成的，会计在这个过程中发挥了基础性作用，因此现在课堂上给学生讲会计基本理论，我心情很沉重，因为我以前讲出来认为非常有底气的东西，现在变得很没有信心。现在所讲的会计，不是我们所要追求的那一种理想的知识，而恰恰是我们需要打破、抛弃的那种制度和知识。我们现在只能告诉大家这个制度存在不理性或不足，但目前还必须如此，会计发展需要的是解决方案。但这样一个会计制度的演进，受制于整个人类社会文明进程，不是会计行业想当然就能办到的。

## 三、文明发展史中的会计

### （一）会计的演进

1494年，意大利出了一本书叫《数学、比与比例概要》，即卢卡·帕乔利的《数学大全》。这本书被认为是世界上第一本会计的教科书，标志着现代会计的诞生，但这个会计充其量叫复式簿记。"accounting"这个词代表现代的会计，并非卢卡·帕乔利所说的簿记。簿记和会计是两回事。威尼斯的会计主要业务是放账，即银行划钱给你后，怎么样帮你做成生意。借贷是银行用的，所以一开始的复式簿记叫借贷。后来，荷兰与西班牙、葡萄牙导致了海上霸权，带来的结果是国际贸易会计。荷兰的会计对世界的会计又做出很大的贡献，因为国际贸易要面对不同的货币、不同的货物、不同的人类文化，风险特别大，这是威尼斯的会计没有的。到了18、19世纪，英国成为世界的经济中心，产生了工业会计。人类发展的最大特点是滚雪球，即后面的发展包括了前面，而不是否定前面。也就是说，荷兰的会计里面包括威尼斯的会计，英国的会计里面包括了荷兰会计。因此英国会计在吸收了前面会计的基础上发展，产生了以工业为主导的会计。工业最大的特点是需要很多的资产，很多的资产需要很多的钱。这些钱单个人掏不出，几个人也掏不出，要面向天下人募集所需要的资金，于是产生了所谓的募资。但融资在财务上产生了重要的杠杆问题——干事的人可以自己很少的钱，吸纳社会很多的钱。在这个杠杆比例中，分子一定，分母怎么决定呢？决定这个比值的是什么？这就是财务问题。分子考虑的是回报，分母考虑的是风险。因此工业会计带来了与商业会计并不一样的东西。商业会计叫贸易风险，工业会计第一次真正产生产业风险。工业和商业最大不同点在于持续经营。对海盗来说，听说有一条船在那里就去抢。长途运输的船有自卫能力，海盗需要攻破了才能抢过来。这就要造船、造枪炮、雇人，需要很多钱，愿意参与的就掏钱。海盗成功的可能性很小，成功则发财，不成功则血本无归。这种风险很大，没有持续经营的概念。工业最大的特点是要很大的投资以后形成资产，资产是跨期的，要在相对长的时间里一直发挥作用。工业会计带来一个问题是怎么在不同时间点把经济活动描述清楚。因此工业革命给会计带来了实质性转变。

现在我们讲工业革命是非常肤浅的。工业革命从发生到现在，有人说是第四次，有人说是第三次。第一次工业革命没问题，代表是煤加蒸汽机。第二次工业革命是石油加电力。第三次工业革命是我们的计算机软件加网络。这就是所谓三次工业革命。第四次工业革命中间无非是石油（二次）和电力（三次）分开。不管是第三次还是第四次，大家有没有想过现在讲的会计，它是工业革命哪一个阶段的产物？不然，为什么说我们会计面临着新经济，新经济无非是现在正在兴起的工业新革命。这表明，我们现在的会计既是第四次工业革命的产物也是工业革命一个阶段的产物，并不代表工业革命到现在的全部秩序。对英国而言，只有工业会计一说。工业革命转移到美国以后，随着企业规模的扩大，公司的跨国和投资者的觉悟，加上政治、经济制度的完善给会计带来了影响。这个影响就是公司必须要对出资人负责。于是，美国会计就形成了对外报告财务会计和对内报告管理会计两大系统。

### （二）会计的负面影响

"公司必须对出资人负责"的规定在英国闹了很多笑话，南海公司是一个典型的事件。南海公司的事例体现了是科学家还是经济学家更厉害。牛顿是英国皇家学会会长，牛顿好心想让科学家有更多的钱做更多的研究而去买股票。当时南海公司股票非常抢手，一般人根本买不到，牛顿以自己的身份去找皇家贵族开后门，好不容易买到了社会上买不到的南海公司股票。后来南海泡沫破灭，钱没有了，牛顿很生气。牛顿有句话说，他能计算地球运动的速度，却无法计算人疯狂的程度。一只苹果把牛顿的大脑砸开做科学研究，一只股票又把他的脑洞堵了起来，使他彻底离开了科学研究。如果没有南海公司股票的事件，牛顿有可能还继续做科学研究，那后面有没有爱因斯坦就不好说了。因此可以说，会计毁灭了一个牛顿。不过，牛顿以后出现一个很能造势的经济学家——凯恩斯。凯恩斯不但学术很厉害，口才也很好，所以很多人特别相信他的话。最重要的一点，他很能挣钱，最后离开世界时算不清自己有多少钱。凯恩斯所挣的钱，也是会计给他创造的机会。不知道牛顿的亏钱和凯恩斯的赚钱对我们整个世界是好的信号还是不好的信号。如果该挣钱的挣不到钱，不该挣钱的发了大财，那这是个什么样的社会格局。

美国一个很有名的财经专家叫布鲁克斯，他研究美国一个特定的年代——20世纪的60—70年代。在这个年代中，第二次世界大战后经济腾飞，美国经济一片大好。他给书起了一个名字叫《沸腾的岁月》。这本书讲美国人在疯狂中过上了怎样的日子。如果你看了这本书，你会重新认识西方的社会制度，会更加清晰地看到我们充满了激情学的会计，它的真面目是什么。这本书中有一句话说：会计是在那个年代，不仅是从道义上，而且是从自己的灵魂上，彻底地背离了它对社会的责任，最后成了少数，特别是华尔街牟利的帮凶。

## 四、关于会计本质的现有观点

经过前面知识的预备，下面开始分析会计基本理论的两个问题。第一个问题，我们要告诉大家，会计应是什么（会计不是什么）。第二个问题，要告诉大家，会计已是什么（会计做了什么）。每一个问题我都从三个层面予以分析：会计的本质；会计的历史；会计的研究。

会计的本质从某种意义上回答会计的灵魂。在我们心中，我们所向往、憧憬，社会所重视的会计到底是什么，这个很重要。会计的历史表明，我们从有文字记载到现在看看会计留下来的东西作为一个存在，作为一项工作，作为一种职业，一路是怎么走来的。会计研究必须作出回答。当我们知道了这个本质以后，当我们了解了会计的历史以后，我们就可以比较客观地认识现实中的会计了，不至于当会计出现这样那样问题时就心浮气躁。

本质的东西某种意义上是最抽象的东西。做研究，抽象的能力是很重要的。我们以前讲透过现象看本质。哲学上最糟糕的说法是鸡和蛋的关系，先有鸡还是先有蛋，那叫滔滔不绝。我们问，先有本质还是先有现象？先有灵魂还是先有身体？我们在学校里，在学习当中，我们要养成一个习惯是现在什么事情都讲究实际。实际就是你做任何事情之前想清楚到底要解决什么问题，然后解决问题的路径、目标是什么，这叫实际。你要做某件事情需要有个思路，当你讲一句话的时候需要考虑清楚。其实你们将来做学位论文，站在讲台上给老师说我准备选这个题目做学位论文的时候，有个很重要的假定：你对这个问题已经做了非常深入的思考，而且对怎么研究这个问题有了一个很好的设计。所以说,我们要学会一种本事,在做每件事情之前要把这个事情描述清楚,会计也是如此。当我们研究会计的时候,去分析会计问题的时候,前提是对这个事情有清晰的认识。问题认识不清楚,就扎到数据堆里去看,是看不出任何眉目的。所以说,本质实际上是从本源意义上对会计进行定位,会计到底该怎样,是什么。

美国会计学家贝克奥伊在其2004年的著作《会计理论》中认为,讨论会计本质有六种思路可供选择。这六种思路是他总结美国会计研究中,相对固定的六个观察会计本质问题的不同视角:(1)会计是一种意识形态;(2)会计是一种语言;(3)会计是历史记录;(4)会计是现时的经济现实;(5)会计是信息系统;(6)会计是一种商品。贝克奥伊对此没有展开阐述,在这里,我将这些观点加上中国会计学界特有的"管理活动论",按照自己的理解表述一下。

1. 会计是一种意识形态

具有代表性的观点是德国伟大思想家马克斯·韦伯,他有一部非常经典的著作——《新教伦理与资本主义精神》。在这本书里面回答了一个很重要的问题:在西方导致资本主义制度成为现实的原因是什么?他认为,资本主义制度形成有两个基础。第一个是基督教的新教文化,即挣钱是神圣的。基督教分为旧教和新教,旧教告诉我们挣钱是可耻的,所以在原来的教会里面放高利贷是一种肮脏的事情,会把你抓起来杀掉。但新教告诉大家挣钱是神圣的,挣钱也是上帝赋予你的使命。第二个是两权分离的企业组织制度。这两个东西合在一起,基督教文化加两权分离就形成了资本主义的经典模型,为资本主义的落地奠定了基础。但他又讲基督教的新教文明跟我们两权分离的企业的框架模型是通过复式记账落地的。因此马克思·韦伯认为,人类社会发展的过程,理性是很重要的,人类追求的是理性。这个理性在经济的过程当中叫价值理性。价值理性又分为两种形式,叫形式(工具)理性和实质理性。为什么人类以工具理性/形式理性/技术理性为主呢?因为这个东西是可实施可验证,大家能复制的东西。什么叫实质理性,就是我们中国人讲我拍胸脯给你讲我没有骗你,你能验证他讲的话是真的吗?不能。因为实质性某种意义上是一种心理,灵魂深处的东西。但是我们借助于形式,把这种实质性要求固化下来。而这种工具理性,在现代经济当中形成了无处不在的"货币计价"。价值到底是什么谁也说不清,但价值一旦变成价格就说清楚了。货币计价就成为我们体现经济理性、实现经济理性、衡量经济理性的一个主要工具。从我们整个社会的角度看，货币计价、货币计量这项工作从那时到现在，都是由一个专门的学科、职业来传承的，这个学问、职业，我们给它个取名字叫"会计"。会计为什么用货币计价？不用货币计价不叫会计，会计就是因为货币计价产生的。货币计价只是一种要求，当货币计价成为一种现实、成为一种制度、成为一项工作，就叫会计。货币计价成为我们经济活动和经济行为宏观到微观无处不在、无处不用的一项制度，即会计记账。但大家知道，价值是一个极其复杂的概念，至今没人能把它说得一清二楚。在理论上抽象谈价值是毫无意义的。我们在日常生活中讲的价值，一般是经济价值。按照我们的老前辈马克思说法，经济的价值最终体现为节约。这种意义的节约体现在两个方面：资源的节约和时间的节约；资源的节约叫效益，时间的节约叫效率；效益与效率合在一起叫效果。经济效果即节约的最终结果，人类至今这方面的智慧只能运用"利润"指标予以衡量。利润综合表现了一个企业经济性的效果，包括资源节约和时间节约的过程与程度以及后果，从而构成了现代会计制度赖以为生的主要基础和依据。如果会计不能回答这个根本问题，就完全辜负了资本主义的殷切期盼。资本主义制度对会计的需求，集中聚焦就在这一方面；会计对资本主义制度的存在意义与价值，也完全体现这个方面。会计在这个层面，充分地体现为一种意识形态，即把不同社会经济制度的本质性要求（意识形态文化）通过会计充分体现出来。我们也可以认为，任何会计只有充分正确地体现并满足了其赖以存在的所属空间，即社会政治意识形态的基本要求，才能成为一种现实的会计制度。

2. 会计是一种语言

会计是一种商业语言，而且是一种国际通用的商业语言。如果没有会计，国际贸易就不可能发生。没有会计，商品无法证明值多少钱。说到商业，美国麻省理工学院的教授彼得·圣吉在《必要的革命》一书中，十分推崇中国《道德经》与管理，他发现中国的文化代表了人类一种较高的境界。虽然在中国民间，管理讲到《易经》、八卦跟迷信差不多。但在圣吉看来，《易经》代表了人类很高的认知境界。时代发展完全取决于变化，当今时代唯一不变的是变，每个人都应该具有应变能力。《易经》讲的就是人类认识变化的各种奥妙。由此可知我们中华文化真的博大精深。彼得·圣吉在书中言及在中国的文化中，商业被称为"生意"。所谓"生意"，就是生命、生活的意义。可以想象，中国传统文化源头定位商业何其崇高！即使现在看，商业说的是交换，交换从理论上来讲是满足大家的需要。通过交换，不仅把资源利用的效率、效果提高了，大家还可各取所需，大大丰富且提升了人类的生活。仅此而言，商业真的很崇高。但是，现实中的商业似乎不完全如此。美国的富兰克林有一句名言：战争是掠夺，商业是欺骗；在中国，也有"无商不奸"之说。翻开中国历史，充斥着鄙视商人的文化，经商的人给人感觉除了从头到脚一身铜臭味，好像别无其他特征。那么，铜臭味满身的人，中国传统习惯称之为"小人"。一个君子怎么可能浑身铜臭味？因为君子求义，只有小人才看中利，这是中国传统文化价值判断的标准。

  商业如果作为一种人类行为，其实有两个截然不同的内核驱动，一个是诚实，一个是欺骗。不过，现实比较糟糕，商业往往是两者兼备，没有百分之百的诚实也没有百分之百的欺骗。结果，一会儿是诚实，一会儿是欺骗，人类因此陷入红楼梦"真作假时假亦真，假作真时真亦假"的困境，以至于整个社会人与人之间丧失了基本的经济互信基础。现实中，经济交往通常借助于会计语言实现沟通，但沟通的时候，社会各界对这种语言的信任度至今是一个非常困惑的难题。一方面，我们需要会计信息实现经济交往，但另一方面，经济交往中我们面对会计信息又表现出了诚惶诚恐。人类社会经济活动中对会计信息的这种依赖，某种意义上形成了一种会计专制。专制不是权力，最残酷的专制是一种别无选择的依赖。通观人类发展历史，这种专制通过三个途径实现：第一个是文字；第二个是印刷，印刷的特点是可以印很多让每个人都看到；第三个是标准。什么叫标准？老师出个试卷非要你考 60 分，合不合理？凭什么你出一张卷子，设一个标准要考 60 分。但是你再厉害，也要服从。这不是我讲的，是赫拉利在《人类简史》里面讲的概念。所以说，人类对商业语言的需求是客观存在，从而决定了社会经济活动对会计信息的自然依赖。但人类需要的这个商业语言，本质上应该体现诚实，充分表达人类的诚信。如果现实中会计加剧了社会的互相欺骗，那么，会计这种商业语言仅徒具形式而丧失了应有的灵魂。会计形式上无疑是一种商业语言，但这是不是体现了会计本质？可能是一个并不能确定答案的问题。

  3. 会计是历史记录

  现行会计就其基本内容看具有四大特征：复式记账、货币计价、历史成本、权责发生制，这是会计最典型核心的东西。但这四个维度，必须服务于或忠实体现一个中心即会计本质。历史成本就是讲发生，所以会计非常看中原始价值。会计很有意思，发生就记录，不发生就不记录。但现在会计实务中，有个糊里糊涂的内容叫"或有事项"。对此，让我想起当初民族英雄岳飞，屈死于"莫须有"。"或有事项"和"莫须有"具有差不多的含义，可能发生，也可能不发生。但是最传统、正宗的会计必须严格立足于"已经发生"。只要你做了、实际发生了，会计肯定要记下来。我们不要忽视这种对已发生的动态的记录，对人类文明进步的独特贡献。现在会计界动不动就批评、批判以至于无情抛弃历史成本，包括列夫《会计的没落与复兴》一书表明，我们对会计本质问题形成了不应有的漠视，而产生了自己都难以觉察的偏见。利特尔顿的《会计理论结构》一书，对历史成本有非常到位的研究分析，大家不妨好好去看看，会计在这方面真的需要温故知新。

在人类文明进步的历史长河中，会计义无反顾地充当了把你已经做的事情真正、完整、一览无遗地记录下来的角色，作出会计记录，形成会计信息，为人类自我认知并评价、判断各种经济活动提供了唯一可靠的依据。对会计记录，首先，要做好分类，即形成会计要素分类记账，便于形成人类认知经济活动的统一框架；其次，是记实，保证会计出来的信息系统而全面。分类记实的结果，是让发生的所有东西得到真实完整且有助于人们认知的再现。会计在这方面特别强调"及时性"。大家知道，会计任何的记录将来会成为考察企业的重要依据。企业好不好，我们只能从该企业已经做的所有事情中去看。你的未来，在你每一天已付出的努力当中。离开了一个人每一天的努力，抽象地谈未来，毫无道理。所以，我们必须理解，为什么现在提拔干部、重用一个人要把你的档案拿出来？为什么招聘时人家要求提供你的简历？会计在这一点上，完全是应人类文明进步的内在要求，而对任何经济活动做出了系统、规范记录。其实，未来是什么？谁也说不清楚，但你的过去和现在，最能决定你的未来。这样一种做法的积极意义，在于督促你非常认真、负责、尽力地过好每一天，做好每一个事情。假如一个企业以前做的不好，就无法让人们相信有什么好的未来。因此，历史成本的进步意义是谁也不能否认的。

4. 会计是现时的经济现实

会计现在最头疼的问题是会计是滞后的。会计本质要求会计是现时的。现时是什么？是经济活动的一面镜子。你们将来去做瑜伽、学舞蹈，对面有个镜子，旁边有一个标准动作的图，通过镜子调整动作。这个镜子里面的你跟你是一个人还是两个人？镜子里的你不是你，是你做动作的一个影子——信息。但镜子里的你跟你的动作是实时的，这样有什么好处？你做的偏差就可以改正。但现在的会计，做的好坏不知道，做完了告诉你哪些不规范，你听了云里雾里，所以现在的会计和我们的经济现实差异很大。我们的会计本质上应该是一个实时的系统。但是，作为一个提供信息的系统，能否实现实时反映，这不能表现为会计自身的一厢情愿，更取决于科学技术发展水平是否在工具、手段上提供必要的保障。显然，即使信息化快速发展的今天，会计信息反映的实时化要求尚难以实现，更不用说在工业化时代谈论会计本质，以实时反映经济现实的要求可能是缘木求鱼。

5. 会计是信息系统

什么叫信息系统？接下来我们要展开讲。我们生活在信息的世界还是现实的世界？我们生活在信息的世界，现实的世界究竟是什么，我们不知道，而且我们这个信息世界受制于现代科学技术的制约。你们去看马丁·肯普的《看得见的与看不见的》，明白了人们看见的东西和事实存在的东西差距很远。看见的东西再多，还是看到片面的东西。所以我们看到的世界永远是片面的世界。根据片面的世界来研究这个世界，永远得不到真实的世界。所以，科学的任务就是尽量让片面的世界变得越来越不片面，而不是越来越片面。马丁·肯普告诉我们：数据就是我们观察的结果，观察的时候是按照我们规定的框架做，所以我们现在生活的世界是我们自己想象的世界，并不一定是真实的世界。其实这句话更深的意思是，这个世界是什么样子，并不取决于世界本身，而取决于人类自身。这句话希望大家记住。我们人类需要一个善的世界，这个世界会更多地体现善。如果我们人类本身对善放弃，可能我们在现实中碰到的更多是恶。会计在这一点上作为信息系统担负了很多使命。

6. 会计是一种商品

会计是一个大家离不了的理解经济活动的依据，所以是商品。在中国，会计不仅是商品而且也是公共资源。会计是公共资源，这一点中国走在了世界的前列。因为我们事实上已经把会计制度与信息作为公共资源，即作为社会经济发展的基础设施，予以建设与管理。世界上只有中国有《会计法》。为什么会计需要有法律规定？因为会计是公共资源。没有法律规定将来它的质量和数量得不到应有的保障。只有通过法律规定，这种公共资源的品质才有应有的保障。在这一点上，中国还有很多的法律空间。会计作为一种商品，曾经成为发达国家掠夺落后国家的工具。为什么我们有那么多表外项目，那么多金融衍生工具，好好的东西用的变味了。会计在这里真正在为虎作伪。

7. 会计是一种管理活动

这是 20 世纪 80 年代中国会计学界以杨纪琬、阎达五教授为代表,提出的对会计本质问题的新认识。管理活动论认为,会计是价值管理,具有核算与监督两大基本职能,承担着对经济活动把关守口和如实反映报告的使命,会计不仅包括记账、算账、报账,而且包括对资金的筹措、分配和使用,以及对经济活动的预测、预算、控制、分析、考核和决策等方面工作,参与并直接履行了经济管理职能。会计既是宏观经济中国民经济管理的重要组成部分,也是微观经济中企业经营管理的重要组成部分。会计是管理的重要组成部分,本身就归属于管理范畴,是一种管理活动,这当然是毫无疑义的。会计是管理活动的观点,为在国家层面对全国会计制度与标准、职业资格与能力、会计事务管理机构设置,提供了有益的理论指导。可以这么说,中国改革开放四十多年,会计国际化当然是一道最为靓丽的风景线,但真正具有中国特色的会计发展亮点,表现在"宏观会计制度与准则管理"以及"会计任职资格统一管理""注册会计师监管模式""会计信息质量的社会化监督管理与行政监督联动""会计教育与学术研究的产、学、研、政一体化组织"等方面,正是在"会计管理活动论"理论直接指导下形成的会计实践成果。

会计本质的问题介绍还可以有很多不同的观点。以上所述,大体上已反映了国内外会计学界对此的一些主要说法。这些不同见解,表明会计本质问题并不是一句话两句话就可以说得清楚的。各种不同说法,都代表着人类对会计这项工作、这个制度、这种职业不尽相同的定位和期望。这也表明,有关会计本质问题的理论探索,仍处于说法众多、莫衷一是的状态,尚需要学术界深化这方面的研究。我希望以上这些既有认识的介绍,为我们接下来讨论、学习、研究会计本质问题建立一个必要的理论起点。

## 五、对会计本质问题现有观点评述

对会计本质问题的认识,是会计基本理论研究首先要解决的问题。在这样一个背景之下,西方对会计准则的问题曾经做了很多的研究,这些研究成果已经被我们西方的同行梳理成各种主要的观点。以上是根据美国会计学家贝克奥伊在 2004 年出版的《会计理论》教科书里面,对当今世界会计学界有关会计本质的种种不同观点的归纳和总结，形成了六种并不完全一样的认知，加上我国会计学界的"管理活动论"，某种意义上代表了目前会计界对会计的自我认识。接下来，我们要对这些观点做适当的展开分析。这样做，主要目的是试图引导大家对会计基本性质，真正拥有一个深化认识的基础，并结合会计运作机制的具体内容，进而正确认识、认清目前被中国会计学界误认为会计理论与学术最高层次的会计准则，它实际上是一个什么样的存在？

总而言之，有关会计本质问题的"意识形态说""通用商业语言说""历史记录说""经济现实说""信息系统说""商品说"与"管理活动说"，表面上看似乎从不同视角与层面回答了会计本质问题，但通过以下分析我们不难发现，以上每一个观点都给会计本质问题的学术研究以及给社会各界与会计行业自身正确地认识并定位会计，带来了一定的理论困扰。

### （一）关于"意识形态观"

说会计是一种意识形态。但是大家知道，意识形态是一个非常复杂的概念。不同的意识形态，对会计意味着什么？难道会计能把世界上所有的意识形态都体现出来吗？我们现在通行的会计，体现着什么样的一种意识形态？这种意识形态是不是会计本质意义上需要的那一种意识形态？我们没有也根本不好回答。我们可以看到，作为会计性质内涵的一般认知，会引起对会计具体实务如何处理才合理的各种争议。中国改革开放四十多年来，在我们现在的课堂上以及在我们会计教科书介绍的全部知识体系中，西方几乎成了我们宣扬规范知识的100%。毫无疑问，任何社会科学知识（包括会计）肯定包括意识形态。如果说会计是意识形态，那么，我们吸收借鉴西方会计的做法，在理论上就有很大的障碍。会计无疑会体现政治制度核心的意识形态，但其本身不是意识形态的附庸，更不是意识形态本身，因此，本质上不可能是意识形态。但是会计无法超越意识形态，任何意识形态只有寄身于现实会计中才能成为具有实践价值的制度。

### （二）关于"通用商业语言观"

我们说会计是一种语言。英文叫语言，中文也叫语言，包括阿拉伯数字也是一种语言。如果认为会计是一种通用的商业语言，我们很容易从国际化发展过程中看到，所谓通用这只是一个潜台词。从国际角度定义通用的时候，其背后不可避免地存在两个我们无法回避的问题：强权与霸权。撇开这种强权和霸权的背景，抽象地谈国际通用的概念是难以成立的。我们说国际贸易要采用并遵循国际惯例，你首先要明白什么才是国际惯例。通常，强大的国家的贸易规则就是国际惯例。你要跟我做生意就得照我的规则去做，这是最通用的国际惯例。会计也是如此。但国际通用的商业语言，只说明了会计存在的形式特征，而没有揭示这种国际通用商业语言的本质特征。更进一步说，会计国际通用商业语言，对会计概念而言是一种明显的同义反复。

### （三）关于"历史记录观"

当我们讲会计是一个历史记录的时候，不外乎说明会计是人类对过去发生的经济活动事实的记录。但是，会计这样的记录，对于人类而言可以有各种各样的选择。对已经过去的某一片段，我选择某个角度记录后告诉你，这叫历史；我选择另外一个角度记录片段告诉你，这也叫历史。从而，同样的过去，会产生不尽一样的记录。无可改变的唯一的过去，反映为不同视角的记录后，就形成了不尽一致的历史。加上众多不同解读，从而同一个过去，出现了众说纷纭的历史。在西方有一句名言，历史是当权者随意打扮的姑娘。我们说要尊重历史，但又必须提醒大家不要迷信现在作为书面记录存在的历史。当我们说会计是历史的记录，那么首先要明白，任何记录下来我们看到的历史，都是按照人类的认知框架呈现的。会计的这种历史记录服从怎样的框架？这样的会计框架到底由什么决定？历史形成的会计框架以及会计实践模式，能否成为思考、观察最终概括会计本质的可靠依据？这在我们会计学术上是一个带有很大疑问的问题。有关这方面的讨论我们不准备展开，如果你们真的想消除这个问题上的疑惑，建议好好看看波普尔的《历史决定论的贫困》一书。他在书中很中肯地告诉人们，目前通常以人类有史以来的这种事实来概括历史发展规律，这种做法有很大的局限性，从而陷入历史决定论的贫困中，最终严重束缚了科学的健康发展。会计与人类行为存在双向互动关系，这样的本质关系决定了"会计是历史记录"的认识，具有很大的片面性。

### （四）关于"经济现实观"

会计提供现实经济的现时信息。所谓经济现时信息，会计可类比为现实经济活动的一面镜子。当然，这面镜子其实也是人造的。我们知道，有一种特殊的镜子叫哈哈镜，哈哈镜也叫镜子。那么，会计作为经济现实的一面镜子，提供的是一种哈哈镜信息，还是一种一等一的平面镜信息？即使是哈哈镜，程度上也有差别，更有很夸张的哈哈镜。从而，如果说会计是现时的经济记录，那么，会计世界反映的现时的经济活动，跟现时经济活动的真正存在的完整的面貌，这是两个存在。会计是按照我们的想象、理念、框架（会计理论），设置了我们的认知模型（会计准则），再履行再现经济活动职能。但是，我们必须知道会计准则是怎么来的。我们现在讲会计准则似乎已成为一种常识，但在会计发展至今的历史中，很长时间是没有准则的，只有一些非常粗糙的会计惯例。最原始的会计惯例，几乎是人类的一些本能。什么叫本能？每个人刚一出生都会哭，根本不用教也不用学，这就是本能。这样的本能也存在于我们人类社会发展的过程当中。当人与人组织一起，发生包括经济活动在内的各种具有社会意义的各种活动时，对已经发生和正在进行的这些活动，做出必要的记录，就成为原始意义上人类社会的一种本能，而且这种本能随着社会文明进步而逐步演化为越来越缜密并带有一定强制性的社会制度。会计制度，就是这种制度中最基本的有关经济生活与活动的记录制度。会计所要反映的，正是当下人类社会了解经济活动的一些基本诉求。但细究起来，我们需要了解经济世界哪些信息才是人类的基本诉求？这是一个无法提供标准答案的问题，而且可能是一个根本无法形成真正现实共识的难题。就像我们不知道女孩子有的穿白的，有的穿花的，有的穿黑的，那所有女孩子穿衣服就颜色层面的基本诉求是什么？更无法回答为什么会有这样的基本诉求？所以具体到会计领域，说会计本质上是现时的经济记录，但什么样的框架与标准才真正恰当反映了现时的经济现实，这本身就是一个很难作出令人完全信服说法的问题。因此，经济现实观并没有很好地揭示出会计最为本质的特征。

### （五）关于"信息系统观"

说会计是个信息系统，现在看来也没有揭示出会计的本质特征。信息系统有一个很重要的功能，叫反馈。反馈意味着信息与人类行为之间是一种实时互动关系。如此，信息与人类行为必须在时空上实现无缝衔接。但是，现实中的会计与实际经济活动，往往处于时空分裂状态。与现实经济时空一体的会计，无论对会计还是经济，至目前都只能是一个美好的愿望，充其量是会计世界的"乌托邦"，于会计发展至今的历史而言，会计远没有达到信息系统质地的基本要求，很难说这能成为目前会计本质问题的正确答案。

从另一个角度看，在西方的管理学里面，我们知道人数增加带来关系复杂化，其直接后果是，人数的增加跟关系的复杂度的增加，不是算术等量，往往表现为几何级数。在这样的一个背景下，一个公司会计信息出来以后，分享会计信息的人是很多的，每个人看到同样的会计信息的时候，每个人的反应（理解与行动）并不完全一样。这种个体的差异广泛存在于我们现实的经济活动当中。我们每一个人恰恰就是不断地解读着同样的会计信息，而作出各取所需理解后，作出自己认为带来利益最大化的行为选择。真实的会计信息反馈过程就是这样。因此，说会计是信息系统，我们面临的困境是，对直接使用会计信息各方行为效率作出很好预期，会计往往无能为力，从而使会计职业自身与社会各界，由于现实会计表现与理想目标经常处于天壤之别，而对会计产生了种种误解。

对于这个问题，以前我们并不在意，全球会计一直处于麻木不仁状态。而且，会计理论对此的解释也是言辞闪烁。但是，两次经济危机以后，我们对会计是不是、能不能、该不该本质上是信息系统的说法，似乎渐渐明白了其中的利害。会计界逐步认清了一个很重要的现象，叫经济对会计信息的顺周期效应。它讲的是会计信息对经济和现实是有实实在在影响的，但是这种影响不是我们讲的互动。互动就是我一个信号你就动了。其实，我给你发送信号，你什么时候动？肯定是在信息后面的。这种滞后尽管在时间上并不具有一致性，但这种时间上人们行为的滞后表现却具有相似性的趋势，从而为我们在会计与经济的关系问题上，提供了一种理论概括的可能。现实问题可能更为复杂。例如，当我们看到一个公司的会计报表以后，观察各投资者行为时，是不是立刻就调整？每个投资者是不是都作出同样的决策？这可能是一个难以做出实证的话题。在这类问题上，我们以前在会计信息应用过程当中，普遍存在解读会计主体的不确定性，在会计业务事项处理规范上形成了谨慎惯例，从而进行了相对简单化处理。当面对难以解释的会计业务难题处理准则时，我们已习惯于推出一个堂而皇之的挡箭牌：会计假定。例如，对长期资产与流动资产有关项目会计处理，为什么一律为四十年（商誉）与一年（应收项目）？上市公司会计为什么曾被要求预测未来三年损益？对这些现实中很难划一的业务难题，会计统一处理标准只能以假定来解释了。其实，一笔业务发生以后，到底影响多长时间，谁也搞不清楚。对凡是搞不清楚的业务，会计就以假定予以规范。事实上，现在有很多的费用处理，是令我们非常困惑的。典型的是广告费与业务招待费，甚至包括员工激励的有关费用，这些费用究竟与哪些时间的收入直接相关，恐怕是一个谁也无法说清，也不能证明的问题，会计对此形成了"即期处理"惯例。什么叫即期处理，对很多无法确定影响哪一期收入的必要支出，我们一律进行费用化处理，不做资本化的处理。但我们的工程项目基本建设、更新改造，包括技术与产品开发，这些支出就要资本化。因为这些支出有确定的资产承担物，且有明确的产品所属。而研究活动所发生的费用，由于成功与否根本未知，只能作费用化处理。在会计实务中，研究活动由于不知道成功还是失败，而开发行为已经有明确市场了，由此会计形成了"研究阶段的支出费用化，开发阶段的支出资本化"的处理规则。但会计为什么这样处理？这样处理后具有什么样的一种反馈机制，会计到现在为止，无法做出正确的解释。因为不能做出合理的解释，给会计实务带来了种种困扰，也使社会各界对会计是不是具有科学性产生了严重怀疑。会计准则对一些实在难以强制规范时间、价值、业务对应关系标准的业务，规定了一些会计处理的原则，至于会计实务处理过程如何体现这些原则，由具体在现场一线处理业务的会计人员作出判断，这样会计界又产生了貌似高雅实则挑战巨大的名词：职业判断。会计界由此自诩拥有了"艺术"美誉。而社会各界面对会计实务种种貌似合规实则无理甚至在常人看来会计有点"随心所欲"的做法，自然地嘲讽会计更多地具有"魔术"的特性。

总之，会计发展到今天，面对越来越多的充满着不确定性的业务。例如，收入与费用的不确定，受益人的权利和受益人的费用关系的不确定，对这些越来越广泛的不确定性业务，会计再奉行一个简单以至比较粗暴的"谨慎"惯例，由此提供的会计信息，可能已严重辜负了现代社会对会计的殷切期望。

以"雷曼事件"为例对这个问题做一下展开分析。"雷曼事件"发生，本来就是一个不应该产生的"突然"。雷曼公司原来什么问题都没有，就是它的会计在大家人心惶惶的时候公布了一笔账——计提"公允价值变动损益"。雷曼公司在金融衍生品领域一直独领风骚，获益颇丰。因此，其隐含的经营风险就与众不同。但雷曼公司的业界标杆地位，使其拥有了无视市场风险的傲慢，在其他企业是风险的事项，雷曼公司会计将其视为可以忽略不计，使得拥有大量金融衍生品业务的雷曼公司因此累积了巨大的隐含风险。雷曼公司的资产价值由此存在越来越大的不确定性，而这在雷曼公司的会计信息披露中未予丝毫反映。当其风险恶化到无法掩盖时，雷曼公司一下子披露了持有金融衍生品的资产减值——"公允价值变动损益"60多亿美元。这远远超过了雷曼公司自身所能承受的亏损底线，引起了众多雷曼公司债权人的恐慌，导致了雷曼公司偿债能力丧失而破产清算，最终引发了全球性金融危机，给世界经济发展带来了灾难性的后果。事后，人们不约而同地把"雷曼事件"视作为引发全球金融危机的导火索，而把"雷曼会计"当作了形成"雷曼事件"的罪魁祸首。尽管会计界对此作出了各种辩解，但会计在整个雷曼事件从发生到恶性发展过程中，充当了很不光彩的角色，严重辜负了社会公众对其的基本期望，明显违背了自身对社会文明进步所作出的基本承诺。大家只是在雷曼公司突然公布其巨额持有证券亏损时，才感到雷曼公司问题严重，从而彻底抛弃了雷曼公司，使其丧失了基本的社会生存价值而落入了死亡陷阱。直观地看，是不恰当的会计使雷曼公司走上了不归路。因此，不称职的会计，现在已经成了影响我们经济健康发展的第一杀手。可以这样说，20世纪开始是两次世界大战，用武器杀人，死的是自然人；21世纪初可能也叫发生了世界大战，只是这种世界大战不是军事冲突，而是世界性金融与经济危机。金融经济危机，借助会计杀人，死的是法人。法人大量死亡，现实中比自然人死亡更恐怖、影响更恶劣。

　　雷曼公司事件的最初起因是会计，其实，安然事件也是由于会计的丧尽良知。世人都看到，何其伟大的安然公司，通过杠杆收购和合规而违背初心的并购会计，塑造了一个蓬勃发展的安然公司。但是，安然会计创造的繁荣只是一个巨大的泡沫，最终还是难以掩饰而暴露了丑陋的尾巴，被世人识破导致灰飞烟灭。我们说雷曼也好，安然也好，整个过程也是会计的习作。社会各界因此反思会计到底应履行什么样的角色并担负何种职业责任？进入21世纪，西方社会鉴于短短时间大公司与华尔街由于不恰当会计而一再辜负并危害社会，从而把赋予并强化会计的社会角色，以唤醒会计切实履行为社会文明进步提供保障功能的责任，作为完善社会、政府、公司治理的重要措施。

　　我们上面提到会计顺周期效应，这一点对于我们加深理解会计本质是信息系统的观点恰不恰当很重要。所谓顺周期效应，说通俗一点，就是会计信息带来的马太效应。马太效应就是"多的更多，少的更少"。不过，会计信息的顺周期效应，还涉及一个很重要的问题，是会计信息公开后，对使用会计信息的各相关方行为的影响是滞后的，本期的信息披露会导致下一期（当然也可能是下几期。不过，一年会计信息披露的强制性规定，可以把会计信息顺周期效应，理解为只对会计信息公布后至下一年度会计信息披露之前，那一段时间会计信息使用者行为的影响）经济行为的变化。实际过程中，情况会复杂很多。因为会计信息相对于经济活动本身就具有滞后性。这样，会计信息顺周期效应研究就具有很大的挑战性。因此，会计距离信息系统的要求无论是实质上还是形式上，都存在着很大的差异。总之，笼统地说会计信息影响人类行为，这句话是没问题的。但因此认为会计是一个信息系统可能并不十分恰当。会计影响人类行为，这只是一个简单概念。一个会计信息影响人们下个月还是下一年的行为？目前无法搞清楚。何况，会计信息具有复杂的结构，目前有不同的报表，有不同的信息节点，不同的指标及其组合，可以传达非常丰富而不同的含义。到底哪些信息体现顺周期的特点更明显，而这些很明显具有顺周期特点的会计信息，其顺周期特征可能在不同时期、不同企业、不同行业中具有不同的特征。有的顺周期可能是长周期，有的顺周期在时间上可能是短窗口。我们现在提供的会计信息，就决策有用性角度看，体现在顺周期效应上，到底具备了什么样的目标函数和效用定位以及实际效果，这已远远超出了信息系统所涵盖的范围与内容。因此，会计作为人类自己创造的一种制度，信息系统只能是这一制度的重要组成部分，但远不能达到充分体现会计本质要求的程度。作为人造的信息系统，会计本质显然是一个超越信息系统本身更深层次的问题。

以上之所以对会计是一个信息系统观点作这么多分析讨论，主要是因为这是目前国内外有关会计本质问题领域占主导地位的观点，从而深深影响了社会各界对会计的认识，决定了会计职业的自我定位，对会计学术研究也产生了直接影响。

### （六）关于"服务商品观"

最后说，会计是个商品。商品是有使用价值的，使用价值是用来满足人类需要的。会计在满足人们投资决策所需信息的时候，这种商品到底产生了什么样的效果？也就是说，对于我们人类社会在使用会计信息这个商品的过程当中，会计提供了信息，给社会经济带来了文明的进步，还是带来了文明的倒退。服务商品观并没有揭示会计真正的本质特征。

### （七）关于"管理活动观"

从会计实务角度看，管理活动论明确赋予了会计管理职能，有助于从宏观与微观两个层面，完善会计制度与工作的组织以及具体运行机制。但从学术研究的角度看，管理活动论在逻辑上未能明确提炼出会计区别于其他各项工作的基本特征；在理论依据上，以经济活动分为价值与使用价值两大领域为立论基础，落后于经济活动分为实体过程与信息反映两大基本方面的最新认识，从而使会计本质问题研究难以取得与时俱进的进步；在实践背景层面，管理活动论以20世纪末以前工业革命场景为立论背景，形成的理论范式已与21世纪信息化成为时代主流的崭新场景不太切合，成了会计理论创新的桎梏。因此，管理活动论作为会计本质的认识过于笼统。因为属于管理活动与价值管理的工作，并不只有会计，企业所有职能部门的工作都具备管理活动特性，而且都以企业价值最大化为目标，都可以称之为某个侧面的价值管理。同时，管理活动论既有的理论观念已明显落后于社会信息化后形成的经济活动新场景，不利于会计适应时代要求完成转型任务。由此，管理活动论作为会计本质问题的认识，代表了会计学术过去，但无法指导会计学术与实务的现在与未来。

以上分析围绕会计本质问题展开了深入讨论。总括而言，以上这些观点都有道理，但是，这些观点离我们要回答的会计本质问题均有距离。简言之，现有的这些有关会计本质的认识，还停留在表象或形式的层面，犹如沙里淘沙，与会计本质的内核尚有一定距离。因此，我们还需要对会计本质进行更深入的讨论，以期获得正确认识。

## 六、会计本质问题：经济基本要素与内涵决定会计制度的基本定位

### （一）经济时空观与会计发展

离开经济，会计就难以解释。任何经济都是由时间和空间组成的。现在我们学会计一般不研究时间和空间，只讲人财物和供产销，这样的一种会计丧失了应有的切合实际的灵性。任何的会计与经济活动，都是在一定的时间和空间中进行的。实务中，会计工作十分强调两点：一个叫"发生"，另一个叫"实现"。为什么现在"公允价值变动损益"在会计上一直被人家批判，因为这种做法明显违背了"实现"原则。股价再变动，我仅持有而没有卖出，这个变化影响对我所持的股票损益而言虽然"发生"了，但没有"实现"。只有把股票抛出去才算实现，才能计入损益。如果没有抛出去，仅

仅持有，股价事实上一直处于升降状态，这是市场正常情况。若按公允价值会计，这种股价变化对持有股票价值的影响要尽可能真实地反映出来，那么，企业持有股票必然是一会儿盈，一会儿亏，但现金流始终未变，这样的会计到底想并能解决什么问题？

2006年会计准则刚刚发布，需要对现在会计准则的可能经济后果进行测试。我们当时测试了一家上市公司——浙江的雅戈尔。这个上市公司很有意思，因为那时候中国的股市像神仙一样一会儿上一会儿下。雅戈尔持有了其他一些上市公司的股权，我们对其持有股票的市值进行测试，结果发现：今天盈利几个亿，第二天又亏了好几个亿。当时我们感到，实现的原则因此面临了很大挑战。进一步分析，以"公允价值变动损益"测试难点为分析对象。测试过程主要关注两个因素：首先，会计算公允价值变动损益的时点，以本年最后一个交易日的收盘价为标准，但这合理性成问题。因年度中间股票起伏跌宕，以最后交易日收盘价为标准，极有可能歪曲反映了股票价值变化。其次，如何确定一定时期股票的真实价值，以股价作为股票价值的替代变量，往往扭曲了企业股票的真实价值。综合以上两点，最好是把一年中所有交易日的每一天的价格做一个平均，但交易日的平均是收盘价、开盘价，还是动态价格曲线，现实太复杂，而且各企业股票情况迥异，会计在这方面要拿出一个全社会都执行有效的规范办法，真的很难，几乎不可能。所以"公允价值变动损益"在会计实务中成为一个大坑。可见，会计上正确把握"发生"与"实现"非常重要，而解决好这方面问题都跟正确的"时空观"直接相关。

下面专门关注一下会计"时空观"。现在看来，工业化恰恰有效解决了时空观标准化问题，这可能是会计在工业革命时期得以迅猛发展并形成完整模型的根本原因。现在信息化已经对工业化时空观产生了颠覆性影响。如果我们把现代会计，看作是工业时代的一个产物，那么，现在进入了信息时代，这样的一种还扎根在工业时代的会计，肯定是不完全适用的。在此背景下，会计界还故步自封，停滞不前，那么被历史所淘汰就成必然。我们的学生，作为会计的新生代，我们的老师，作为会计的"传道士"，应该都有这种强烈的危机感意识。

### （二）交易：经济的原始范畴与会计立足点

经济发生的标志是什么？边界在哪里？边界，就是经济发生的起点与结束的终点。经济核心是交易。现在大学里讲的经济，以西方经济学为主。西方的经济就是市场经济。市场就是交易，就是交易的平台，经济的起点与终点以及好坏取决于交易。因此，交易是经济最原始而基本的元素，其基础是契约。

对于交易，必须明确其基本特征。第一，交易核心是人以及契约。所有的交易都以人为核心，成为人类利益表达与实现的平台，是市场的基本功能。每个交易肯定涉及一个以上的人，一个人在会计意义上是无法产生交易概念的。凡是经济的交易，最起码存在是两个以上的具有独立利益的人。第二，交易的基础是利益。交易是两个各有利益诉求的人之间的利益交换，从而满足各自的需要。只有满足双方需要，交易才可能发生。第三，交易具有"自愿性"，强制的就不叫交易。"自愿性"与"可重复性"是交易最为本质的特征，在会计理论与实务中，必须始终不渝地维护并突出这样的交易特性。本质上，自愿交易的基础是互利互惠；而交易的可重复性产生了社会范围对交易制定规范性标准的需要，从而使建立标准会计制度成为社会经济健康发展的内在需求。一个成功、正规、健康的交易，肯定是互利互惠，这一点，只有通过相应的会计制度保障，才可以成为现实。

不过，现在会计通常把利润最大化作为自己的基本目标，但这是否真正体现了互惠互利的要求，却是一个无法正确回答的问题。任何交易必须要满足以上三个最基本的要求，才能成立，才是会计所要面对的交易。交易最终必然以契约形式存在，契约保证了交易双方在交易过程中有效实现约定的双方利益。契约是必须兑现的承诺。契约，首先是个承诺，我有什么样的权利义务，什么样的一个后果，这是一个很重要的承诺；其次是必须履行的承诺，从而明确了契约的最低标准。必须兑现的契约，构成了交易的核心特征。

一般而言，经济活动成为可观察、可计算并具有社会意义的存在，必须首先表现为"契约"形式，这是经济活动需要会计的基本前提。由此，经济活动在会计领域，核心内容表现为各种必须履行的契约。会计上，把"契约缔结"看成经济活动始点，定义为"交易"；"履行契约"体现为经济活动发生与进行的完整过程，定义为"业务"；"契约履行结果"表示经济活动已完成，完成了"契约所规定的各项任务"，定义为"事项"。经济活动概念过于抽象，但当我们把经济活动和时空以及具体内容对应起来的时候，其中内含的一种本质性元素——交易，自然而然地冒了出来，从而为会计借助于信息反映与控制经济活动，提供了一个非常实用的基本抓手。我们会计研究从理论的角度，不是要简单地研究供、产、销、人、财、物。因为这些环节与要素在不同的企业，它的具体内容是完全不一样的。但是，会计理论可从所有的经济活动存在的共性要素当中，提炼出或找到自己发力做功的基点或抓手，从而会计成了一项可操作性而具有社会性共识标准的工作，涵盖了经济活动全部，这样的会计理论具有了普适性。这些共识性的知识，概括而言，就是任何经济活动都表现为交易、业务、事项这三个基本过程或层面，从而满足了提炼会计理论的基本要求。由此可见，会计找到了任何经济活动的共有和通用的元素，揭示了经济活动的本质含义与基本特征的最核心要点——交易。交易在现实中是一个必须兑现的契约，但在具体经济活动中，包括着非常复杂的类型。

西方制度经济学代表人物康芒斯在《资本主义制度的法律基础》与《制度经济学》中对交易作出了开创性研究，取得了具有最经典和权威意义的成果。他在制度经济学研究当中，告诉我们交易有三种最基本类型：第一种叫市场交易；第二种叫管理交易；第三种叫限制性交易。其中，市场交易表达的是两个都有独立法人资格之间的交易；管理交易是法人主体内部的上下级之间的交流，公司总部和分部交流，然后各个事业部去做；限制性交易实际上回答了交易主体能力行使有所约束的那类交易。

第一种交易跟第二种交易，大家比较容易理解，理解第三种交易却比较困难。但是，就会计而言，第三种交易可能是交易当中真正重要的一种。如果一个跨国公司，可能在世界所有国家都有它的分支机构。这一种主体跟我们企业一般的法人主体不能同日而语。美国通用，它是美国公司，上海也有一个通用，上海的通用跟美国通用是什么关系？如果从一个通用汽车公司的概念来讲，包括上海通用。如此，通用要办理一笔全球性公司业务的时候，它涉及不同国家的分、子公司，形成了内部交易。不同的国家，意味着不同的法律、不同的文化、不同的税收、不同的货币，甚至于不同的时间。跨国公司作为这种交易主体以及发生的交易行为，在我们的会计实践当中就变得非常复杂。

其一，市场交易强调的是公平、公开、公正。市场交易体现了"三公"，保证每个人参与以后都得到了他应得的好处。或者市场会保护满足每个人的合理诉求。所以说一个好的市场是对大家都有益处，让大家都满意。这很重要，实现这种局面的基本工具是"市场价格"。

其二，管理交易，就是我们一个组织内部的交易。组织内部的交易，服从的是组织的使命和战略。一个组织之所以存在，就在于具有特定使命，就是它满足社会的某种需要。企业都是生产产品或提供劳务，所以在这一点上，企业存在的共性理由，就是为了提供满足社会需要的产品和劳务，明确这一点非常重要。因为为了完成提供产品和劳务这样的一个使命，要耗用很多的人、财、物，这些人、财、物能积聚在一个组织内部，那就是因为每一个人，都能为满足企业生产特定的产品和劳务作出独一无二的贡献，同时认同了企业的文化与价值观，这样企业才能成为一种组织。所以说，这样一种交易，它服从的是管理与组织的原则。管理的原则跟组织的原则，和市场的原则不一样。管理原则现在我们要讲最大的一个特点，是满意原则。事实上，人的满意是一个非常复杂的领域。管理要求成为组织的每一个人，对组织要有一种价值的认同。价值不认同，员工个人满意度就谈不上，也会带来组织发展的一个很大的挑战：内耗。因此，管理交易需要认真加以认识并有效组织，营造经济活动的和谐氛围，从而增强组织的凝聚力与战斗力。会计在这方面需要发挥解决有效激励问题的作用。

其三，限制性交易，具体表现为三大方面。第一，政治限制。因为到目前为止，我们所有的企业、市场都是以国家为基本立足空间。中国的市场跟美国的市场本来就是两个市场。所谓一体化，不是说把两个市场合起来，而是让两个市场更好地融合在一起，如此而已。所以说政治是第一种限制。政治的限制，对于我们整个交易产生决定性影响，如果交易过程不能满足政治要求，这种交易风险就非常大，现在华为碰到的就是这方面问题。第二，伦理限制。交易过程当中，以不能危害其他主体生存发展为前提。第三，自然限制。自然本身对我们的这种经济交易限制已无处不在，所有经济活动都必须经受自然约束。任何经济组织都不能以毁灭自然、毁灭我们人类生存环境的方式来做交易。

以上所有交易，实质上表现为所有经济活动必须兑现的承诺，即契约。我们每一笔交易，都必须按该交易的内在要求去做。这些内在要求的满足，也就是交易各方利益诉求得到了保障。会计必须把交易从缔结到履行全过程完整记录下来，以为交易各方利益诉求在交易过程中是否得到了真正满足，提供可靠即可验证的证据。总之，会计之所以把交易作为工作起点，主要是形成契约的始点，也是所有经济活动发生的最原始起点。对契约以及履行过程、结果的完整记录，是会计的最基本工作。会计记录，是经济活动过程及结果最权威的证明。一个完整的会计记录，能证明契约最基本要求合理与否以及是否得到满足。社会经济文明进步的基本要求，就是需要建立一个专业而权威的系统，对所有交易过程作出客观、完整的记录。这样一个记录系统，就是会计最原始形态——簿记制度。正是这种簿记制度的广泛有效作用，使以交易为核心要素的经济活动，都得到了很好的控制与管理。通过簿记，既明白经济活动接下来怎么去做，更重要的是证明了已发生经济活动有没有问题。而且，发生的经济活动即所有交易有无问题，不是哪一个人说了算，而是统一由会计记录系统作出权威的说明。

交易执行就形成了我们定义的"业务"。对于一个企业实体，尤其是产业多元复杂、规模巨大的经济活动而言，业务就具有了非常复杂的内容。业务有主要的业务，核心的业务，还有辅助性的业务。第一，主要业务占用并耗费了主体拥有资源的大部分，反映在资产负债表上是资产比例，反映在损益表上是收入的比例，反映到现金流量表上是经营活动现金流量的主要驱动因素。第二，核心业务是体现公司拥有基本商誉的决定因素，形成企业的核心资本，决定了企业的核心竞争力。总之，决定企业具有领先地位的业务，就是企业核心资源。管理会计就是有效服务于企业做强做好核心业务的会计制度。第三，辅助业务基本上是一些管理、组织事务。这些辅助业务，对任何经济活动都不可缺少。会计对辅助业务作出系统核算与监督，可以为经济活动效率与质量的提高，提供有益指导。业务既然是交易的执行，则交易所含的各种承诺，对于会计反映业务重点以及目标的确定，具有决定意义。会计一定程度上就是要反映公司对交易内含各种承诺的履行过程与效果。因此，会计上业务处理，形式上表现为简单的复式借贷分录，但所有业务分录汇集，自然形成了企业对各种交易承诺的履行过程与结果，从而为整个社会经济接下来具体交易活动的再组织提供决策参考。因此，会计在业务环节，真正要完成很重要的任务，就是全面准确地反映各种承诺的履行状况与结果。会计通过主要、核心、辅助业务活动分类记录，系统反映各种交易的履约结果。西方会计因此认为会计是为了反映"受托责任"。由于交易形成契约，而契约是典型的法定委托书，所以，交易必须要记录；业务不但要记录还要计量。计量的目的不仅仅是多少钱，也同时反映了各种业务对承诺履行的状况。如果计量出来的这种信息，不能满足这些需要，这是会计的失职。

交易执行完成，构成了会计意义上"事项"。事项就是交易契约履行的结果。在事项环节,会计必须反映交易完成后的实际后果。这种经济活动的后果,必须让经济活动有关方面都知晓,于是产生了会计报告。从会计原理看,事项是触发报告的最直接原因。一笔完整的交易结束以后,会计对此必须作出报告。一笔完整的交易结束,最终后果不仅仅是经济活动有关方面要知道,从理论上来讲,应该让未来经济活动潜在相关方即全社会都知道。只有社会都知道,这不仅仅是某一个主体经济活动的后果,更重要的是要让全社会都知道,作为市场竞争主体在履行契约方面,是竭诚守信,还是毫无信用。而一个组织诚信不诚信,只有通过已完成的各种交易履约程度才能得以证明。诚信,无论对交易的微观主体,还是对整个交易平台宏观市场,都至关重要。市场经济就是建立在诚信基础上。无处无时不在的诚信要求,就产生了现代市场经济的"信誉制度"。信誉制度的建立及能动作用,能在经济活动中使交易双方拥有基本的信任。这种信任是任何经济活动发生的社会心理基础,也成为会计"继续经营"假设赖以存在的基本前提。如果市场充斥互不信任,那所有交易就难以成立,即使发生,也会产生畸高的交易费用。交易契约、业务守信,是现代经济内在的共同需要,成为会计工作的主要目标与具体内容,充分体现了社会文明进步的内在要求。把这些基本要求落地利索了(只有借助于有效的会计制度才可能实现),做健康了,整个社会信誉机制的形成,就拥有了的客观基础。

综上,所有的经济活动都表现为交易、业务和事项这三个基本要素。每个要素都有特定的内涵。体现人类经济文明进步基本要求,社会在基本制度层面,建立了一个基于经济交易、业务、事项基本要素的行为过程、结果的"确认、记录、计量、报告"系统即会计职能,在宏观与微观两个方面,有效地满足了经济组织与管理的需要。这就是产生现代会计制度的客观基础。

### (三)经济活动与会计循环:会计本质问题小结

交易、业务、事项成为会计反映与控制经济活动的基本抓手。在交易环节,会计有一个很重要的东西叫确认,就是确认交易是否满足经济活动以及文明进步的基本要求,这非常重要。我们通常讲的会计要把关守口,就是对那些凡是违反我们交易内在要求的各种交易坚决不予确认,拒之于会计之外。

确认是按照交易契约条款,确认这些交易都是具体主体所需的,所以,会计反映经济活动的时候，需要把主体的经济活动跟非主体的经济活动严格划分开来，从而形成了现代会计四大前提之第一个前提——会计主体假定。这种主体假定既保证了经济组织主体拥有稳定的经济利益，也保证了发生的所有交易满足我们主体生存发展的具体要求。一个具体主体生存发展基本要求的满足，前提是体现了这些内在的要求，而这些内在的要求不仅仅是对这个主体而言是适用的，而是对所有的会计主体都是适用的。对所有的会计主体适用的基本要求，只能是我们整个社会经济文明进步的具体内涵。

由此看来，社会经济稳定的一些最基本要求，完全可以通过会计予以落地，从而转化为具体经济活动准则。当我们制定会计准则或者会计制度的时候，就要充分体现这一点。如果会计制度和准则，把这些东西都舍弃了、背离了，只是就事论事，那么，这个准则在实践当中肯定会出现很大的问题。现在西方的会计准则一路走来，如果说重大的失误，就在于存在这种明显的先天不足，即会计准则缺少了灵魂。我们在国际化过程中，恰恰把西方会计准则中一些并不高尚甚至跟人类文明进步背道而驰的要求，作为我国会计要践行的一些要点去做。如此，会计结果不仅仅没有推进人类文明，反而给人类文明进步带来了很大的困扰，以至于我们很多时候把会计沦落为文明进步的一种障碍。当我们站在文明进步的角度观察，近百年盛行的西方会计，现在更多地是扮演了一个为人类贪婪行为助纣为虐的角色。会计的社会形象时下已成了一个非常敏感的话题。我们敬爱的朱镕基总理对中国会计曾提出了四个方面的基本要求，而流传至社会得到大家认同的却只有"不做假账"这一个要求，公众对会计的要求何其低下！

业务是交易的执行，对于会计而言，形成了确认和计量方面的巨大挑战。通常，会计习惯于把计量统称为"计算"。1494 年，卢卡·帕乔利的第一本现代簿记教科书，其副标题就是"记录与计算详论"，主要告诉人们会计记录、计算怎么去做。所以说，会计计量行为孪生记录行为，所有会计确认与计量，若没有落实为记录行为，则确认与计量就失去了意义。通过计量、记录，最后经济业务在会计上一览无遗得到了再现，再现了我们对交易承诺的履行过程。通过这样的会计，业务整个过程即交易的实现过程与结果得到了完整展示。

而所有的事项反映了交易的完成对经济活动的具体影响，从而引发了会计报告工作。从本质上来看，事项是交易即契约执行的结果。因此，事项引发会计报告，核心是反映了有没有完成契约？其后果怎么样？这就产生了会计很重要的一个环节：报告。报告每个交易契约我们是怎么履行的，结果怎么样。通过会计报告，不仅让交易各方知道交易诉求的实现情况，更让社会各界对市场主体经过各种交易后其对社会经济文明进步在起着正面还是负面的作用，有了一个公正、标准、规范的动态监测系统。这种围绕交易、业务、事项对所有经济活动确认、计量、记录、报告等会计行为，正是会计履行其社会经济文明进步的守护神与导航仪这两种最基本神圣社会角色职能的具体作用方式与方法。

会计应用交易、业务、事项抓手，对经济活动履行确认、计量、记录、报告功能，最后形成满足社会各界了解所有经济活动需要的会计信息，使以介绍会计信息生成与处理基本原理的会计知识，成为现代人类社会的一种共有知识。而作为公有知识的会计原理，其标准化的框架与结构，完全来自一系列形成会计信息的基本要素。会计信息的基本要素，简称会计要素，为社会各界理解各种具体丰富的经济活动，提供了标准化的通用认知框架与单元，成为决定会计报表基本内容以及结构的主要依据。

如此，所有的交易、所有的业务要通过会计做出反映。会计反映是借助于会计要素进行的。现在我国会计奉行"六大要素观"，即资产、负债、所有者权益、收入、费用、利润。但美国会计奉行"十大会计要素观"。会计六大要素，只是明确了会计反映经济活动的基本单元，若要满足会计日常记录经济活动需要，还必须对这六大要素再做进一步细化分类，从而形成反映经济活动的网状结构体系，便于日后会计信息的查询与追索，保证会计信息的可检验性（客观性）。基于会计要素形成反映经济活动的网状结构系统，形成了现代会计的重要组成部分——会计账户体系。每一个账户都有一个名称，谓会计科目。有了会计账户以后，那么，我们的记录和计量就没问题了，每笔会计处理就有了确定的归属。如果没有账户，会计记录就无从入手。会计对所有的经济交易与业务，都可以按记录要求找到相应的会计账户。会计由此形成了以会计要素、会计账户、会计科目为工具，以交易、业务、事项为基本抓手，以确认、计量、记录、报告为基本环节的工作体系。任何经济活动在会计世界都成为可认知进而予以有效管理的对象。

以上所述，让我们了解了会计基本机制是如何形成的。所以，会计确认、计量、记录、报告，这不是杜撰的，这是我们从经济活动实化为交易、业务、事项范畴以后诞生的。现在问题在于在会计某一个环节，会计工作往往面对很多不尽相同甚至相向的要求目标。这种要求目标明确以后，接下来会计还要解决这些要求目标怎么去落地，怎么去做，这就产生了会计一系列技术和方法。

由此可见，交易既是会计的起点，也是会计的结果，更是会计的过程，它贯穿于整个会计始终。现代会计某种意义上，是以交易为基本建筑材料而搭起了其理论与方法的高楼大厦。交易最大的特点，就是任何交易都必然具有交易双方。既然是交易双方，那么，我们对这样的经济活动，如果需要完整地进行再现，就必须如实反映双方之所以愿意发生交易的基本决定因素。对交易双方，我们可以理解为委托方和代理方，也可以理解是甲方和乙方，西方定义为借方和贷方。但总而言之，不管怎么样，这样的交易双方在整个过程当中始终存在，也就是说，契约的双方在一个经济活动当中从头到尾都存在。一开始存在、过程也存在、最终结果也要存在，而且是一种一方不能脱离另一方而单独存在的关系。一方存在必须以尊重并满足对方的存在为前提，即交易双方在经济活动中始终都必须处于双方满意状态，这是交易不断发生（可重复性），经济活动连续进行的基本前提。反之，交易双方有任何一方不满意，交易就难以延续。会计就是要把这种经济活动中始终双方满意的基本特质真实反映出来，并能动地赋能于现实经济生活中。我们把会计以反映交易双方契约基础，同时反映经济活动连续性的内生要求——交易双方始终满意为目标的技术方法，叫复式记账。

通过以上分析，会计形式上是一个记录、计量、计算、报告系统；这个系统利用交易、业务、事项，作为体现经济活动基本权责关系的基本抓手。然而在本质层面，会计主要是为了体现现代经济发展过程当中每一个主体的一些共有特征，并在会计工作中赋予这些共有特征以人类经济文明进步的基本内涵。因此，会计本质上只是把人类社会经济文明进步的基本要求，融入我们现实经济的生活当中。当社会经济活动进行的时候，某种意义上也反映了人类社会对经济文明要求践行的程度。但是，会计不仅仅是反映，更重要的是在事先告诉我们什么样的交易才能做，什么样的业务可以做，什么样的事项才行，这些事先的框架性要求，形成了以会计要素及其基本分类为主要特征的会计准则、会计制度。所有会计都遵循会计准则的统一要求，设置相应的会计账户与科目，形成反映特定主体经济活动的信息网络体系，从而为所有经济活动都建立起了有效的行为与绩效评价框架。而这样的框架，显然把人类社会经济文明进步的基本要求，带到了经济活动主体的每一个环节、领域以及岗位层次。由此我们得出结论，会计就是经济文明的落地（守护神与导航仪）。会计一方面把文明带到了我们社会每一个角落，另一方面也反映了我们社会每一个角落对人类文明践行的过程与结果、贡献的内容与程度，或者说是反映了我们每一个会计主体对人类经济文明的动态贡献。从这个意义上讲，我们也可以说经济是文明之子，而会计是文明之孙。

文明很多的要求是很抽象的，但落地到我们具体经济活动当中，体现在会计准则和会计制度上，已经变得非常具体与详细。由此决定了会计准则与制度的设计，是一项艰巨而伟大的工作。会计准则具体执行体现为会计行为，会计行为好不好体现在会计信息，会计信息行不行体现在社会经济决策以及活动过程与结果。这样的一个循环周转就构成了我们会计理论的整个世界。所以会计理论必须要仰望到如此浩瀚星空才能让会计职业拥有应有的生命活力。如果我们最后看不到会计信息背后的朗朗乾坤，会计本质与目标是什么，就成了一个无源之水、无本之木的问题，会计行业会陷于终极问题茫然无知的困境，以此为前提的会计知识和会计研究将丧失应有的活力与魅力乃至生命力，会计对整个社会发展而言就失去了应有的存在价值。

历史表明，会计制度构成了人类构建自己社会主体框架的基本元素。真与美很难绝对，但对善却是可以定位的。把小善即无恶作为起点，不仅是动机，更主要的是实际后果，人类更注重并可行的，作为秩序的基本立足点，往往关注后者即实际后果。因为人类行为过程与结果是可观察的，一种经济行为其过程与结果更是大家都能而且必须可以观察到的。为此，对涉及两人以上行为尤其是涉及双方的交易行为，必须建立标准化的观察框架与方法，这种观察框架与方法完全体现了社会秩序与善的基本要求即人类伦理道德的共识。这样的基本框架、方法、工具、手段，我们现在名其为"会计"。以无恶作为基本要求，从而使人类社会文明进步拥有基本的道德保障，这是会计制度建设并完善的立足点，应该成为中国会计法制建设的目标。对美与真即艺术与科学也以这样的标准衡量。即不管美丑或真假，必须以无恶即不损害你他为前提。如此，人类所有涉及管理、科学、艺术行为，均获得了社会基本秩序或文明进步的基本要求：小善即无恶，我不损害你他。具体落实到经济活动中，任何谋利行为，均必须以不给谋利主体以外的所有利益方包括其他人以及自然生态带来损害。经济活动的利害关系，表述的就是这样的意思。会计就是要把经济活动过程的利害以社会共识的框架与方法予以说清楚。某种意义上，会计是对经济活动利（我）害（你他、社会与自然生态）的计量，实现有利无害的基本目标。

那么，会计如何实现这样的目标？

首先，要建立以交易为基本要素的计量体系。交易涉及双方，双方共赢或双赢都必须无恶，即公平交易，通过交易价格充分体现，为此，会计要以实现的交易价格为计量基础。每一方都必须通过会计证明自己获利无恶，则会计要把每一笔交易发生并完成的全过程和结果，按社会统一框架与要求完整记录下来并定期报告出来。每笔交易可以看作善举，经济活动是人类基本的善行，体现善意的过程。只有增进我同时又增进你他利益，这才是善行。等量增减我与你他的利益，可能是计量善行最直观的方法。为此，会计对经济活动每一个计量，都必须满足反映我与你他利益等量同增同减的基本数量关系，从而形成了双重记录数量平衡的基本特征。这就是会计必须以复式记账为基本手段的道理。复式记账也就成为会计履行自己历史使命的基本技术方法，也成为会计区别于其他任何社会职业的基本特征。借，反映了我得到的利益；贷，反映了你他得到的利益。会计还要进一步回答，这种利益是否无恶，即满足或达到基本善的要求？为此，我们制定了各种交易制度与法规，会计通过对交易是否合规合法的审核，确保每一笔会计记录均满足了无恶或小善的要求。由此可见，利用交易协商一致的价格，等量（交易双方利益平等互利）反映交易双方利益同向增减，或单方利益内部结构调整（等量增减），是会计履职的主要手段，从而形成了会计的三种基本方法：货币计价、基于公平交易的历史成本、复式记账。

其次，形成确认、计量、记录、报告为基本流程的会计职业，形成会计准则与制度。通过审计，保证会计正确完整反映经济的善行结果与性质。

## 本章参考文献：

康芒斯，1962. 制度经济学[M]. 于树生，译. 北京：商务印书馆.

塞万提斯，1978. 堂·吉诃德[M]. 杨绛，译. 北京：人民文学出版社.

德内拉·梅多斯，1983. 增长的极限[M]. 李宝恒，译. 成都：四川人民出版社.

波普尔，1987. 历史决定论的贫困[M]. 杜汝楫，邱仁宗，译. 北京：华夏出版社.

利特尔顿,1989. 会计理论结构[M]. 林志军,等,译. 北京:中国商业出版社.

刘兴云,孟凡利,1994. 卢卡·帕乔利会计思想研究及其现实意义:纪念《数学大全》出版五百周年[J]. 会计研究(03):25-30.

塞缪尔·亨廷顿,2002. 文明的冲突与世界秩序的重建[M]. 周琪,刘绯,张立平,王圆,译. 北京:新华出版社.

艾哈迈德·里亚希-贝克奥伊,2004. 会计理论[M]. 4版. 上海:上海财经大学出版社.

贝克奥伊,2004. 会计理论[M]. 钱逢胜,译. 上海:上海财经大学出版社.

约翰·布鲁克斯,2006. 沸腾的岁月[M]. 万丹,译. 北京:中信出版社.

马尔萨斯,2008. 人口论[M]. 郭大力,译. 北京:北京大学出版社.

彼得·圣吉,2009. 必要的革命[M]. 李成林,译. 北京:中信出版社.

卢卡·帕乔利,2009. 簿记论[M]. 林志军,李若山,李松玉,译. 北京:立信会计出版社.

马丁·肯普,2009. 看得见的·看不见的[M]. 郭锦辉,译. 上海:上海科学技术文献出版社.

北野,2011. 文明学概论[M]. 北京:北京燕山出版社.

吕西安·费弗尔,2012. 十六世纪的无信仰问题[M]. 阎素伟,译. 北京:商务印书馆.

马克斯·韦伯,2012. 新教伦理与资本主义精神[M]. 马奇炎,陈婧,译. 北京:北京大学出版社.

利特尔顿,2014. 1900年前会计的演进[M]. 钱逢胜,等,译. 北京:立信会计出版社.

尤瓦尔·赫拉利,2014. 人类简史[M]. 李成林,译. 北京:中信出版社.

杨雄胜,熊焰韧,陈丽花,苏文兵,魏蓉,2014. 现代会计与人类社会文明关系问题探讨[J]. 会计研究(08):3-15+96.

杨雄胜,2014. 会计:世俗社会的理性卫道士[J]. 财务与会计(08):14-15.

亚当·斯密，2015. 国富论[M]. 郭大力，王亚南，译. 北京：商务印书馆.

汉娜·阿伦特，2017. 艾希曼在耶路撒冷：一份关于平庸的恶的报告[M]. 安尼，译. 北京：译林出版社.

彼得·李森，2018. 秩序[M]. 韩薇，郑禹，译. 北京：中信出版社.

巴鲁克·列夫，谷丰，2018. 会计的没落与复兴[M]. 方军雄，译. 北京：北京大学出版社.

# 第四章 会计是什么？

## ——立足人类理性认识会计本质

### 一、会计基本理论步履维艰

人类进入 21 世纪，已积累了巨量的有关自然与社会的知识，这些知识从无到有形成如今蔚为壮观的规模，历经了艰难而极其痛苦的发展历史。20 世纪中后期，人类社会开始进入信息化为主要特征的崭新时代，知识总体结构落脚点和人类自身价值需要重新认识。为此，作为生产知识为主要使命的学术研究，面临着空前的挑战。如何端正学风，焕发学术生命活力，以适应正在发生的知识及各学科基本范式的颠覆性变化？当代学界任重道远。美国著名的社会学家沃勒斯坦在《所知世界的终结》一书中，有一段非常值得当代学界慎重缜密思考的话："我们一定不要把乌托邦置于社会科学的中心，但是要把乌托邦学说置于社会科学的中心。乌托邦学说是对于可能的乌托邦、其局限性，以及其实现所受到的约束之分析研究。它是对现在真实的历史备择方案的分析研究。它是对真的探索与对善的追求之协调。乌托邦学说代表社会科学家的一种历久不衰的责任感。……如果我们要认真对待乌托邦学说，我们必须停止争论一些不成问题的问题，而这些不成问题的问题首先是决定论对自由意志，或结构对动原，或全球的对地方的，或宏观对微观的问题。""我们现在能看清楚的是这些矛盾不是正确性之问题，甚至不是偏好选择之问题，而是视界之计时与深度问题。对很长及很短的时段而言，以及从很深及很浅的视界来看事物似乎是决定性的，但是对广大的中间地带来说，事物似乎是自由意志之问题。我们总是能够转换我们的视角而取得我们所需的决定论或自由意志之证据。"他说在我们现实当中，不应提倡乌托邦的理想。言外之意，若你以很理想的这种状态、要求去衡量现实，会活得很痛苦，最后必然沦落为堂·吉诃德式人物，一天到晚跟社会对着干，弄得终日惶惶不安。如此，平时你往往觉得社会都是亏欠你的，只有你一个人是真理的代表，世界上所有的人都不对劲。假如真的这样，你一定活得很辛苦，更痛苦，精神世界一片狼藉，苏格拉底的晚年应该就是这样。苏格拉底之所以不惧死亡，主要在于他觉得现实中肉体存在的人类太丑陋了，尽快离开这个世界是一件最幸福的事情。现在看来，这至少不是一个积极的人生态度。对于社会科学学术界而言，也是由一个个现实的人组成，沃勒斯坦很有针对性地讲了另外一个非常重要的概念，即在我们学术研究当中，尤其需要乌托邦的学术。这意味着社会科学研究首先要对所研究的对象，建立一个理想的标准化的理论与实务模型，以为我们对现实社会问题研究建立评判是非好坏的标准。沃勒斯坦以上见解，可以为我们突破会计基本理论研究困境提供破冰行动方向。

更进一步说，人之所以为人，就在于学会并善于思考，从而具有自己的意识乃至思想。这种意识与思想一开始是怎么形成的，这是认识论需要深究的问题，是上帝赋予人类的，还是按照达尔文学说进化而来的？这与我们思考会计学的一些基本命题关系不大。

从人类进化的角度看，作为人类思想思考的学术研究，其过程与结果都面临着一个很重要的背景问题，所有的社会问题与现象，都具备了特定的背景，用现代最时髦的词叫"场景"，成为社会科学对任何问题作出研究与思考必须明确的基本前提。因此，当我们研究学习和理解会计基本理论问题的时候，应该而且必须首先明确作为人类社会制度终极意义上的会计，与作为现实存在的具体会计所拥有的场景是截然不同的。基于会计产生与发展至今全部历史，解释会计理论一些基本问题，只是覆盖了会计现实场景，但却排斥了对会计基本理论研究更具有本质性决定意义的人类社会制度安排意义上的会计场景。这可能是目前以西方发达国家为主导的会计学界，在会计基本理论研究领域所暴露出来的一种普遍性缺陷。

## 二、会计是什么：怎么定义？如何认识？

我们在本课程研习中，试图探寻对现有西方会计理论的一种超越。在基本问题这一研究领域，首先从会计本质意义上，带领大家来思考一个非常直接的问题：会计是什么？这种意义上的会计，以目前会计理论界对会计基本问题既有思考为出发点，很多时候是基于我们对现有与会计产生和发展相关知识的一种理解、加工和升华而作出的理论思辨。我们接下来会扩大分析视野，从更深的一个层次，即人类社会发展中一些基本制度的设计与安排这一最本源层面来思考会计产生发展问题。

我们将从历史和研究两个角度分别考察会计是什么。从历史的角度来看会计，是立足西方与东方会计产生与发展至今的全部历史。当然，这样的会计发展史，与我们现在看会计发展，即局限于西方会计发展，必然是并不完全一样的会计历史。

另外，回答会计是什么，还必须端正研究思维方法。每一位从事会计理论研究的学者，思维方法必须过关。如果缺乏规范的逻辑思维与分析能力，在确定会计研究选题进行学术攻关时，往往要做很多推理和结论，必要的学术交流和沟通时，需要讨论双方都具备共同的思维与逻辑框架，这样才可能做出有效的讨论和分析，不然会闹出很多的笑话。

所谓学术研究的思维方法，无非是如何正确看待人类既有知识与我们所探索客观存在的关系。假如我们把所探索的客观存在定义为100%，则人类已形成的既有知识所占的百分比是多少？对此，我们无法给出确定的答案，但有一点应该非常明确，即人类至今包括公认与颇有争议的全部知识与历史肯定少于100%。对于研究"会计是什么"问题，我们必然面临着是以人类社会发展至今的现实会计实践为考察对象，还是以人类社会会计制度产生源头人类对会计制度基本期待与定位为出发点这么一个研究立足点选择问题。

### （一）流行研究方法存在缺陷

若以人类社会发展至今会计存在的历史为考察对象，则面临着资料严重不足及占有的资料本身可能并不真正是历史现实的挑战。基于此回答会计是什么，是不是能从本质意义上回答会计为什么存在的问题，往往是一个很大的疑问，而且在现有历史资料范围内，提炼出人类社会所需会计的真面目，很有可能给我们映射出了一个扭曲的会计。所谓文字记载的历史，本来就是人类主观选择的记录，这样的记录对整个人类发展完整历史而言，可能永远是一种主观选择的结果。同时，由于会计记账的内容恰恰又无所不包地反映了社会经济活动的所有方面，几乎成为每一个人类权力主宰者都不愿意让其他人——更不用说后代——所看到的东西。因此，历史上真正反映人类社会经济发展现实的各种会计记录，几乎都被当政者失势前全部销毁而没有能保存下来。以至于我们今天试图从流传下来浩如烟海的历史资料中，寻找会计产生发展的完整踪迹，变得几乎不可能。总之，书面历史留给我们的往往是碎片，而且是主观性很强的碎片，它不是也不可能是一个完整的、带有无偏差时间序列的事件与数据。我们基于历史研究，有几百年的数据就不得了，而相对于漫长的人类进化史，这几百年碎片化记录与数据，根本说明不了人类亘古至今一些基本制度，包括会计制度产生发展的历史规律，更妄言找出这些基本制度产生源头以及人类设计这些基本制度的初衷。现在我们会计学术研究中，一些学者弄了五六年或七八年数据，就试图找出一些社会经济因素、变量之间的相关性，这样的研究到底有多少学术价值，我一直抱有深深的疑问。综观现在会计学术界，这样一种"短平快"研究居然成为"时尚"，这不禁让我们对中国会计学术健康发展的前景产生极大的担忧。我们的会计基本理论研究也是如此。其实，在会计基本理论课堂上，当讲"会计是什么"时，一般都是基于从一开始到现在的会计历史，概括出会计的基本特征与内在发展规律。这种意义上，"会计是什么"并不是基于100%的会计存在，而是根据可以观察到的会计发展至今的历史所得出的各种结论，尤其事关本质意义上的会计基本理论问题，是不是反映了会计的本来面目，恐怕谁也回答不了。不过，现实会计一再出现各种严重偏离人类基本期望的问题，表明基于书面历史记载的会计研究可能难以得到对会计原始面目的正确认知。出于对现行会计研究这种致命缺陷的认识，我们试图另辟蹊径，为认知"会计是什么"提供一种与流行做法并不相同的路径。

### （二）会计学术研究需要乌托邦式的理想

会计学术的乌托邦代表了人类对会计制度与实践的崇高理想，也是会计制度为人类文明进步所必需的根本所在。人类之所以是人类，就在于有理想。这样的理想，在西方就是乌托邦，其最早的思想源头是柏拉图的《理想国》。如果我们对"理想"一词感到过于抽象而虚无缥缈，那不妨借用另一种说法：宗教。宗教某种意义上也表达了人类对自身某些问题的一个本源的看法。会计基本理论，某种程度上也可表述为解释宗教意义上的"会计是什么"，成为会计最深刻的思想。现在我们所说的思想，无非是根据自己掌握的知识和经验，来对某些问题所作的思考。思想每个人都可以而且应该拥有，不是少数人的特权。我们每个人在思想，人类正是在各自思想自由、充分的碰撞与实践中，产生若干共识，从而形成了现在学校里传播的各种知识。这种共识不一定是真理，随着后面的人的思想发展，以前的共识将会不断地受到挑战，最后达成新的共识。学术研究的很重要的任务，就是为人类知识的进步搭建充分、自由交流的平台。人类知识的进步，某种意义上是不断地推翻旧的共识，形成新的共识，这个过程就是人类文明进步。推翻旧的共识形成新的共识，是不是意味着人类文明进步，这又是非常具有挑战性的话题。

尽管我们人类的历史发展总趋势在于不断进步，但有时候也会出现倒退。文明之前有野蛮时代，野蛮时代之前有蒙昧时代。但人类社会发展，文明的一定会战胜野蛮的和蒙昧的吗？不一定。人类发展过程当中，往往出现野蛮与蒙昧战胜了文明。但尽管如此，我们也不会认同，更不可能向往蒙昧与野蛮时代。

重要的是，学校教育学生，更应该提倡文明。这也表达了我们人类社会的一种理想。对于中国社会而言，文明是建立在"君子"基础上，不是也不可能建立在"小人"得势基础上的。小人得势，这不是一个小人的问题，是整个社会的问题。我一直认为，社会好，小人会把自己的那一套收敛起来；小人能到处去招摇撞骗，而且屡试不爽，就在于社会制度为小人提供了土壤。我想这就是我们研究社会制度的价值所在。而我们的会计恰恰是我们社会制度当中非常核心的一个制度。因为会计与我们社会经济利益各方均紧密相关，某种意义上，有什么样的会计，就有什么样的文明。社会发展到现在，我们很难说是会计决定了文明，还是文明决定了会计。我们宁愿把这两者关系看作是一种互动的关系，不是一个因果的关系。因为会计通过反映现实的经济活动，让人家看到我们的经济是文明的还是不文明的，然后再调整我们的法律、道德、社会评价体系，从而对人类行为产生持续的文明进步导向作用。社会各界评价会计，是通过会计准则、制度落实到我们社会经济活动实处的方方面面，然后由会计信息把人类经济活动的实际过程与结果再呈现给社会各界，陈述已经发生的经济活动使我们社会变得文明了，还是变得野蛮了。正是在这样的人类社会与会计制度良性互动过程当中，会计赢得了生存和发展的空间，人类社会也拥有了对会计制度的基本信心。我们说会计是人类文明的守护神和导航仪，这不是一种在课堂上面讲的空洞说辞，更不是盲目的会计自信，其实是对会计作为社会的一种基本制度安排所担负着历史使命与责任的认知，更是会计理论与实务基本担当的宣言。

## 三、会计是什么：来自东西方会计历史源头的考察

对"会计本质、使命是人类文明进步的守护神与导航仪"这种理论概括，我们从西方和东方产生会计的源头来观察一下会计。我们没有必要把东、西方会计产生的全部背景与过程简单地重复一遍，有关这方面的会计历史尽管说法不一，但已有大致脉络。我们选取最能说明会计产生源头的标志性思想与事件，来证明人类文明进步内在要求如何外化为会计制度，而会计制度的建设又是怎样为人类文明进步提供了行为框架与认知标准。

### （一）西方会计的历史源头

在西方，会计产生的源头说法很多。我们在这里主要选取三个对考察、分析西方意义上会计本质具有绝对可靠依据价值的源头，寻找西方会计来到人间，承载着人类什么样的期待。

1. 古希腊文明之亚里士多德的记录

第一个源头，我们去看亚里士多德的《政治学》。苏格拉底、柏拉图、亚里士多德，是西方文明源头古希腊文明化身的三巨头，而亚里士多德正是古希腊文明的巅峰。我们已习惯于把西方文艺复兴作为产生现代会计的时代背景，但文艺复兴某种意义上是把希腊、罗马的文明进取精神再召回人间。亚里士多德正是希腊与罗马精神交会处的思想巅峰。因此，我们选择他的这部代表性专著，作为我们考察会计源头拥有基本精神的做法，应该比较恰当。

亚里士多德在《政治学》里面讲了，人类发展到一定时候一定要有城邦，因为有了城邦就把人分为统治者和被统治者，说明人类要有分工。他认为对于整个人类社会，统治者都是很聪明的一批人。这一类统治者不是一个人，而是一个群体，为了把社会管理好，需要建立很多的职能部门各司其职。其中有一个部门要管理城邦很多的公共财物。对于城邦而言，公共财物必须有人去调用，有人去分配，有人去记录，有人去监督。那么，这一项制度他认为是非常重要的。对公共资源、公共财产、公共活动的一种管理、记录、监督是城邦管理当中最核心的问题。履行公共财务管理职责的职能叫什

么呢？从目前看到的中文翻译来看，第一个叫"会计"，第二个叫"审计"，第三个叫"稽核"，第四个叫"财务纠察"。其实，按我们的理解，这些翻译，可能都是译者们应用现代知识语境去解释亚里士多德概括的当时现实。这难免给我们学术研究带来或多或少的误导。但对应于我们所要研究的问题，我们宁愿接受以下假定：亚里士多德时代，知识尚未分科，不要说会计与财务，经济与管理，就是社会科学与自然科学之分也未形成，因此，那时即使存在会计制度与实践，但从知识层面来说，可能也只能是属于整体知识的组成部分而已。但是，在《政治学》中，如果从整体知识角度能使亚里士多德予以重视并作特别强调，则一定是整个社会制度中非常重要和核心的内容。这样的假定如果恰当，那下述这段话就非常值得我们研究西方会计源头，即会计所拥有的基本特质问题时重视："一个城邦的好多机构，即使不是全体机构，都须经手巨额的公款。所以，应该设置独立的财务职司，这种职司不问旁的事情，只是专管各机构的收支账目，加以稽核。这一职司的官员各邦名称都不相同，或为'审计'，或为'会计'，或为'稽核'，或为'财务纠察'[①]。"对此，亚里士多德作了如下注释："以雅典为例，财务稽核工作由'会计'为主，各部族各选出一人，共十人；'审计'为辅，亦共十人。行政人员任期终了则会计和审计审查其账目，如有舞弊情事，即诉之于公众法庭；定罪后，勒令偿还十倍于所侵吞的金额。参看《雅典政制》第四十八章、第五十四章。'财务纠察'（Synegori）这名称亦见于《雅典政制》第五十四章。[②]"由此可见，最迟在亚里士多德时代，会计已成为城邦重要职能管理的核心工作，并在城邦的基本法规中得到确认，这一点绝非仅仅是亚里士多德的政治理想构建所致。现在讲会计、审计、财务监督都是现代的定义，我们不知道这是翻译的问题，还是亚里士多德时代就是同样工作具有众多不同称谓，但总括而言，即使从现代语境看，亚里士多德所说的公共财务管理职能，大致上可以对应于会计制度与实务范畴。总之，我们没有必要纠缠于亚里士多德的时代有无明确的会计概念，即使有，这个会计定义是什么？这种会计概念与现代会计范畴是否同口径？需要提请读者特别重视的是，亚里士多德时代如果代表了古希腊文明的巅峰，那么，这样的会计范畴所拥有的基本品质，对于我们考察并理解、领会西方文明源头，会计制度诞

---

① 亚里士多德，1965. 政治学[M]. 北京：商务印书馆：340.
② 同①，第 340 页注 1。

生伊始所拥有的基本精神，应该具有无可争辩的证据意义。不难看到，亚里士多德定义的会计范畴，其最为本质的要点是为了确保"公共财务"性质不要产生质变，即忠实维护并体现、兑现公共财务的本质要求。看到并正确理解这一点，对于我们研究西方文化意义上会计源头所拥有的基本精神或特质非常重要！我们不难得出结论：会计在西方的源头，它的出发点，它的过程，它的目标，是公，而不是私！这是亚里士多德的理论，也反映了西方文明源头的真实现状，这表明西方会计是以"公"为自己的生命和工作基点。这一点很重要，可能极大地冲击了我们早已熟悉并接受的西方会计品质定格问题的传统认知。

2. 传统公认会计之卢卡·帕乔利时代

第二个我们要考察的源头就是1494年，这是已在世界范围得以公认的第一本系统介绍会计知识书籍的正式出版年份。但大家知道，帕乔利的这本数学巨著，其中一章专门讲述了当时的会计，而且这个会计跟现在的会计又不完全是一回事。卢卡·帕乔利的这本书中涉及会计的那章，被现代人们翻译为"簿记论"，它的副标题是"计算与记录详论"。不难看出，帕乔利时代，作为文艺复兴的黄金年代，其相应的会计制度，主要解决了计算与记录问题。这到底是文艺复兴时对希腊文明一种选择继承，表现在会计上因商业兴盛必须拥抱"私人主体财务"，而导致其对"公共财务"管理首要职责的放弃；还是由于帕乔利数学家本能，忽视对会计维护财富公共性（商业私人逐利与维护私人财富的公共性，完全可以融为一体）基本品质关注，而钟情于会计计量、记录这方面特质介绍（或者说，会计正是由于其具有计算、计量与记录之专门精深技术之特征，才引发了作为数学家的卢卡·帕乔利的兴趣并在自己数学知识大全中予以专门介绍）？至于会计作为商业计量与计算、记录之基本特质，这本不是数学家帕乔利所关注的问题，他感兴趣并认为有价值的，仅仅是会计作为在商业领域实用而广泛应用的一种最基本的计算与记录技术，形成了数学应用实践的最重要方面，值得他在《数学大全》中予以专章介绍。但尽管如此，我们还是从帕乔利介绍簿记知识的字里行间，嗅出了与该书介绍其他数学知识时很不一样的味道。由于现实中会计已经不仅是简单的计算和记录问题，所以卢卡·帕乔利在"簿记论"章节中用一种极不符合数学家身份的口吻来概括簿记工作的基本特质："商人在开始记录自己的业务之前，应在每本账簿的扉页上写下上帝的圣名，并必须始终牢记上帝的圣名。"① 弦外之音，会计是以上帝的名义来记录与计量、计算，至于上帝是"公"的还是"私"的，帕乔利没有回答，但用现在公认的西方文化来解读，上帝只能是"公"的。帕乔利在"簿记论"中所定义的会计，应该严格区别于《数学大全》中其他数学知识，具有了上帝般的神圣，这种神圣性，应该是指商业营利活动的崇高品质，会计是把这种商业所必须具备的崇高品质赋予现实千姿百态的商业活动中。因此，帕乔利提醒，"以上帝的名义，将你的财产目录中的每一项，即你所拥有的货币数量登记到分录账中去"②。表明一旦经商，你拥有的所有财产都必须服从并体现上帝的意志。对会计中出现的各种差错，也"必须运用上帝赋予你的智慧并借助于已学到的知识，细心地查找错误。"这里，帕乔利似乎告诉人们，对于一名会计工作者，基本素养包括了两个主要部分：上帝智慧与理论实务知识。这也提醒会计信息的使用各方，理解并正确运用会计知识，包括会计信息，必须从上帝智慧与具体理论知识（常识）这两个方面进行。在《簿记论》实务介绍结束行将理论总结时，帕乔利更格外提醒会计从业人员："请记住为我祈祷上帝：为了对主的赞美和荣耀，我将一如既往，继续努力。"③ 帕乔利的会计理论中，在会计基本精神层面，为我们带来了会计必须体现"上帝意志、智慧、赞美、荣耀"一说。帕乔利讲的体现"上帝意志、智慧、赞美、荣耀"的会计具有什么样的内涵、内容与基本特征，我们至今尚难以验证，但完全可以断言，这样意义上的会计基本品质，不会也不应该是以"私"字为中心，而必须是以"公"字为灵魂的会计。

在这里，还牵扯到帕乔利时代存不存在会计这一名词。《簿记论》的译者可能根本不在意这个问题，不然其译文中就不会出现好几处"会计"名词。这种学究式考察，当然不会成为我们研习会计基本理论的障碍。只是出于好奇，会计一词到底是哪里来的？我们原来还认为会计是后来的，因为会计是英文翻译过来的，卢卡·帕乔利的时代还没有现在意义上的英文。那时候应该还没有英国人一说。现在的英国人，当时其祖先可能还在北欧的某一角落里面挣扎。因为盎格鲁－撒克逊文化来源是维京民族，当时就是海盗一族。这是客观存在的历史。现代会计制度当然离不开作为工业革命摇篮的英国的贡献，而英国人的血统中，海盗的文化基因客观存在并事实上在传承，

---

① 卢卡·帕乔利，2009. 簿记论[M].北京：立信会计出版社：4.
② 同①，第86页。
③ 同①，第87页。

不然，我们无法理解为什么英国人如此热衷于到全世界搞殖民统治，以至于创造了一个空前绝后的日不落帝国。我们现在对西方会计制度的理解与解读，可能过于简单，不只是基督教文明，那种已深深印入西方人文化基因中的掠夺性传统，一定程度上也会体现在会计制度现实内涵中。

　　回到中世纪帕乔利时代，会计只是簿记。按卢卡·帕乔利很简单的说法，每一个商人必须懂得簿记知识。在这里，我们翻译成"必须"。这一点，值得我们作一番慎思。在会计制度建设中，特别在中国，"必须"与"应当"是两个含混不清的名词，经常误用，以至于产生各种误解。最终，中国法学界出现了令人啼笑皆非的说法——"必须"与"应当"是一个意思。现在看来，混淆"应当"与"必须"，对中国会计法制建设产生了极其不利的影响。从中国会计法制建设经验看，1985年新中国会计法颁布至今，历经修改，已具备了明确应禁止和应提倡鼓励行为的条件。法律上说"必须"，如果做不到，就要处罚；法律上说"应当"，做到了，就奖励。如此，会计法对中国会计实践的规范作用就真正找到了把握分寸的尺度与标准，有助于提高中国会计法制建设的有效性。但现在中国会计法制建设，显然受到了法学界"必须"与"应当"混为一谈的直接影响，一部会计法，禁止与鼓励两者界限不明，从而严重影响了中国会计法制建设的有效性，也使我国会计制度建设方面独步于世界各国的制度优势，未能真正体现为会计制度实施的现实效果优势。因此，中国的会计法理还是一个非常糟糕的领域，这与我们会计基本理论研究的严重缺乏直接相关。在西方，中世纪就明确了每一个商人必须以上帝的名义记账。在西方，上帝是一个无所不能的最神圣的存在。因此，说每一个商人都必须要以上帝的名义记账与经商，这集中体现了会计与经商都必须在本质意义上体现神圣崇高的基本要求。如此而言，设计会计制度、从事会计实务、开展会计研究、讲解会计知识，都应该以上帝的名义并体现上帝的意志。对照西方会计现实，无论从哪一个层次，可能都扭曲了会计制度这种基本精神，上帝在现代会计面前，可能早已怒气冲天了。当然，我们黄皮肤的人可能不在乎这一点，因为上帝是白种人传统文化中的那个至高无上的存在。但是，信不信上帝，与坚信会计有无精神没有直接关系。不管上帝存不存在，会计精神在东西方都会客观存在。当然，这种共存于东西方的会计精神，是不是拥有基本一致的品质与内容，可能是会计基本理论要予以回答的。

　　那么，发端于1494年的现代会计，给会计精神以一个什么样的定位呢？

按卢卡·帕乔利的说法，会计是非常神圣的，因为上帝是神圣不可侵犯的。可以认为这是西方会计源头的文化精髓。卢卡·帕乔利的会计必须体现上帝的意志。我相信这种意义上的上帝意志，更多地是体现"公"的意志。有关这方面，我们可以做进一步研究，但至少我们相信，文艺复兴意义上的会计源头，其起点精神是一个很有意思的研究话题。

3. 现代化强国之美利坚诞生时的会计精神

第三个会计起点，以美国精神为考察对象。美国现在是全球唯一绝对强大的超级大国，会计行业也是如此。这一点我们必须要承认并面对。我们不能因为美国没有很辉煌的历史，没有属于其自己的文字就瞧不起它。事实上，现在我们讲的西方会计，大概就是美国会计的代名词。中国现有各类会计教科书，确切来讲只是把英文翻译成中文，完全是美国会计知识的中文译版，从会计知识贡献意义上看，中国学者这方面并不具有多少独立存在的价值，这是我们在课堂上需要跟同学们自我检讨清楚的。

但是，把西方会计英文翻译成中文，这项工作也很重要。毕竟西方会计是目前全球会计界都要学习、熟悉的知识。美国的强大是全方位的，必然包括它的会计制度，所以西方会计第三个源头，我选择了美国。美国源头要看到哪里？应该是1776年，即美国独立宣言发布之年。现在把参与起草讨论独立宣言的一批人，定义为美国的开国元勋。确切有哪些人存在不同的说法，但被公认的人当中只有一个人有经商和会计的经历。而这个人的经商和会计经历所拥有的感悟，也为美国经济最基本的精神和原则定了一个格调。此人就是美国第一任财政部部长亚历山大·汉密尔顿。汉密尔顿为独立的美国贡献了很重要的理念，这种理念为几百年的美国商业，包括我们的会计，定了基本的格调。汉密尔顿认为，认同并充分尊重个人利益，才是激发经济发展最具决定性的原动力。汉密尔顿在这方面，真正地把个人利益与整个国家民族利益即私的利益与公的利益有效融合在一起，这一点很重要。于是，他建议美国的独立宣言和建国最基本的大纲必须明确两个基点：第一点，个人的利益和美国的经济发展要融为一体；第二点，这个制度必须有效地防止经济活动因每个人的自私的利益追求所拖累，就是避免我们经济活动被个人追求利益的这种行为所拖累。也就是说，对于一个个人，你可以追求个人利益，但是你不能影响整体经济的文明进步。汉密尔顿的这两个制度建设基点，为我们理解美国的会计制度定位提供了可靠的视角。这表明，美国会计必然是美国精神在经济世界的具体体现，那么，这样的会计制度应该是在个人利益与整体利益严格一致的前提下，充分激发追逐个人利益的积极性，同时有效防范个人利益追逐带来的对整体利益的损害。在这里，"公"利益的增长与保护，似乎成了美国会计制度的基本定位与灵魂品质。

以上选择了三个时间点为考察西方源头的会计，即回答"西方会计是什么"的问题，提供了一些具有足够说服力的证据。那么，西方源头的会计到底是什么？我们不难发现，在西方文明源头，会计的基本定位是"公"！不论亚里士多德的"公共财务"，还是卢卡·帕乔利的"上帝"，还是汉密尔顿"实现个人利益跟整体利益完全一致"的经济国策，这些精神决定了西方会计制度与工作的基本面。或者说，恰当地回答了西方意义上理想的那种会计到底是什么的问题。而这样的结论，简单地考察西方会计产生与发展的历史可能是得不到的，也是无法理解的。

### （二）东方会计的历史源头

下面我们来考察东方。为对等起见，我也找三个源头供讨论。我选取的这三个源头也非常权威：第一个源头是《周礼》，第二个源头是孔子，第三个源头是《史记》。《周礼》讲的是周朝的规章制度，是官府组织结构的汇总，规范了中国几千年的政治制度。孔子的思想影响着中华民族的方方面面。《史记》已被普遍认为是中华民族记载源头历史最权威的经典。

1. 中华政治制度规范源头之《周礼》

《周礼》内容极为丰富，核心是通过官制来表达治国方案。《周礼》大部分篇幅介绍了周朝的官职设置以及功能、岗位人员配置。其中有司会一职，这个司会就是现在所说的会计领导。其核心的工作包括四项，即参互、月要、岁会、上计。参互是每一天要做的，是对账，每一天你要把账搞清楚。月要代表月底要结账，每个月底过去了不能忘记结账。岁会，顾名思义，到了年底要报账。至于上计，有两个标准，三年一小计，五年一大计。"计"在我国古代可能跟"稽"等同，即稽核。上计是三年期，考核各级行政管理绩效，要把三年全部账拿出来，以确定各官员的待遇。五年一大考，对五年以会计资料为基本依据的全部考验，决定官员进一步任用。全面做好这四项工作，以现在我们最时髦的说法，就是国家治理与社会治理。由此可见，我们祖先是从整个社会、国家治理的角度来定位会计的，所以到近代有了这样一种说法：社会未乱计先乱；社会未治计先治。意思是说，一个社会只要会计乱了，很快就将导致整个社会都乱。要想把社会治理好，首先要严格会计。这是《周礼》对会计的定位，国家、社会、政府、公共治理，这是一整套非常复杂的理论，但《周礼》挑明了一个很简单的道理，会计既是社会与国家治理的基础，又是国家、社会实现治理目标的基本手段与工具。《周礼》奠定了我们中华民族几千年政治制度基本框架，也为中华文明源头会计制度的基本精神品质与功能作用做了定位。

2. 中华儒家文化大成之孔子

关于孔子对会计定位，主要依据《孟子》中孔子弟子万章的听课笔记中孔子的一句话：会计当而已矣。会计界普遍认为，这是孔夫子给会计的定义，这很重要。孔子是我们中华民族文化的符号。孔子生前肯定讲了很多话，但流传下来的话却不多，包括社会、政治、文化等方方面面，但其中有一句话是专门讲会计的，即"会计当而已矣"。这表明，这句话在孔子讲的所有话中是极其重要的一句话，也是中华文化经典中不可缺少的重要知识点，表明在中华文化源头，会计扮演着很重要的角色。或者说，会计是中华文明的重要组成部分。现代怎么理解孔子会计的"当"字，是发掘中国传统会计精神的突破口。孔子会计的"当"，深刻地揭示了会计的本质。在中国传统文化中，所有的知识都是围绕人形成的，会计也如此。因此，会计本质上要解决的是人与人之间的关系，其核心要义孔子表述为：会计"当"。什么叫"当"？恰当、合理、平衡，通俗而言是大家都满意。如此而言，会计是说不管你做什么，要让大家满意，这很重要。怎么样来达到大家满意？就要实现"当"。会计以"当"为前提，必须达到这样的一种满意状态。当然，每个人的利益诉求不一样，每项经济活动都涉及多人，让大家满意，是一个极具挑战性的难题。按孔子说法，会计"当"的最高境界，应该是让天下所有人都满意。这种世界大同的理想，为中华文化源头会计制度的基本定位，建立了崇高而艰难的目标。因此，孔子的会计，不只是立足于治理，还立足于让社会的利益关系比较和谐、健康的角度。这是孔子的会计观。

3. 中华史界鼻祖太史公之《史记》

关于司马迁《史记》中涉及的会计，主要是"夏本纪"部分有一段记载，陈说大禹有一年在江南绍兴召集天下诸侯开会论功行赏时突然死亡。绍兴当时有一山，之前叫茅山，后来因为大禹而改名"会稽山"。据说大禹就葬在会稽山。于是就有了司马迁在《史记》中的如下概括："禹会诸侯江南，计功而崩，因葬焉，命曰会稽。会稽者，会计也。"这是司马迁反复考察了历史与各种传说以后所下的结论，因此至今在古代中国史方面具有最权威可靠的地位。司马迁的这番结论，为我们发掘中国传统文化源头会计精神，提供了极其丰富的研究空间。司马迁的"会稽者，会计也"，并不是描述性的表达，而是他全面深入考察流传于社会上的有关这段历史各种传说以后得出的结论。因此，前面加了"太史公曰"，就是司马迁认为。这是司马迁的认为，但写到史记里面，这是很慎重的事情。司马迁意义上的"会计"一词，现在看来，正确的说法应该是"大禹会计"。

这表明在中华文化源头，会计作为一项职能与大禹这个人直接相关。大家知道，大禹之所以能成为中华民族的关键一人，是因为如果没有大禹，中华民族能不能成为世界认可的那个中华民族，可能还是个未知数。大禹也可以说是让我们中华民族成为完整成型国家的第一人——夏王朝的创始者。"大禹会计"是一种什么样的会计？我们首先可简称为"大会计"。这种"大会计"以现代语言表达，主要解决两大问题：（1）治国理政的财经组织与管理；（2）各级政府官员的任用考核。这方面，中国传统会计也充分体现了为"公"而行的基本特征。如此，为解决古代中国整个社会经济发展两个最为关键的问题提供了可靠的工具、手段和基本的制度基础。

以上追溯历史所做的分析，无论是对西方会计源头窥探，还是对中国会计由来的回顾，主要试图在回答"会计是什么"这个会计理论基本问题上，提供一个有助于摆脱众说纷纭困境的认知框架。同时指出，我们从西方引进的那套会计学说，就基本理论层面看，不仅存在着明显的"西方至上，漠视东方历史"不足，而且即使局限在西方会计框架内，还是存在着以"并不充分、碎片性明显的会计现实存在历史，来认识、概括会计本质"的致命弱点。因此，如何摆脱西方会计理论带给会计学界"历史决定论贫困"的窘境，是中国会计学界亟待完成的重要任务，也是会计基本理论课程力图解决的问题。

## 四、会计是什么：会计学术层面的思考

以下所作的讨论，只是试图在"会计是什么"这个会计最为根本性问题上，为学术界研究，也为学习会计的学生们提供一个思考问题并有助于求得共识的分析框架。因此，以下所有的分析只是思辨性的，而不是结论性的东西，代表我们对会计基本问题长期形成的一种思考。

思考，尤其是科学地思考，是形成有价值学术思想的前提。所谓学术思

想，按中国传统说法，是一个"苟日新，日日新，又日新"的概念。这表明，学术思想强调每一天都在进步。但是，这种每日新感悟，必须要有正确的思维框架，不然极有可能使会计学界陷于混乱不堪的困境。我们以上从西方到东方，各自选取了具有绝对权威的说法与史实，试图复原会计刚来到人间时，人类所期望的那种会计制度的真实场景，从而为统一大家对"会计是什么"问题的认识，建立一个相对可靠并经得起历史检验的认知框架。以上面的分析为起点，我们接下来把东西方各有的三个源头组合在一起，从而为"会计是什么"问题作出理论概括，提供一幅真实完整的原始场景。

### （一）西方会计的星空

#### 1. 上帝、神、人、会计

综合西方会计源头三个瞬间，"上帝"都是一个不容置疑的存在，而且先验于并能动物化于会计制度。按西方共识，上帝开创了神的世间；正是神造了人。不过，神造人，不是神崇高的体现，而是神犯错误的结果。于是，人来到世间，是神犯错的结果，人类就具有了"原罪"。从而，从上帝到神，产生了造人的冲动；从神到人，形成了善与恶两种心理基础。每个人都是善恶相间的统一体。这些对西方极其丰富的上帝之说当然是一种很不严谨的概括，但这对于我们正确概括西方文化源头会计精神，恰恰是非常有用的。简单地说，把西方的知识糅在一起，上帝—神—人之间存在着一条本质性连接线，但上帝不是神，上帝只是一个无所不能的存在，不存在善恶之说，但神身上却有善而没有其他的东西。神也不是人，人身上有善有恶。因此，对于芸芸众生，根本性问题是扬善去恶，即尽可能地接近神的世界，靠人自身永远无法解决，只能靠所有人之外的神或上帝了。为此，上帝与神，为人类事先设计了各种制度，出发点与目的都是为"扬善除恶"，这些制度当中，就包括了会计制度。现实中，人具有感情，从而产生爱恨。总体而言，人类应该爱"善"恨"恶"，或亲"善"远"恶"。这是人类生存发展的基本原则，成为社会制度的立足点并决定其基本框架。这样的分析框架对我们理解会计制度很重要。但作为一个个具体存在的人，其感情产生的爱恨，与人类社会提倡的善恶要义并不完全一致，有时候可能直接冲突。由此，回归上帝与神的立场，或者说让社会制度直接体现上帝或神的意志，就成为社会制度建设包括会计制度建设的基本要求。人的情感表达，最具有现实意义的是物化为具体行为，最普遍与直接表现在经济活动中。这样的情感表达，形成了丰富多彩的人类交流沟通，成为包括经济活动在内的人类所有行为的关键影响因素，或者说是必要前提。人类经济活动，其最基本的结构要素是交易。交易的核心是交易双方的利益。一般而言，交易能成功，交易双方各自得到想要的好处，即双方利益得到保障。其实，现实交易过程远比我们想象的复杂。一个经济活动往往是众多交易组成的，本质上看，所有交易经济活动能发生，就在于让交易所有方都得到了想要的利益。如何看待这样一个完全基于交易事实的经济活动？人们是如何认识这样的经济活动，才愿意参加交易，从而成为经济活动的参与者？显然，首先要有对经济活动的足够认知，这种认知在基本框架与结构上应该具有一定的社会共识性。这种共识性的认知经济活动的通用框架与结构，就是现代意义上的会计制度。贯穿于整个人类历史始终对这种认知框架与结构的强烈需求，就成为产生会计制度的客观基础。

2. 交易：会计制度建设的基点

交易在经济活动中形成了无处不在、无时不在的讨价还价关系。对于建立在讨价还价关系基础上的经济活动，呈现在人类社会面前是一个纷繁复杂的融客观与主观为一体的世界。对于这样的经济世界，应用古希腊柏拉图解析世界构成基本层次的基本框架，客观与主观在现实中一直处于互动中：世界表现为客观存在，存在表现为信息，信息体现为知识，知识加深了我们对现实世界的认识。按西方朴素的认识，对存在的探索产生了科学，对信息内容与方式的探索产生了艺术，对知识应用并实现预期目标的探索产生了管理，从而科学追求"真"，艺术追求"美"，管理追求"善"。现实中，这样的真、善、美并非泾渭分明存在，而是高度混合在一起融入整个社会经济生活。现实常态更不是真、善、美如此简单，往往具有更复杂的内容与表现方式。例如，有真必定有假，有美当然就有丑，有善的东西必然有恶。因此，一个具体的存在，其肯定是具备了真假、美丑、善恶多重属性。我们在现实中看到或接触到一模一样的两个东西，也无法表明其真假、善恶、美丑的成分以及结构是相同的。更令人头痛的是，判断一个东西真假、善恶、美丑，从计量的角度看，是内在结构百分之百的概念，还是形态方式完全一样的概念？那么，从百分之百到零，真假的量纲分界线在哪个水平？真的100%，与真的90%、80%、70%、60%、50%或10%，这些"真"程度上差别，怎样体现在我们正确定义存在的真假判断标准上？再者，低的"真"水平如10%，是不是意味着"假"？同理可知，在真假、善恶、美丑框架内，会衍生出非常复杂和难以把握的判断标准。

回望人类历史,在真和假、善和恶、美和丑标准选择上,其实是很盲目的。我们至今难以回答:真的是善,还是假的是善?美的是善,还是丑的是善?尽管我们可以毫无顾忌提出至善、至真、至美的理想或追求,但这样的豪言壮语显然无法满足现实生活中人类自我矫正行为的具体需要。对具体经济活动真假、善恶、美丑的评价,对于整个人类至今仍是一个极具有挑战性的难题。

无论一个众人组成的组织,还是单个个人,总体上不可能是全真、全善、全美的组合,也不可能是全假、全丑、全恶的组合。正常的状况是真假、善恶、美丑的各种不同组合。正因如此,现实经济活动赋予了现实人类生活以极其浓郁、迷人的神秘色彩。

管理,可能是整个人类每一个人都必须具备的基本能力。科学要管理,艺术要管理,知识更需要管理。而所有管理从终极意义上都是要解决人类去恶向善问题,即让人类归依善界。某种程度上,可以这样说,宗教是从人的理念与思维方面让人知善向善,管理则是从人类组织与行为方面实现人类信善行善。

由此可见,唤醒并激发人类越来越多而广泛的善意,是管理的基本目的。这样的善意,具有了全人类共识性内容,即有利于人类长时间存在,即可持续发展,这才叫善。当然善有大小差别。对于每个人,最基本的要求是具有善性、抛弃恶意,力行善举。这也是人类文明进步的基本动力、出发点和终极目标。会计制度与实务,无疑是人类管理活动发展至今最重要和基本的制度之一,充当了人类文明进步基本动力的传输带和导航仪。

3. 扬善弃恶:会计制度的社会心理基础

人类文明进步的动力,带来了会计的产生与发展。会计制度必须忠实、完整地体现人类文明进步的基本要求。如上所述,文明进步的基本要求,就是充分激发人类的基本善意。实际过程中,善和恶总是混在一起而形成过程与结果,那么,最终结果的善恶以及善恶程度,借助于会计信息反映的具体经济活动,对文明产生了"善"还是"恶"的后果?会计过程,一定程度上真实反映了经济活动的善恶面,借助于对每一笔交易引起的经济业务发生善恶状况确认、计量并系统记载,再现了经济活动善恶状况的变化以及是如何变化的,通过报告,为了解经济活动经过一定时间后整体善恶状况变化提供了可靠证据,从而利用业绩评价与市场机制,实现整个社会"扬善弃恶"

这一文明进步的基本要求。

总之，会计是把整个人类文明的基本要求——扬善惩恶，带到每一个经济活动最基本的要素——交易中。无处不在的交易，都是讨价还价的结果，是善恶混杂的一种利益新组合。就人们利益本身而言，很难明确地贴上善还是恶的标签。人类最基本或根本的利益，不具有恶的基础，这种基本利益的满足或保障，正是人类个体意义上善的基本含义。但是，当人们利益追求变成了欲望膨胀，那就危害社会了，这样的逐利行为，不具有善的基础，这种意义上的利益满足或保障，容易出现人类社会之恶。会计制度设计，恰恰把人类这种对基本之善的肯定，与对容易普遍出现之恶的抑制，直接体现为反映与控制的基本内容。

4. 历史成本基础与货币计价的必然性

既然利益本身是中性的，现实中基本的或膨胀的利益，都会在交易过程中实现。因此，会计人类文明进步的守护神与导航仪角色，主要体现在把交易作为会计的起点，在源头植入"扬善惩恶"的基因。会计的目标，从工作起点看，是为实现每一笔交易具有健康的特征提供保障。所谓健康的交易，简言之就是交易双方共赢。共赢的要求，由此成为会计制度设计的基本定位。会计所力图体现的共赢要求包括哪些基本要点？首先，从微观的角度来讲，是对于交易的双方都应该自愿。自愿的基础是大家满意。自愿怎么表达？自愿不能体现为写一个保证书说"我满意了"就行了，而市场有一个很强的功能，能把交易双方自愿并满意的意思和状态以大家可观察到的客观存在来正确、充分表达，这就是交易价格或市场价格。

我们完全可以把这个交易价作为衡量交易双方满意的一个替代变量。人类为了把这种文明进步的基本要求充分体现在我们每一个人的经济交易的过程当中，就必须把这种满意度的动态变化一览无遗地记录下来，以为各项经济活动对人类文明进步贡献性质与状况提供具有充分证明力的证据。会计这样的记录过程，自然会对经济活动的文明状态与水平起到直接而有效的控制与鞭策作用。会计这方面担当用交易价作为表示双方满意的一个替代变量，就产生了"历史成本"这一重要基础。会计记账，是以交易发生时价格来计算还是以当前市场价格来计算？由于市场上交易价格经常变动，因此会计上一般不怎么倾向于以"当前市场价格"作为计量基础。以交易发生时双方认同价格作为会计计量基础，成为西方会计发展至今的会计计量主导模式：历史成本制度。交易发生，说明此业务已得到交易双方认同，但会计发生的业务,何时以及怎么记录,至今仍是一个争论不休的会计实务难题。按我们现在的分析框架,会计必须以真实反映交易双方共赢为起点,既然这种双方共赢最恰当的替代变量是交易达成时双方共同接受的价格,那么,会计计量以交易发生时价格作为记账基础,即确立并坚持历史成本原则,就成为会计反映相对合理的选择。

5. 复式记账:会计天性

既然会计要把交易双方共赢的状况正确直观地反映出来,那么,会计记录就必须全面地反映交易双方:一方得利,另一方也得利。双方得利的经济价值必须相等,因为同一时间发生,所以双方满意获利即交易成立要同时记录。这样,会计记录交易双方等额获益或者等额受损(获益叫增加,受损叫减少)。一笔交易,要既反映你,又反映我,清楚地反映交易双方共同受益、共同受损。这就是我们现在非常熟悉的复式记账。如此,会计的基本原理,就是把"交易真正是建立在自愿的、共赢的基础上"这一经济高质量可持续发展的基本要求,转化为会计制度设计的立足点以及具体的会计基本程序、循环和方法。这样,会计实务就是把人类文明的一些最基本的要求充分、有效地嵌入经济活动中。反之,会计通过这样一种反映范式,试图把经济活动中是否实现交易双方共赢的状况全面及时地反映出来,从而间接反映众多交易组成的经济活动是否满足了人类文明的基本要求。这样,货币计价基础与复式记账的必然性在会计基本理论层面也得到了应有的解释,摆脱了传统会计理论在这方面缺乏足够解释力的困境。

货币计价、历史成本、复式记账,这是会计在人类文明进步当中,自然而然形成的一些计量基本属性和工作基本特征。会计基本理论应该把这些基本特征的内涵充分地揭示出来。为了完成这样的学术使命,必须把会计置于人类社会文明进步这样宏大的历史背景中予以考察,方可得到具有理论解释力的说法。如果习惯于目前会计学界以可考证的会计产生与发展历史来归纳总结会计基本理论,诸如以上"货币计价""历史成本""复式记账"等本来是社会经济文明进步赋予会计的基本能力特征,往往只能得出一些就事论事、毫无理论灵性的解释。

**(二)东方会计的情怀**

东方的会计和西方的会计很不一样。西方会计源头的精神,某种意义就是让会计跟上帝对话。如果上帝不存在,神也没有了,则"善"字就无从谈起。但在东方文化中，找不到上帝，只有一个"道"。而这个"道"，自始至终都以人为中心。以中国为东方文化的代表，人按文明要求分为两类：一类叫"君子"，一类叫"小人"。

"君子"或"小人"，代表了人的两种最基本的品格。对于每一个现实的人，"君子"和"小人"往往融为一体。你不可能找到百分之百的小人，也不可能找到百分之百的君子。

1. 大禹会计观

关于大禹会计观，可以用下述几个片段予以概括。

我们为什么把大禹的会计作为考察中国会计源头的对象？因为前述中国古代会计三个源头中，大禹会计出现的时间最早。同时，周朝以后，司马迁写了史记以后，历史已有了书面文字证明。但夏朝到现在为止还是一个传说，作为历史，只是神话、故事、想象的大杂烩。不像商朝以后，我们可以找到很多的文物来证明历史真实存在。下面，我们也不妨把大禹会计作为一个神话和传说来渲染一番。神话对中华民族而言，往往是对我们民族自身物质尤其是精神品质的一种理想境界或定位。因此，对大禹会计的充分挖掘，可以为解答中华文化源头对会计精神品格定位问题提供富有哲理的思考。

首先我们要讲清楚，为什么非要把大禹跟会计扯在一起？会计作为中华文化的重要组成，应该内化于最原始意义上的中华文化中。中华最原始文化，似乎都与石头有关。传说大禹是从石头中出生的。我们必须看到，中国文化传统当中，存在着明显的崇拜石头倾向，但这可能反映了人类发展的一般规律，因为人类发展当中最原始的一个时代叫石器时代。大禹正是石头生的，凡是石头生的，在中国文化当中都是很厉害的角色。除大禹外，还有《西游记》中的孙悟空、《红楼梦》中的贾宝玉。大禹不仅是从石头里出生的，而且成就他一生伟业的也是石头。大家知道，大禹的父亲叫鲧，他跟大禹都是治水专业的"理工男"。在人类社会的源头，水是最可怕的，人们现在最害怕的是火，其实水比火更可怕。我们通常讲"水火无情"，没有说"火水无情"，可能反映了人类对水火敬畏的顺序与程度。

现在无论是看《圣经》，还是看中国的文化源头神话，我们看到人类祖先都生存于大水的威胁之下。西方因此有"诺亚方舟"的传说，强调的是"物"；中国诞生了治水能手禹，强调的是"人"。大禹属于子承父业，他的父亲治水不成功，让他明白一味堵是无法治理好水的。他认识到水跟自然是融为一体的，融为一体的水只能通过"敷土""疏道"的方式来管理，而单纯的堵解决不了水患。水之于人生存的大地，就相当于我们人身体的血管，你不能把它扎起来。血管只有畅通，才能形成循环，人才能正常生存。大禹的父亲尽管是治水专业出身，但治水基本策略有问题，他试图以堵来解决水患问题，结果越堵水患越严重，最后没有完成任务，被舜帝杀掉。大禹具有很高的政治觉悟，舜杀了他父亲，他还抛弃怨恨接受舜帝要求"子承父业"的任命。大禹应该吸取了他父亲治水失败的教训，彻底转变了治水思路，充分遵循水与土关系的自然属性，最终取得了治水的成功。大禹治水成功，据说也跟石头直接相关。大禹想出堵疏结合的治水良方，但是"疏"在大禹那个时代，比"堵"更为艰难。现在我们说起"疏堵"做法似乎风轻云淡，但是大禹时代的"疏"，要在一条一条分割占地为王的水之间建立通道，从而实现地上所有水相通，形成水系，这是一项难以想象的工程。其中最大的困难，是缺乏疏通挖土开道的工具。禹的父亲可能就是因为根本没有工具，而只能采取堵的治水方略。但是，大禹运气比较好，因为他是从石头里面产生的，所以遇到人生职场天大难题时就自然而然地想到了石头。结果，真的让禹找到可以满足治水疏通开道需要的石头。在浙江绍兴茅山，大禹找到了"覆斧"，就是形状如覆斧的石头。在《吴越春秋》中，有禹在浙江茅山找到疏通开道用的一种石头的明确记载。据现有资料，覆斧有九种形状，总的来看，长相跟猪八戒的兵器——九齿钉耙差不多。其中一种覆斧有五个爪子，像人的五根手指头。大禹到了茅山，看到茅山上面有很多可用来挖泥的现成工具。于是，大禹"敷土"治水思路就可以实施了。不难想象，如果没有这样一种石头，人类徒手是不可能完成"敷土"的，这应该是鲧治水失败的很重要原因。大禹治水成功，就是因为这样一个工具，水道疏通了以后，就成了成片的土地，也让所有水连成一系，可以畅流不止，生生不息。大禹治水成功让中国原始阶段就有组织分为九州。在水患滔天的以前，中国根本没有州，有的都是一个个小岛，今天这个岛，明天就淹掉了，后天又出来了，人类因此居无定所，经常处于流离失所状态。大禹治水成功而划分了九州，使中华民族开始有了相对固定的生活场地。疏通了以后，地面以及面积开始相对固定，人类可以拥有一个相对固定的栖息地了。这一点，对于中华文明是厥功至伟的进步。因此，大禹实现了中国社会进步、文明发展的一次初始而突破性的超越，从而对中国文化做出了杰出贡献。换言之，中国的社会文明这么悠久，中华文明能成为世界四大古文明之一，而且是四大古文明中唯一一个至今仍有强大生命力的文明，大禹治水的贡献是非常重要的。大禹的治水经验是该疏就疏，该堵就堵，即疏堵结合。这种治水以敷土为主要方式，敷土之所以可行，关键是大禹在茅山找到了可使敷土工程正常进行的工具——带五爪的石头。

大禹治水成功，使他拥有了继承舜帝位的资格。他成为领导者后，觉得这个疏堵相结合的治水方式可以给他统治国家带来很多的启发。从治理国家的角度看，疏就是奖，堵就是罚。大禹的这种一技之长，用到社会治理管理上，效果一如治水那般显著。用治水方法来治人，可能是大禹作为领导者的基本理念。对这样一种治国理政方法，大禹最后给了它一个专门名称，就是我们的"会计"。

2. 疏堵与赏罚

大禹会计故事还可以这样讲。大禹因在绍兴茅山找到了五爪石头，从而使敷土治水有了工具保障，成为治水成功的关键。由此，绍兴茅山就成了大禹事业成功的福地。大禹是个特别知道感恩的人，当了国家"一把手"后，念念不忘绍兴这块事业福地，于是每年全国各地地方领导人会议，就固定地放在绍兴茅山这个地方开，以彰显大禹的感恩之心和治国理政理念。同时，他把"茅山"改名为"会稽山"。于是，大禹意义的治国理政就具体化为"会稽"。我现在唯一不能确定的，是司马迁在《史记》中"会稽者，会计也"之结论从何而来？在《吴越春秋》中对此有一段较为明确但并不完全与司马迁所述一致的表达，值得我们予以品味。《吴越春秋》中的大禹会计，叫"大会计"。大禹"三载考功，五年政定。周行天下，归还大越，登茅山，以朝四方群臣，观示中州诸侯。防风后至，斩以示众，示天下悉属禹也。乃大会计治国之道，内美釜山州慎之功，外演圣德以应天心遂更名茅山曰会稽之山。因传国政，体养万民，国号曰夏后。封有功，爵有德；恶无细而不诛，功无微而不赏"。对此，《越绝书》中说得更直白："禹始也，忧民救水，到大越，上茅山，大会计，爵有德，封有功，更名茅山曰会稽。"大会计强调两点，赏与奖。用大会计的观点来解释会计的主要功能与任务，是解决好"爵有德，封有功"以及"恶无细而不诛，功无微而不赏"这治国理政两大关键难题。对于现代会计而言，计功好理解，但在有德方面，会计如何有所作为？现代会计一片迷茫。大会计在这方面给我们打开了思维窗口。对此，大会计的做法是，有德主要看对领导人的忠诚以及履行上缴中央义务。我找你来就来，你不来那就无德；规定上缴中央的必须不折不扣，不然就无德。现在来看，大禹确实霸道，他开会人家迟到了就把人家杀掉了，大禹非常在乎别人对他的忠诚。当然，大禹本人觉得自己已是天下道德楷模的典范。藐视这种全社会都尊崇的道德楷模，哪还有什么恶不敢做呢？这样的人，必须严惩，在地方领导人岗位上，应该杀掉，以整饬民风。封有功，对会计而言是贡献。你给朝廷交钱交得多，给中央政府交得多，就是贡献大，应给予功名。如此看来，大会计解决了单个个体，不管是政治还是经济个体的两个问题：第一个叫忠诚，第二个叫贡献。在第二大难题上，大会计为社会经济发展如何做到防微杜渐建立了很有效的制度基点。这份弥足珍贵的中华会计文化遗产，演绎为现代语言就是：凡是恶的东西，作恶即使很小，也要惩罚；功哪怕很小，也要赏。这说明大禹时代对属于恶的东西是非常忌讳的，哪怕很少一点，也要进行处罚；对于具有功德性的行为，即使十分微小，也会立竿见影奖励。大禹的一代伟业，应该与其所秉承的治国理政基本理念，以及强有力的大会计制度作为落地保障机制紧密相关。不难发现，大禹会计的以上两点精华，无论从社会还是政治、经济角度，都是从整体看个体，或者说从个体服务于整体视角，来计功行赏和判断善恶，从而为准确理解"大会计观"奠定了基础。今天，当我们从中华文化（文明）的源头来考察大禹会计精神的时候，这样的一种会计的定义、结构，是需要我们予以正确认知的。

由此，使东方会计与西方会计在源头基本精神上产生了不同的立足点。立足于现实中人与人的交流，而不是上帝与神的意志，来赋予会计灵魂，可能是东方会计区别于西方会计的根本点。中国会计源头基本精神的考察，让我们看到了中华民族祖先独步于世界会计的贡献所在。在人类命运共同体建设的伟大实践中，这种发轫于中华民族文化源头的会计精神，为当今国际摆脱长期以来迷恋于个人主义与资本至上观念的社会、政治、经济制度泥潭而痛苦不堪、难以自拔的人类，提供了一种已经实践证明行之有效的解套思路。在立足于人与这个社会、个体和整体的角度来设计会计制度与会计职业并评价会计工作、会计信息，这是大禹"大会计观"对当代完善会计理论建设的极有价值的贡献。

总之，用现在最时髦的一句话，大禹会计观可能更体现了人类命运共同体的理想。他认为天下是一体的，每一个个体的存在，必须对整体忠诚，要多做贡献。你忠诚、做贡献，国家与社会就应该奖赏你。这样的会计立足点，是西方会计没有的。如前介绍，西方会计关注的核心是交易，解决对交易双方都有利即共赢问题。这种基于个体交易基础的西方会计，与基于社会、国家一体最优利益基础的东方会计，在基本思路与行为准则框架等会计基本理论问题上，具有很不一样的内容。

## 五、让东西方会计汇入世界文明进步潮流

我们前面已明确，善是个人对于一个组织而言，一个组织对人类而言，一个人类物种对整个自然而言，有不同的层次的，从而使善具有不同的程度。现实中，个人对组织忠诚了，但是如果这个组织危害社会，如此强调个人忠诚组织，还能是"善"吗？这样的制度与会计，就容易出现阿伦特所讲的"平庸之恶"。

现代所有组织都具有层级制结构，科层制因此成为广泛应用于全世界所有组织的基本制度。在中国文化源头，这种层级森严的制度，并不似西方那般僵化呆板，往往与最高领导人打破层级一贯到底做法并行不悖。中国传统文化这种智慧，只是到现代才为西方认知，并美名为组织"扁平化"变革。所谓扁平化，本质上看就是中国古代皇帝可以在任何时候，越过很多的层级，直接到民间进行"微服私访"的做法。在西方，按传统理论，这种微服私访做法，是违反管理层级原理的；但在东方，最高领导人一直具有直接深入最基层业务当中的习惯。以现在时髦说法，东方管理文化传统当中，一直就有分布式思维习惯，这种思维习惯当然会渗透到具体会计制度与实践中。东西方在对人性的认识上，存在着明显差异。东方人关注善恶，西方人关注利益。就实用性要求看，西方的做法可能更接近活生生的人类现实。因为人不能一开始就要求有很高的觉悟和很高的理想。通常而言，就是一个人首先要求对家庭负责，然后要求对企业负责，再要求对全人类负责，最后要求对自然负责。这就是我们通常讲的觉悟。由此我们可以理解，为什么现在西方会计制度在全球赢得了主导地位，可能这样的制度更适应了当今世界社会的人性基础。当然，我们现在无法直接证明会计制度、会计准则真的是建立在人性基础上；更不知道现在美国的会计准则是否是建立在美国国民的道德水平基础上。如果说不同的国家有不同的道德基础，那凭什么要求全世界所有的国家都要按美国会计那一套做？一个国家的道德水平与经济发展水平、科技发达程度是不是存在正相关同比例关系，人类社会发展至今的历史，似乎没有给出确定的答案。如果人类的道德基础、经济发展、科技水平与会计制度均具有互动关系，那么，会计在人类文明进步中就承担着艰巨而不可推卸

的责任。如果这样的一种说法能成立，我们拿美国会计的现实来看，无论理论还是准则、实务，其值得我们反思的方面有很多。至于以美国会计作为全世界会计标杆样板的做法，更是值得商榷的。

我国花了几十年，好不容易把美国的会计从理论到实务以至研究都学到了手。在中国现在说会计，可以说不管什么层面，都是西方，尤其是美国会计的翻版。但是进入21世纪后，我们越来越明显地感觉到，这样一种会计，在现实中扬善不多，从恶甚至纵恶的着实不少。于是，让我们对自己从事的那份会计职业，到底有没有人类文明进步意义上的基因，产生了深深的怀疑。

## 六、"会计是什么"应予思考的层面

在会计基本理论层面，会计本质属性即"会计是什么"问题，一直牵动着众多会计学者的神经，是整个会计学界历经数代人众多努力，至今未予解决好的历史遗留问题。我们以上另辟蹊径，试图为解决这一很有挑战性的会计理论难题提供一个新的视角。基于东西方会计发展源头精神的挖掘，我们从人类文明进步角度，看到了会计所具有的灵魂层面，为我们理解会计所应拥有的精神世界，提供了相对完整的可靠场景。接下来将作出必要的总结。通过这样的总结，其实我们希望对会计到底是什么，建立一个确定无疑的概念。

### （一）会计在人类社会结构中的位置

放眼整个人类社会，会计并不是也不可能是一个独立存在，相应会计制度与职业亦如此。人类社会整体结构总括看分为塔尖、主体、底层三个部分：塔尖是所有人类的总目标，底层是一个个具体的人，主体是连接塔尖与底层的通道，包括会计在内的所有知识处于主体层，目的是让每一个底层的人不要忘了整个人类文明基本要求是什么。会计作为对现实经济活动反映并实现控制的基本制度，必须建立在整个人类文明发展水平的这种事实基础上。我们不能超越人类文明的基础和水平，抽象、空洞地谈论会计制度。当然，人类文明水平，这是一个包括政治、经济、科技、社会诸领域发展水平以及组合格局的综合概念。对此的研究已超出会计基础理论范畴，但我们理解会计本质属性问题，必须联系一定会计制度所赖以存在并发挥作用的政治、经济、科技、社会、法制诸领域综合而形成的能力水平。以上所述的言外之意，就是会计基本理论目前已面临着以下问题的严重困扰：人类进入21世纪后，其文明进步到底处于什么样的状态与水平？会计制度层面对此是怎么定位的？会计无非是立足于人类文明基础，把人类从目前文明，竭尽所能导向更文明状态。即会计对人类文明而言，应该是往上走的积极力量，而不能是往下走的"暗道与陈仓"。

从会计发展到现在的历史来看，人类社会毕竟不是以一条直线的形状一直往上走，有些时候难免往下走。当人类的文明往下走时，会计一直在相伴往下，至于说这种相伴往下是主动的还是被动的并不重要，重要的是会计界对会计这样的往上往下状况要有正确而清醒的认识，对近百年（特别是进入21世纪后）世界会计发展把脉，这一点尤为重要。问题在于，我们现在学校介绍的会计知识，几乎都是不超出一百年以内的会计实践。正是这样的会计，进入21世纪后，面临着日益严重而猛烈的冲击和挑战。其中最大的冲击与挑战，正是来自人类文明进步层面。如此，对会计基本理论的现实反思，必然牵涉对整个20世纪以19世纪为基础而形成的整个人类文明新框架及其结构的质疑与批判，成为一个非常沉重的学术话题。由此可见，目前流行的会计基本理论，已明显落入与人类文明进步脱钩的陷阱。如何立足会计实务层面，对现代会计履行人类文明进步职责状态与质量做出客观理性评估，从而为现代会计发展找到正确的方向与实施路径，是当代会计研究的当务之急。

当我们面对现实会计为诸多经济恶行大开方便之门之时，我们可能会产生会计制度在人类文明的进程当中充当了非常不好角色的挫败感。

以第二次世界大战为分界线，20世纪前50年发生了两次世界大战，此阶段很难说人类处于文明进步时期。事实上，自古以来战争一直是人类最不文明的一种手段，一种极其恶毒的野蛮。但是，有人并不这样认为。因为两次世界大战催生了新的国际秩序。最明显的是世界终于有了一个管理国际秩序的联合国，也有了管理国际金融活动的世界银行和国际货币基金组织。但是，我们知道，这些所谓国际新秩序都带有非常明显的西方性质，基本上体现了西方文明和文化，而形成的一种国际政治、经济、贸易与金融体制。作为东方人，我们对这样的一种现状必须要承认。西方近五百年快速崛起，已领先于东方，以至于现在"西方"成了先进的代名词。西方比东方做得好，就应该向西方学习，这是毫无疑义的。但是，如果现在占主流的西方文明已暴露出了很多问题，我们就不能也不敢对此有所批判，在吸收借鉴时竭力排斥进行必要的中国化处理，只能全盘接受，那么，会计发展就很难在中华民族全面复兴的伟大实践中，发挥应有的积极作用。历史的经验是，对西方文明包括会计，简单粗暴全盘接受与否定都不是正确的态度。这当然也是21世纪会计学术研究所面临的一个很重要的挑战。因为切入到会计实务层面，我们会看到一个让人极其捉摸不定的会计，与我们在会计基本理论层面所构建的"会计乌托邦"——理想的会计——相比，将会是一个全然不同的会计世界。

### （二）会计行业应有"星空"与"内心"

会计行业每一个人心中，必须要有"理想的会计"，这样，我们将来走向社会干会计、设计会计制度、开展会计学术研讨、撰写会计学术论文的时候，就可以拥有一个丰满的会计精神世界，从而使我们在会计职业生涯中能明辨是非，能守住底线，能行止自如。康德在《实践理性批判》一书结尾，道出了一段现在广为人们运用、充满哲理的肺腑之言。康德警言激发了我们每个人仰望星空与忠于内心的豪情。会计是什么，即会计本质属性问题探讨，为会计行业塑造了一个共同拥有的"理想会计"，从而使我们每一个会计"仰望星空"与"尊重内心"，具有了丰富的内涵和确定的目标。按康德的见解，每个人心里都应该有所敬畏，具有"仰望星空"和"牢记心中道德法则"的品质，这样，人类理性才能得到坚持。会计基本理论课堂，就是试图为会计专业、会计理论、会计的研究，建立一个可供全体从业者敬仰的"星空"和自觉服从的"内心"。不然，等到我们仰望自己的星空时，发现是一片空白；而我们的内心，又是那样漂泊不定。所有会计人员如果拥有了共同的"星空"与"内心"，那么，对照自己所做的会计工作，就明白存在哪些差异？哪些差异是合理的，而有些差异不合理完全可以避免？会计研究就是要找出可以改进、避免的差异，这样明显提升了会计的学术研究价值，也从制度层面为完善会计，更从实务层面切实提升会计在整个人类文明进步中的作用和地位，提供了可能。

如果我们现在不抓紧做好这项工作，那么，在21世纪，随着信息化时代的到来，会计真有可能走到了尽头。面对信息化，现在会计行业很紧张。计算机信息化、智能化，让一直以标准化为自豪的会计深感到了穷途末路。在学术界，有人认为计算机做会计，比人做会计会更好。因为计算机软件最大特点是六亲不认，对于以处理交易过程人与人利益关系的会计而言，如何克服情感对一个会计人的干扰，是提高会计质量的重要前提。而计算机软件替代会计，恰恰让会计制度与实务这方面的内生性缺陷，得以彻底清除。更进一步说，如果这个会计软件真的是人类文明的化身，那么，应用这个软件比现在靠会计人员去守护文明底线会更有效。

但是，会计实践不会如此简单。如何认为会计是文明的组成部分，而文明充满着人文情感，计算机恰恰是没有人文情感与关怀的，更没有善恶的理性要求。会计处理每一笔业务，都充满着人文情怀与善恶取舍，人类文明进步是在这样的会计制度并积极作用下有序实现的。当然，会计在现实中还经常面临文明底线的挑战，当一些会计业务按现行规定有多种不尽相同的处理方式与方法时，会计对现行规定的执行就具有了"自由裁量权"，这种"自由裁量权"的行使，往往会引起交易各方利益关系的变化。

我们以前把这个方面的会计问题，用一个非常感性的词来概括，叫会计的职业判断。但是今天我们再涉及这方面内容，拥有了更确切的含义。会计职业的判断只是说会计准则是非常严格的，然后我们在具体实务当中有多种方式方法进行选择的时候，我们选择一个更能客观地反映我们经济业务本质的那一种处理办法。这句话讲起来非常抽象，什么叫更真实更客观地反映？真实客观地反映，必须以基本的善为立足点，是增进了我们这个企业的善，还是让企业的善遭到了伤害？我们以西方会计现实为考察对象，即以传统"三张报表"为解释问题的抓手。

### （三）会计传统三大报表体现的精神

资产负债表表达了人类对财富意义的认识。财富是人类善良的结晶，还是人类邪恶的产物？现实中，财富并不简单地表现为各种物品与金钱，更是人类善良与邪恶较量的结果。会计的使命就是要赋予财富以价值。对于人类有价值的，是善良还是邪恶？答案应该比较确定，肯定是"善意"。如此，资产是表达善意的能力。所有者权益成为践行善意的基础。负债是对善意的承诺。践行善意的基础，与对善意的承诺，均来自实现善意的能力。即这两者必须保持动态平衡。所以，资产负债表表现了一个企业实现善意能力处于提高还是下降状态。以资产来衡量人类实现善的能力，则财富越多，人类善意就实现得越来越充分。

由此假设，任何的企业基于善而设立运行。在行善过程中，对社会要有越来越多的凝聚力和贡献力。这样的效果完全取决于行善能力的强弱。如果一个企业行善能力越来越小，基础就越来越薄弱。我们现在讲的资产、负债、所有者权益，应该就是这样的概念。

损益表，某种意义上是行善能力的实现。实现行善能力，需要一个过程，经历一定时间。损益表，只是说明行善能力在本期的实现。

现金流量表，无非表明本期实现行善能力的具体质量。企业行善能力实现，本期实现只是个数量，但是我们还要观察本期行善能力实现的质量。所谓行善能力的质量，是说这种行善能力具不具有可持续特性。

我们认为，对会计传统三大报表基本含义作以上解读，会彻底颠覆现有的会计理论。企业既然是行善的实体单位，则会计当然以反映行善能力为目标。对会计作出这样的认识，可以在极大丰富会计理论的同时，更明显提高会计理论对会计实务的引领、指导作用。以损益表为例，众所周知，损益表的核心指标是利润，既然它是行善能力的实现，那么，利润多，是不是意味着行善能力比较强？那么，按目前会计口径，是不是利润就是善，亏损就是恶？绝对不是！现在会计利润是收入与费用的差额，涉及供应商、客户、员工、股东以及政府方方面面利益，差额正数为利润，负数为亏损。从现实而言，如果从善恶立场看，有助于企业可持续发展的利润为善，反之为恶。如此，利润与亏损均有善恶之分。利润具有善意，可以定义为"好的利润"；反之，利润具有恶意，则为"坏的利润"。在有关会计报表理论中，关于利润根本没有好坏一说。在西方，在会计行业外部，已有了明确提出好利润与坏利润的概念，并提出了具体计量与分析思路。可见，按现在通行的会计理论，会计利润表上的利润，什么问题都说明不了。而企业要追求的，应是好的利润，如果是追求坏的利润，对社会与企业都是灾难。一个企业以坏的利润为自己的目标，这个企业的存在就失去了它的价值，或者是对人类社会文明进步的一种伤害。美国的乌麦尔·哈克所著《新商业文明》一书对此有精彩论述。但是，放眼会计界，至今没有很好回答这个问题。目前会计实务中，如何在算出利润的时候，明确地告诉人们，这种利润的好坏属性，已经是一个亟待解决的问题。这也是人类社会文明进步到今天，对会计提出的一种改进、改良呼声。归结为一点，会计仅仅计算、报告利润已经远远不够了，必须要回答这个利润是好的还是坏的。弦外之音，凡是增进我们人类善意的叫好利润，反之，对人类的这种善意的损害，肯定是坏的利润。会计只有把利润好坏一面算清楚，才算满足了现代社会对会计利润计量的基本要求。当我们把现行会计放到我们搭建的体现人类文明进步要求的会计原型里面去观察，我们不难发现：现行会计是代表了现在这个时代，但是现在这个时代，跟我们理想的人类文明格局肯定存有差异。人类文明要求提高，会计应该与时俱进。综上，我们在理论上构建会计"乌托邦"范式，对我们推进会计研究及深化会计实务，具有明显的积极意义。我们不能认为，现实会计可以一下子改造到理想的会计。但是我们可以明白会计变革，应该往理想方向去发展，而不是偏离理想越来越远；会计学术研究要为缩小这一差异而努力，而不能扩大这种差异。现在汗牛充栋的会计学术研究，似乎完全不关心这个问题，不少研究事实上在为扩大这种差异提供理论基础。这方面的例证，莫过于会计界对"盈余管理"问题众多研究上。这样的会计学术研究对于整个人类文明而言，没有任何的进步意义。这是会计研究生尤其是会计博士生，特别需要引以为戒的。会计研究应该具有基本的道德要求，会计应该成为人类文明进步的至关重要、基础性的工具。

## 七、必须重视会计基本理论研究

为了深刻认识"会计是什么"，这个决定会计产生与发展的根本问题，有必要在以上讨论基础上做进一步的展开分析。课堂对于老师而言，是表达自己的思想；对于学生而言，是培养批判性的思维能力。所谓批判性思维，并不是简单地与众不同，成为另类，其核心在于社会文明发展到 21 世纪的今天，我们面对纷繁复杂的社会现象而具有的甄别与独立思考能力。

### （一）会计基本理论研究被忽视

长期以来，我们已习惯于以会计准则加解释再辅之以举例这样的模式组织会计教学，从传授知识到会计专业介绍会计理论方法方面，均采取简单化思维，因而学生系统地经过会计专业学习，即使到毕业时对会计专业的很多问题，也只是只知其然，而不知其所以然。站在讲台上的会计老师，特别是年轻的会计老师，大多热衷并满足于对国内外尤其是国际财务报告准则的了解和理解，一般不关注更不会研究会计基本理论问题。会计界即使对会计基本理论问题发出一点声音，也往往被认为是空而无用的研究，激发不起大家参与深化讨论的热情，从而使会计基本理论问题，在实证研究蔓延开来后，受到学术界不应有的忽视与歧视。会计基础理论研究，尤其是在"会计是什么"与"什么是会计",这两个涉及会计发展大是大非的问题上缺乏清晰而正确的认识,进而对会计发展中的一些具体方面,就必然出现盲目性和随意性。

### (二) 会计基本理论研究助推会计发展

改革开放初期,中国百废待兴,会计界乘势而为,围绕会计性质、属性、职能、目标、任务、原则以至概念定义和基本方法等一系列基本问题,展开了广泛而深入的研究,在整个社会层面引起了对加强会计工作的高度共识,从而实现了中国会计独步于世界会计界的进步——1985年,中国颁布了可能是人类有史以来第一部专门的《会计法》,会计地位与职能作用以及基本责任,得到了国家法律层面的明确规定,从而树立了中国会计充分正确履行职责、塑造会计的正面形象。中国会计工作自此具有了权威、强制的法律保障。中国会计事业,包括学术研究、会计教育、会计制度建设、会计职业化管理等,四十多年来能取得明显、快速的发展,成为反映中国改革开放巨大进步的重要窗口,很大程度上得益于改革开放初期,会计界对会计基本理论研究掀起的一个又一个热潮。反之,一旦忽视了会计基本理论研究,则会计发展必然陷于步履维艰的困境。由于会计国际化后,尤其进入21世纪后,我们对会计基本理论研究越来越冷漠,学校硕士研究生与博士研究生也失去了研习会计基本理论的热情,占主流的会计研究在排斥"规范范式"的同时,也鄙视会计基本理论方面的研究,从而使我国会计法修订完善的时候,我国的学术界竟一片沉寂,偶尔发声也是底气不足,整个中国会计法制建设的完善,由于缺乏会计基本理论层面研究的同步跟进,而无法取得实质性进步。

## 八、深化会计基本理论研究应予注意的问题

### (一) 会计基本理论研究应基于东、西方全部的人类经济文明

人类社会发展,按有文字记载的有限片段,时间维度上,有五千多年,中国有文字记载的有三千多年;空间维度上,是整个地球的存在,包括东方和西方。因此,大学课堂上所介绍的需要会计面对的历史,应该是人类社会发展至今的全部,而不应该只是某一段时间与部分空间。但是,我们必须认

识到，现在课堂上讲授的会计知识，只是代表人类存在历史的某一个片段（美国、西方发达国家）；在时间上，我们虽然口头上一直讲现代会计发展已有500年历史，但体现在教科书与课堂上讲授的会计知识，可能只是涵盖最近几十年。如此做法，会计知识丧失了历史感，一些做法与惯例成了无花果，所有知识都没有了前提，也没有从简单到复杂、从粗放到精致、从感性到理性的过程，会计知识传授过程无法给予学生以"会计智慧"，大多成为会计制度的被动执行者。

会计基本理论帮助我们从基本面上认识会计，它是什么？应该是什么？做了什么？对这些基本问题的认识，我们的思维既要脚踏实地立足现实，又要仰望星空，关注人类社会经济进步中会计一路是怎样走来的。前面所做出的很多努力，某种意义上来说就是引导同学们在这一方面做出积极努力。这种尝试对会计基本理论来说，并不是个人出于意气的标新立异，而是试图站在人类文明进步的角度来思考会计发展问题。我相信，只有把会计置于包括东西方全部的人类经济文明进步的大背景、大历史中予以考察，我们才有可能看到一个真实完整的会计，才有希望在会计基本命题方面取得共识。

## （二）会计基本理论研究应实现突破性革命

会计是一门社会科学，有特定的含义，既区别于以描述性、解释性为主的自然科学，又区别于以感性认识为主的人文科学，它更多强调的是以人为本，以人类发展的全部历史和我们人类本身对经济文明的定义和追求为根本出发点。我们相信，离开了最基本的立足点，任何社会科学都经不起历史的检验，也难以取得对人类文明进步与现实真正具有解释力的学术成果。会计亦如此。会计基本理论这门课程，某种意义上就是要唤起大家回到会计本源，来思考并分析会计产生发展到现今的一切问题。

作为从事会计工作的我们，不论是理论还是实务工作者，不论是在政界、学界还是商界，既担负会计的使命，又有个人利益的诉求。会计学术、会计制度、会计实务这几个方面，包括选题、研究方法、目标的确定，制度设计基点与目标的确定，会计确认、计量、记录、报告各项具体业务的办理，都有一个职业选择与判断问题。是基于会计个人利益最大化？企业利益最大化？还是社会财富与对自然贡献最大化？这些目标定位，哪一个才真正体现了会计使命感？每一个现实会计人，可能会做出不尽相同的选择，而各自都会对自己选择的合理性深信不疑。我们面临的现实挑战在于，每一个会计人对自己的行为选择，都满足了现行法律制度的要求，但会计学术成果与会计制度执行以及会计信息产生的后续效应与具体经济后果，却表现出很大的不同。于是，我们往往会从会计学术、制度、信息公开后的实际效果，来评价会计学术研究、会计制度设计、会计实务工作的质量，但即使形成了共识与改进建议，下一轮还是重复上一轮的尴尬。会计发展形成了恶性循环的困局，每一个会计人都因此而彷徨失措。现在看来，在会计基本理论研究不能实现突破性的革命，从而真正激活会计的灵魂世界，让每一个会计人拥有职业精神与自省能力之前，会计发展的以上困局就必然成为徘徊在会计世界的幽灵，经常无情地笼罩在会计世界的上空而周期性兴风作浪。由此可见，加强会计基本理论的研究，并不是会计学术的一种自娱自乐，更不会是会计界的无病呻吟或幻觉呓语，而是摆脱会计发展恶性循环，实现会计与社会经济文明进步融为一体的必由之路。

### （三）会计基本理论研究应树立正确的历史观

需要强调的是，在学术上大家要做好文献回顾，旨在回答研究与思考的问题在会计理论与实务界有没有做出思考。从理论到实务如果能够梳理清楚，好的文献回顾本身就是一个好的研究，从而实现一种境界——站在巨人的肩膀上往前走。

尊重历史，熟悉历史，每个人都在书写历史，要在历史上留下值得后辈珍重的东西，是一个人存在的重要价值所在，也是会计作为一种职业，一种制度所要追求的。正确历史观的确立，能够提高知识水平和学术水平。知识水平是指我们所接收的知识是全面的、完整的，而不是碎片化的。这样有助于我们很好地做学问，然而，现有的知识却无法给予满意的答案。但是，批判性的思维有非常完善的框架来帮助我们甄别现有的理论和实务。我们忠实于会计，因为深信会计是崇高的，不是卑微、可耻的。从大禹会计到复式记账，从简单的报账与明确经管责任会计到内容丰富技术手段复杂的现代财务会计与管理会计，会计的社会影响与认同度以及会计行业的自信，已大为改善，但人类社会对会计的基本定位与要求或者理想始终如一，毫无变化。

因此，会计基本理论的学习很有必要，以上讨论就是为了给大家打开思维的窗口。

## 九、拓展会计基本理论研究的视野

### (一) 从人类社会经济文明看会计基本理论研究

会计研究,应该研究会计问题。如果作为一项会计研究,在影响会计社会认知与实务工作方面,无法有助于拉近会计与人类社会经济文明进步的距离反而扩大了两者的差距,那么,这样的会计研究对于会计发展而言,是毫无意义的,或者说这是一种不值得提倡的会计研究。会计研究应该有基本的专业与价值导向。

当然,我们也可以从文学的角度来表现会计,这种从人性的角度来揭示现实中的会计,到底是一个什么样的存在?它可以喜剧也可以恶剧形式来展示会计的现实存在,例如《白毛女》故事中的会计穆仁智,但这绝对不是本质意义上的会计存在,因此,无法成为会计基本理论研究可以借鉴和认同的研究风格。

会计社会科学的特性必须严格区别于人文科学(典型是文学)。《会计基本理论》课程,就是要为所有的会计研究,提供一个价值判断方面的共识性标准。标准的建立并得到共同遵循,必将大大提高会计学术研究的效率与质量,也可以在会计制度建设与会计实务工作层面,更充分地凸显会计学术研究的威力与价值;更重要的是,为我们科学规划会计的学科边界进而端正会计在整个社会科学学科群中的地位与身份,提供了可靠的理论指导。

会计与社会经济文明是一种表里关系。会计学本质上就是社会经济文明基本要求的实践框架与行为指南。社会经济文明具体落实在三个支点上,也可以认为这三足支撑着社会经济文明整个大局。这三个支点,是企业、市场、竞争。①

1. 企业作为法人主体存在,本身就是经济文明进步的产物。企业拥有自主经营、独立决策、自负盈亏的权利与责任后,完全承担了企业盈亏的全部责任,从而使作为企业盈亏计算的核心制度——会计,在企业经济发展中,自始至终充当了一个"辅助决策"的角色。企业的投资、运行甚至每一个业

---

① 内森·罗森堡,等,2009. 现代西方社会的经济变迁[M]. 曾刚,译. 北京:中信出版社:17.

务的发生，都建立在会计严格计算盈亏的基础上。如此，会计对经济活动盈亏的任何计算，不只是一种单纯的经济计量工作，更重要的是对企业所有经济行为的一种"引导""提醒"与"参谋"。会计计量的框架与内容，表面上看是为了适应并满足组织管理经济活动需要形成的，但究其实质，会计并不是针对特定组织管理对信息的需要，而是受制于基于穿越时空所有组织管理经济的基本需要。显然，这种穿越时空所有组织管理经济活动的基本需要，当然只能是社会经济文明的基本要求。会计无非是把体现社会经济文明的要求，即穿越时空组织管理经济活动的基本要求，作为自己制度与工作的立身之本，通过会计准则规定和会计职业努力，带动社会经济的方方面面，从而为社会经济文明进步提供持续的保障。这样的保障功能，通过会计制度细化，实化到经济活动中；通过会计对经济活动的正确反映，证明具体经济活动的文明状况；通过会计信息的及时反馈，引导、督促经济活动更多地满足经济文明进步的要求。由此而言，经济文明是会计之魂，而会计则是经济文明寄生的主要客体。

2. 市场是经济繁荣与高质量发展的平台。市场强调的是，稀缺经济资源只有通过广泛而充分的交易行为才能得到最有效的配置与运用。交易的基础是交易双方利益得到充分的体现与保障。实现这样的交易目标，要求交易双方对自己与对方的交易标的及其内容与质性有充分的了解。对交易标的物的内容与质性了解，成为所有交易能发生的共同前提。显然，这样的基本信息需求，并不取决于具体交易各方的利益诉求，而是来自社会经济文明对所有交易内容与质性的基本要求，这样的基本要求，构成了交易各方都必须遵循并兑现的，产生了彼此了解这方面基本信息的共同需求，从而形成了会计制度的基本内涵。由此我们不难理解，为什么世界上所有资本市场都毫无例外地实行会计信息披露制度，作为资本市场赖以生存的基础工作予以重视，并以严格的法律制度提供保障。所以，交易是市场实现资源优化配置的主要活动，也是兑现社会经济文明最原始的细胞，会计通过制度规定与信息披露，有效地把社会经济文明的基本要求，植入每一个要素行为中。因此，就建立在会计基础之上的交易活动看，会计制度成了社会经济文明的化身，会计工作成了监督、反映、引导每一笔交易真正满足社会经济文明要求的主要手段。从这个角度看，社会经济文明进步要求，是会计源源不断的动力和方向盘；而会计成了把社会经济文明基本带给人类社会每一角落、层面、环节和个人岗位行为的基本通道。会计既体现了社会经济文明，又反映了社会经济文明。

3. 竞争是经济具有活力的根本手段。竞争的方式方法与技术手段丰富多彩，但所有竞争，核心价值观都是为了有限的经济资源具有源源不断的生产能力，即持续创造价值能力。这样的持续创造价值能力，与社会经济文明进步的基本要求是完全一致的。如何保证竞争过程充分实现这一基本目标？可行的做法，就是让竞争完全服从"公开、公正、公平"的基本原则。所谓公正，就是要求参与竞争的各方，都毫无例外地服从社会经济文明进步的基本要求；公平，是指竞争各方在履行服从社会经济文明进步要求过程中的身份、地位、责任、权利是平等的；公开，是指对竞争各方服从并兑现社会经济文明的状况，有一个共识性框架予以公布，让大家都知道。显然，"三公"原则，公开原则是一个最基本而且可检验的要求，因此是最为基础性的原则。会计正是体现竞争"公开"原则的具体制度。一定意义上，公开原则实现的程度直接制约着公正、公平原则的实现，从而深刻影响竞争的有效性；公开原则在现实完全依赖会计制度实现，因此，会计就成为竞争公开原则实现的主要途径，从而使会计成为社会经济文明进步的基本要求，影响现实经济行为的基本通道。

### （二）从经济与会计的互动关系看会计基本理论研究

现实生活中，会计让经济心中有数。这个"数"，对所有经济活动而言，既是一种行为框架（准则制度），又是一种行为过程与结果的信息。

在整个经济与管理大厦中，客观存在着两只无形之手：市场与道德；两只有形之手：政府与管理。这四只手的内涵与存在方式，具有非常复杂的现实内容，但毫无例外都服务于一个共同的目标：人类社会经济文明进步的基本要求。而这种共同目标的归一，是通过会计制度与实务实现的。

经济的存在，是否符合预期？这是人类社会自始至终必须解决的首要问题。这种预期，本质上只能是体现社会经济文明进步基本要求的现实内容。经济是否符合预期，人类至今的历史经验充分表明，这一宏观到微观乃至每个最小行为单元活动，都普遍需要回答的基本问题，只有通过严密的会计制度与严格的会计工作才能给出可信的答案。会计满足经济的需要是制度与信息的可靠性，会计满足管理需要是制度与信息的相关性。

在这一方面，西方经济学界被誉为亚当·斯密以后最重要的市场经济学家路德维西·冯·米塞斯在《人的行为》一书中做出了鞭辟入里的分析：

首先，会计计量，即货币计价来衡量所有经济活动的会计制度，满足了人类社会从根本利益上统一评价各种千姿百态、内容迥异的经济活动的需要。货币成为经济计算的工具，还为人类认知并有效管理各类经济活动提供了规范的心智框架。

"行为人在经济计算中所使用的一些'数'，不涉及被衡量的量，只涉及预期中的未来市场上会发生的一些交换率。只有这些交换率，是一切行为的目标，只有这些交换率对于行为人是重要的。"行为人通过经济计算所想完成的预期工作，对投入与产出进行比较，来确定行为的结果。经济计算或许是估计未来行为的可能结果，或许是认清过去行为已然的结果。

"实际意义是要显示，一个人如何可以自由消费而不损害未来的生产能力。经济计算的一些基本观念——资本与所得、利润与亏损、消费与储蓄、成本与收益——的发展，都是在这个问题上。这些观念以及来自这些观念的所有观念之实际应用，都与市场运作有不可分的关联；在市场里面，一切等级的财货与劳务，是和一种普遍使用的交换媒介——即货币——相交换的。这些观念，如果对实际的行为无任何关系，那就只是空论。"以现在的观点来解读米塞斯这段分析，似乎可以这样说：在经济活动中，所有理论概念包括货币及其计价，如果对具体、现实的经济组织与管理活动不具有影响，就是扯淡；能让货币计价对现实经济与管理产生影响的，只有会计制度与工作。会计无可推卸地充当了经济理论与现实经济尤其是各微观经济主体之间实现无缝衔接的唯一通道。会计的这种通道作用，不只是充当了一个单纯的现成经济理论的搬运工；更重要的是往往充当经济理论的质检员，只有通过质量检验——经济理论满足社会经济文明进步的基本要求，会计计量手段力所能及，这样的经济理论，才可以纳入会计制度，并作为证明具体经济活动在文明问题上做得如何的框架与标准，而影响具体经济过程。会计学与经济学在这一过程中，客观存在着互动、制衡、共生的关系。

其次，社会经济文明进步的基本要求，对会计与经济具有双重约束。

1. 会计奉行历史成本原则具有内在必然性

把人的知识推展到未来的情况，不是经济计算的任务，而是要尽可能地调整人的行为，使其适应当前满足未来欲望的意见。为了达到这个目的，行为人需要一个计算方法，而计算必须有一个共同标准——货币，来统驭所有的项目。会计以历史成本记账，恰恰适应了人类"根据过去和现在，推知未来以及现在如何满足未来欲望"的思维惯性。

**2. 会计对现实经济的反映与作用，不是无所不包、万能的**

"经济计算不能包括那些不用货币来买卖的东西。……有些必不可少的东西不是金钱所可购买的。气节、德行、荣誉心以及精力、健康，乃至生活本身，在作为手段和作为目的的行为中，都有其重要的作用；但是，这些东西都不在经济计算之列。有些东西，毕竟是不能用金钱来估价的，另外有些能用金钱估价的东西，只能就附着于它们上面的价值之一部分来估（例如商誉）。……凡是只能感动一个人的心而不诱发别人为取得而有所牺牲的东西，始终是在经济计算之外。"① 据米塞斯所处西方时代的特定背景，他认为，会计只能是微观而无法做出宏观计量。以金钱来做的经济计算制度，是以一些确定的社会建构为条件的。它只能在分工，而生产手段私有制的条件下运作，在这样的社会里面，各级的财货与劳务都以通用的交易媒介，即金钱，来买卖。金钱的计算，是那些生产活动由私人支配的社会里面的人们的计算方法。它是"行为的个人"的一个方法；它是一个计算方式，用以稽考那些为着自己的利益而活动于自由企业社会的个人的私有财产和所得、私有的利润和损失。经济计算的一切结果，都只是一些"个人的"行为结果。"当统计人员综合这些结果的时候，其结果是表示许许多多独立的个人自发的行为所造成的总和，而不是一个集体或一个整体的行为结果。凡是不从个人的观点出发而作的任何考虑，金钱的计算完全不适用，而且无用。它只可用以计算'个人的'利润，不能计算想象的'社会的'价值和'社会的'福利。"② 显然，会计只有在私有制条件下才有效的判断，完全不符合人类发展至今的历史。这表明，再伟大的学者，其研究还是带上深深的价值观烙印。

**3. 会计是现代文明的制度性呈现**

"金钱的计算用在资本账上，完满到了极点。它可以确定可用资本的金钱价格，而把这个总额与那些由于其他要素的活动而引起的变动相对照。这种对照，显示出发生于行为人方面的变动和那些变动的幅度；它使成功与失败、利润与亏损成为可确定的。……有些人会讨厌金钱的计算。他们不愿意'批判的理知之音'把他们的白日梦唤醒。现实使他们头痛，他们向往一种无限希望的境界。他们觉得，凡事都要锱铢必较的社会秩序是鄙俗的、讨厌的。他们把他们的发牢骚叫作高尚的行为，可与真善美相提并论，而且是与

---

① 德维西·冯·米塞斯，2015. 人的行为[M]. 上海：上海社会科学院出版社：210 - 211.
② 同①，第 223 - 224 页。

现代工商业者那种卑陋庸俗的作风相反的。但是，美和善的崇拜，智慧和追求真理，并不因计算的心灵而受阻。……我们的文明和我们的经济计算法是不可分的。如果我们放弃这个最宝贵的心智工具，我们的文明就会消灭，歌德赞美复式簿记，称之为人类心灵最好的发明之一，这是对的。"[1]

从现代经济学大师的经典论述中，我们不难发现，会计的根本目的，就是为了实现人类利益和谐发展。和谐，强调了人类整体与长期利益以及人类对自然的敬畏；发展，强调了经济具有质量保障的增长，带给人类物质与精神文明水平的同步提高。会计制度必须充分体现这样的要求，会计工作应该服从这样的基本原则，会计学术研究不能背离这样的主旋律。

**（三）从泰罗制科学管理看会计基本理论研究**

美国的丹尼尔·A.雷恩等在《管理思想史（第六版）》中认为，泰罗对现代管理贡献最大的表现为两大方面——成本会计和生产控制技术。泰罗成本会计是财务业务一体化即"业财融合"，解决共赢问题。会计完全可以成为利益和谐增长的手段，是积极的管理制度。

1. 泰罗制科学管理的目标和价值导向

泰罗认为，一家企业需要人们的合作考核，只有所有人都朝着一个方向努力，企业才能成功，体现的首要目的，应该是保证雇主最大限度的富裕以及每个员工最大限度的富裕。人与人之间的业务差别，不在于智商，而在于渴望成功的欲望。企业真正的潜力不是人的更辛苦努力地工作，而是更聪明地工作。科学管理是一种心理革命，不是仅仅为利益而管什么，而是为实现众善与共赢而管理，成为社会之善。

2. 会计是泰罗制科学管理的集中体现

泰罗以伯利恒公司为试验田，尝试适应现代企业科学管理的成本会计系统。泰罗对会计的了解与痴迷，完全来自海斯·依巴斯那套创造性地发源于美国铁路公司的基于经营协同效率的成本费用控制会计系统的影响[2]。十分有趣的是，正是美国铁路公司那套基于经营要素时间与空间有效协调追求效率与高质量产品服务的会计系统，打开了泰罗迈向科学管理的大门。"泰罗早期受雇于约翰逊公司的一个分公司——斯蒂尔电机公司（宾夕法尼亚州约

---

[1] 德维西·冯·米塞斯, 2015. 人的行为[M]. 上海：上海社会科学院出版社：224.
[2] 丹尼尔·雷恩, 等, 2000. 管理思想的演变[M]. 赵睿, 等, 译. 北京：中国社会科学出版社：154.

翰斯敦）。为了给他的顾问职业做好准备，泰罗出钱聘请威廉·巴斯利当他的导师。巴斯利是会计师，在铁路会计方面积累了多年的经验。泰罗正是从巴斯利那里学到了……由麦卡勒姆和芬克首创的会计和报告方法。泰罗为斯蒂尔电机公司创立了一套有关原材料、存货以及发货等的成本会计法。泰罗还发明了一种'线路程序'，即装配图表，来说明如何用各种部件装配电动机。"[①] 可见，现代会计内含的精神，点化了处于迷茫中的泰罗，赋予了他开创科学管理新天地的有用抓手。

而作为泰罗科学管理系统重要元素的会计系统，严重冲击了当时流行的会计系统。泰罗的成本会计"要求严格的成本分类，而且必要的汇报程序也明确反映了他的例外原则。泰罗非常讨厌公司的年度报告、半年报告以及月度报告都要管理过目，他认为这种事后记账系统毫无意义，因为这时管理者即使采取行动也为时已晚。在伯利恒公司，泰罗将成本会计职能转移给新建立的计划部，还创建了与每日运营报告同步的成本数据。这样一来，成本就成为了每天计划和控制的一部分，而不是很长一段时间之后才加以分析的问题。这个系统非常有效，事实上，已经有效到公司最高管竭力想要废除它的地步。很明显，他们并不喜欢这样精确、及时地评估他们的工作绩效"[②]。

3. 管理革命的关键在于会计革命

与泰罗制相称的会计，充分地体现了对知识、理性的执著以及对细节的持续关注，以探求正确知识并且根据知识与事实来决定经济组织与管理行为。这样的会计，充分完全地体现了科学管理的本质："从本质上说，科学管理，对于在具体公司或者行业工作的工人来说，将会是一场彻底的心理革命，他们对工作的责任、对同事的责任、对雇主的责任，都是一场彻底的心理革命。同样，对于管理工长、主管、企业所有人和董事会也将是一场彻底的心理革命，他们对管理层同事的责任、对工人的责任、对日常出现的问题的责任，也是一场彻底的心理革命。如果没有双方彻底的心理革命，科学管理就无从谈起。这就是科学管理的本质——伟大的心理革命。"[③] 会计制度的改进完善，成为实现泰罗科学管理意义上的心理革命，即建立"共生、共

---

[①] 丹尼尔·雷恩，等，1986. 管理思想的演变[M]. 孙耀君，等，译. 北京：中国社会科学出版社：136.

[②] 丹尼尔·雷恩，2014. 管理思想史[M]. 6版. 孙健敏，译. 北京：中国人民大学出版社：159.

[③] 同②，第172页。

享、共赢"管理系统的基础工具与核心技术保障。

**(四) 从人类进化角度看会计基本理论研究**

人类因物质进步而文明，也因过度物质化而不文明。会计若片面、简单地以经济物质财富为立足点，必然导致灵魂缺失。关于这一点，我们可从生物进化、人类意识发展、社会进步动力三个方面予以论述。

1. 从生物进化角度看会计基本理论研究

1973 年诺贝尔生理学奖得主康拉德·洛伦茨在《文明人类的八大罪孽》一书中，认为"竞争带来物质进步，但竞争最终也使人类迷失本性"。随着科技与工业进步，人口增长，自然资源越来越短缺，人类内部围绕资源的竞争日益激烈。现代人类，"金钱不再是一个工具，而成了追逐的目标。……忙忙碌碌的人类已失去了最根本的物种特性，人们热衷于喧闹，想方设法回避一切'反省'的机会，这一切都是竞争带来的恶果"。① 以金钱为目的，可能是现代会计以货币计量为唯一手段来评价与考核、激励经济活动，反复给人类心理暗示带给人们思维模式固化的结果。尽管米塞斯认为"货币的经济学计算方法是市场经济的智力基础。……经济学计算是市场经济的理性工具。"② 甚至于会计货币计量才确立了资本的现实概念，从而使资本范畴在现实经济中发挥决定意义作用。但是，人类围绕金钱所进行的各种无所不用其极之竞争，明显扭曲了人类健全的心灵。"直接抑制了那种永远活跃、十分有益的创造力，并且还以其无情的魔鬼之举摧毁了人类创造的所有有价值的东西，它的一切行动只受商业利益驱使。"③ 可见，片面地单纯强调经济竞争，扭曲了人类商业观念，更扭曲了人类经济活动所应追求的财富概念，会计对此的被动适应带来了对社会经济文明进步基本承诺的放弃，从而助长了全社会以金钱为目的的风气。企业也落入了以股东金钱财富最大化为基本目标的陷阱。"每个制造商都在想方设法地尽可能提高消费者对自己产品的需求。为了实现这种简直可以称作'卑鄙可耻'的目标，许多'科学的'研究机构还专门将'通过何种方式可以最好地实现这个目标'作为课题加以研究、探讨。由于那些在本书中论及的现象，大多数消费者愚蠢地听凭自己被

---

① 康拉德·洛伦茨, 2013. 文明人类的八大罪孽[M]. 徐筱春, 译. 北京: 中信出版社: 60.
② 德维西·冯·米塞斯, 2010. 人类行为的经济学分析[M]. 聂薇, 等, 译. 广州: 广东经济出版社: 230-233.
③ 同②, 第 63 页.

那些通过民意测验、广告调研等方法精心炮制出的营销手段所操纵、控制。"① 这表明，在现实生活中，会计已彻底地世俗化了，成了人类谋取个体利益的手段与工具，而彻底放弃了对人类经济行为文明基本面，在实施框架与行动遵循方面应予的坚守。

2. 从人类意识发展角度看会计基本理论研究

当代著名思想家杰里米·里夫金在集其思想大成的《同理心文明》一书中，探讨了人类意识发展的历史、逻辑以及趋势问题，对我们认识会计与社会经济文明进步的关系，具有直接参考价值。

他认为，人类是在物质长期严重缺乏的恶劣环境下实现进化的，物质化追求成了人类社会发展至今历史的主旋律。会计的产生与发展亦贯穿着这条主线。我们翻开中国会计学者编写的会计原理性教材，开头都会写出大意是这样的一段话："物质资料的获取与生产，是人类生存发展的基础。以最少的占用、最小的消耗，取得尽可能多的物质资料，是人类社会经济活动的基本目标。会计正是人类把这样的追求，转化为人类具体经济活动的基本制度"。在会计基本理论层面，我们把会计产生与发展，牢牢地定格在人类物质资料的占用与生产过程和结果上。对这样的会计认知，我们一直深信不疑。但面对人类简单或单纯追求物质化形成的种种困局，尤其读了《同理心文明》一书后，以上深信不疑的会计理念开始摇摆了。

里夫金在书中给出一个非常确定的判断："过度物质化带来的人类'亚健康'。"这样的亚健康，主要由于人类生活越是以物质文化价值观为中心，带来了：（1）生活质量就越是下降；（2）当收入达到使人感到"经济舒适"的最低水平，平均幸福指数实际上随财富积累而下降；（3）一个人在物质主义价值观标杆上所处的位置越高，就变得越不信任他人。一个人越看重物质，人就越自私，对他人就越吝啬；（4）生活水平在一定程度上就跟酒精或毒品一样，一旦你有了一番新体验，就不得不为了保持幸福感而不断继续，就像是站在跑步机上，一个快乐的跑步机上，只有不断地跑，幸福感才不会下降。

里夫金的以上分析，为我们反思目前会计理论与实务打开更为丰富、复杂、广阔而生动的空间，会计学上目前对会计目标与要素的体系结构以及概

---

① 德维西·冯·米塞斯，2010. 人类行为的经济学分析[M]. 聂薇，等，译. 广州：广东经济出版社：68.

念定义，均建立在人类物质资料生产与交换这一现实基础上，从而直接定位了会计的对象以及会计工作的方向与力度，形成了现在大家熟悉的报表与会计信息利用制度。这样的会计，着眼于经济的有形层面——物质资料生产、交换过程与结果，但明显忽视了经济的无形层面——经济过程知识与商誉等隐性因素。这种会计的结果，自然造成了物质与精神两方面在经济发展过程中难以实现协调、匹配进步，出现了物质巨大丰富，但精神严重落后的结果。里夫金所说的人类社会发展面临"物质高度丰富带来人类病态自私"困境，固然不是会计造成的，但确实是会计制度与会计工作现实作用下出现的。这样的困境，与会计对社会经济文明进步所作承诺的放弃，存在着一定关系。会计如果在制度与工作中，能多少表现一些对社会经济文明的坚持，则上述人类发展困局可能会减轻很多。从另外一个角度看，会计如何在基本制度与工作方面，尽可能表现出对人类社会经济文明的坚守，则会倒逼我们现在的法制建设与具体经济活动，更多地体现人类社会经济文明进步的基本要求。由此可见，会计基本理论在这方面的洞见，不仅对丰富会计理论知识，而且对促进、完善、提高整个人类社会经济发展文明化管理能力与水平，均具有重大的学术意义与现实意义。

3. 从社会进步动力看会计基本理论研究

彼得·戴曼迪斯与史蒂芬·科特勒在《富足》一书中，对人类意识的形成、发展作出了富有洞见的考察。他们认为，人类理性的追求，不是笼统的物质与精神，也不是抽象的财富，更不是简单的金钱，而是"富足"。他们通过对人类社会过往科学、技术发展迅速改变人类生活方式，同时又带来经济崩溃、自然灾害、恐怖袭击，这样的历史分析，表明人类社会巨大进步的同时，也内含了前所未有的凶险，可谓"福祸相倚"，人类发展到今天，最具挑战性的正是人类自身的心灵。人类社会的未来，取决于以下四股力量的综合作用：科学技术、人类创造力、资金或资源、底层的穷人。为此，他们创造了"富足"一词，认为，以此为目标，就可以实现人类社会的健康发展。他们认为："富足意味着使这个星球上的每个人都过上奢侈的生活，还不如说它意味着要保证这个世界上的所有人都有可能生活下去。而要做到这一点，则需要让这个世界上的所有人都至少拥有基本生活资料——甚至还要更多一些。这也就意味着，我们必须阻止一些不必要的消费。在全世界，每分钟都有7个人因饥饿而死亡、有3个人因饮用了受污染的水而去世、有3个人死于空气污染、有两个人死于疟疾，而这些悲剧原本都是可以避免的，只要我们能够提供食物救助、提供干净的水、净化室内空气、消灭疟疾。从根本上说，一个富足的世界是这样一个一切皆有可能的世界：生活于这个世界上的每个人都有自己的梦想，每个人都有事做，而不是整日为生计奔波，勉强度日。"① 为此，他们提出富足概念的三重定义，如图 4－1 所示。

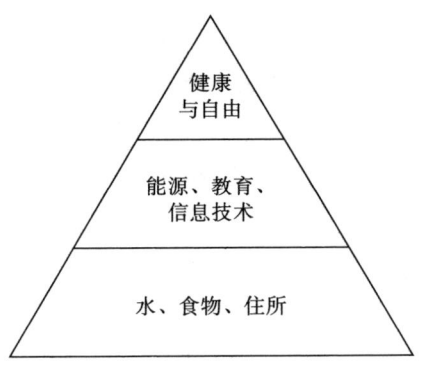

**图 4－1 富足概念的三重定义**

人类文明三个层次上的实现，如图 4－1 所示，从下往上依次体现为：水、食物、住所；能源、教育、信息技术；健康与自由。按作者构想，这样的富足目标，只有充分体现"相邻可能"，即每个人、每个组织都无边际扩张，不断形成或涌现各种新组合，社会经济出现了无限可能性，才能实现。这与共享经济的理念自然吻合。"如果你要重塑世界，就必须让世界了解你设想与行动的每个细节。……让每个人、组织拥有确定的可信性界线。"② 这种对细节的充分共享需求，为未来会计制度的完善，提供了非常明确的改进方向，从而为会计在人类社会经济文明进步中，更有效地发挥"守护神"与"导航仪"的作用，确立了可见、可议、可行的奋斗目标。在这方面，现有会计无论理论还是实务，并没有提供多少可以讨论的基础。这表明，立足人类社会经济文明进步探讨会计发展以及未来，是一个极具挑战性的话题。

**（五）从中华民族全面复兴角度看会计基本理论研究**

从中华文明内涵的会计意境来看，会计是实现"天下为公"的利器。中

---

① 彼得·戴曼迪斯，史蒂芬·科特勒，2016. 富足 [M]. 贾拥民，译. 杭州：浙江人民出版社：18.

② 同①，第 309 页。

国传统文化中的会计智慧，在实现中华民族伟大复兴的当下，是值得我们好好总结的重大议题，也是我们丰富完善会计基本理论、研究贡献中国智慧必须要做好的工作。

1. 以中国传统文化中的"利害"论丰富会计基本理论研究

"利"分为"君子之利"与"小人之利"，尽管有"君子喻于义，小人喻于利"。但我们每一个人，必然会趋"利"。人来到这个世界，本身就是一个实实在在存在的"利"，在具体经济活动中，这种带着人性化和个性化的利更是一个客观存在，要求任何组织管理面对并认真对待。理论上我们可以"君子"与"小人"之利分别，但在现实生活中，我们每一个人实实在在的"利"，应该是融"小人之利"与"君子之利"于一体。

当然，在中国传统文化中，君子之利一般是从宏观整体角度定义，表现为"公"利。小人之利从微观个体短期出发，一般为"私利"。

中国古代商圣范蠡看到了君子与小人之利融为一体，为使整个商界明白尊重并增进利益的至关重要，把商道倡导的利益分为天利、地利、人利三个类别。

凡是不溢、不骄、不矜的事情，体现了天道。对此，生而不有，长而不宰，为而不恃，功成不居，做到"利而不害"，就是"天利"。强调了公平、共赢。

凡是容万物而养其成，受其名而兼其利，美丑一视同仁，不偏不倚，积攒口碑，就是"地利"。强调了公正、商誉。

凡是集万物之长，居善地、心善渊、与善仁、言善信、政善治、事善能、动善时，则财币通行无阻，就达了"人利"境界。强调了诚信、善行。

以上所说的核心，就是要求所有经济活动服从并满足"利天""利地""利人"的原则，从而产生了谋利的"持盈"（永不衰败，谋天下之利）之术、"节事"（有效整合、利用各种资源，实现价廉物美）之术、"定倾"（视机尽能谋利，建设利益共同体）之术。最后形成了代表中国古代理财管理的经典招式：理财致富十二法与十二戒，在利害计算上充分体现了中华传统文化的美德，为我们从中国传统文化会计精神中，总结概括可以充实完善现代会计理论与方法的内容，提供了丰富的基础原料。

"趋利避害，乃为天性""天下熙熙，皆为利来，天下攘攘，皆为利去"，来去皆为"利"。会计如何尊重人这种天性，实现"君子之利"与"小人之利"在会计制度层面得到兼顾自然融合，并通过会计工作实现"君子之利"与"小人之利"在经济活动中尽可能同向运行？这是需要中国会计基本理论研究，尽快拿出有理可行的答案和具体实施方案的重大课题。

"天下乃天下人的天下""计利当计天下利"，这就为会计追求的基本目标做了定格！任何人从基本人格品质看，都是"君子"与"小人"的联合体，在现实经济生活中"小人之利"与"君子之利"内含其中合二为一，往往共生互动。中国习惯以"君子之利"（天理）立规，以"小人之利"（人欲）做业务，是中华文明可以体现于会计制度与工作中的可行方案。

2. 从中国传统文化源头《周礼》发掘体现中华文明的会计元素

文明附体于会计而具有生命力，会计把文明嵌入具体经济活动的方方面面。英国思想家 J. B. 伯里在《思想自由史》一书中，认为"世界上实际的弊病并不是由于人性中与生俱来的错误造成的，而是由于倒行逆施的制度和乖张扭曲的教育造成的。"

在中国历史上，最经典的制度源头是周朝，它几乎奠定了中国两千多年政治与经济管理组织结构与框架以及基本规章制度的基础。其代表性的典籍应是《周礼》。《周礼》的政治与经济文化，体现在会计上，不但有专门的机构、专职的人员，而且有明确的职能、任务和权力、责任。用现代的语境来理解《周礼》的体现的会计文化，应该是对"业财高度融合"，甚至可以说，那时财务、业务与会计是完全一体化的。

《周礼》第六编"冬官"，讲的是类似目前产业部的事务。会计贯穿于"坐而论道""作而行之""审曲面势""通珍异""长地财""治丝麻"这六职。每一层面的工作，都以会计做出全面的记录与报告为前提。尤其在百工生产层面，《周礼》对生产的用材材质、尺寸，用工人数与加工时间，加工质量要求，以及产品的面积、体积、重量、形状、高低、厚度、结构、消耗定额、占用标准等，均做了事无巨细的规定，几乎等同于现代企业生产管理的具体制度。这些要求，离开了同步会计的跟进作用，都会落空。最后，对每个生产产品的过程与结果，提出了"天有时，地有气，材有美，工有巧"的基本要求。显然，《周礼》上的这些要求，只有建立了完整、严格的计量（确定性）制度，才能在具体生产过程中得出全面执行。会计做出生产过程的及时反映，有效地引导、控制并反映着每一个生产过程，实现"应天时，接地气，现材美，扬工巧"四者合一。由此可见，会计在中国文化源头，在基本业务层面，是能动地嵌入具体业务实施全过程，成为整个业务活动必不可少的组成部分，有效地保证并满足了经济管理目标全面实现的需要。这样的会计传统，值得我们今天大力弘扬，从而实现社会经济文明进步要求，使具体经济活动的全面覆盖与充分落地兑现。

概括而言，天时、地气为"环境条件"，材美、工巧为"自身条件"，审时度势、扬长避短，是会计信息必须具备的功能，从而为完善现代会计理论方法提供努力的方向。

以上对"会计是什么"的深入展开讨论，是为了在会计职业界树立崇高的会计理想，让每一个从业者都成为一个对人类社会文明有意义的会计！

---

**本章参考文献：**

柏拉图，1957. 理想国[M]. 郭斌，张竹明，译. 北京：商务印书馆.

亚里士多德，1965. 政治学[M]. 吴寿彭，译. 北京：商务印书馆.

丹尼尔·雷恩，等，1986. 管理思想的演变[M]. 孙耀君，等，译. 北京：中国社会科学出版社.

康德，1999. 实践理性批判[M]. 韩水法，译. 北京：商务印书馆.

丹尼尔·雷恩，等，2000. 管理思想的演变[M]. 赵睿，等，译. 北京：中国社会科学出版社.

伊曼纽尔·沃勒斯坦，2002. 所知世界的终结：二十一世纪的社会科学[M]. 冯炳昆，译. 北京：社会科学文献出版社.

约翰·戈登，2007. 财富帝国[M]. 董宜坤，译. 北京：中信出版社.

卢卡·帕乔利，2009. 簿记论[M]. 林志军，李若山，李松玉，译. 北京：立信会计出版社.

内森·罗森堡，等，2009. 现代西方社会的经济变迁[M]. 曾刚，译. 北京：中信出版社.

德维西·冯·米塞斯，2010. 人类行为的经济学分析[M]. 聂薇，等，译. 广州：广东经济出版社.

伯里，2012. 思想自由史[M]. 周颖如，译. 北京：商务印书馆.

康拉德·洛伦茨，2013. 文明人类八大罪孽[M]. 徐筱春，译. 北京：中信出版社.

丹尼尔·雷恩，等，2014. 管理思想史[M]. 6版. 孙健敏，译. 北京：中国人民大学出版社.

德维西·冯·米塞斯，2015. 人的行为[M]. 夏道平，译. 上海：上海社会科学院出版社.

杰里米·里夫金,2015. 同理心文明[M]. 蒋宗强,译. 北京:中信出版社.

彼得·戴曼迪斯,史蒂芬·科特勒,2016. 富足[M]. 贾拥民,译. 杭州:浙江人民出版社.

乌麦尔·哈克,2016. 新商业文明[M]. 吕莉,译. 北京:中国人民大学出版社.

安之忠,林锋,2018. 商人的鼻祖:陶朱公大传[M]. 北京:当代世界出版社.

# 第五章　什么是会计？

## ——基于会计发展历史的理论反思

### 一、现实会计使命感缺失陷阱

从人类社会经济文明的角度看，会计不过是人类善意的一种实践行为框架，会计制度、会计准则应该是我们人类善意的一个直接具体且相对完整的表达。但是，这种制度表达后，有没有在我们的现实经济生活中达到善意的效果和目标，还需要通过会计的反映，即会计信息做出回答，这是会计发展中非常重要的问题，也是我们会计基本理论在传统课堂上一直回避的问题。21世纪，人类面临很多挑战，这些挑战主要集中在经济和公司领域。从经济领域的角度看，资源的配置如何体现公平与正义，不仅是一个国家的问题，也是全球经济发展面临的一个非常严峻的问题。从会计的角度，或者从公司的角度来看，公司存在的价值究竟是什么？传统会计的几大报表、财务上未来现金流量的折现能否表达公司的价值？用股东价值最大化和股东财富未来价值的折现来表达公司的价值的方法，是否真正准确地体现了公司存在的价值？这些问题已经不能停留在抽象的理论层面，而是一个严肃的现实问题。在这样的背景下，会计理论担负着一个很重要的使命，那就是明确告诉大家什么是会计？这也间接地回答了什么不是会计，为我们如何审视并理解、改进现实会计，提供了一个具有权威性的共识性框架。

当我们面对会计发展过程中碰到的各种问题时，比如安然的会计，它利用企业的合并产生了误导投资者的财务报表，我们说这不是会计，会计不应该是这样的。于是，《萨班斯－奥克斯利法案》（简称《SOX法案》或《索克思法案》）出台了。雷曼事件后，我们在全球范围内对公允价值会计进行反思，大家普遍认为公允价值变动损益的计量方式并不完全满足公允价值会计的内在要求，以股票的价格来替代股票的市场价值，稍微有经济学常识的人就能明白，这实在过于简单化了。按经济学常识，价值和价格根本就是两回事，尽管西方经济学有一个非常蛊惑人心的市场有效性理论，但是市场的有效性，目前在全球范围内，特别是发展中国家，仍然无法证明。我们到底是相信市场还是怀疑市场？如果我们天真地相信市场的有效性，面对市场出现的各种问题的时候，我们就会非常彷徨。这样的背景下，会计也面临着非常严峻的挑战，这些挑战不止制度和实务层面，直接触及了最基本的会计理念乃至会计的灵魂。

在会计的基本理论层面，"什么是会计"某种意义上就回答了这个问题。如果说会计通过一种制度的实施，没有很好地激发或者表达人类的善意，反而成为人类一些邪恶行为的帮凶，甚至为虎作伥，那显而易见，这种会计制度就不是人类文明需要的东西，更不是人类的文明所允许的。因此，把会计建立在善的基础上是非常重要的，善可以有大善和小善，但是无论如何，善意总归是表达了一种个体对于整体的有益贡献。这种"有益"，从狭义的角度来看，是对企业可持续发展有贡献的，从广义的角度来看，是对行业、国家和民族甚至于整个人类和自然是有贡献的。所以，善的程度可以不一样，但是体现、激发、鼓励人类善意表达，应该是会计制度、会计准则的基本面，这是我们做了很多的努力，试图让同学们明白的一种道理，当我们用这样的道理来具体分析我们现实中的会计制度、会计准则以及具体会计业务和会计信息质量问题的时候，以往很多的困惑就一扫而空了。

## 二、找回会计初心

接下来，我们需要回答会计基本理论的第二个问题：什么是会计？

前面我们讲到，"会计是什么"实际上是回答了什么不是会计，你不能把什么东西都归到会计当中去，不能把会计已经超越边界做了很多不好的事情也归纳到会计的基本面。现在回答什么是会计，实质上是去观察现实中存在的会计。不管从个体案例看，还是从会计产生发展到现在的全部历史看，它向我们表达了一种什么样的会计含义？应该说，"会计是什么"回答了会计的理想；而"什么是会计"更多是解释了会计的现实。会计的现实是一个漫长的历史过程，我们只能从既有的会计历史文献与成果中整体考察，这样的会计向我们展示了一种什么样的自我？

作为研究生，在思考问题、分析问题、判断问题的时候，必须讲逻辑。逻辑的核心是方法论，方法论是一种形而上的问题。所谓方法论，是我们用怎样的一种框架来看世界。在这里，我们运用的是德国哲学家康德的经典性框架。康德的哲学思想很丰富，其中最重要的认知基本框架是，世界在他的哲学领域是两个世界，一个叫现实的世界，一个叫理想的世界（理性的世界）。他认为一个人存在于世界当中是现实的，但作为现实的人，不要忘记有两样东西是你必须经常去看、经常去想的，也就是抬头看、低头想的：抬头是无边无际的宇宙与自然，低头是我们每个人心中的道德法则。同时，康德也认为，这两样东西是先于我们人类的存在而存在的，如果人类的存在可以无视这个框架，那么，人类将是一个邪恶的物种而遭自然淘汰。这种认识框架也是本书试图让大家接受的框架。

### （一）会计应拥有自己的精神世界

在讨论"什么是会计"的问题时，我们还是按照前面一般概念分析、历史研究、分析思考这"三段论"去进行。为便于讲解问题，需要大家做必要的理论准备。

看书非常重要，前人的经典名著，特别是几代人传下来被大家所认可的，对人类认知世界非常有用的这些框架，我们的学习和研究必须熟练掌握。对这种基本认知框架的了解与运用，是一个极具挑战性的过程。在开展研究之前，如果我们不去多读些经典名著，没有很好地建立必要的认知起点，就很难保证研究过程中不出差错。最糟糕的是，如果研究者奉行的认知框架是有问题的，那么，学术交流中很容易误入歧途。可怕的是，如果你在学术上已走上了"邪路"，还依然昂首阔步、大义凛然，这就有点可怜甚至可恶了。因此，我们还是要多看经典，以免研究"走火入魔"。

会计研究发展过程中曾有一部公认的经典：美国会计学家 A. C. 利特尔顿所著的《1900 年以前会计的演进》。这本书是关于 1900 年以前的会计的研究。书中利特尔顿洋洋洒洒，自以为全面地将 1900 年以前的会计总结了一遍。但我认为，他只是总结了西方的会计，他认为近代会计发展过程当中，明显的不足集中表现为一点：缺乏理论。什么是理论？要有理还要有论，现在的会计严格说起来，不能说已经具备了理论，充其量只是有关会计实务的说明。譬如，复式记账的最大特点是一分为二，账簿如此，资产负债表亦如此。会计信息生成与处理过程最大的特点，就是所有的信息都表达为一分为二。例如，一笔业务发生了，既要借又要贷，这是规律，这句话其实是毫无道理的，就像问人为什么生下来就有两只手、两条腿一样，这是任何人都难以回答的问题。对此类难以说出决定性关系的问题，西方习惯认为这不是人类非要回答的问题，因为它不具有可验证性。不过，会计和人类身体的自然结构是两码事，因为人类的身体结构是一种自然问题，对自然界的很多问题，我们至今限于智力与经验而无法予以回答。但会计是人类自己创造的一种制度，既然是人造的东西，我们就可以从人类建立、创造、设计这种制度的源头，找到创设这种制度的初衷，这点非常重要。这个初衷也是我们研究的起点，研究会计的历史，无非要看实际存在并发挥作用的那种会计，与人类设计会计制度的初衷是不是一致？有无差异？这种差异表现在哪些方面以及差异程度如何？这些差异使现实会计产生了哪些问题？如何认识并缩小这种差异？会计历史不只是表明会计一路是怎么走来的，更重要的是要表明会计一路走来曲折复杂的过程，其中呈现着哪些生存发展规律？对这些问题的系统解答，有助于我们加深对不同时间与空间各种会计实务的理解，从而立足人类创造制度初始定位，对具体复杂的各会计理论与会计实务做出中肯评价，以便于为特定背景下的现实会计实务发展提供自我认知，并形成改进完善共识的理论框架。

利特尔顿一针见血地指出，当代会计发展最大的缺陷，是缺乏必要的理论。换句话说，我们目前学习的既有的各种会计理论，根本无法使人们深刻地认清目前错综复杂的会计实务及其利弊。事实上，以前我们经常在对会计准则的一些规定上，缺乏令人信服的如此规定之道理。当处于这样的窘境时，会计往往以"这是一种惯例"而搪塞。英国的一位会计学家在面临对会计准则质疑的时候表示：目前的会计准则更像一种交通规则，没有也根本无必要回答这样做的道理，即"为什么"。很难想象一贯以严谨著称的会计居然在对基本工作依据的会计准则的说明上，以一个很不严肃的惯例予以解释。会计的严肃性与科学性，在这一点上已荡然无存了。总之，会计准则就是一种交通规则的说法，间接地表明会计准则本质上无理可讲，只要大家认同就行了。正因如此，很长一段时间里，会计知识、会计理论与制度很难要求人们上升到科学层面去认识，会计职业与工作难以树立并拥有基本的社会尊严，更不要去奢望能成为人类认知并管理经济的共识。

鉴于会计只拥有描述性而理论不足，利特尔顿撰写了《会计理论结构》一书，对会计性质、职能和制度基本组成以及计量基础，做出了系统的理论总结，从而为理解现实会计为什么这样，提供了一套具有相当思辨性的解释。当我们认真钻研这本书后，就可以理解为什么会计要进行货币计量、复式记账、定期盘点，以及为什么会计要基于历史成本之上等问题。《会计理论结构》这本书回答了会计理论中很多基本理论，为现代会计理论大厦的建设作出了奠基性贡献。但是，现在来看这本书已经很不"过瘾"，因为它无法解释 21 世纪到现在会计面临的许多重大的挑战。同时，利特尔顿也未能从人类文明进步的高度来定位会计制度的基本目标与功能作用。面对 20 世纪下半叶以来市场日益复杂带给会计计量严峻挑战时，利特尔顿研发的会计理论就显得捉襟见肘了。说到底，利特尔顿为回答"什么是会计"问题，做出了开创性贡献，因此这种理论对利特尔顿所处时代的会计具有很强的解释力。但是，利特尔顿没有回答"会计是什么"的问题，整个会计仍栖身于现实世界中而难以自拔。我们认为，旗帜鲜明地回答"会计是什么"的问题，事关会计发展的方向与基本动力，可以带领现实会计进入一个清澈透明闪耀着会计星光的天空中，使芸芸会计众生心中，毫无例外地拥有一个弥漫着会计初衷（精神）清新空气的天空，从而使会计职业理念的基本结构具有了免疫功能，会计理论与实务自此有了自我反省与纠错改进的能力。同时，开展对"什么是会计"的深入研究，实现会计制度与人类文明进步的有效互动，以形成对变革改进现代会计系统具有实质性指导作用的会计基本理论，是亟需现代会计做出深入研究并提供科学理论成果的重大课题。

（二）会计：反映还是估价？

在会计学术讨论中，当我们说会计是一个系统时，事实上隐含着两个截然不同的定义基础：是反映系统？还是估值系统？如果是反映系统，那就建立一个真实基础反映一下就可以了。如果是估值系统，那就比较麻烦。我们知道，估值是针对未来的，而反映只是针对迄今为止已经发生的。没有发生的未来不叫反映，叫预测。如果是估值就必须包括未来，因此，会计在现实生活中必须明白自己承担着什么样的角色。当我们强调会计的客观性、可靠性时，立足于会计反映角色；当我们强调会计提供的信息必须满足决策需要时，则无疑扮演着估值角色。就此而言，现行的会计理论确实存在着难以自圆其说的不足。我们在会计原理课堂上，强调会计目标是提供决策相关的会计信息。但是在具体会计实务与准则的讲解中，从复式记账到交易、业务、事项以及会计分录、定期记账、盘点、编制报表、报表分析，这一整套工作结束后，我们提供的信息只是履行了对已经发生的过去一段时间经济活动的如实反映功能而已。在现行的会计实务中，是难以找到决策相关的影子的。以会计最基本组成部分的成本会计而言，课堂上往往讲得十分复杂，给初学会计者造成学会计专业比较困难的感觉。其实，成本会计说到底就是一种简单的时空观。虽然平行结转分步法和逐步结转分步法具体计算比较复杂，但基本原理非常简单。企业规模很大，时间、空间会形成多层结构，只要弄清楚不同的时间、空间在业务领域有机叠加关系，再复杂的成本也很容易计算。我们在课堂上讲述成本会计原理应用，为了显示其复杂难懂，人为设置了很多理解障碍，往往让时间、空间在企业形成多层叠加，这样会给正确理解成本过程带来困难。有时叠加一次，有时叠加两次，以至于多层叠加，这样，理解真实成本就取决于我们能不能理清叠加的时空关系，稍有疏忽，误解时空关系，必然导致成本计算的错误。这表明，会计实务核心只是一种计量，一种反映"已发生"经济活动的计量，"已"是存在的概念，"发生"也是一种存在；"已"是静态概念，"发生"是动态概念。但不论是"已"还是"发生"，它们都只属于并归结为过去和现在，它们不可能，也无法包括任何未来。即使是应收、应付账款，也是已经发生的概念，人欠、欠人的债，必然是"过去已经发生的收付义务，必须在约定的未来切实履行"的责任。所以我们反复强调，会计核心是交易，本质是契约，而契约是必须履行的承诺。这样我们就不难理解，为什么会计要以权责发生制为基础。在本科阶段讲到会计基本原理的时候，会计的几大假定、几大惯例、基本原则，让很多同学听得云里雾里，特别是讲会计目标，现在看来更是无的放矢。当我们接触会计实务的时候，顿时发现实务和目标是很难结合到一起的，现行会计理论内部的自洽性非常糟糕。在本科阶段，等到我们把会计全部学完，从初级财务会计到中级、高级财务会计，从成本会计到管理会计、国际会计，甚至一些非常专门化的外币折算、养老金或是说现在十分流行的碳排放会计等，我们就能很快明白会计这种反映或者计量，其实有很多的挑战。我们现在课堂所学的，将来在实务中可以做的，可以说在浩瀚的会计研究中只是会计大千世界的沧海一粟。基于这样的背景，为什么说会计基于权责发生制？说明这个"已发生"是基于权责（应收应付中，为收的权利与付的责任）的，其中"权"是所有权、经营权；"责"是资产的经营管理责任，资本的保值、增值责任。因此，会计中的每一个概念都有很丰富的内容，不是简单的空洞的口号。从某种意义上讲，权责规范了交易的落脚点，交易超过权责的范围之外，会计就无法解决，这也为会计确认建立了一个边界。如此而言，无非说明我们现在的会计理论是怎样解释了会计的现行做法。就此来看，利特尔顿的《会计理论结构》一书，对以上内容确实做出了很精辟的论述，希望大家认真研读此书，而且相信你们认真用心去看，就能明白很多会计实务的道理。

现在学生获取知识的途径很多，也很便捷，如依靠百度、看电视剧。但是做研究还是要以经典的文献作为参考，建议大家还应好好看看利特尔顿的另一本会计经典——《1900年以前会计的演进》，不仅要看，还要看懂。我们还可以阅读另外一部经典——美国著名会计学家查特菲尔德的《会计思想史》。这本书对世界会计思想的发展脉络描述精当，其中有很多结论都影响深远，如"会计对经济发展是反映性的"。比我们总结革命导师马克思"经济越发展，会计越重要"的含义更丰富，更切合会计发展的基本面。马克思的这句话是我国领导人的总结，《资本论》的第三卷中指出："生产过程越是按社会的规模进行，越失去纯粹个人的性质，作为对过程的控制和观念总结的簿记就越是必要。"也就是说，会计对整个社会，对于价值创造会越来越重要。工业社会发展最大的特点是规模越来越大，分工越来越精细化，这种分工协作会在全球范围内形成最合理的产业链，即价值链，过程中越来越失去个人的性质，越来越社会化。这种情况下，资源可以在全社会得到愈发有效的配置和使用，这也是市场经济的魅力所在。亚当·斯密在《国富论》中讲到，专业化分工协作导致了以各企业为竞争主体的市场，真正的市场必须具有充分、有效竞争之本性，这样的竞争，不是坑蒙拐骗，而是建立在资源的有效配置基础上的一种竞争，这种竞争的结果是全球范围内的有效配置资源。从这个角度来看，经济全球化是一个不可阻挡的历史潮流。只有这样，才能使人类拥有的有限资源在全球范围内实现有效的配置和使用，而全球市场的良性运行，必然需要有力的会计制度予以保障。当然，人类的发展是一个螺旋形的，不可能是一条直线。所以说，马克思的判断在我们会计发展过程中并不是一个直观的体现。会计的发展对经济的发展是反映性的，意思是说，有什么样的经济就有什么样的会计。在会计和经济的关系中，是经济决定了会计。我们完全接受了经济决定会计的观点，习惯于把会计看作一面镜子，这种对会计的认识已非常普遍，可见，查特菲尔德的说法已得到广泛的认同。但是，镜子有两种，一种是平时梳妆打扮的平面镜，另一种是哈哈镜。查特菲尔德认为镜子很重要，有什么样的镜子，反映在上面就是什么样子，但是现在同样的经济，能在会计这一面镜子上映照出很多不同的样子。会计界大谈盈余管理，大概正是会计界这种忐忑心态的直接反映，盈余管理可能已隐含着一种我们很不情愿承认，更不愿意接受的假定——会计已经是一面哈哈镜，而不是平面镜。"哈哈镜会计"是一个变形的会计，是丧失了灵魂的会计，这种会计不是我们想要的会计。如果把"哈哈镜会计"当作正常的会计进行研究，就像把精神失常的人看作正常的人而研究人类行为特征，这就是我们现在所学会计理论的价值所在。因此，《会计思想史》一书把会计看作是反映性的，可以引发我们对会计发展历史的很多思考。查特菲尔德在《会计思想史》中还讲到一个很重要的结论，他认为，如把会计放到人类历史发展的长河中去看，只有一件事情值得好好去面对，那就是复式记账。依此而论，1494 年以后，会计才能上升到人类文明的高度予以考察，也就是说，1494 年以前，会计无法与人类文明为伍。但是，这种认识显然严重遗忘了在东方还有我们中国的存在。虽然查特菲尔德在后面也肯定了中国周朝的预算和内部控制，他根据一个香港教授介绍的并不完整的周朝会计的文献，认为周朝的预算和内部控制在当时世界是"无与伦比"的。其实1954 年发表的那篇会计论文，对周朝会计的介绍非常肤浅，严重误导了国际同行对中国传统会计精神的认知。即使在这样一个片面的介绍下，查特菲尔德都仍认为周朝的会计在当时世界是"无与伦比"的。现在，我们仅综合《周礼》《礼记》《礼仪》，即"三礼"，就会发现极其丰富的预算与内部控制做法与规定。就《会计思想史》而言，查特菲尔德对于西方的会计介绍十分完整且影响深远，但是对于东方的会计缺乏应有的关注，在体现东方会计对世界会计思想贡献方面的介绍上，存在很大的缺陷。

从另一个角度看，经济的不文明肯定会反映在会计的不文明上面。由此，当一个社会铺天盖地的会计信息有很多问题的时候，那可能不完全是会计的问题，而可能是我们的经济基本面产生了问题，所以说，会计的现状某种意义上折射出经济的现状。

### （三）人类文明与会计境界

前面有关会计的理想与现实，我们讲了这么多。那么面对非常困惑的会计现实，会计理论如何才能有所作为呢？1903 年，美国哈佛大学的毕业典礼上,一个博士的即兴演讲影响了世界教育界很多人。这位博士就是后来20世纪伟大的心理学家威廉·詹姆斯,他演讲的题目是《真正的哈佛》。这个演讲,我们现在读来还是清澈肺腑,他认为真正的哈佛不是你看见的那个哈佛,而是你看不见的哈佛。这个看不见的哈佛才是存在于社会公众和师生心中的哈佛,这个哈佛才是赢得社会尊重和让师生真正向往的精神殿堂。真正的哈佛是一种无形的哈佛。当然,这也定义了现实存在的哈佛和精神存在的哈佛。这篇演讲中有很多话是发人深省的,会给人的心灵带来一种莫名的震撼。学校的教育能给学生带来什么,高校会计教育应该赋予会计学生以什么?会计基本理论研究,试图参照詹姆斯的框架,认为真正的会计不是我们看得见的现实会计,而是看不见的理想会计。前面我们花了很多的精力,试图了解我们看不见的、存在于我们心中的会计到底是什么。但是,面对现实中看得见的会计应该怎么办?这是我们接下来要完成的任务。不过,在此要提醒大家,当我们讲看得见的会计的时候,讲会计历史的时候,希望大家不要忘了我们心中的那个会计!

## 三、形成现代会计理论的三大核心观念

按利特尔顿说法,现代会计体系的形成,与下述三个核心概念直接相关。

### (一) 有限责任

第一个概念:有限责任。一个公司从无限责任到有限责任,公司制的完善带来了会计的革命性变革。有限责任要求会计以注册资本为主体。所以在会计理论发展史上,基于资本权益发展出了一系列很重要的理论,从净资产到股东权益、净收益、净流量,体现了资本逐利的内在逻辑,这个逻辑充分体现了资本本性显现的主要形式与具体内容。资本的最基本特征是"赚钱",即营利。所以传统的三张报表回答了钱的三个方面:资产负债表回答有没有钱;损益表回答挣不挣钱;流量表回答怎么花钱。这三个"钱"的问题,说清楚了这个公司有关资本的基本面,所以有限责任是决定我们现代会计理论框架的第一个基础性概念。

### (二) 继续经营

第二个概念:继续经营。当公司成为法人的时候,有两大假定。所谓

"法人"不是自然人，法人是超越自然人的一种存在，这种存在能把公众寄托的一种责任永远担当下去，这点很重要。尽管我们作为自然人，一生也是一种责任存在。不过，自然人所负的责任都是有限的，这种有限性完全由于人的生命有限。社会发展需要可持续，若使生产经济完全由自然人主宰，则必然难以实现可持续。于是，人类创造了法人这种组织形态，可以超越自然人生命有限之局限。法人的组织形态有两大假定：

1. 法人是没有利益偏向的。
2. 法人应该是永远存在的。

因为具备了这两个特征，所以法人具有了继续经营的基因。但是，法人这种继续经营的本性，在现实生活中必然受到来自法人组织成员的侵蚀。为此，社会在基本制度层面，应该通过制定一个对所有经济活动具有强制效力的行为框架，以使经济组织所有岗位成员履职，具有事先约定的行为准则。这种对经济组织所有活动发挥行为框架意义的准则，就形成了现实生活中的会计制度。如此，法人继续经营本性，就成为现实中建立会计制度的基本立足点。当然，现实经济生活中，会计在实现继续经营这一基本目标过程中，往往受到各种因素作用的干扰。这种扭曲影响，首先来自经济组织本身内在结构功能作用。现在经济组织基本上都是科层制。经典科层制具有两大基本特征：一是考试。所有组织成员岗位升迁与行为效果都必须接受严格的考评，这种考评既建立在会计提供有关信息基础上，又对具体会计信息生成、加工与使用产生直接影响。二是任期制。任期制容易滋生组织成员主导的各种经济活动利益诉求的短期最大化行为，从而直接颠覆继续经营理念。作为与现实管理融为一体的会计，自然会迎合这样短期利益最大化倾向，从而不由自主地背离了对社会的基本承诺。由此可见，科层制使法人和自然人之间形成一种非常复杂的关系，所有的法人都是自然人去经营和拥有的，而每个自然人生命都有限，但是法人本质意义上生命是无限的，这种有限与无限之间的矛盾，使以继续经营为基本立足点的会计很难顺利地践行其在实现继续经营目标方面的各种承诺。会计在实现继续经营目标这一基本层面上，其制度定位与实务效果之间出现了并不协调的尴尬。尽管如此，现代会计制度的改进完善，都毫无例外地以更充分体现继续经营内在要求为主要目标。立足人类社会文明进步的基本要求，协调自然人与法人在实现继续经营目标过程中的矛盾，成为我们不断完善会计制度的动机和目标。

当然，我们应该明白，四大会计假定当中，最为重要的前提假定是"会计主体"。会计主体假定是让法人和自然人在经济活动中有确定的利益边界。会计守住了法人主体地位,也就为市场经济的良性运行奠定了基础。我们在理解领会利特尔顿关于决定现代会计发展主要因素见解过程中,有必要注意这一点。

回到继续经营假定,它确实为现代会计正确反映一定时期经济活动过程与结果提供了极大方便。因为有了继续经营的假定,我们可以做应收应付、固定资产、长期投资以及各种摊销。如果没有继续经营的假定,会计对一些长期影响的业务就无法进行跨期处理,只能永远停留在17世纪形成的那种项目制核算水平。这种17世纪流行于荷兰、葡萄牙、西班牙的会计,适应"做一单生意,大家就集资买船、雇人,然后就去长途贸易,一开始只是一些海盗行为"。这样的会计对象,最大特点就是一笔业务一次会计,上一笔业务与下一笔业务不具有必然的连续性,根本不存在继续经营的任何需要。然而工业社会的最大特点,就是企业有固定的场所、人员、工艺与产品。而这种固定就使企业拥有经营长期稳定发展的内在要求。所以说,继续经营既是法人的一种内在的要求,也是我们进入工业时代,工业化发展的必然结果。如果我们缺乏这样的基本认识,就很难理解美国对工业文明的两大突出贡献:福特制(生产大规模、标准化);泰罗制(管理的流程化、标准化)。正是美国工业文明的两大杰出贡献,给现代会计发展注入了新的活力,成为现代会计发展完善的主要驱动因素。同时,会计对美国工业文明两大贡献的形成,发挥了基础性的作用。我们循着会计发展到现在的主要轨迹,对利特尔顿把"继续经营"看作对现代会计发展具有决定性影响的第二个概念,产生了强烈的共鸣。

### (三) 受托责任

利特尔顿在《1900年以前会计的演进》中提到影响会计、决定会计借贷体系的第三个概念:受托责任。受托责任既是政治的概念,也是经济的概念。政治的受托责任就是民主,政府官员对选民的承诺;经济的受托责任是经营者对全体股东的承诺,这是一种狭义的受托责任,反映的是经营权对所有权的一种承诺,最后演变成经营权和所有权之间的委托代理关系。但是在后来的实践当中,这样的一种委托代理管理,又演化拓展为除所有者和经营者两者的范围之外,还包括员工、供应商、客户甚至于整个生态环境与企业的关系,从而大大丰富了现代企业受托责任的内容。委托代理关系在现代又有了更广泛的含义，已泛化到债权人和股东间的关系，大股东和小股东之间的关系，控股股东和其他股东之间的关系；还表现在企业内部——高层管理、中层管理与底层管理之间的关系，工人和管理层之间的关系。这些林林总总的委托代理关系，极大地丰富了企业受托责任的内涵，从而给会计发展带来了很多挑战，会计因此得以与时俱进发展而逐步走向完善。

　　会计适应两权分离前提下企业履行受托责任的内在要求，把保证股东对企业的生产经营动态了解作为首要工作目标，为此就产生了以定期报告企业财务状况、经营成果、现金流量为主要目的的财务会计。为了使这种财务会计对外公开的信息具有可靠性，我们不仅制定了严密的会计准则，在社会层面又建立了一个专门的保障制度——审计，由此产生了一个专门的职业——CPA。适应资本市场健康发展的内在要求，为了让更多的社会公众在会计知识不足的前提下还可以对财务报表有个相对正确的理解，西方社会推出了一个新的职业：CFA（财务分析师），从而形成对纷繁复杂的财务报表公正权威的解读机制。在企业内部，为了让会计切实履行对外报告职能，使财务对外报告功能真正落地，又产生了一个重要的岗位：CFO（首席财务官）。以上介绍，让我们看到了服务于现代会计制度的"3C"，从企业内的CFO到企业外的CPA，再到社会对会计信息解读的CFA。这三项工作、三种职业，使履行企业的对外报告有效满足了社会各方了解企业经营状况、成果和未来前景的信息需要。现代意义上的财务会计，如果看作一种基本的会计制度，只有树立了以上"3C"分析框架与基本理念，才有可能具有相对完整的认知。

　　另一方面，企业规模的不断扩大，特别是跨国公司这类企业的出现，使企业的内部管理变得空前复杂。它不仅有很多的层级，由简单的职能式组织结构转变为大家所熟知的现代企业中的标准化组织结构——M组织结构，也就是部门、事业部制再分权的这样一种体制，而且还具有多种货币、税收、语言并存的复杂环境。在如此庞大、复杂、产业分布广泛的企业里，如何进行有效的组织和管理，成为一个挑战性非常大的国际性难题。由此，产生了以协调企业内部组织和管理关系为主要目的的会计：管理会计。在现代企业中，随着委托代理关系的日益泛滥，带给企业履行受托责任日益复杂而艰巨的局面，企业不仅仅对投资者，对社会公众，甚至于对环境生态也开始承担越来越明确的责任。以前，我们已习惯于按照传统经济学思维，把企业的上述日益广泛的责任概括为"外部性"，有时定义为"溢出效应"。总的来说，企业这些"外部性"或"溢出效应"尽管在现实当中具体影响有好有坏，但由于所有行为都满足了当时的法律要求，导致会计对以上"外部性"或"溢出效应"不能作出应有的反映与监督。从另一角度分析，企业作为整个社会创新的主体，其具体行为可能经常超出或挑战现行法律规范。这种既要遵循现有规范，又要不断创新的无所适从，是现代企业经济活动经常面临的难题和挑战。

为了让企业在复杂多变的环境中拥有行动与决策方面的足够自信，会计职能产生了拓展的动力。会计这种能力拓展，首先需要革新沿袭已久的主体观念。在企业会计领域，我们已经形成了一个非常简单的概念：法人（企业）主体利益最大化。这意味着，有利于企业利益的任何事我们都可以去做。但是大家知道，企业利益最大化，往往会带来一个很不好的后果：给社会和生态带来冲击。企业利益驱动下的行为，一般都合规，但不一定给社会，尤其是生态环境带来真正的益处，所以企业根据自身利益最大化的理念采取行动，则企业经济越发展，带给社会和生态的问题就越严重。人类社会发展到现在，已充分验证了这种判断。会计自身拥有的社会文明基因，唤起了对企业社会与环境责任的心灵感应，使社会责任会计与环境会计为企业在应对以上挑战时不至于偏离文明进步的轨道提供了行动与路径方面的指导。已有的实践表明，社会责任会计有效抑制了企业经济活动的负面社会影响，环境会计则为企业经济活动实现人类可持续发展带来了希望。由此可见，利特尔顿关于受托责任是奠定现代会计制度的三大基础之一的总结，为现代会计基本理论体系构建提供了可靠依据。企业会计发展到现在，其受托责任的内涵得到不断丰富，展现了现代会计一路走来，从企业会计拓展为包括社会责任会计、环境会计的壮丽画卷！

## 四、现代会计制度的核心概念：会计要素

会计要素，这是理解现代会计制度的基础概念。会计要素之于现代会计，就像姓名对现代人一样重要，人有了姓名才能为互相认识并识别提供方便。有了会计要素，会计对现代纷繁复杂的经济活动的反映、识别、分类上就有了框架与路径方面的依据。如果没有会计要素，经济活动在会计世界里是不可识别的，理由很简单，人类识别客观世界靠概念定义。虽然有人说，我们可以靠数量分析，但其实数量分析只是一种工具，首先要有明确的概念定义。人类社会说到底就是符号组合系统，这些符号及组合为认知客观世界

提供了方便。在会计世界里，会计要素不仅是一个符号系统，而且是会计识别经济世界依仗的基础性工具，因此对会计要素，我们不能只满足于熟悉概念定义，更重要的是必须明白并理解会计要素的内涵特征。到现在为止，会计的所有要素里面尽管已有六要素说、九要素说、十要素说等，但不管你接受并认同哪种要素观，现在中国的会计还是采用了一个最保守的体系，即六大会计要素，但这六大要素中最为核心的要素是资产要素。资产是会计的第一大要素，其实资产所有的准则都离不开资产的定义。资产的定义是什么？以前我国的资产定义是很简单的，现在我们国际化后，原来的国际会计准则改称国际财务报告准则，这也是美国的口径。

资产的定义强调 5 个要点：

（1）资产是拥有的、控制的。什么是拥有的、控制的？拥有的是母公司报表，控制的是合并报表，这对实务是有影响的；

（2）货币计量；

（3）带来未来经济利益的；

（4）过去交易的结果；

（5）经济资源。

也就是说，满足了这 5 个基本标准才是资产，但是中国以前的会计，即 1993 年中国会计改革与国际接轨时，会计准则"资产"定义中舍弃了"过去交易的结果"这一点。这样做的原因，完全是由于中国企业资产形成的特定制度背景。因为新中国成立后，所有企业的性质不是全民所有制，就是集体所有制，企业资产都是无偿拨付形成的，根本没有市场交易一说。如果把"过去交易的结果"纳入资产的定义里面，那当时中华人民共和国国有企业事实存在的大部分资产，在会计上就很难确认为"资产"。由此可见，会计要素的正确定义，直接决定着会计的有效实务，定义的作用在会计理论与实践中非常重要。大家都知道，资产在传统会计上一般分为两大类：流动资产和非流动资产。周转期不超过一年的叫作流动资产，应收账款恰恰就是流动资产，因此会计上就有了超过一年的应收账款要百分之百计提坏账准备的会计处理惯例，这在社会上引起了很大的争议。有人觉得会计这样做根本不符合中国现实，人家欠了一年的钱没有还，是很正常的事情，凭什么要百分之百计提坏账准备？计提坏账准备言外之意是这笔账收不回来了。我们面对类似这样的质疑，往往会解释说：会计是有规矩的，因为应收账款是流动资产，流动资产在资产负债表上要保证其下面的所有项目周转期不超过一年。

欠款一年以上的如果还放在流动资产上，是让人看不懂的，会误导会计信息的使用者。不过，我们会计实务在这方面已经犯过大忌，一些企业会计对应收账款 100% 计提坏账的年限放宽到了 3 年。这样，会计资产定义与现实会计报表上资产信息内涵就产生了严重冲突：流动资产定义为周转期不超过 1 年，而作为流动资产重要组成部分的应收账款却可以拥有 2—3 年的账龄。通过以上展开说明，主要让我们明白，会计领域里一些概念定义和基本理论直接影响着会计实务，也直接关系到社会方方面面的利益格局。因此，在一定的会计准则条件下，现实生活中会计的具体判断是一项极其严肃的工作，根本不是，也不会简单地表现为西方会计学术研究领域"盈余管理"那般似是而非。严格来说，会计要素的定义不是一个单纯的理论概念，它深刻反映了现实环境的主导力量，更顽强地维护着社会文明进步的基本要求。财政部会计司一位年轻专家专门就保险会计制度提出了一个非常实务性的问题：保险公司在推广业务，取得保险订单时要提取一笔佣金。这样的一笔佣金要做两笔分录，让人感到疑惑的地方在于，当发生保险业务的时候，先提一笔佣金放在那里，提出来没有付出去的费用具有应付未付性质。第一笔分录——借：保险合同负债（应付款），贷：保险业务收入；第二笔分录——借：保险业务费用，贷：保险合同负债（应付款）。两笔分录同时反映一笔佣金业务，事实上保险公司现金没有减少，收入和费用相等，也就是说利润等于零。这样做分录的道理何在？在此建议应用会计基本理论予以解释。大家知道，会计有一个重要惯例或原则，叫作"收入和费用配比"，也就是说，收入和费用之间存在一个因果关系。那么，第一笔分录收入和费用一定要对应起来，后面一笔分录因为费用付出去了，负债减少费用增加。前面是我们在设计这个产品的时候，我们为了取得这么多收入，应该有相应多的费用付出去，后面是我们实际付了多少费用，发生多少就付多少。这样用收入和费用配比的原则来解释就很清楚了。总之，会计上的一些定义、概念、原则，几乎都影响着会计实务，直接决定会计信息的正确理解并恰当利用。反之，如果会计实务在会计原则或最基本的会计要素定义上得不到应有解释，那么这种实务就不能认为是合理的，甚至难以成立。

## 五、什么是会计——现代会计发展

西方的会计发展大家已经了解了很多，那么，西方的会计发展有几个最基本的节点，希望大家能明白。现在盛行于全球、占主导地位的西方会计，主要由三大部分组成：第一个是商业会计，第二个是工业会计，第三个是金融会计。

### （一）商业会计

商业会计也可说是生意会计，以前习惯叫贸易会计。贸易强调流通，我们按生产、流通、消费的传统说法，没有流通，生产和消费之间就没有通道。商业会计的对象是流通，流通主要解决我们的生产和消费之间通道的问题，其中涉及一个很重要的概念——"互通有无"：我有的你没有的，你有的我没有的，我们互相可以交换。所以说，商业本质上是借助于交换，让各种使用价值发挥真正的作用，即价值实现。这种价值实现既让使用价值找到了归宿，也让不需要使用价值的所有者收回了它的价值，这就是交换的本质。最典型的过程，还是使用价值与价值之间交换的过程。这个过程中，使用价值方是卖方，价值方为买方，所以商业通常称之为买卖。商业会计某种意义上是为了保障整个社会范围内最有效的价值实现，集中表现为实现公平交易。所谓公平，在中国也叫"童叟无欺"，西方定义为信息对称双方的自愿行为。但在人类商业历史上，往往充斥着坑蒙拐骗行为。商业会计从基本制度层面看，充当了诚实商业的保护神，所谓诚实商业，就是根据商品成本，按适当盈利作价卖给客户。为此，商业会计真实充分地反映了商业成本，从而让社会各界，尤其是购买商品的客户们知道企业是诚心于商业的，还是热衷于敲诈客户。

### （二）工业会计

工业会计强调的是以尽可能少的资源占用与消耗，提供尽可能多的满足市场需要的产品与服务。商业会计中很重要的一点是定价，那么，在工业会计当中，最核心的内容是成本，因此成本会计是工业会计的核心。

按迈克尔·波特的企业竞争战略理论，工业社会企业竞争三大基本策略当中用得最多、大家都能感受到的，就是"成本差异或领先策略"。企业一般很难生产出世界上独一无二的产品，最大可能是一定条件下生产成本最低具有基本质量保证的产品，这样才能在市场上赢得更多的竞争优势。道理很简单，只要企业产品定价不低于成本，就符合公平竞争的原则，就容易在同类企业竞争中具有优势。如果企业产品市场的定价低于其生产成本，叫作倾销,是不公平的竞争。我们的成本越来越低了,我们的竞争能力也越来越强了。那么,怎样证明你的成本是多少呢?怎样促使企业不让你来控制或降低成本呢?于是就产生了成本会计,而且这样的一种成本会计必须在全社会范围内具有可比的公信力。如此说来,涉及企业人、财、物各要素整合水平与供、产、销组织运行能力的成本会计,既是对外证明成本高低继而表明企业产品市场竞争力的制度,又是指导企业有效实现持续提升价值创造能力的基本会计制度。这决定了在现代会计实务中,成本会计既是财务会计的基础,又是管理会计的基本抓手。没有规范的成本会计,企业利润计量就无从谈起;没有精准、细化的成本会计,预算管控与财务激励就无的放矢。因此,我们在现实中经常会看到,由于企业成本会计对外无法有效证明自己成本是多少,导致企业被竞争对手告上法庭,说企业在"倾销"。中国企业以前的国际贸易实务中,碰到最头疼的问题就是经常被起诉"倾销"。西方商界认为,中国以前的成本会计是不透明、不完整的,提供的成本信息存在着严重低估生产实际发生耗费的可能,并以中国企业成本中体现的过于不完整和低水平的人工成本为证据,动辄去法院起诉我国企业在国际市场竞争中存在明显的倾销倾向。这当然也反映了中国企业参与国际竞争初期的实际情况,我国经济发展具有的优势中,具有明显竞争力的一点就体现在低廉的劳动力成本上。因此,从国际竞争的角度看,相比于西方的劳动力成本口径与水平,说我国劳动力成本低估,这是事实。但这样的事实,也是我国参与国际竞争的优势所在,结果低估的劳动力成本当然带来整个企业生产成本体现在会计上的低估,相应地,我国企业产品定价上就拥有了会计成本相对较低的优势,这种优势也成了西方国家判定我国企业"倾销"的铁证。后来,我国在成本计量领域,在服务于财务会计利润计算的成本核算方面,严格采用了国际公认的计算口径、标准与方法,即采用"制造成本法",从会计层面彻底堵上了国外诉说我们倾销的嘴,也消除了国际竞争对手对我国企业搞倾销的疑虑。其实,我国会计在这方面已经作出了必要的反应,如对外合资企业的会计工资账户一般设有两个:一个叫名义工资,一个叫实际工资。实际工资就是实际发出去的人员工资,名义工资按国际惯例是以合资协议中确定的人工成本标准计算的人员工资,作为会计计量公开利润的人员成本依据,使纳入企业成本中的人工成本具备了完整成本或市场公允价值的特质,从而使企业产品市场价格与利润计算具有国际范围内的基本公信力。这充分说明,在工业会计中,成本会计是核心,对企业市场竞争力的提升以及整个市场基本秩序的建立、维护，均具有基础性的保障作用。工业会计强调成本的理由，全部体现在这一点上。

**（三）金融会计**

1. 金融风险与危险

金融会计强调的是风险。马云曾经很火，他把传统的金融说的一文不值，然后人家说马云批评的不是时候，动机不良，因为蚂蚁金服要上市了，按照金融监管蚂蚁金服根本就上不了市。马云把巴塞尔协议说成老人的俱乐部，中国的金融在金融业是青春少年，他还认为中国缺乏的是金融系统的风险而不是金融系统性风险，这是两种完全不同的病。这些议论背后透露出哪些值得我们深思的会计道理，以及哪些值得我们在学习、理解会计基本理论时深思的问题？马云讲话的核心，是说我们还没有金融生态系统，因此根本谈不上"系统性风险"，这句话本身给大众的感觉是"绕口令"啊；他还认为，中国传统的金融是当铺思维，银行根本没有认识到自身面临的真正风险，因此风险管理无从谈起；他还含蓄批评中国的银行对风险的认识不但肤浅，而且野蛮、粗暴——银行相当于是个打雨伞者，对于好的企业，即使晴天也热情地送雨伞；对于一般的企业，尤其是特别需要雨伞的中小企业，即使大雨滂沱也熟视无睹，不给雨伞，甚至给这些企业撑一会儿雨伞的恻隐之心也没有。这样的评论出自马云之口，而且在一个非常正式和高层次的会议上说出来，应该不会是无稽之谈。对中国金融与银行这么多评论都牵涉一个根本性问题，即"金融是干什么的"？现在我们很多学生毕业，择业的第一选择可能都想到证券金融行业，这种选择的原因是什么？可能大家都看中这个行业工作能挣到更多的钱，这个话题很沉重。我们理解现在年轻人很需要钱，挣钱对刚从大学毕业的学生无疑是最重要的，但我还是觉得，无论是个人还是企业，挣钱的背后还有一个伦理道德问题。如果你挣的钱越多，也给社会带来了越来越大的问题，则这样的挣钱或营利行为是不是值得肯定和崇尚，值得我们深思！如果你以危害社会的方式去挣钱，还心安理得享受挣钱的乐趣，并向周围炫耀自己的"成功"，这可能已是一个严肃的社会道德和文明问题了。当然，讲会计基本理论，要我们去纠结这些大大超越我们职业边界的社会问题大可不必。我们在这里姑且建议大家不去纠结以上问题，但必须提醒大家，当钱和高尚两者不可兼得的时候，我们尽量不要把高尚丢到九霄云外。更关键的是，你挣钱的过程已彻底失去了高尚，就不要大言不惭到处显摆。现实中很多人，包括会计，在生活、工作中可能往往会把"高尚"两字丢到九霄云外，这是一回事。但失去了高尚还到处炫耀自己能挣钱，这可能是另一个问题。汶川地震的时候，我们人民教师队伍出了一个"宝贝"，叫"范跑跑"，在地震来临的时候他把小孩留在教室里自己一个人跑掉了。其实你跑掉也就算了，因为地震是一种突发事件，跑掉也就跑掉了。虽然这种做法不崇高，我们无法来评价他基于人的生存本能逃跑是对或不对，但问题在于事后他在自己的微博上面还要公开炫耀自己跑得对、跑得应该，而且明目张胆地告诉大家，就算是自己的母亲在这个教室里，他也会跑，所以最后被开除出了教师行业。对此，教育部一个领导的评说很有水平：你跑了这个事情我不加评论，问题是你跑了以后还到处炫耀，这就有问题；你跑了叫不够崇高，但是你不够崇高以后到处炫耀，那叫无耻，就毫无羞耻心了。所以说，这样一个毫无羞耻心的人，不适合当老师，因为不能为人师表。现在我们中国也有一些这样的人，包括会计行业从业人员，大多是高学历，但往往做出不够崇高的事，而且对这些不够崇高之事堂而皇之公开讨论，甚至成为学界活跃的兴奋点。例如，会计行业的"税务筹划""盈余管理"，理论上说得非常好听，实践中往往满足了诸多见不得人的需要。理论与现实的如此反差，究竟反映了现实人类的某种堕落，还是学术界的伪君子习俗？虽然短时期这是一个无解的难题，但面对这种痛苦的现实，作为会计基本理论的任课老师，还是觉得有必要在课堂上一针见血予以指出，希望大家对此做一番灵魂拷问。这样的学术煎熬，对于我们人格品质的升华是很有必要的。

在过去的 50 年中，金融业在全球范围内扮演了一个并不是很光彩的角色。不谈其他，就谈金融最发达的美国，为什么美国老百姓要去占领华尔街？华尔街就是金融的代表。美国有一本书——《政治泡沫》（作者诺兰·麦卡蒂和基思·普尔），主要谈的是"两华战争"——华尔街和华盛顿。就是华尔街怎样在事实上影响并控制华盛顿，华盛顿怎么被华尔街一步一步拖下水，最后沦落为华尔街附庸。你看了这本书后会有很多感慨，如果说看这个书还不过瘾，可以去看更有名的一本书，是美国的前总统办公室主任戴维·斯托克曼当了三任总统的办公室主任，退休后写的一本叫作《资本主义大变形》的书，这本书讲的是美国的资本主义并不是我们想象的资本主义，最后给美国的资本主义一个专门的标签，他说这既不是"货币资本主义"，也不是"股东资本主义"，更不是我们学校说的"经理或管理资本主义"，而是

"权贵资本主义"。这一点，在当今美国，好像不是什么洞见。一些美国人也认为，现在美国的整个经济被权贵挟持了。以上这么多的背景都是需要我们去弄清楚的，在学校里读书，目的是增强我们的甄别能力，我们的知识体系当中，应该把人类真正需要的东西，即体现人类文明进步的基本要求，反映到会计制度和会计理论当中。我们的现实会计制度与实务，包括会计学术研究，均需要接受这样的基本检验。这一点，对于会计专业人才培养，尤其是高级会计人才的培育非常重要。

如上所述，金融讲的是风险。金融意义上的风险分为对我们整个社会的风险和对它自身的风险。现在金融为什么走偏了？因为它只关心对它自身的风险，而忘掉了金融业给整个社会带来的风险。所谓金融自身的风险，就是违约的风险。我去贷款，最后还不了，这叫违约。我们银行唯一关心的是它自身的风险，叫违约的风险。但是，金融还有一个比违约的风险即自身的风险更重要的风险，是对社会经济的风险，也就是金融危机的风险。金融是给现实经济供血的，形象地说，金融是经济的血液循环系统。经济血液循环系统怎样来理解呢？血是要越多越好，还是越少越好？这里面有个常识：血很多或很少都不行，还有血是有血型的，有 A 型、B 型、AB 型或 O 型血，如果他要 A 型血，你给他 B 型血，可以吗？我们血里面还有血压、血糖、血脂，你组织内的血是健康的血还是血脂很高的血？讲这种道理，就是讲金融风险的基础。所谓的金融危机，现在我们表述得很简单，即金融容易带来泡沫，过度的泡沫最终破裂，就出现社会范围内血流成河与单个组织河流枯竭，形成金融危机。关键在于，金融泡沫往往反映了人类的本能偏好。因为人人都喜欢作为符号的钱数额越来越大，最后每个人都陷于符号财富追求中而难以自拔。对于真实财富，对于一个具体的人而言变得无所谓了，只要他拥有符号财富——账面货币能买到自己想要的东西，就无所谓这种符号财富中有没有泡沫。这种符号化的财富，恰恰给财富拥有者带来快乐与满足感，但往往容易制造出全社会大量的虚幻财富，即泡沫。所以，我们说现在金融只关心金融自身的风险，根本不关心金融给社会带来泡沫的风险。这是现代金融业整体性堕落的重要标志。我们把泡沫两个字，作为金融给社会带来的上面讲到的血压、血糖、血脂、血量方面的越来越不健康后果的理论概括。不可回避的是，我们现在社会发展出现的很多问题，都是由于血液循环系统带来了社会经济各种病症。总之，金融风险对于现代社会突出表现为金融泡沫的风险。对此，金融事实上起了推波助澜的作用，这样的推波助澜作用，往往以金融创新名义变为现实。

2. 金融创新

金融创新是什么？对会计而言，金融创新意味着什么？会计上的应收账款若收不回来，叫"坏账"。由于"应收账款"属于"流动资产"范畴，故账龄超过一年的"应收账款"，会计上应计提"坏账准备"，列入本期经营费用；如果以后此笔"应收账款"确实无法收回，会计上则作出核销分录处理，这是目前中国会计实务的通常做法。但在美国，"应收账款"还可以交易。因此，中国的应收账款和西方的不一样，西方因此指责中国金融不够发达。西方的应收账款可以卖，100 元的应收账款可以 90 元卖出。西方还有收账公司专门收购应收账款，九折收购应收账款，百分之百收回来，利润就产生了，而且收账时他们还有一整套很好的方法，这是西方现有的体系。收账公司去收账，欠债者已完全丧失了支付能力，则"应收账款"就一文不值了。此种收不回的应收账款，就是白送也没有人愿意要了。应收账款收不回，长此以往，而且规模越来越大，全社会的信用基础就越来越薄弱。为了减少应收账款收不回对企业现金流的冲击影响，美国产生了把"收不回的应收账款"打包出售的办法，如此就产生了金融创新。这种基于坏账风险的金融创新，具体含义是：一种企业收不回来的应收账款卖不出去怎么办？可以把 A、B、C 等很多种应收账款加起来打包，发行一个债券，这样打包后，往往变成了一个盈利前景极其诱人的金融产品，于是在市场中就激发起大量投资者的购买欲望。前几年，中国也借鉴了这样的做法，各商业银行的不良资产，剥离出来建立专门的公司，产生了"资产管理公司"。具体表现在应收账款方面，相当于企业把所有的坏账（不良资产），打包发行专门债券，就具有了变现能力和盈利前景。在这里，所谓的金融创新，就是把几近坏账的应收账款，反复包装直至它看起来仿佛一个鲜活的美人，从而受到市场宠爱。综上而言，金融创新的方方面面，给我们会计确认、计量带来了很大的困扰。例如，金融创新对金融衍生品进行定价，看到底层一分钱不值，但包装到了上层就变得很有价值，此类金融证券在市场上，到了最后就成了一种击鼓传花游戏，人们在买卖过程中根本不在乎其实质性底盘是什么。雷曼公司陷于现金流动性陷阱，就是因为它持有了很多的此类金融衍生产品，雷曼公司持有的一些证券，是美国一个非常有意思的改革产品：让没有买房能力的人，以新房为抵押贷款买房。这个概念讲起来很动听：让穷人通过抵押房贷有房子住。相信银行知道穷人现在与将来都根本不可能有钱买得起房子，但银行还是愿意把钱借给穷人去买房，前提是把房子抵押给银行做按揭贷款。美国搞了很多这样的房贷，银行通过把这些房贷证券化，可以获得比贷出去款（现金收出）多得多的现金流入，因此此类业务带给银行大量的利润。

但在中国，与美国大不一样。与美国人相比，中国人的消费观念比较保守。如果中国人根本没有钱买房，他们住在全靠贷款买的房子里面生活，一定是心惊肉跳的。而美国人从小到大已经习惯刷信用卡提前消费，所以不花自己的钱住房子，他们认为很正常。他们也不会觉得害怕，因为钱是银行出的，房子是自己住的。他们将来还不起贷款的话，大不了就把抵押的房子交给银行，反正他们已经住了几年本来一辈子也不可能住上的好房子，这听起来十分诱人和划算。这项政策表面上看，让很多老百姓都住上了房子，一些根本没有偿债能力的人，以按揭贷款方式买到了梦想的房子，但事实上，全社会范围累积了广泛而巨量的"银行坏账"风险。这些还贷风险，带给了美国严重的偿债能力危机。美国这方面的金融创新，聪明之处在于单个房贷偿债危机产生之前，就把这些没有偿债能力的银债打包发行了债券，最后把无偿债能力人的风险很快分散到有钱人中。有些不明真相的人买了这种根本不值钱但看起来很值钱的债券。债券随着泡沫的破灭价格狂跌，使购买者遭受巨大损失。这样，按揭房贷带来的风险就自然分散了。银行通过这样的业务创新，人为制造了巨大的自身坏账风险，通过证券化金融创新，有效地把这些巨大的银行自身坏账风险转移给了整个社会。

20 世纪末至今盛行的各种金融创新，对会计理论与实务形成了空前的挑战。对企业持有金融衍生品价值的计量反映，已成为现代会计的难题。雷曼公司持有大量的金融衍生品，其持续大跌，在会计上表现为"公允价值变动损益"的大量负数，已明显超出了雷曼自身支付能力的极限，从而造成了雷曼公司所有债权人的恐慌，导致了雷曼公司顷刻间陷入丧失支付能力的困境而清算破产。美国这种金融创新债券的全球发售，导致了全球效应。雷曼公司破产倒闭引发的金融衍生品泛滥成灾，不仅重创了美国经济，也把整个世界经济拖入了危机的泥潭，以致现在全球的经济还没有从危机中恢复过来。综合以上分析，金融会计在风险的这个现实问题上，只关注操作风险、违规风险，以及偿债能力本身带来的偿债违约风险，一直局限在个体微观层面，至今尚未关注整个金融的这种制度或系统给整个社会经济带来泡沫的风险。这种金融泡沫的日益泛滥和破坏性作用，表明金融会计在有效控制金融风险这个现实挑战面前无所作为，已经成为衡量现代会计在人类文明进步中是否发挥了积极作用的试金石。

### （四）当代会计面临的挑战

我们上面讲的西方会计，既不是全面现状介绍，也不是历史回顾，而是采取了穿越时空选取会计若干片段，试图说明"什么是会计"之一二。商业会计、工业会计、金融会计，应该涵盖了现代会计的基本领域，三者分别立足交易、成本、风险。因此，当我们现在讲什么是会计时，往往是商业、工业和金融这些业务的融合体。会计已经触及并融合了人类经济的方方面面。换言之，现在我们对经济现实的了解与管理，一般是借助于会计信息完成的。现代社会经济发展呈现出越来越多的不确定性或是风险，这种风险（不确定性）导致现代社会经济动荡越来越明显。21 世纪以来，整个世界区域与全局性经济一而再、再而三发生动荡就是例证。在美国，2002 年针对安然事件的《萨班斯－奥克斯利法案》，至今没有收到实际的效果；2010 年针对雷曼事件出台的《多德－弗兰克法案》，到现在尚未真正落地。这两个法案，到底能产生什么样的效果，这个问题恐怕至今难以给出明确答案。但正是这样的现实，为我们思考会计是什么提供了很有启发性的现实场景。

### （五）透过历史看未来

以上从多方面所作的讨论，无非是告诉大家，西方的会计发展到现在面临着各种非常明显的问题。接下来，我们将分别从工业文明到西方会计发展，以及从我们中国的会计传统的文化背景下，对"什么是会计"问题作出思辨层面的一些分析。

会计基本理论课程第二个问题，主要是讲解"什么是会计"。我们不想把会计的历史根据现有资料做简单、重复、直观的描述。了解会计已发生的历史，我们可以查阅中外各种会计历史书。以下我们主要是想通过会计历史来看会计历史进程当中留给我们可以称之为"经验教训"的是什么。这种经验和教训，对于加深对会计基本理论命题的认识是非常重要的。只有真正认清了过去，我们才能更好地走向未来。在当今全球范围内重新完善会计制度和会计准则的大背景下，这一点非常重要。2008 年雷曼事件以后，G20 发表了一个《华盛顿宣言》。该宣言中有一个核心点，即重新塑造有效抑制金融危机的公允价值会计，会计制度已经提到全球治理的高度。这表明，会计发展到21世纪，已经不再是一个算算账、提供一个报表的微观性质职业，已经成为整个社会与国家治理的基础工程。从社会与国家、政府治理文明进步的角度来看会计制度与职业，会计拥有了一个前所未有的高度和厚度，传统会计理论真的已经捉襟见肘了。

## 六、历史的意义

回顾历史，是为了更好地走向未来。德国思想家斯宾格勒在《西方的没落》一书中为我们提供了一个非常重要的观念：在每个人面前都有两种历史，即自然的历史与人类自己面对的历史。这句话，现在品来别有深意。按斯宾格勒如此认识，人类面对的历史其实是有选择性的。所谓历史，大概就是一些人写了一大堆文字告诉大家曾经发生的事情。比如，司马迁在《史记》中告诉了我们大禹时代每年诸侯会江南茅山，后茅山改名会稽山；又说会稽者，会计也。如此，大禹是中国会计鼻祖似乎就是历史。至于大禹时代真实完整的会计场景是怎样，现在可能谁也无法说清楚了。大禹时代半神话半事实的传说，成了我们现在认同的历史。不过，人类以文字记载并流传下来的各种历史，非常清楚地告诉我们，人类发展具有明显的传承性。现在有一种感性的说法：我们每个人每一天都在书写历史。这句话过于夸张，并不符合事实。历史是人类书写的，由此说人类书写历史当然是对的。但是，对每一个人而言，你尽管确实在经历着一天天的生活，但能不能成为日后人类认同历史的组成部分，不但很难说，而且最大的可能是不可能。一个人做的事再风风火火，说的话再理直气壮，写出东西再著作等身，但百年以后，能成为人类历史而被记载并议论的对象，大概微乎其微，对很多人而言，在整个人类作为文字记载的历史中，都是一个从未存在的存在。只有对人类文明作出贡献的人与事，才能为人类书写并传承下来而载入史册。由此而言，你现在自认为书写的历史再多，过了几十年、几百年，人类后代未必知道曾经存在的你。因此，对于大部分的人来说，当回顾人类历史的时候，自身的存在和不存在是等价的。这就是我们现在面对的历史。所谓书写，就是将已经发生的人与事作为历史一部分记录下来。当我们讲每个人都在书写历史的时候，毫无疑问，我们希望自身的存在能在人类传承的历史中留下来一些值得大家回忆、纪念并继续传承的东西。这些东西的具体内容丰富多彩，但本质上必然具有共同的特点：对人类文明进步作出了贡献！当然，传承的方式有两种，即汉语中两个成语，要么"流芳百世"，要么"遗臭万年"。但人类文明的历史肯定希望每个人都能流芳百世，而不是遗臭万年。从会计的角度讲，我们希望通过会计历史的传承能留下一点值得大家尊重的东西。"会计基本理论"专题，某种意义在于系统总结我们对会计的基本认识，并希望这种认识对会计发展，对未来中国会计在世界会计体系中确立令人尊敬的地位提供一点理论的支撑。对于会计系的同学，这种定位目标可能过于高远，或虚无缥缈，但对于会计整个行业，已经走过了这么长时间，也应该给人类留下一点值得尊敬的东西。现在的会计理论和实务，不能说没有给人类的文明留下来值得尊重的东西，而是说现实当中的会计，向人类展现过多的往往不是健康正面的形象。这种负面的形象，恰恰是我们一代又一代鲜活的会计职业、会计人员包括课堂上的会计理论所塑造的。这种现状显然是我们不愿看到的。当我们认识"什么是会计"的时候，首先面对着现实中的会计。现实的会计，只要我们把会计基本原理学清楚之后，并不复杂。所有的财务会计、管理会计，在会计最基本概念和理论面前真的是小菜一碟。所以会计基本原理、基本理论对于理解会计实务很重要。但是，现在会计这一套基本原理、基本理论，放到我们人类文明的背景中看，还有很多的瑕疵。会计基本理论研究，试图唤起人们对人类"为什么需要会计"以及"需要什么样的会计"问题的冷静思考。简言之，我们现在基本原理、理论指导下的会计制度与实务，给人类文明带来了积极的还是消极的作用？在这个根本问题上，会计史学家们似乎已得出了非常明确的结论。但现实中的会计，并没有为印证并强化会计史学家所得出的肯定结论提供多少具有说服力的证据。会计理论与学术研究因此陷入了难以自洽的困境之中。当我们面对现实会计经常与人类愿望背道而驰时，往往怀疑甚至质疑现实的会计是不是我们需要的那种会计。对现实中会计的质疑与批评由来已久。在现实中，会计背离人类文明要求的问题却愈来愈严重，现实中的会计似乎已成了一个病入膏肓的病人。现有会计的历史是令会计行业振奋的，但会计严峻的现实又是令我们沮丧的。正是面对如此尴尬的会计理论研究困境，才有必要重塑会计基本理论，立足人类社会文明进步的内在要求与实践机制这一基本层面，寻找会计制度与实务的客观基础，从而让会计植根于人类文明进步这一土壤之中，由此为观察具体会计制度与实务提供一个具有试金石性质的认知框架，也为会计理论与实务建立一个牢不可破的理性基点。前面课程讲"会计是什么"就是要告诉大家，我们需要的那种会计，我们心中的那种会计是什么，什么是会计试图解决的问题。希望大家在研究学习，在工作过程中，能真正有一种习惯，叫仰望星空。但仰望星空不是要目空一切，我们更需要脚踏实地。所以，接下来我们脚踏实地，从历史的角度看什么是会计。

## 七、西方历史中的会计

依照本课程讲述的习惯，从西方和东方两个维度对会计基本问题做展开分析。顾城有一句诗："黑夜给了我黑色的眼睛，我却用它寻找光明。"这是一句很感性也是很有感染力的话。同理，如果地球有东方西方之分，中国作为东方的代表，比西方先见到太阳，即先看到光明。在古希腊哲学中，太阳是真理、正义，是我们社会公正的代表。如此，我们比西方先见到太阳，意味着先接近真理。但是，回顾最近500年，尤其是近200年历史，不难发现，我们一直在向西方学习。这表明，起码在近代至现在，真理似乎首先掌握在西方人手里。今天，作为一个黄皮肤中华民族的后代，在课堂上大谈西方的会计，同学们甚至整个中国会计界已很习惯，如强调一下历史上东方尤其是中国会计，大家反而感觉到很不自然。这种心态正常吗？我们从来没有对此作出应有的反思。自然世界让我们最先接近真理，但我们却热衷于向距离上远不如我们具有优势的西方民族来学习各种知识，还能表现着一贯的心安理得。工业革命和现代科学发生并成熟在西方，而且远远领先于中国，这是我们必须面对的事实。我们不能因民族自信而夜郎自大。在会计领域，真正的自信不是简单地否定西方或固守中国传统会计，而是理性地分析西方会计基本理论层面的实质性缺陷如何导致现实会计成为文明进步的阻碍。同时，对中国会计传统的文化基因作出与时俱进的拓展，从而赋予现代文明的特质，实现中国传统会计精神与现代西方会计本质要求的有机融合，为中国会计发展注入具有决定方向意义的动力，也为在世界会计平台发出中国会计应有声音，奠定坚实基础。会计基本理论这门课，正是我们为实现这样的宏观目标而作出的一种积极努力。鉴于目前西方会计一统天下的现实，我们的研究从西方会计开始。

### （一）现代会计体现西方文明落地的三方面

西方会计在国际会计领域占统治地位，这已是客观现实。西方会计的统治地位，是西方科学与经济领导世界的地位带来的。西方的会计理论与实务，对当代世界会计作出了具有决定意义的贡献，这种贡献跟整个西方对人类文明的贡献也是一脉相承的。总体而言，西方会计对人类文明的贡献，直接体现在将西方文明影响整个人类文明的过程具体落地。集中表现在三大方面。

第一，是工业经济文明由会计带到人类生活与经济活动方方面面。工业革命大大丰富了社会物质财富，也大大提高了人类物质生活水平。美国经济学家麦克洛斯基，在其代表奥地利经济学派所著的《企业家的尊严》一书中系统研究了西方 200 多年的历史。研究当中提供了一个关于工业文明促进人类物质进步的量化资料，表明工业文明带来的进步不是想象得那么简单。书中讲到，1938 年，4.4 个美国人拥有一辆车；到了 2003 年，美国平均每一个人拥有 1.3 辆车。1910 年，25% 的美国人住三人间；到了 1989 年，住三人间的人数只有 1%。需要注意的是，1989 年美国还没有次贷危机，次贷是 21 世纪以后搞出来的所谓的金融创新。1875 年美国家庭收入的 74% 用于基本生存；到了 1995 年，美国家庭收入用于生存的比例只有 13%。书中引用诺德豪斯对照明成本变化的研究结果：1800 年，1000 小时的照明折合 5 个小时劳动；到了 1900 年，1000 小时的照明折合 0.2 个小时劳动；到 1992 年，1000 小时照明耗费 0.0002 小时劳动。诺德豪斯总结了一点：1800—1992 年，美国实际工资的购买力（钱能买到东西的能力）增长了 100 倍。也就是说，1800 年只能买一件东西，到了 1992 年，可以买 100 件。因此，工业革命带给人类物质的进步是巨大的。工业革命把会计带入以成本为核心的制造业价值创造与实现会计时代，即工业会计时代。大规模的投资与资产、标准化的生产制造、专业化分工与协作、供产销与人财物的合理组织与管理，都给会计发展注入了新鲜血液。从而引起了会计从以商业为中心向以制造业为中心转变。现代会计以激发人类生产制造并提供更多更好满足自身生活需要的产品与服务创造性和积极性为主要目标，通过建立"资产"与"成本"这些崭新的要素范畴以及相应的计量、跨期与摊销、记录、报告，从而把工业文明的核心要义赋予经济组织所有主体，并对人类行为产生直接导向作用。

第二，是会计制度为现代市场经济顺利运行提供了基础性保障。市场经济对人类进步的最大贡献，就是创造了真正有可能实现公平交易的平台与制度。如前所述，广泛普遍公正的市场交易，能保证所有人得到满意的结果。亚当·斯密"市场经济能在实现个人利益最大化时也会带来社会福利最大化"的结论,完全以"理性交易概念及其为大家公认践行"为前提条件。没有市场经济,也有交易,但未必是平等、公正的交易。比如,小时候父母千方百计鼓励孩子干活,最后孩子不能白干,父母要给奖赏。这种交易平不平等?肯定不平等。父母给孩子钱来上学,也算交易,平不平等?也不平等。没有一个父母算孩子的投资回报率,更不会算孩子的公允价值。所以,离开了市场,很多交易不是平等的。借助于市场平台,平等交易带来的后果是让每个人的欲望需求在法制框架内得到最大限度的实现。这是市场经济不可抹杀的贡献。我们现在也在学这种市场经济,就算我们短时间内并不完全能拥有一个成熟而完善的市场经济,但建设并完善市场体制以及运行机制,已成为中国经济发展坚定不移的目标。市场经济体制的完善,使理性交易理念成为所有经济行为的灵魂。为了把交易、契约、责任以及利益这四个市场经济核心范畴贯彻于人类日常经济活动中,现代会计以复式簿记(交易的基本利益关系方)、货币计量(交易的利益关系基础)、历史成本(交易的契约基点)、权责发生制(交易的责任履行状况)为核心原理,以分类、序时反映与控制为工作手段,构成了现代会计的基本内容与主要特征,从而较好地满足了市场经济的内在要求,并为实现顺畅交易提供了基本的信息保障。

  第三,也是最重要的,会计使现代民主原则成为经济资源有效配置的灵魂。民主和科学是相辅相成的。因为只有民主,人自由的个性得到充分尊重和发展以后,科学才能成为人类的共同追求。科学是怎么来的?真正的科学是出于好奇,要思考问题。亚里士多德在《形而上学》中讲得很清楚,衣食无忧者才有条件从事科学研究,缺衣少食的条件下根本不可能产生真正意义上的科学研究。总之,为养家糊口努力,就很难具有献身科学并有所贡献的耐性与信心。五四运动提出要学习西方的两个先生,一个叫德先生(民主),一个叫赛先生(科学),即是民主与科学。有民主才有科学,没有民主,科学容易变形。民主没有统一标准的模式,西方在这个方面虽然不能说很完善,但最起码已做了诸多探索。民主的特征在于让每个人自由的意志得到尊重和表达。但这种尊重与表达有个重要的前提:法制和科学。我们往往把民主看作自由,但这种自由是在法制约束下的自由。法制保护整个社会,每个人的自由不能建立在侵犯他人自由的基础上。我自由了,使周边所有人都很不自由,这种自由并不是我们所需要的自由。所以要有法。法是什么?是为每个人的自由制定的共同遵循的基本框架。民主还要讲科学,即在法律框架内,每个人自由意志表达的路径、方法与形式,要真正满足人类捍卫个人自由原则的基本目标：体现并充分实现人类的善性。为此，民主过程必须体现科学的精神，并尊重科学原理，运用科学的技术方法与手段。科学只有在民主环境中才拥有健康成长和积极作用的空间。在现实经济生活中，民主自由的理念，通过会计货币计量得到了有效表达。只有货币能计量民主与自由，集中体现在经济生活中人类创造财富的实践中，市场与伦理无形之手，管理与政治有形之手，在当代民主与自由的基本保障下与实现平台上，这些要素有机结合、综合作用的过程与结果，只有运用综合反映手段——货币计量，才能形成人们可了解、认识与管理的对象。因此，现代会计运用灵活而数量自行平衡的复式（借贷）系统，既直观反映了经济活动各主体自由意志的有效表达与实现，又深刻地体现了公平交易、科学理性精神的充分实现。总之，现代文明进步的要求，通过系统而广泛的现代会计制度而呈现为一幅幅现实场景。

这三个方面，工业革命带来物质财富的极大丰富；市场经济让资源得到最大限度的有效配置；民主与其说是物质上，不如说是人类精神上的提升。现代会计究其形式不外是借贷、复式、账簿、报表等，但其实质是社会、政治、经济文明进步基本内涵的具体体现。某种意义上，西方最近500多年社会、政治、经济文明进步的具体内容与发展轨迹，均可从近500年来西方会计制度及其实务发展中管窥蠡测。会计基本理论应该揭示社会、政治、经济与会计在实际发展过程中的这种互动关系。由此分析理解以上三大贡献，某种意义上可以加深我们对从中世纪文艺复兴到现在500多年西方领先，包括会计领先的历史。西方并不是在中世纪文艺复兴时期突然强大起来，西方的强大是500年中慢慢形成的。中世纪一方面叫文艺复兴，另一方面叫黑暗的中世纪。为什么黑暗？因为存在很多人类不敢、不想面对、回顾的往事。也就是说，西方的起点是非常不堪的，不是想象中的一开始就很崇高，发展到现在也并不是崇高成为主流。

### （二）西方崛起与会计

#### 1. 成本会计的诞生

从现代会计的角度看，真正会计的历史，并不是1494年的卢卡·帕乔利时期的会计。1494年，既不是全部会计的起点，会计远在1494年前已经存在了很长时间；也不是现代会计的起点，现代会计以对外对内报告以及提供相应保障（内控与审计）为己任，而这在1494年的会计中根本不存在。

卢卡·帕乔利时代会计充其量只是簿记，定位于计算与记录，而现在的会计已大大突破了计算与记录的概念。

现代会计真正开始的时点，我们赞成国际通用说法——1850年。1850年是工业革命成型的一年，这一年最重要的标志是现代特大型企业"铁路公司"形成标准化的公司形态。但1850年对中国可是一个不堪回首的时期开始：近代史从1840年鸦片战争开始。1842年的《南京条约》，标志着中国开始半封建半殖民地时代。历史不能忘记，但人类对历史的记忆恰恰是最差的。历史就是重复人类已经不断犯下的错误。人类记忆力很差，差到前几年犯了错误，后几年又犯了。因此恩格斯说，历史往往具有惊人的相似之处。我们研究历史，目的是帮助人类不要轻易犯以前已经犯过的错误。1850年以后，以"铁路公司"为代表的大规模新兴企业获得了积极增长，簿记式的交易记录方法无法满足由于企业大规模生产带来的对精确信息的需要。这种现实的需要在19世纪50年代开始推动簿记式的交易记录方法向系统的会计体系转变，并成为企业对各样事务实施有效控制的手段。1886年，在芝加哥召开的美国机械工程师协会会议上，亨利·梅特卡夫上校提交了一篇对会计发展具有重大意义的论文——《车间会计规章制度》。这篇论文很好地解决了两大问题。首先，梅特卡夫通过"车间-订单记账制度"，将每一订单所经过的路线，每一路线节点上耗费的人工、材料成本进行完整记录。这种记录程序不仅使企业内部订单成为可追溯的，并成功解决了管理上业务如何基于岗位的问题。梅特卡夫的"车间-订单记账制度"源于普林菲尔德兵工厂在1815年后发展出来的企业内部程序。实际上，这种"车间-订单记账制度"与美国铁路公司所实行的"会计凭证制度"极其相似。在钢铁公司，总经理威廉·P. 希恩将美国铁路公司的"会计凭证制度"引入企业内部，希恩利用这些资料，建立了具有独创性的细致的成本报表，成为卡内基评估车间主任工头、工人的业绩，进行企业监督的有效工具。

第二个问题，间接费用的分摊问题。梅特卡夫利用"车间-订单记账制度"所记录下的诸多信息，依据每个车间在整个公司完成工作的贡献大小设计出"成本系数"公式，以确定"间接费用"如何分摊。在间接费用中，很重要的一项是固定资产折旧，从而孕育了现代会计的基本元素。资产自此在会计上分为流动资产与非流动资产。流动资产最大的特点，是资产循环周期和生产经营周期同步。但是，会计后来很霸道地定义周转期不超过一年的资产叫流动资产。这样的定义体现了会计的规范性与可比性，但事实上是对自己坚守的概念源头的一种无情背叛。但因为会计以年度为核算周期，流动资产随着生产经营进行，所以流动资产的会计核算非常简单，相比之下，非流动资产的核算较为复杂。非流动资产又叫长期资产或固定资产，固定资产会作用于数个生产经营周期，跨度达一年以上。这就带来一个问题——多少年？会计对固定资产有一个很有趣的假定，即固定资产的存在有时间限制。马克思在《资本论》中讲，决定固定资产损耗的有有形损耗和无形损耗。有形损耗是机械损耗，无形损耗是技术进步带来的提前报废。有形损耗怎么衡量？以前认定固定资产电子设备摊销4—7年，具体是4年还是7年？4年有道理，7年也有道理。但7年与4年比几乎翻了一倍。这个困扰给会计核算带来很大问题。但必须承认，固定资产折旧概念确立，是现代会计对现代工业文明进步的积极呼应，会计对现代工业文明这方面的直接贡献是不可否认的。正是通过固定资产折旧及合理的分摊制度，使工业完整成本一一落实到具体产品与服务，以及提供产品与服务的部门、业务与岗位，从而为实现内外公平交易（合理定价）提供了可靠的依据。具体实践中，会计通过这种细致的成本分摊，为岗位与部门业绩考核、产品价值评估及生产投资决策带来极大的便利。

　　会计凭证制度与间接成本分摊制度的形成，解决了工业社会企业发展过程当中一个很重要的问题——科层制条件下每一个组织成员的有效管理问题。前面讲科层制两大特点，第一是通过考试按能力选拔人才。有人一直反对中国八股文，认为科举制太落后，但英国一开始的公务员考试就是学习中国科举制度。西方考试制度是先进的，我们考试制度就是八股文，这种看法肯定不对。现在单位招聘员工首先进行考试，这也是一种应试。你知道面试什么而拼命准备，这不叫应试吗？只要有考试就有应试。考试是人类文明当中很大的贡献。第二个很重要特点：问责。问责的前提是考评。考评不是考评一个人，是科层制所有岗位成员都要进行考评。董事长、总经理是岗位，基层每一个工人都是岗位。每个岗位都有不同的目标，每个目标都有具体的工作要求，这种工作目标要求必须进行考评。没有一个强有力的会计系统，任何考评都是一句空话。会计就是在这样一个背景下为满足科层制绩效管理的最基本的需要而发展的。如果没有会计，要怎么考评呢？现在很多人批评会计一年算一次，把企业算死了。谁叫我们算呢？要考核就要算，这是人类最基本的制度安排。所以会计期间的假定，也是科层制管理上面一种基本信息需求，会计恰恰是在这个方面满足我们最基本的需求。梅特卡夫在1886

年所提到的会计，是成本会计成为渗透到企业生产经营每个毛孔当中的一种会计。所以一开始最胜任成本会计的不是会计人员，而是工程师技术人员。因此，我们在学成本会计过程中反复讲，算成本会计必须懂生产、技术、工艺，这些都不懂还算成本，就是胡算。对一个企业生产技术工艺这两个要求了解最多的是工程师，所以西方成本工程师是一个很重要的职业，这也导致了成本会计产生于工程师之手。

2. 会计准则

19世纪中叶以后，会计发展很快。1850年只是一个时间点，后面还有很多重要的时间点。如1929年也是个时间点。1929年美国股市大崩溃带来经济危机，人们为经济危机找凶手，找到了会计，因为会计乱讲话，使投资者看到报表乱投资，导致最后市场崩溃。1929年以后，产生了1933年、1934年两个时间点。1933年美国颁布了证券法，1934年颁布了证券交易法，与此同时美国成立了证监会。之后不久，美国注册会计师协会成立了会计原则委员会，把会计上很多惯例变为原则。什么是惯例？惯例就是行规。会计必须有行规，行规的好处在于大家按照同一个标准、视角去做，这样计算出来的结果大家可以共享、评价、比较。会计的行规就是惯例。但是惯例还不够权威，于是产生了一个很高雅的词，叫原则。这个原则是会计在制度意义上最原始的存在。会计首先以原则存在。原则规定了会计处理业务所要遵循的基本要求。这种基本要求在会计理论当中，解决了定义与目标的问题。定义回答这是什么，是什么把你、我、他区别开，在会计上，定义把业务区分开。目标回答这件事必须要满足的最基本的要求。标准某种意义上是方法、流程、做法、技术，回答了会计的手段。这许多的问题解决了，会计才能成为现实。所以1933年、1934年以后的会计，是原则导向的。但原则过于笼统抽象，后来美国会计原则委员会改为美国会计程序委员会。会计就是一个程序。原则告诉你一张地图，地图怎么走，你要自己看，看不懂地图的驾驶员难免出现很多差错。但程序告诉我们的不仅仅是地图，而是活地图、导航。程序使过程具体化，告诉大家先做什么后做什么，并将会计要素化、流程化。这对于会计是一个巨大的进步，然而程序太琐碎了。会计有不同的行业，同一行业有不同的企业、不同的生命周期，不同生命周期企业有不同的品格。程序根本无法满足个性化的要求，所以程序后面转化为准则。会计要准则化，这个准则既可以建立在原则的基础上，也可以建立在程序的基础上。建立在原则基础上的准则是原则导向的，建立在程序基础上的准则是规则导向的。什么叫规则导向？只要会计在形式上满足准则要求，做法再荒唐也不算错误，这在法律上叫程序合法。由于准则的完善性，当程序满足了要求，会计也就达到了原则的要求。这句话貌似有道理。因为会计准则是集行业精英们的聪明才智贡献出来，又经过非常复杂的流程形成，是社会智慧的结晶。所有准则都不是随心所欲的。所以会计准则应该是一种非常文明的东西，按照文明的会计准则去做，即使只是形式上去做，也不会出很多问题，因为所有形式都是为了体现实质。但安然事件以后，社会发觉不是这么回事，企业会通过漂亮的程序，实现非常不好的目的。以并购会计为例，并购会计在会计实务中很简单，但却成为会计中非常浑浊的领域。并购作为一个资本市场企业发展的重要途径，在实践当中有多种形式。一个企业跟另一个企业合在一起叫合并，一个企业买另一个企业叫收购，合并与收购统称并购。在并购过程中，牵涉的并非只是并购方 A 和并购方 B 双方的关系，还牵涉 A、B 以外很多的关系，如整个市场、整个行业的竞争。西方有并购不能引起竞争、垄断的规定。其次，并购是要两个主体公平交易，即采用公允价格。由于并购需要钱，继而牵涉银行方。企业实施并购出于预期未来能创造很多现金流量，但难处在于现在缺钱，于是向银行方借钱。通过向银行借钱，没有钱的企业也能购买另一个企业。银行出钱，完成了并购，真正并购的企业并不掏钱。当企业买来的时候，被并购的企业是银行的"儿子"还是收购企业的"儿子"呢？我们给这种并购起了一个很高雅的名称，叫"杠杆收购"。杠杆就是我只要拿一点点钱，甚至没有钱用声誉抵押，让银行出全部钱把企业买来。这一过程本身没问题，因为社会上确实存在很有能力但是没有钱的人，银行的钱可以让某个英雄的才能得到充分发挥，使社会进步更快。但现实往往有两重性，并购同样为一些企业施行欺诈提供了方便。现实往往如此，经营者显示其能力的场所也是社会上骗子兴风作浪的地方。资本市场并购最热闹的时候，一些不怀好意的企业趁火打劫，还没有开始具有实际意义的并购，有关这个企业可能发生并购行为的消息已经满街流行。这是西方从 20 世纪初至今时常出现的奇特现象，相应的并购会计就在这样的背景下争吵不休着发展了起来。对企业并购核算时采用购买法还是权益结合法的问题，以前会计课堂上，任课教师一般会把两种方法讲得煞有其事，然后很肯定地告诉同学们，购买法是合理的、科学的，权益结合法是不恰当的。实际上，这两种方法都不完美，从反映并体现企业并购的基本原则要求而言，很难说购买法比权益结合法更好。购买法最大特点是按照市价交易，市价需要进行评估，价值评估为人为操作提供了极大的空间。但权益结合法将直接加总并购企业资产账面价值，没有多少人为操纵空间，不容易进行欺骗，从而决定了人们对两种方法的选择偏好。购买法中有一个评估价，评估价之上还有个支付价，支付价和评估价的差在会计上叫"并购商誉"。有关并购商誉的核算，又给会计带来至今仍争议颇多的难题：减值测试决定商誉的摊销，还是以固定年度内平均摊销决定商誉资产的处理。与并购活动密切相关的"投资"，同样也是现代会计实务的难点。投资是采用成本法还是权益法？到了年底，合并报表还是不合并报表？以前坚持51%的原则，后来由于企业规模扩大，股权高度分散，拥有公司5%的股权就算得上大股东，就把重大影响作为企业合并报表的标准。但什么是重大影响？董事长、总经理、财务总监三个都是一方派的，甚至只要有其中一个是一方派的就算重大影响。站在公司治理的角度，有许多不同的说法、做法，现行会计在这方面所有规定与处理，根本没有真正体现企业合并以后经济活动的实质，也没有真正发挥好会计对企业并购应有的正向引导作用。所以西方的企业会计一路走来，一直面对着一个非常严峻甚至严厉批评的环境。对这样充满对会计挑战的环境进行理性分析，对端正我们对会计基本理论的认识很有助益。

3. 现代金融环境直接影响会计

如果说西方会计以市场为背景，则这样的市场在现代主要是金融与资本，最糟糕的状况是金融成为资本。因为金融无非是经济的血液系统，为货币流通提供管道。金融就是把全社会的资源串通起来予以盘活，从而发挥最大的经济效用，仅此而已。这样的疏通功能对社会、企业以及个人都很重要。我们应该认识到，金融对参与社会经济活动的各方，就实质性财富而言不增加任何东西，只是为经济活动创造更丰富多样的财富提供活力与生命力。就像大禹治水的时候，水、土还是那么多，把土疏通了，水就活了，不疏通，水就死了，土也荒芜了，人居无定所。所以，金融充其量只是货币的通道。货币没有金融这个通道，就不可能拥有自由作用的空间与能力。有了金融，货币才成为价值尺度。马克思对此说得更明白，货币必须变成资本，资本只有流动才能实现增值。钱不转化为资本，资本不流动，整个经济就将是一潭死水。资本是什么？资本是一个唯利是图的钱，资本来到世界唯一的使命是获利。现在我们创造了一个非常奇怪的名词，叫金融资本。金融资本给我们带来一个非常奇怪的现象：钱生钱。如果一个社会仅知道并满足甚至痴迷于钱生钱，绕开实体经济与具体产品、服务，只图钱直接变成更多的钱，这个社会的财富就内含着越来越多的泡沫，虚假的繁荣最终会带来社会经济灾难。如果钱真的生钱，你把钱拿来埋到地下，第二年能不能长出钱来，结出更多的钱，这显然有违常理。我们在财务管理课堂上，开篇讲价值、资本成本，后面讲很重要的资本结构、货币的时间价值、投资的风险价值。货币的时间价值讲的是什么？今天的一块钱，比昨天的一块钱更不值钱。但是，我们却忽视了资本市场的基础是产品与服务市场，即生产与生活资料市场。离开了产业以及产业市场，资本市场包括财务管理就成了无本之木，无源之水。由于我们理论与教学的疏忽，现实中会计人员工作理念严重"缺钙"，不自觉地形成就会计论会计、就财务论财务的工作习惯。1983年，上海会计行业评职称，需对参评者即会计人员进行考试，其中两个考题很有意思。有一个填充题目，题型是"变本加（ ）"，成语填空。正确答案是"厉"，但80%的会计人员写成利润的"利"。会计职业病如此明显。另一个题目是有关管理会计：证明100＝106。怎么证明？在年利率6%的情况下，一年前的100元与一年后的106元相等，其中100元是106元的现值，106元是100元的终值，这就叫货币的时间价值。100元放在手里，一年后变106元了吗？存银行，银行的钱怎么变得更多？银行说我们放贷，贷款收利息。问题的关键是贷给谁？贷给生产经营者，提供更多满足需求的产品与服务，会创造更多的价值；但贷给骗子，骗子骗到钱就走了，最后银行形成不良资产，存在银行的钱不但6元没有，100元也没有了。金融资本创造了钱生钱的概念，结果误导了人类。如果一个社会简单片面追求钱生钱，会给整个经济带来非常不好的后果。为什么传统的马克思的政治经济学具有真理性的存在意义？因为其强调劳动价值论，即价值必须通过劳动创造。C＋V＋M＝W叫产品价值。产品价值有三个组成部分：利润、工资、物化劳动。M是谁创造的？根据马克思的理论，V创造M，V＋M叫劳动创造的价值。M是给资本家的，现在叫股东，V是员工。员工创造了那么多，最后还要给资本家。这带来很多研究空间：假如V＋M是价值，V比重大还是M比重大？公司高管薪酬是V还是M？所以会计的发展最后还是回归到传统理论当中。C是否创造价值？C不创造价值，但是金融资本告诉我们，C也应该创造价值。所以财务上不讲C＋V＋M＝W，财务上讲一个更好听的名字：公司价值创造的驱动因素。美国经济学家拉帕波特的股东价值七因素分析告诉我们，钱也能创造钱。这就是会计对传统理论的一种扭曲性改造。会计在这个过程中将上述许多的概念、观念落地。如我们把C＋V叫成本，那么"利润"M = W – (C + V)。会计说，这个利润是谁带来的？成本带来的，不然哪来的变本加"利"一说。在企业竞争理论当中，有成本领先的战略。成本越低，利润越多。这样就模糊了一个很重要的事实，在 C + V 中，C 也是分享价值。C 分享一点价值无所谓，但如果 C 是价值的大头，那就麻烦了，会计对创造价值的决定因素人力资源的激励就落空了。因此，在会计的背后，有很多管理学、经济学理论值得细究。

4. 企业跨国经营形成会计挑战

第二次世界大战结束时，西方会计形成了相对完整的格局。如果说1850年是现代成本会计成型的标准时间的话，到第二次世界大战结束，会计有了非常明确的分工：对外是财务会计，对内是成本会计。由于西方在20世纪下半叶没有了战争，所以资本，特别是金融资本，开始全球流动，带来资本的跨国流动。这种跨国流动是全球产业进行重新布局的必然结果，并产生跨国公司会计。跨国公司会计跟一国的会计并不完全一样，跨国公司会计有三大挑战。第一大挑战是外币折算。中国以人民币作为本位币，在美国用美元，在英国用英镑。不同的货币之间有不同的汇率。会计要怎么做？这就是外币折算的问题。第二大挑战是通货膨胀。什么叫通货膨胀？不同国家货币的购买力是不一样的，货币购买力的变动也是不一样的。外币折算是货币量的概念，通货膨胀是货币实质的概念。从理论上讲，如果折算为同样的货币，购买力应该是一样的。外币折算过程中产生一个非常奇怪的指标，叫汇兑损益。美国商人30年前给中美合资企业投了10万美元，30年前汇率为1美元 = 2.8元人民币。后来人民币贬值，最高达到8点多，原来1美元值2.8元人民币，现在值8元人民币。不同的汇率算出的人民币不一样，但10万美元还是10万美元，投资的时候汇率是2.8美元，他只能按2.8转换过来。等汇率为8的时候，企业会不会把股本调高？不会，但这个差价总是存在，故出现了汇兑损益指标。这些汇率其实并没有实质意义，跟持有的股票、债券价格的变动是一样的概念。第三大挑战是税收。国际税收非常混乱，不同国家有不同的税收标准，会计要满足不同国家征税的需要。不同国家、不同税收的会计资料综合成整个跨国公司的会计报表时，给实际会计工作带来巨大困难。厦门大学的常勋教授，生前曾写过《财务会计三大难题》，这三大难题分别是物价变动、外币折算和企业合并。国际会计三大难题实际上就是这三大难题。外币折算、通货膨胀、国际税收决定了合并报表非常复杂，这也是资本在全球流动带来的。按照传统经济学理论，国际贸易是必然的。自然禀赋有差异，人与人之间有自然差异，国家与国家、地区与地区，自然禀赋是不一样的，因此人与人、地区与地区之间可以互补、交换。有的有这个资源优势，有的有那个资源优势，没有自然资源优势的有人力资源优势，比如日本。在这样的背景下，经济全球化并不是我们想不想、愿意不愿意的事情。但经济的全球化现在变得非常复杂。

从国际政治角度来讲，这种复杂性与17世纪中期签署的《西伐利亚条约》即国家主权观念为国际公认有关。《西伐利亚条约》确立了国家主权概念。以前国家是没有主权的。英国哲学家约翰·洛克认为，土地是人类的共有财产，没有所有权，谁的能力强就是谁的。所以哥伦布发现新大陆后说新大陆是他的，印第安人按现在的法律完全可以打官司。但那个时候太早，哥伦布发现新大陆是1492年，即1494年前面两年，国家主权概念尚未确立。《西伐利亚条约》是17世纪中期形成的，这个条约的形成使一个国家拥有世界所有人都必须尊重并承认的神圣不可侵犯的主权。这批人居住在这个地方，这个地方就是这批人的，这叫主权。其他人不经同意到这批人的主权地，叫侵略，可以到联合国维权。但是，国家主权确立后，经济活动面临了新的挑战，不同国家的经济交往必然发生。为协调这种极其复杂的经济利益关系，使其不偏离交易本质要求的轨道，就产生了国际会计。

5. 会计准则国际化过程中的政治博弈

前面论述那么多背景，目的在于说明会计和政治、经济紧密相关。所以20世纪下半叶，当战争消退，资本必然在全球流动，资本的全球流动掀起了国际贸易浪潮。国际贸易客观需要国际会计制度的有效建立并发挥积极作用。于是，1973年诞生了国际会计准则委员会。当然，1973年又是一个非常有意思的年份。就我们会计行业而言，是国际会计标准委员会成立，意味着在全球范围内有了统一的会计标准，有了一个国际公认的权威机构。但对整个社会发展而言，国际会计标准委员会的成立可能只是一个很小甚至是可以忽略不计的事件，1973年值得大书特书的应该是另两件对国际社会产生重要影响（当然也直接影响会计）的大事。第一，1973年布雷顿森林体系确定了美元在全世界决算货币的地位。美国什么都不做，在家里印钞票就可以到处买东西。美国年轻一代什么都不负担，只要刷卡，东西就给他了。社会经济信用形成了新的基础，从而对以历史成本为计量基础的会计制度产生了直接冲击，如何积极地适应市场经济发展要求，把会计货币计价与市场价格动态变化功能有效地协调起来，以使会计制度更充分有效地满足市场优化配置与管理资源需要,成为会计发展的内在要求。物价变动会计与公允价值会计,因此纳入了会计改革完善的备选之列。尽管我们至今尚未在会计货币计价如何进行才算是一个恰当的计量模式问题上达成共识,但所有有关会计计量问题的争议与探索,都毫无例外与货币本身角色身份与功能定位在现实中缺乏清晰而确定的答案直接相关。人类自 1973 年以来,货币制度实践中出现的各种各样的问题,都直接体现为人们对会计货币计价过程与结果的种种质疑,从而给会计信息的社会信誉带来了日益严重的挑战。1973 年还有一件重要的事:国际标准委员会成立。国际标准委员会的成立比国际会计准则委员会的成立更重要。西方有个"马歇尔计划","马歇尔计划"为战后经济秩序制定了标准,这些标准带来了很多需要全球推广、遵行的需求。这种标准涵盖了经济活动与组织管理的方方面面。比如 ISO,也叫国际标准化组织,就针对商业、组织、管理诸领域制定了很多带有门槛性质的标准,从而确保进行全球贸易的所有组织与个人在提供产品与服务、生产销售、财务与会计、研究与开发等方面,都有一些基本标准可以遵循,在全球范围开展有关质量与管理的认证,为实现经济全球化提供了一个准入门槛,从而为经济全球化的有序、有效提供了保障。经济全球化主要是商业全球化,首先要有个共同遵循的商业语言,会计便是这样一个商业语言的载体,所以 1973 年以后,国际会计发展迅猛。

至 21 世纪初,在国际会计准则发展的过程中,两个巨头发挥了决定性作用。一个是美国,一个是欧盟。美国认为自己的会计是全世界最优秀的,国际会计准则委员会的很多准则、条款的确定,更多地吸纳了美国相应会计准则的条文。当国际会计准则委员会准则规定与美国准则有所差异时,美国往往可以不买国际会计准则委员会的账,欧盟也是同样的情形。但当美国与欧盟在一些会计业务处理准则上不尽一致时,这种协调统一的难度就比较大。如德国收购美国的企业,或反之,双方曾经在合并会计规定上有所差异,美国只允许采用"购买法",而德国则还允许采用"股权联营法",在这样的背景下,双方协商共识的基础只能看国际会计准则了。21 世纪初,美国和欧盟是当时世界绝对不能忽视的两大经济体,这两个经济体不采用国际会计标准,国际会计标准就很难真正具有国际权威与地位。因此,1973 年以后,即使产生了明确的国际会计标准,但至 21 世纪初,在全球范围内其权威性仍相当有限,国际之说只具有名义而已,实际上对全世界的会计谈不上多少约束力。后来,国际标准委员会开始妥协,不再规定统一的国际会计标准,转而制定统一的对外财务报告标准，国际会计标准委员会由此改名为国际财务报告准则委员会。即便如此，国际财务报告准则在推动过程中也带来很多矛盾冲突。在这一过程中，中国的崛起，恰恰为推动会计国际化作出了重要的贡献。1993年开始，中国会计跟国际会计接轨，事实上更多地借鉴了英美两国，尤其是美国财务会计准则。至1998年，中国尝试统一公司会计制度，颁布了《股份有限公司会计制度》。到了2001年，为适应中国加入世界贸易组织（WTO）的需要，颁布了《企业会计制度》。同时，根据现实需要，分别制定并颁布有关会计业务与报告准则。第1号会计准则叫"关联方与关联方交易"，自此开启了中国会计准则的时代。当时，中国颁布会计准则面临一个很不好的国际背景：2001年安然事件发生，表明以美国会计准则为主的国际会计准则是有问题的。有问题怎么办？加上中国会计与美国乃至世界各国会计面临的内部经济、社会与政治、教育环境并不一样，使中国会计的国际化面临了极其严峻的挑战。为此，中国会计发展与国际会计准则的关系，由"接轨"转变为"协调"。在我国会计与国际会计接轨阶段，我们更多地是借鉴引用西方会计理论与实务。但与国际会计协调阶段，我们开始正视中国会计现实，在一些特殊领域与业务方面，更多立足自身解决问题的需要制定会计章法，而不再拘泥于国际会计那套教条。当然，就总体而言，中国在国际财务报告准则的遵循方面，无论是基本态度还是实际行动，比西方发达国家表达出了更大的意愿，从而使中国成为世界范围内的大国或重要经济体遵循国际财务报告准则的典范。2005年以后，随着中国《企业会计准则》完整体系的建立和颁布，中国会计与国际会计准则的关系进入了第三个时代：趋同。趋同阶段，表明中国与世界其他会计大国、强国在国际财务报告各项准则的制订与修订完善中拥有了同样的话语权，从而为中国在国际会计准则体系建设中发出更多声音提供了有效的通道与平台。放眼世界，国际会计如何确保公正、公平的国际经济秩序与环境，仍是一个极具挑战性的领域。美国挑起的中美贸易战，双方乃至世界都没有赢家，这表明会计在国际贸易领域尚未能为实现健康、文明的国际贸易提供有益的信息指导。美国认为我国侵犯了美国很多的权益。特朗普说美国跟中国做生意是逆差，中国跟美国做生意是顺差，中国在中美贸易中占了很多便宜。但事实并非如此！尽管很多利润算到中国企业上，其实很多的公司产品出口到美国所赚的钱，刚到中国就还给美国了。如华为的芯片从美国买来，制成的产成品如果出口到美国，中国算出口额，美国算进口额。但中国收到钱很快还给美国企业了，这个账并没有算清，这样算外贸的逆差顺差，并没有把这种贸易带给两国的真实利益算准确，导致公布的信息对贸易国双方都产生了极大的误导。特朗普只看到现行贸易会计的逆差数字，就简单认为中国买美国的东西买少了，中国占了美国便宜，而且很长时期都是如此，他不能接受。若果真如此，特朗普的情绪与报复行为完全可以理解，问题在于，这种简单的贸易顺逆差背后，并不意味着双方的真实盈亏。如果国际贸易会计能把这种贸易给双方国家带来实际利益的增减变动关系正确全面地反映出来，相信特朗普就不会如此粗暴地挑起中美贸易战。在产业链全球一体化前提下，会计用出口最终产品作为企业出口额的反映口径是有问题的。有一份华为的资料显示：拆开华为 P30，里面有 1631 个零件，其中日本的 869 个，占 53.2%；韩国的 562 个，占 34.4%；中国台湾的 83 个，占 5%；中国大陆的 80 个，占 4.5%。华为 P30 手机销售收入真正属于华为的占 4.5%。也就是说，给中国带来的收入中，有 95.5% 是给外国的。在这 95.5% 中，第一个大头是日本，第二个是韩国。但是在现行外贸会计当中，华为收入属于中国出口的 100%。这表明会计在国际化过程中，目前的准则做法已经落后于现在国际经济交往的事实，难以真实反映国际贸易带给贸易双方利益增减变化的基本面了。会计在这方面成了经济国际化的障碍，也为全球狭隘的民族主义逆国际化行动提供了口实，从而对世界人类经济文明进步造成了困扰。从根本上说，会计应该协调并促进和谐的社会关系，而不是算账到最后，使国际交往的双方都愤愤不平，好像谁都在上当受骗，几乎没有赢家，最终回到自给自足的经济状态才是最合理的。会计如果最终都是这样的效果，那这样的会计还不如尽早退出历史舞台。会计应该是算到最后，大家都心平气和、心满意足，都非常感谢对方与自然，从而证明交易带给我们丰盈物质世界的同时，也让我们拥有了一个互敬互亲、互信互爱的世界，这样的会计才是人类所需要的。

以上就是西方会计从 1850 年一路走来的历史。现在中国的会计也在走西方的路子，所以我们把中国现在走的道路同样归到西方来考察。在这里，我们不求丝毫不差地反映已经走过的会计历史之每一刻与每一次变化，只是试图把会计已经过去的大致存在，置于人类文明进步的大背景下，予以观察、检讨，从而对会计是不是做到人类满意之程度进行理性思考，有助于我们克服满足于从会计已存在的历史中概括会计基本特征与本质要求，这种习以为常做法的致命不足，真正地做到跳出会计看会计，使会计理论回归本源，使会计制度站稳脚跟，使会计职业铭记初心，使会计学术牢记使命。总之，这样做有助于我们更加深刻地认识当代会计。显然，对会计的这种认识，并非简单从既有的会计理论实务层面入手，而应该建立会计理论思维的大框架，不仅看会计的内在机制，更要看会计赖以生存发展的土壤，以及会计制度与信息的经济后果。会计经济后果很重要的一点，是导致了利益关系的变化，因此会计首先要把所需维护与追求的利益关系以及真实的利益关系完整展现出来。如果会计反映扭曲了利益关系，或会计失去了对人类文明进步需要的利益关系的保护与追求，那么，会计往往成为利益矛盾的滋生地与催化剂，在人类利益关系管理中只能充当搬弄是非的角色，而在整个国际化环境中，又容易误导国家与国家、民族与民族、企业与企业之间的关系，加剧人类内部的不协调性。显然，这样的会计不是人类所需要的。现实会计如果误入歧途，应该幡然悔悟，知耻后勇，脱胎换骨，彻底变革自己的理论与实务，从而早日赢得人类应有的信任和尊重。

## 八、东方的会计

我们已习惯于把东方定义为地球上先看到太阳升起的区域，这可能也是东方文明在人类社会开始很长一段时间一直遥遥领先于西方的地理优势所在。西方赶超东方的时间点，学术界存在很多不同的说法，但我比较赞成这是一个漫长的过程，即一个很长的时间段，而不会也不可能是某一个具体的时间点。最近有个视频，内容是北京大学张维迎教授在毕业典礼上一段慷慨激昂的讲话。他说，从 1500 年开始到现在，中国对世界科技的贡献等于零。按此说法，中国现在的大学，包括北京大学，对中华民族的实际贡献，可以说是非常有限的。因为最终意义上，一个大学的实际贡献，主要体现在对所在国家科技发展的引领上。张维迎教授的观点可能偏激，但值得中国高校尤其是中国教授们好好反省。1500 年后中国在国际上确实慢慢落伍了，尽管之前的中国在世界上长期处于领先地位。现在回顾整个人类发展的历史，我们不禁愤愤不平。中国曾对整个人类作出了"四大发明"等贡献。当中国发达的时候，我们根本不讲什么产权，与全世界分享自己的发明，但等到西方发达了，我们想分享，西方给我们讲产权保护。这种产权保护还是不保护的背后，实质上是经济利益的博弈。这种产权对经济利益流转的决定性作用，恰恰是通过会计实现的。现在的会计制度，一定程度上是产权制度的产物。人类历史的长河具有连续性，从起源到现在，中国对世界做出了诸多贡献，西方也是，可以说是东西方共同努力的结果。人类发展包括科技进步，更是东西方智慧的共同结晶。对这样的人类发展历史，如果运用会计原理来表述，应该运用合并报表的方法，这种合并可能既有横向意义上的合并报表，又有纵向意义上的合并报表。纵向合并报表，从中国的角度看，是把从大禹会计到现在的会计合并成一个报表，叫中国会计。而横向合并，是把东西方整个世界看成一个完整的整体，并以各个不同时间点或时期呈现出来的世界会计。如此，可以为我们全面客观地认识会计产生发展的基本动力、运行轨迹以及内在机制，进而揭示其内在规定性（会计本质），提供一幅可以观察、验证会计存在与发展的，背景真实生动、场景丰富完整的壮丽画卷。

当然，国际学术界也有一种说法，认为中国与西方的大分流即落后于西方的时间点，是1800年。1800年是清代。也有人说是1500年，或者是1445年，即1445年德国古腾堡印刷技术革命，导致西方在文明知识传播上比东方拥有了快得多的速度和效率高得多的知识正确性验证机制。印刷革命使西方出现了文艺复兴运动，而作为现代会计产生风向标的复式记账知识，恰恰于1494年首先见诸意大利出版的一本数学书籍中。之前，西方最时髦的职业是书记员，帮人抄东西成为传播知识的主要方法，这种方式使书籍知识的传播速度很慢，范围也相当有限。一旦有了大量印刷的技术，作为传播知识载体的书籍便可以更容易地获得。但在中世纪文艺复兴时期，根本没有严格意义上的产权一说。因为整个社会没有知识产权概念，所以基于人类实践形成的各种具有一定个性化的书面知识，只要为更多的人认同接受，就可以汇总起来，通过印刷供大家分享，那时谁汇总知识，出版的书就署上谁的名。卢卡·帕乔利就是这样把零散存在于当时威尼斯社会上的一些他认为实用的知识汇编成《数学大全》一书正式印刷，他就成了这本书的作者。其实，这本书的全部知识，真的属于卢卡·帕乔利创造的或贡献的，可能微乎其微。由于复式簿记知识就世界范围来看，正是由于卢卡·帕乔利1494年印刷出版的《数学大全》而得以正式传播，以后所有的会计知识与技能的介绍书籍，几乎都转抄了此书，卢卡·帕乔利作为一名职业的、算不上国际顶级的数学家，就这样毫无精神准备地获得了现代会计鼻祖的美誉。会计学的这种思想源头之说，当然来自西方知识主宰了当前世界这一现实。但若从中国会计实践历史看，把1494年作为会计思想的唯一源头，似乎并不那么自然。事实上，如上所述，远在1494年前，在中国文字记载的历史上，如《周礼》《孟子》《战国策》以及《史记》中，均已有了非常明确的会计两字，而且是作为很确定的职业与工作技能专门知识而存在的。那么，现在我们研究会计基本理论，必须立足整个世界会计产生发展至今的全部实践，中国会计的历史无疑是其中不可或缺的重要组成部分。由此，决定了确切地回答会计基本理论问题，对于中国会计学者而言，不能也不应该回避远在1494年以前就客观存在的丰富而确定的中国会计实践以及体现的会计思想。中国文化源头会计实践体现的会计思想，我们可以概括为以下几点：赋善心、扬善意、规善行、励善举。

### （一）赋善心

《诗经》是中国最早的诗歌总集，它表达了中华文明初始的各种原始思想，其中我们也可以找到点滴会计思想的火花。如在《诗经·小雅·角弓》中有一句：

此令兄弟，绰绰有裕。

不令兄弟，交相为瘉。

意思是，善良的兄弟，会过上丰衣足食的日子。假如不善良，会百病缠身，生不如死。这反映出在中国文化源头，有"善"的基因。而这种朴素的善意必然体现在各种各样的善举上。《诗经·小雅·小明》讲得更透彻，真诚告诫人们："靖共尔位，正直是与；神之听之，式穀以汝。"意即每个人必须知晓并守住自己的本分，以社会认同的正义标准对接触的每一个人与所做的每一件事作出判断；上天会看着你是否做好了一切，善恶定有相应的回报（也可解释为：细心认真地听与思，以善及众人为人生的本分）。这是提醒统治者必须当好社会善意的榜样。事实上，中国传说中尧、舜、禹诸领导，无不都是德才兼备，而且吃苦在前，享受退让，全心全意为人民大众做好各种服务的。我们祖先这些善举的实施，必然产生原始的衡量、度量、计算、规划，从而萌发了简陋而直观的会计行为，成为中国会计实践的起点。因此，中国的会计源头，事实上是原始人类表达并实施善意行动的基本思维活动，从而对原始人类行为产生了直接的指导作用。对于这一点，《孟子·离娄章句上·第十二节》表述得更直白：

孟子曰：居下位而不获于上，民不可得而治也。获于上有道：不信于友，弗获于上矣；信于友有道：事亲弗悦，弗信于友矣；悦亲有道：反身不诚，不悦于亲矣；诚身有道：不明乎善，不诚其身矣。

大意是，如果不能获得领导的信任，你将一事无成。赢得领导的信任首先要赢得朋友信任，赢得朋友信任首先要赢得父母的信任，赢得父母的信任首先要有足够的孝心。孝是什么？百善孝为先，你行了孝道，要表明具有足够的善意。不难理解，这种孝与善，在原始状态下，主要表现在享用物质层面上，会计就为古人解决好这些问题提供了基本的思维模式和计量分析手段。会计在原始意义上，就是为了使整个社会要求的基本"善"落实到每个微观主体和个人日常生活与行为中。一个社会只有倡导所有公民具有善心，并建立了确保这种善意落地的具体会计制度，这样的政权才具有民心基础。反之，如果社会不提倡善，提倡唯利是图，会计必然成为"恶"的帮凶，则整个社会文明进步就无从谈起。

### （二）扬善意

《战国策·齐策》里面有个《冯谖客孟尝君》的故事。冯谖是孟尝君门下的食客，懂会计。孟尝君门下食客很多，冯谖非常挑剔，但孟尝君度量很大，一一满足冯谖提出的过分要求。有一年，孟尝君要派人到薛邑去收债，收债的人必须懂会计，问门下的食客谁会会计，众多食客中只有冯谖站出来说自己懂会计，于是冯谖帮助孟尝君到薛邑去收债。冯谖问孟尝君，他去收债，需要帮孟尝君解决什么问题？孟尝君讲了非常有意思的话："视吾家所寡有者"，即你看我家缺什么，你就收什么。这句话冯谖听懂了，于是"驱而之薛，使吏召诸民当偿者，悉来合券。券遍合，起，矫命，以责赐诸民。因烧其券。民称万岁。"在那时，欠债有两个凭证，孟尝君手里有个凭证，欠债人处有一个凭证，两个凭证对在一起，欠债成立，双方都不能抵赖。还清债，双方当面销毁所持凭证。当年薛地受灾，老百姓收成不好。冯谖到了薛邑，加集所有欠债户，当面拿出自己所持的所有欠债凭证全部销毁，免了所有百姓所欠之债，这使百姓非常感动。冯谖回去向孟尝君交差。孟尝君问冯谖把债全部收回来了吗？冯谖说全部收回来了。孟尝君问在哪里？冯谖说："君之'视吾家所寡有者'。臣窃计，君宫中积珍宝，狗马实外厩，美人充下陈。君家所寡有者，以义耳！窃以为君市义。"你不是说缺什么让我收什么？您家中什么都不缺，唯缺人心。我把百姓欠债全部销毁，把您最缺的民心全收回来了。后来，孟尝君在齐国受排挤的时候，薛邑的老百姓举倾城之力扶持孟尝君，最后成就了孟尝君在齐国的东山再起。因此，在中华文化的源头，会计不仅是在"善"的基础上对债务、交易等进行公正的记录，也是施行、发扬善行的过程。

## (三) 规善行

"规善行"指整个社会对物质资源调配的规范,涉及《周礼》《礼记》《管子》等。在国家层面,国家每年的预算及公务员的俸禄均有严格规定。如在《礼记·王制第五》中记载,每耕种三年,必有一年的余量,耕种九年,必有三年的余粮。若一个国家没有耕种九年所留存下的物资,即可认为财政不足。国家以三十年的平均收入来制定开支,即使遇到自然灾害,老百姓也不会挨饿,诸侯的俸禄方面则根据对等于农夫种田所养活的人数所定。上等土地的农夫每一百亩产量可养活九人,中等养活七人,下等五人。在政府当差的下士比照上等土地的农夫,即发放可养活九人的俸禄,中士的俸禄倍于下士,可以养活十八人,上士俸禄可以养活三十六人,下大夫的俸禄可以养活七十二人等。在市场交易方面,《周礼·天官·内宰》中记载,在设立交易市场时,要合理安排市场内的店铺,分类陈列,并出示长度、容量单位标准,布帛宽度、长度的标准。在宏观调控方面,《管子》中记载,当丰收的时候,民间有过量的物。这时官府将物收购进来,钱出去,将物掌握在官府手中。在歉收的年份,物价飞涨,政府便把库存卖出去。一方面可以平抑物价,另一方面可以将民间的钱收回政府手中。这样,政府物越来越多,钱也越来越多,老百姓手里的钱和物够自己花就行,多余的必须掌握在官府手里。这种宏观调控机制不仅能有效调控市场,同时有利于缩小国家内部的贫富差距。《管子·国蓄》中记载:"民富则不可以禄使也,贫则不可以罚威也。法令之不行,万民之不治,以贫富不齐也。"因此,政府的宏观调控将商人囤积、财富兼并带来的贫富差距缩小,有效维护社会稳定,铸就了齐国在春秋时期的霸主地位。所以毫不夸张地说,《管子》比亚当·斯密的《国富论》要高明得多。但可惜中国国际化没有做好,郑和下西洋的时候若将《管子》流传至世界各地,或许后面就没有亚当·斯密了。

## (四) 励善举

励善举是中国传统文化中的主旋律,代表人物是春秋时期的范蠡。范蠡作为中国商人的代表,对中国经济做出很大贡献。范蠡发明了秤,规定1斤的重量是16两。这个重量是如何标准化的呢?范蠡认为,天上定的东西很重要。北斗有7星,南极有6星,加起来是13。另一种说法,人有四肢与九窍,13个要件对人的身体与生活而言,一件都不能少。因此,中国早期的秤是 13 为一个计量标准，表明这是天理人伦的体现。但实践后，这个数字含义对人的规劝、教育、警示的直接作用有限，于是又加了 3 两，分别代表福、禄、寿，最终形成了 16 两代表 1 斤的传统。这传达了非常重要的文化概念，如果在计量时，少了 1 两，福没有了；少了 2 两，禄没有了；少了 3 两，寿没有了。这样，在整个社会范围形成了不敢缺斤少两的文化，诚信通过秤的使用成为社会风尚。范蠡还有一个发明，是聚宝盆。聚宝盆是朝天的，肚子很鼓但鼓得不满。聚宝盆有三个足，三个足代表天、地、人。为什么肚子朝天？天下财要全部归到它里面，中国古代讲计利当计天下利，还有一句话叫求名应求万世名。为什么肚子是半圆的？表明不能太贪。除了秤和聚宝盆，范蠡人生最为闪光的不仅是助勾践复国，更突出体现在辞官经商的三起三落上，每次都能发大财，但都把积聚的巨额财产奉献了社会。范蠡在做生意的过程中，年终核算自己所赚的钱，一半自己留下，一半返还给同他做生意的人，即利益共享。同时，范蠡极会调动社会资源。在这方面，范蠡有个著名的无偿运马故事。云南人要买他五百匹马，但当时社会不安定，运到云南路上不安全。这时正好有位卖丝绸布艺的商人，需要运送一万匹布到云南，苦于找不到运送的商家。范蠡便提议说他可以免费帮助商人运送布匹。由于当时各经销商有专门的商道，商道全程的安全非常有保障，若范蠡利用商道单独运输马匹，需要付使用商道的钱。实际上，范蠡帮商人运送布匹的过程中，将马一同安全运送到了云南，途中由布商提供安全保障。这在商场创造了给人方便又使自己获利的双赢典范。

在中国历史上，善举有很多的含义，共享共赢，把社会资源盘活，带来的利益不能一个人独占等。这些含义在中国传统文化中非常明显，而这样一种文化，完全是依靠会计才落实到社会的各个层面。所以，我们作为中华民族的后代，需要去面对这段历史，去研究、探索中国传统的会计。随着信息化时代的到来，共享共赢已成为全世界大势所趋，表现出了回归东方的必然。长期以来，西方凭借突出个人主义、个人自由、私有产权、私有制，产生了辉煌的资本主义，也激发了工业革命和科学革命，带给全人类目前高度的物质文明。但物质财富丰裕后，社会公平与正义变得更为重要。为此，整体、长期主义就自然拥有了社会需求。在当今世界，东方人讲整体、共享、共赢的传统思维，似乎拥有崭新的生存与积极作用的空间。总之，信息化的发展，已把人类客观地推进到了共享共生时代，从而给以中国人为代表的东方人带来了一个传统文化全面复苏的机会。或许，在工业化转向信息化的开始，已成为国际惯例的西方文化，对时隐时现的东方文化表现出明确不适以至于抵触。但我们不能自惭形秽，自认中国传统文化落后而不敢弘扬。既然信息化是不可阻挡的历史潮流，那么，东方文化的回归可能并不是东方人的一厢情愿，而是人类社会发展到信息化后的内在要求和必然结果。文化的回归，需要通过会计制度实现。会计随着信息化的发展，真正形成一个对人类文明有支持作用和积极贡献的新型制度，中国传统的会计精神与智慧可以提供强大的理论源泉。中国传统会计精神的弘扬，必须与西方现行占主流地位的会计制度完善地融为一体。这样，才有可能形成对人类文明真正产生促进作用的会计制度。

我们讲历史讲到现在，无非要告诉大家，西方的会计为人类文明做出了巨大贡献，但中国的文明也不是白纸一张，因为历史上中国也有自己的存在，而将来的历史很可能是东方和西方融为一体共同创造的。在这个过程当中，迷信西方是没有必要的，盲目自吹自擂中国的文化也是没有价值的。未来世界的发展应该是东方与西方的文明通过会计制度的完善得到融合，这样的文明才是我们需要的，这样的会计恰恰也是我们要去追寻的。历史如果给我们启示，最为深刻的可能就在这一方面。

## 本章参考文献：

小艾尔弗雷德·钱德勒，1987. 看得见的手：美国企业的管理革命[M]. 重武，译. 北京：商务印书馆.

利特尔顿，1989. 会计理论结构[M]. 林志军，等，译. 北京：中国商业出版社.

迈克尔·查特菲尔德，1989. 会计思想史[M]. 文硕，董晓柏，译. 北京：中国商业出版社.

何建章，1990. 战国策注释[M]. 北京：中华书局.

顾城，1995. 顾城诗全编[M]. 上海：三联书店.

常勋，1999. 财务会计三大难题[M]. 北京：立信会计出版社.

亚当·斯密，2000. 国富论[M]. 陈叶盛，译. 北京：中国人民大学出版社.

斯宾格勒，2001. 西方的没落[M]. 齐世荣，译. 北京：群言出版社.

中华人民共和国财政部，2001. 企业会计制度[M]. 北京：经济科学出版社.

黎翔，2004. 管子校注[M]. 北京：中华书局.

马克思，2004. 资本论：第3卷[M]. 北京：人民出版社.

杨天宇，2004. 礼记译注[M]. 上海：上海古籍出版社.

卢卡·帕乔利，2009. 簿记论[M]. 林志军，李若山，李松玉，译. 北京：立信会计出版社.

马克思，2009. 资本论[M]. 郭大力，王亚楠，译. 上海：三联书店.

约翰·洛克，2009. 政府论[M]. 瞿菊农，叶启芳，译. 北京：商务印书馆.

中华人民共和国财政部，2000. 股份有限公司会计制度[M]. 北京：中国财政经济出版社.

丹尼尔·雷恩，阿瑟·贝德安，2012. 管理思想史[M]. 孙健敏，等，译. 北京：中国人民大学出版社.

戴维·斯托克曼，2014. 资本主义大变形[M]. 张建敏，译. 北京：中信出版社.

利特尔顿，2014. 1900年前会计的演进[M]. 宋小明，译. 北京：立信会计出版社.

诺兰·麦卡蒂，基思·普尔，2014. 政治泡沫[M]. 贾拥民，译. 北京：华夏出版社.

亚里士多德，2015. 形而上学[M]. 康雪，王钊，译. 北京：北京理工大学出版社.

亚当·斯密，2016. 国富论[M]. 贾拥民，译. 北京：中国人民大学出版社.

迪尔德丽·麦克洛斯基，2018. 企业家的尊严[M]. 沈路，等，译. 北京：中国社会科学出版社.

# 第六章 会计基本理论结构

## 一、会计与统一认知框架

### (一) 会计发展需要高雅的会计理论

会计基本理论,试图回答会计产生与发展的一些基本问题,重点在会计"应该是什么"以及"已经是什么"这两个问题上,对会计应具有什么样的社会角色、功能定位、结构体系以及目前运行状况,有个较为系统的认识,从而更好地理解会计内涵,做好会计学术与实务工作。研习会计基本理论,必须对会计的一些最基本的实务依据的基本原理已经有初步了解。这是学习与研究会计基本理论的必要前提,也是我们会计学术研究必须讲究的辩证法。我们对会计有了感性认识,才有可能上升到理性认识高度,把握会计的一些基本命题。

以上围绕"会计是什么"以及"什么是会计",与大家分享了个人的一些分析与思考,主要目的是想围绕会计基本理论问题,与同行做一个较为广泛、自由的深度沟通。为了保证这种沟通的质量,本书在讨论、分析会计基本问题过程中,尽可能运用一些公认、权威的说法、做法与史实,以保证我们对会计本质这一基本命题的讨论与判断结论具有可检验的特性,具备应有的学术质量。现实中的会计,已非常清楚地表现为一系列实务。首先,基于经济业务,做会计分录;然后记账,即通过总账、明细账,借助于平行登记,应用账户体系和借贷原理达到了静态和动态的平衡;最后定期进行结账,按照规定的格式完成内部与对外会计报告。在此基础上,建立了外部审计和内部审计制度，从而形成了完整的现代会计制度、组织和职业体系，这是目前会计理论赖以成立的基本实务背景。

当然，我们在会计基本理论的研究中，首先想为思考会计本质属性，这一决定会计产生与发展基本动力与方向的命题，建立一个有别于目前通行做法的思维模式，从而为统一对会计基本问题的认识，也为消除有关这方面的误解与分歧，建立容易统一认识的整体性会计认知框架。这样的会计观察视角，表明我们从事会计工作应怎样认知会计，也要有一个世界观与方法论问题。会计发展到今天，非常需要会计行业具备有效而科学的自我认知能力。即使从 1494 年算起，现代会计发展至今 500 多年，对于人类而言也已经是一个不短的时间。多少代会计人不懈努力，终于形成了我们现在非常熟悉的相对稳定和成熟的会计模式。回顾现代会计走过的历史，其实给当代会计职业带来荣光的同时，也带来了很多极其困扰而必须痛苦面对的现实。在当今社会，会计行业似乎分成了高雅和低俗两个群体，前者居然是阳春白雪，后者倒成了会计行业的主流。如此，我们研究会计基本理论，首先不能回避这种自己心中会计的自我定位。简言之，高雅的会计观，是认定会计具有历史使命感；低俗的会计观，只是把会计当成养家糊口、牟取名利的手段。对于一名尚未进入社会的会计专业学生，正确的自我定位特别重要。

### （二）会计职业的自我定位

会计基本理论，某种意义上是要解决会计自我定位问题，期望培养出更多的具有会计使命感的专门人才，以使会计行业赢得更多的社会认同与尊重，从而在社会文明进步中发挥积极作用。当然，每一名会计专业的学生，具备的可能只是一些对会计的朴素认识，研习会计仅仅为了顺利就业而已，还没有真正意识到会计使命感问题，更不会去考虑自己将来当一个高雅的还是低俗的会计。不过，从社会角度看，尽管没有把会计看成低俗的职业，但在高雅的职业中绝对找不到"会计"两个字。更令会计业界不可忽视的是目前会计行业一而再、再而三地出现信息质量令人大失所望的问题，严重歪曲了会计的社会形象，会计行业的公信力江河日下，直接威胁着会计事业健康发展。如此严峻的现实表明，在学校里，端正学生与教师对会计的基本认识，赋予会计行业正确而坚定的自我认知，对重树会计的正面社会形象，恢复大众对会计的信心，具有特别重要的意义。会计基本理论正是试图解决这一会计教育根本问题而进行的探索。

会计行业所面临的现状不容乐观。你唱一首歌，跳一个舞，朗诵一首小调、古诗，人家还可以认同为高雅。但现实中，我们确实找不到一点点对会计高雅气质的认可，社会对会计的各种评论更是负面大于正面。而一些少得可怜的对会计的正面评论，可能也只是会计界的自我感觉，以至于成为一种会计的自娱自乐。这样的社会现实背景，是会计行业师生必须面对的。从中国传统文化角度看，我们每个人都希望往高处走，相信没有哪个人想学或愿意去从事一个被社会普遍认为比较低俗的专业。会计职业社会形象不佳的局面必须改变。为此，需要我们会计行业自觉奋发重新认识会计。从人类文明进步这个角度，来对会计进行再认识，从而厘清会计与人类文明进步的内在逻辑关系，唤起人类社会重视、支持会计的热情，激发会计行业履行人类文明进步职责的自豪感与责任感、使命感，是我们解决会计发展内在乏力问题的积极努力。这种努力具体体现在会计基本理论这一门课所讲述的内容上。会计基本理论这门课，正是试图告诉大家怎么看待会计的一个基本框架。

（三）认知框架决定信息意义

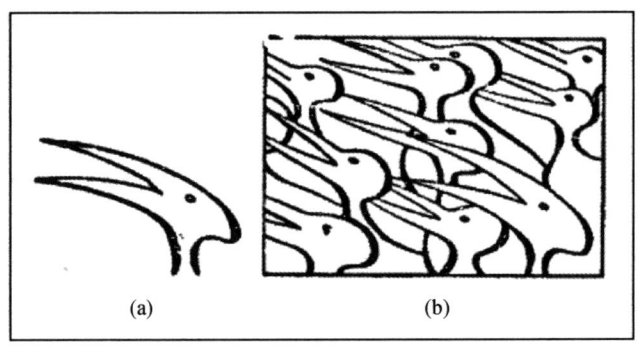

图6-1 鸟与羚羊图

图6-1大家比较熟悉，萨缪尔森的《经济学》开篇就用了此图，表明同一个客观存在，不同的观察框架可以看出截然不同的结果。图6-2这张在西方广泛应用的图更为夸张。

是年轻的女子还是年迈的老妇？《可靠的知识》这一本书也应用了此图，作者调侃问，图上是他的妻子还是他的丈母娘？他也搞不清。这表明，所有的知识，只是为人类观察、认知客观提供了规范的思维框架。这同时表明，认知框架对于人类很重要。这个世界是什么样子的，并不只取决于客观存

图 6-2 美女与老妇

在，还取决于我们以什么样的视角与框架去观察客观。因此，我们看到了真实的客观世界，这句话其实是非常没有道理的。所谓真实不真实，都是按照你的框架来看，然后得到的结果。而这个框架得出的结果你认为很真实，对于没有或不认同这种认知框架的人而言，这种真实性根本不能成立，对会计也是如此。我们可以这样来理解，会计基本理论课堂上，是要解决一个给学生正确观察、认知会计的基本框架问题。

## 二、会计理论、实务的理想与现实

### （一）同一个通用汽车的两种观察视角

我们可以引用管理学发展历史上一个非常有趣的例子来说明认知框架的重要性。1946 年，管理学家德鲁克应通用汽车公司（General Motors，GM）邀请，对该公司进行实地研究，我们现在叫"田野研究"。一年半时间，GM 给足经费，指望能为公司把脉并仙人指路。德鲁克也很卖力，认真调研加思考，写出了一本书，即是影响了几代人的《公司的概念》这一著作。但是，GM 的领导看了这本书之后，肺都气炸了。因为德鲁克并不只是为 GM 把脉，其仙人指路的对象是所有公司，尤其是大公司，而对 GM 组织与管理而言，根本没有直接指导价值。同时，GM 高层认为，德鲁克根本不知道 GM 究竟是什么，甚至有点恶意歪曲 GM 的嫌疑，因此完全不符合 GM 的现在以及历史，更不能对 GM 走向未来有任何指导意义。对德鲁克意见最大的，是当时 GM 的 CEO 斯隆，他认为德鲁克讲的是作为一般公司的未来，而未回答 GM

的现在与未来。为此，斯隆很生气，一气之下写出了自己在 GM 的经历与感悟，并于 1964 年正式出版。斯隆这本回忆总结性质的关于他在 GM 所作所为的书，一经出版就成为奠定现代管理学上很多原理的基本教科书。这本书就是现在我们大家都知道的《我在通用汽车的岁月》。事后看来，德鲁克与斯隆这两本书，出于完全不同的公司认知框架，但都强烈地感染了广大读者，以至于直接影响了管理理论与实践，都成为当代管理学的经典。

对此，我们假设，若德鲁克写书时就跟斯隆进行充分沟通，或许不会有《公司的概念》，也不可能有《我在通用汽车的岁月》。德鲁克应该是从终极意义上探索了"什么是公司"；而斯隆显然是从如何成功组织与管理公司的角度回答了"公司是什么"。这两个观察公司的框架，都具有重要的理论与实践意义，但只有把两者结合起来，我们才有可能获得对公司过去、现在和未来的完整认识。

德鲁克研究公司的视角，对我们研究会计本质属性问题特别具有借鉴意义。他以 GM 为研究对象，但思考着"公司应该是什么样子"这一对公司研究而言最为本质的问题。他很快发觉，GM 过去和现在做的很多事情，跟一个公司的本质要求并不是完全一致的，由此引起了德鲁克对公司本质问题的深刻反思。德鲁克基于 GM 历史与现实研究而写出的《公司的概念》一书，为现代管理学建立了观察、分析所有公司的一个基本框架。于是，当我们看到现在各个具体公司的时候，我们就会说公司哪些做得对，而哪些不太合适。说这样的话，我们依据的是德鲁克的公司分析框架，而不是斯隆的公司模式。但现实中，一个公司想追求组织与管理的成功，往往会从斯隆的公司模式中寻找答案。财务管理中，有关杜邦财务分析经典模型，就来自斯隆的《我在通用汽车的岁月》。

### （二）会计学术需要面对终极性问题

一幅非常有意思的发展图景展现在我们面前：随着人类对公司、大公司，特别是跨国公司的实践认识的深化，德鲁克《公司的概念》建立的公司框架具有越来越强的解释力与引导力。这一定程度上表明了，基于本质属性的研究，对于人类实践理性程度的提高具有重要的指导意义。而斯隆对 GM 现实的思考，随着时间流逝与社会环境变化，可能会渐渐失去理论的魅力。德鲁克对"公司应该是什么样"这一问题卓有成效的研究，对世界管理学的健康发展具有里程碑式的意义。诺贝尔经济学奖得主诺斯曾经有一段非常有名的话，他说我们人类误解、曲解的真实，远远比理解的真实要多得多。因此，认清真实的本质、事实的本质，非常重要。这表明会计基本理论这门课，明确告诉人们一个真实的会计应该是什么，对于会计整个行业的健康成长和每个会计人员拥有真正的立身之本（道德法则），以及社会各界对会计形成合理恰当的预期，进而从法律制度层面赋予会计正当履职的责任与权利，都是至关重要的。

## 三、会计：魂兮何在？

### （一）会计理论首先要解决世界观与方法论问题

现在会计学界对会计基本问题的研究，一般借鉴历史学的研究方法，因而不能很好地解答"什么是会计"问题。也就是说，我们会计的星空，至今还是一片空白。当会计理论与实务工作者需要仰望星空时，不仅未能得到应有的心灵归属和信心，反而徒增了绝望无助和灰心丧气。因此，创造性地搭建一个真实完整、和人类社会文明进步要求高度一致的会计框架和庄严形象，对于我们芸芸众生的现实会计确实非常重要。有了这样一个会计共识性框架，现实会计所有举动与作为就有了自我矫正与社会评判的权威标准。

会计基本理论课程，主要讲解会计本质属性及其如何体现与体现程度的，并试图明白无误地解答两个关键问题：什么是会计；会计是什么。通过对这两个问题展开研讨，我们解释了会计为什么是这样的原理？如此的流程？体现什么样的原则？基本技术方法何以这样？会计制度建设并有效作用的基础在哪里？从而解决会计理论的基本面问题。对照现在的会计理论，我们对会计基本命题的研讨，给人感觉与其说是在讲会计，不如说是在讲哲学。传统会计理论对会计业界的危害之深由此可见。不过，会计如果无法具备哲学层面的系统解释，则会计职业，包括会计理论，就缺失了应有的世界观与方法论，就难以具有学理意义了。会计基本理论，必须解决会计世界观与方法论的问题，对这一会计本原性问题的探讨，可以为会计学科奠定学理基础，使会计职业拥有精神家园。对以上会计基本理论定位的种种疑惑，都来自现行的就会计而论会计的理论格局，会计在基本理论层面一些基本概念的定义，几乎都处于同义反复的套套逻辑中。可以认为，现在的会计从理论到实务，都是不具有灵魂的会计，这样的会计，谈不上责任感与使命感，会计缺乏应有的神圣感和自豪感，与人类需要的那种会计相差甚远，充其量是扭曲的会计。会计基本理论的任务，很重要的一个使命，是把会计逐步拉到社会期望的那个层次、那般状态、那种格局，使我们每一个会计人心中，为会计牢牢地树起一座高山仰止的丰碑！

在研讨"会计是什么"与"什么是会计"这两个会计最基本命题的过程中，我们通过回望西方和东方会计源头以及历史背景，建立了文明穿透"自然——人类——经济——财富——金钱"这条主线的主体分析思路，彻底抛弃了就会计论会计的会计理论传统，在人类文明进步与会计发展的共生互动关系中，提炼会计的本质属性。人类文明进步与会计发展共生互动的关系，是通过或借助于"货币计量"与"复式记账"体现的。

**（二）会计受制于人类价值观**

我们首先运用西方语境来理解会计的本质属性。对于人类而言，自由可能是最基本的人权，也是最高的人生境界。所谓自由，简单理解可能是"想要什么就有什么"，这是西方自由最理想的状态。但是，我们只要仔细想一下，对于每一个现实的人，这种自由根本无法实现，可能根本不存在。整个现实世界，只有一样东西，才真正具备西方绝对自由的品质特征——钱，即货币。所以，西方人自由，以有钱为前提。为了自由，每个人都满腔热情挣钱。在西方，人的自由，首先表现为财务自由。会计某种意义上是一门教人如何挣钱（创造价值）的学问，因此赢得整个社会的青睐。但是，会计教人挣钱，以货币计量为主要手段而实现对人类挣钱能力的培养与有效作用的关键在于，会计货币计量赋予并衡量人类创造价值的理念与能力，从而为实现财务自由奋斗终身，其间蕴藏着很深的动机与目的。

货币计量解决了经济生活中难以避免的产品与劳动交换互不吃亏问题，它提供了一个让交易双方都认同的衡量尺度。复式记账是把这种互不吃亏，即双赢的交易行为过程与结果完整地反映出来，以使每笔交易具有经得起社会广泛评价的公正品质。可见，就每一笔交易而言，会计"货币计量"与"复式记账"确保了双方利益实现等值交换，从而为自由市场经济夯实了伦理道德基础；对整个社会而言，会计"货币计量"与"复式记账"使所有交易行为，即经济活动的过程与结果成为一种可经受社会任何形式与意义上的检查监督，从而使整个市场经济具有公平正义意义的制度保障。会计制度的充分作用，不仅保证了最有效地利用人类现有的各种物质资源，而且最大限度激发了人类自身的各种创造性、积极性与负责精神，在有序竞争的市场环境中极大地鼓励人类的合作、团结和互助行为，推动着人类社会经济文明进步水平的持续提升。

当然，我们今天概括、总结会计本质属性问题时，不能脱离西方现代文明以金钱为核心这一文化背景。西方市场经济，本质是创造了一个由货币主导、统治一切的世界（货币市场以及资本市场可能是现代市场经济的最高级形式）。我们改革开放数十年，如果说已完全接受了市场经济意识，那可能也集中表现在普遍认同"以货币衡量一切价值"的观念，我们热衷于各种"百强榜""富豪榜"，都是以拥有货币计量价值的多少来确定排名的。在这一点上，不能说我们的价值观扭曲了，只能说我们现在已经基本接受了西方的这一价值观框架，如此而已。

其实，价值观本身是中性的，其本身无所谓好或不好。但是价值观会寄生于一个很重要的基础，即文明。这种文明或文化精神在人类发展过程当中，决定了一个民族，决定了一个国家，也决定了我们的会计的精神层面。所以，我们必须把货币作为计量所有价值并为大家普遍接受的背后蕴含的最深层的文明基因挖掘出来。

### （三）东方与西方的财富观差异

这方面，中国传统文化蕴含的内容可能更丰富。西方一个钱、财富这么简单的范畴，在中国就复杂很多。"财"字本身就直观表达了中国传统文化对经济意义上财富价值的完整定义。"财"为"贝"与"才"两字的复合字，表明"财"不单单是"钱"的问题，还包括更重要的"才"的问题。"才"是财富或钱的根本！这里的"才"，具有社会认同（相当于西方市场概念）的标准，应该是君子之才。而君子之才，核心恰恰是"义"。因此，中国传统文化中，"财"往往与"义"结合在一起，"仗义疏财""劫富济贫"成为衡量古代富人与穷人行为是否高尚的重要标准。尽管我们现在应用西方那套产权理论，对中国传统文化中这种社会尊崇的做法抱以不以为然的态度，但必须承认，古今中外，任何一种"仗义疏财""乐善好施""慈善救济"行为，都无一例外地受到大家的尊敬与好评，以至于得到社会基本面上的充分肯定。因此，可否认为，中国传统文化中的"财富观"，一定程度上是全人类的普世价值观？事实上，如果把"义"从"财"中抽掉，这个"财"对于人类就毫无文明进步意义。在中国传统文化中，把只知赚钱而毫无功德心的人叫"市侩",把赚了钱而不肯为社会甚至自己的未来花费分毫的人叫"守财奴"。这些财富观,恰恰是中国传统文化极度鄙视的。本质上,我们倡导要做财富的主人,不要做财富的奴隶。但是,财富的奴隶与主人,这样的社会角色之间本质差异在哪里?中国传统文化只提供了一些抽象的理念教育,而西方的"货币观"或许为我们解开这一难题提供了线索。西方会计奉行了这样的"货币观",通过货币计量而使文明的财富观成为引导、约束、评价所有经济活动的指南。

那么,西方会计——目前全世界通行会计的标准范式,在这方面是如何有所作为的呢?

### (四)会计惯例与准则成为指导经济行为的框架

如上所述,会计对我们现实的经济活动产生了直接的影响。所谓的直接影响是什么?可以说,会计塑造了这个世界,会计又告诉了我们这个世界到底是什么。塑造了这个世界,即会计制度、会计准则告诉了我们怎么看待这个世界。而会计信息、会计报表告诉了我们这个世界是什么。美国经济学家布洛克在《后工业的可能性》一书中有个很准确的判断:人们的信念,具体化为会计惯例和准则,"会计惯例和准则体现了人们的信念,决定了人类的经济行为"。这句话非常有意思,千万不要小看会计惯例,它对社会经济行为绝对是有直接影响的。同时,会计制度也可能是各种社会经济反常问题成为现实的重要原因。例如,当我们面对风险越来越大,同时也越来越普遍的金融衍生品市场,以及内含的舞弊成分越来越明显的企业并购市场,能说没有会计的为虎作伥吗?反思我们现在作为金融工具的会计和并购会计,到底是诸多问题的结果还是原因?如果是结果的话,表明会计是中性的,不问西东,是什么就反映为什么,会计就是"摄像头"。但在并购的时候,会计用什么样的价格来反映合并、收购的价值,有着相当大的选择性自由裁量权。在财务管理中,此方面内容是"价值评估"。对于公司价值,现在有一个共识性概念,是"公司未来的现金流量的折现",这就为我们打开了一个梦幻般的想象空间。对此,我们可以在课堂上讲得口若悬河,但当我们自己到上市公司当独立董事,面对人家的"投资的可行性研究",自己也一头雾水。我们很难相信,他们能把未来 20 年每年的市场成本算得清清楚楚。在我们的世界里,会计推测企业未来 3 年已经是绞尽脑汁、天昏地暗了,而他们竟然能把未来 20 年搞得很清楚,然后确定地告诉大家,未来 20 年的这个投资项目的回收期、回报率、内含报酬率、净现值等是什么。我们情不自禁会问：你怎么算出来的？他们会说：这不是你们老师课堂上教给我们这样算的吗？我们深知，这个存在无数，尤其是对充满不确定性市场所做的各种假定，是所有投资方案结论能成立的通用前提。问题在于，这些对结论至关重要的假定，没有一个是可靠的。我们就是在如此背景下做出了一个又一个投资决策，导致所有的投资决策必然失误成为大概率事件，而成功恰恰是少数的意外了。因此，在投资决策领域，会计带我们前往了一个梦幻般的经济现实当中。

## 四、现代会计理论与实务的"真实性"困局

### （一）会计可简化亦可复杂化现实经济关系

一方面，我们必须看到，真正的经济现实，远比会计想象得复杂。因此，从这个意义上来讲，会计影响现实世界，本质上是把复杂无比的现实简化为我们想要的那种框架的世界，这种影响对现实世界无处不在。因此，我们可以进一步断言，与其说现实经济世界，倒不如说我们每个人以至于整个人类社会都生活在会计反映（也可以说是会计创造）的真实世界中。经济世界所有的美好与不堪，都有我们会计的一份贡献，也有我们会计的一份责任。

另一方面，由于会计处在重塑与调整，甚至创造经济利益关系的最前沿，经济利益关系协调与否，直接关乎社会和谐，会计决定了人类文明进步的方向与进程。经济利益关系建立在经济基础上。经济格局决定了经济利益关系。问题的关键在于，经济格局事实上只有通过会计才能知道。经济到底是什么样子？实际上，只有会计反映的经济，才是大家公认的真实经济。如此而言，会计的信息就成了形成我们现实经济关系的基础。所有的关系最终意义上都以经济利益为基础，英国经济学家艾尔斯在《经济进步理论》这本书中，对会计信息反包含的复杂性有一语中的的评论："会计叫商业账户，给人感觉非常复杂，复杂到什么程度？让政府的官员无法来审查。"现在看来，会计账户这么复杂，是适应了现实经济的复杂性，还是人为加剧了现实经济的复杂性？对此，会计理论肯定会说，有什么样的经济就有什么样的会计，"簿记关系当然改变不了经济事实本质关系"。但现实生活提供的场景好

像不仅如此！其实，经济是什么样子的，谁也不知道，还不是会计告诉我们它是什么样子的，我们就认为它是什么样子了。为什么经济这么复杂？因为会计告诉我们经济很复杂。所以，会计信息呈现的经济复杂性，可能是经济本身复杂性所致，也可能是会计人为导致了复杂而已，当然也可能是两者兼有。以大公司组织控制层次为例，跨国大公司据说一般达到七层，而会计合并报表，一般合并到孙公司（两层）为止，这样合并的报表就难以反映公司的复杂性。相反，企业并购本来是很简单的市场行为，但在评估价、支付价、商誉等一系列会计作价记账后，使企业并购中形成的经济利益关系复杂无比，助长了企业并购中的一些非理性行为。可见，会计可能人为简化或复杂化了现实经济关系，任何一种会计都难以满足社会方方面面了解现实经济的需要，会计对同一经济过程做出多种形式反映就成了常态。比如，现实中的会计会被迫做三本账，似乎是国际惯例。即第一本账算成本，第二本账给资产交税的部门，第三本给交所得税的部门。交资产税的这一本账，资产价值要低估。给交所得税部门的账，资产要高估，高估以后成本大，成本大利润少。这三本账哪一本账是真的？都是真的！会计的啼笑皆非正是源于此。

### （二）会计真实性的两个层面

真实性在会计理论当中，确实是很有争议的概念。从会计理论最深层次看，真实性可能有两方面含义。首先从本质上看，真实性是指会计制度层次所表达的经济活动框架，在现实经济活动中得到完整体现的程度，即会计主观意愿与社会经济活动基本方向（客观效果）一致性问题。其次是会计信息反映的经济活动与现实经济活动的一致性问题。现在我们一般只关注了后一种真实性，而普遍忽视了前一种真实性，从而造成了会计真实性问题认识过程的种种偏差，同时现实问题积重难返。会计发展到现在的历史似乎已表明，前一层次会计真实性问题未解决好，后一层次的会计真实性问题必然出现，而且难以解决。因为会计制度或准则表达的主观意愿，应该体现了人类文明进步基本要求具体化至经济领域的行为规范，这本身应该与社会经济活动基本方向完全一致。这正是会计制度设计的基本立足点。然而迄今为止，会计制度设计理论，根本没有把会计制度设计背后所依据的社会经济文明要求说清楚，甚至可能从未意识到，会计制度产生的客观基础应该是社会经济文明进步这一点。

### (三) 会计误入歧途：会计成长性烦恼

现以企业并购会计为例加以说明。目前，会计在如何体现并购行为的社会经济进步意义这一点上无所贡献。从社会经济发展的内在要求看，企业并购无疑是积极因素，它能保证社会经济资源得到全社会范围最有效（满足社会经济健康发展要求）配置与运用，通过市场对企业规模与范围的优化调整，实现"1＋1＞2"的效果。如果认同了这一点，那么，服务于并购过程的并购会计，必须在基本制度层次充分地体现这一点，以对全社会范围所有以微观企业为主体的并购活动作出有效的方向性引导与保障。然而，并购会计产生至今，其一系列基本制度设计显然未能真正体现这一点。无论在有关并购行为发生时的会计作价处理，还是在并购行动实施后并购效果实现的会计反映，均没有把并购内含的社会经济文明进步基本要求充分体现出来。

现有研究并购主题的文献大多将自19世纪80年代至今的企业并购历史按横向一体化、纵向一体化、混合联合经营、杠杆收购、互联网并购及跨国并购等不同特征划分为六个阶段（也称六次浪潮），横跨近140年企业发展历史。并购会计实务必然与并购活动是同步产生的，但并购会计制度的形成却远远晚于1880年。为大家所熟知的权益结合法与购买法，产生于20世纪20年代，权益结合法在"二战"后的企业合并中开始流行，在没有制度限制的情况下，各界对具有各种"利好效应"的权益结合法趋之若鹜。鉴于权益结合法并不符合当时绝大多数企业合并的经济事实且可轻而易举提高每股收益和误导投资者，美国会计程序委员会觉得有必要对之加以限制，于是1950年9月发布第40号会计研究公告《企业合并》，对企业并购会计实务中已采用多年的两种会计方法——权益结合法与购买法——具体内涵做出规范。其主要区别在于两个企业合并是基于账面价值（权益结合法）还是市场价值（购买法）入账，前者将各自会计账户余额直接加总即可，双方所有者各自价值上的分歧由其直接谈判解决，这不影响并购企业会计处理；后者则比较麻烦，收购方支付给目标公司股东的对价一般会大于目标公司的市场价值（评估价），这种差额就形成了至今让各界头疼不已的"商誉"。

同时，对权益结合法适用情形提出要求和限制。1953年，第43号会计研究公告规定，任何无形资产（包括商誉）只要使用寿命确定就应摊销。在各界压力下，1957年第48号会计研究公告《企业合并》放松了第40号公告制定的限制性条件，只提出了几乎无关痛痒的相对规模标准，即仅当一个公司是另一个公司规模的 10 倍或 20 倍的时候，可推定该交易是一项购买而不是权益集合而采用购买法。并购会计标准的制订均来自现实企业并购活动亟须规范会计处理的要求，美国证券交易委员会（SEC）也顺势而为，推动实务界广泛接受会计行业提出的并购会计实务标准，但问题仍层出不穷。

在并购重组领域，会计规范与其说是永远滞后于实践需要，还不如说是从基本制度层面主动放弃了对人类社会经济文明进步针对企业并购具体要求的坚守。当然，这种无奈的放弃有其特定的美国制度背景。对此，美国经济学家塞利格曼（2004）在《华尔街变迁史》一书中做了如下描述："20 世纪 60 年代并购浪潮的确提出了一些明确属于 SEC 职责范围之内的问题。对此，不仅在兼并浪潮达到高峰之前，而且在反托拉斯相关调查和听证活动将注意力集中到这些问题之后，SEC 都没有对其采取有效的应对措施。其中最重要的一个问题是普遍接受的会计准则（GAAP）是否通过允许抬高合并后公司的每股收益率做法的存在，而起到了人为助长跨业并购活动的作用。根据法律的规定，这个问题的确属于 SEC 的管辖范围。按照当时流行的 GAAP，当一家公司收购另一家公司的时候，这种交易活动可以按照购买活动进行财务处理。被收购企业的资产在列入收购公司资产负债表的时候，既可以采用权益结合法，也可以采用购买法。在购买法下，收购公司为购买被收购公司而支付的价格与被收购公司的资产价值之间往往有一个差值，这一差额被称为商誉（goodwill）。从 1953 年开始，GAAP 就开始鼓励（但不是要求）收购方在兼并活动发生之后的若干年中，通过扣除年度利润的方式将商誉中的一部分注销掉。因此，对公司管理者来说，购买法在兼并活动中就成了一种不受欢迎的做法。因为只要采用购买法，那么在几年之内收购公司的利润就会因为商誉的抵销而被减少，而这种费用支出不属于可扣除的纳税项目，所以如果购买法在兼并活动中是唯一可以采用的方法的话，那么，商业兼并活动必然会因此而受到抑制。与此相反，在兼并活动中若采用权益结合法，则收购公司可以将两个合并公司在合并之前财务记录中所显示的资产量直接加总到一起，也无须确认并购商誉和由此产生的摊销费用。因此，仅凭采用权益结合法，收购公司就可以达到显著增加每股收益水平的目的，而且一个收购公司可以对被收购公司的资产按照账面价值入账，在收购之后不久，按照公平市场价值卖出全部或部分资产。……两个公司也可以将各自的收入并在一起，同时在并购活动过程中利用现金、债券或优先股支付部分收购费用的方式减少普通股数量，这样可以创造出即刻利润的表面现象。人们普遍认为，作为第二次世界大战后流行的权益结合法，起到了人为刺激兼并活动的作用，鼓励公司过度发行债券与优先股，或者对投资者产生误导作用。"其实，20世纪60年代兴起的并购热潮，已经明显地成为华尔街主导的全社会赚快钱运动的主战场。在这种背景下，会计明里暗里充当了为虎作伥的角色。此情此景下的美国会计，恰恰以迎合并满足当时人们急功近利赚快钱的社会心理为首先目标，而完全忘记了自己对社会经济文明进步所作的基本承诺。从塞利格曼介绍的背景来看，此背景下的美国政府监管部门的典型代表SEC，对泛滥成灾的赚快钱行为的过度追逐采取了睁一眼闭一眼甚至默认的态度。1968年，面对社会各方对SEC无视恶意并购不作为的种种质询，时任主席科恩强调SEC中立立场的同时又无奈地回应："我们并不认为我们应该鼓励或者抑制大宗收购活动，也并不想表明SEC应该获得某种权力或职责，从而也可以对特定收购活动或建议的意义进行评判活动。"在全社会弥漫着赚快钱文化气息背景下，会计坚守人类文明进步道德高地的基本品质，彻底坍塌了。在漫长的20世纪下半叶，并购会计已完全成为整个社会赚快钱的奴仆，从而形成了如下相对成型、由三个部分构成的基本框架：

1. 并购行为会计。主要分为三方面内容：首先，目标公司市场价值（评估）；其次，并购公司确定并购价格［主要考虑三方面因素：目标公司本身市值、收购公司后合并产业增值（合并协同效应价值）、双方谈判协同价值中归属目标的份额。目标公司市值加协同增值即支付价格］；最后，并购商誉确认（收购价与目标公司市值的差额，即作为并购商誉入账）。

2. 并购后会计。核心是并购商誉的会计处理。简单地说，有摊销法与减值测试法两种。摊销比较简单，但不利于考评并购绩效。减值测试实际上是对并购后协同价值增值预期是否实现的一种动态评估，必须对合并协同价值增值定期（年）做出核算，并明确协同增值的具体驱动因素以及影响，与并购时合并增值进行比较，借以观测合并协同增值效应的具体变化，按并购行为会计时商誉占协同增值比例以及协同增值的时期波动曲线，对并购商誉价值做出增减判断，以确定商誉是否作减值处理（计入当期损益）。

3. 并购失败会计。并购实施后，出现导致并购行为无法如期实现预计目标的情况，则对并购商誉余额全部核销计入当期损益。

并购会计以上基本框架从形式上看似乎道理满满。但在实务中涉及目标公司市值、并购协同增值、协作增值归属目标公司部分，以及并购后协同增值实际效果的测算，都给现实中人们极其贪婪的图短利行为大开了方便之门，从而使并购会计在实践中变为一个极具"创造性"的领域，其提供的各类信息经常受到人们的质疑，导致在如何保障并购会计信息可靠性方面至今仍是一个难题。综上所述，社会经济文明进步在并购活动中的具体内容，在并购会计制度层面并没有得到应有的坚持和体现，由此导致了并购会计实务任何的补救努力均无法改变并购活动、效果与人类期望南辕北辙的局面。

对这个问题的专门研究，美国东北大学的会计学教授大卫·谢尔曼通过《会计地雷》一书，务实地告诉人们，会计里面每一个账户都埋了很多的雷，会计与其说是做账高手，还不如说是"埋雷高手"。会计埋地雷，完全是为了对付社会公众。现代会计就其制度与实务层面，看来已彻底忘本了。对此现象，谢尔曼命名为"会计骗术"。我们对"假账"两个字非常反感，但假账盛行于古今中外会计实践中似乎已是一种普遍存在的史实。谢尔曼基于美国已公开的大量案例，指出产生会计骗术的8类公司：（1）高成长的公司一下子发展减慢；（2）有着巨大威力的公司，在媒体渠道上面得到了广泛的报道；（3）从事非管理交易的信用；（4）处于软弱的法律和管理环境中的公司，也就是说环境混乱，政府、公务员非常不守规矩，会计就没办法了；（5）分析师、CFA追捧的公司；（6）有复杂所有权和财务结构的公司，好的公司应该很简单，搞得很复杂肯定是有问题；（7）生存需要吸引更多融资的公司，狮子大开口要很多的钱；（8）将高管薪酬与短期商业目标强烈联系的公司。谢尔曼在《会计地雷》一书中对此得出以下结论："没有CEO，没有董事会，没有审计师可以不受怀疑，而且没有任何公司的账户可以被认为没有夸大的地方。"这段话似乎对全球也通用，会计世界丧失灵魂、毫无责任感可能已是无可奈何的现实。会计发展到现在这般状态可真有点"斯文扫地"！会计到底应该是什么样子？应该怎么做？不仅对社会各界，就是对会计行业内部，可能都是一个令人精神崩溃的话题。

## 五、会计"两重性"之必然

以上做了这么多讨论，目的就是希望会计学界对会计本质属性，基于会计产生发展至今的历史进行应有的反思。会计理论不能满足于对现有会计准则与实务的解释和辩解上，而应该解决会计作为社会经济基本制度安排的世界观与方法论问题，有必要把人类经济文明进步的基本要求作为制定会计制度的出发点与目的地，更应该成为评价任何会计学术观点与会计实务优劣的根本标准。

在"会计是什么"这个问题讨论中，我们把会计看作着眼于记账、报表，具有悠久历史与丰富复杂实务的社会经济管理须臾不可缺少的工作与技术。在本专题研讨开始，我们首先给出了现代会计理论与实践赖以成立的六大背景。我们首先突出讲了资本主义、市场经济、现代科学对形成现代会计的直接影响，然后讲了工业革命、民主政治、宗教对现代会计制度的奠基作用。如此，为正确、深刻理解现代会计制度，包括理解会计理论和方法、实务，我们试图建立一个具有共识意义的讨论基点。

但是，通过对"会计是什么"问题的深入讨论，我们发现，以上这些内容对会计的具体影响，都存在着明显的两重性。既有积极理性的一面，也有消极非理性的一面。这恰恰对应了人本身是理性与非理性综合体这一现实特点。每一个人天生拥有理性与非理性，这两重性就自然而然带来了对会计发展直接影响的以上六个方面也具有了两重性。

### （一）资本主义的两重性

其一，资本主义是一种以资本利益和货币为中心的制度。货币在现代，对社会经济就像血液与人的关系一样，是生命不可缺少的能源。可以说，货币为我们社会经济以及发展，提供了生生不息的源泉。于人而言，血液对人的身体是好的还是坏的？它既是生命之源，也是死亡之因。当血液产生问题的时候，血液变坏了，有毒了，人的生命也就走到了尽头。从社会经济角度看，货币代表了财富（购买力）或创造财富的能力；还会给人类带来财富幻觉。经济学对这个幻觉表述得很温和，叫"泡沫"。当整个社会被泡沫即财富幻觉主宰的时候，会计货币计量就走向了其向人类文明进步承诺的反面。经济发展能给人类带来基本满足感的，是一些生存与发展需要的实体财富，拥有货币就具备了占用与消费更多实体财富能力，这种意义上的货币与货币计量对人类无疑是好事。但货币发展到一定阶段，会产生钱生钱效应，这样的钱生钱若成为社会经济的内生性第一动力，则必然导致货币与实体财富创造脱钩，把人类带入热衷追求货币数额而忽视实体经济与财富的轨道。最终必然是金融资本主导整个社会经济，经济泡沫日益严重，经济危机周期性发生。

### （二）市场经济的两重性

其二，我们已完全接受了市场竞争观念。但是市场作为交易场所容易产生尔虞我诈现象。美国加州的两位经济学家写了《西方的掠夺》一书。书中说西方为什么能快速富起来？主要靠掠夺。这种掠夺分为两种：战争与商业。前者是明目张胆抢劫，后者是口是心非欺诈。战争靠武器，欺诈靠什么？欺诈靠商业，而商业靠会计。美国南加州大学雅各布·索尔教授研究现代会计在政治与经济发展中的地位与作用后，专门出了一本书，名叫《账簿与权力》，他讲这个世界的权力的转移，是靠会计利用账户作用而实现的。清华大学李伯重教授研究近 400 年西方文明史，总结出主线有两条：枪与商业，这铸就了西方的主宰地位。所出版的书为《火枪与账簿》。所有这些，都表达了市场经济的另一面。因为市场核心是竞争，有公平竞争，也有以不正当手段竞争。在市场经济体制下，社会经济制度再完善，都赶不上人类竭力牟取私利的"聪明才智"。会计服务于微观主体，这些牟取个人私利的"聪明才智"，通过会计准则的择利性应用，即会计工作（会计信息的加工处理与报告），而得以充分体现。

### （三）工业革命的两重性

其三，工业社会极大地丰富了社会物质财产，也把人类改造、征服自然的能力提高到了前所未有的水平。人类因此过上好日子，但工业生产规模化与管理组织的标准化，对每一个工人的创新能力产生了极大的遏制作用，从而造成了越来越严重的最重要的社会资源——人力资源——的浪费。一方面，会计在这方面通过严格的成本会计，有效地解决了生产组织管理有效性问题。但另一方面，人力资源管理会计迟迟难以见效，社会财富分配日益不平等，会计受制于工业化无处不在的标准化，对现实经济活力，尤其是当代社会最为需要的创新能力的激发与保护越来越显得无能为力，有时还成为社会经济创新发展的阻力。对此，西方颠覆性创新之父克莱顿·克里斯坦森在《颠覆性创新》一书中，一针见血地批评会计："我们经常发现，成熟公司创新失利的根本原因是管理者缺乏有效工具，以帮助他们了解市场、建立品牌、寻找客户、选择员工、组织团队和制定战略。一些财务分析和投资决策的典型工具会扭曲新投资的价值、重要性和成功可能性。管理团队可以找到更好的方法来发展企业，但他们要有勇气去挑战一些财务分析的传统范式并且要有意愿去发展出替代旧范式的方法"。现实会计不遗余力地把工业无处不在的标准化有效嵌入人们的日常经济生活当中，对人类天生拥有的自主自由创造力的现实作用产生了严重的遏制影响。工业化负面影响，在现代会计实务中表现得一览无遗。

### （四）现代科学的两重性

其四，科学在现代已经是神圣的代名词了。但科学现在最大的用途，就是用于战争。同时，科学发展到最后，人类在整个自然界将成为一个累赘和多余存在的物种。霍金逝世之前最担心的事情，就是科学发展到最后，使人类消失。会计在目前尚无力算清科学发展在经济方面对人类发展的正面与负面影响，从而导致了科技发展直接威胁到人类自身文明的延续。

### （五）宗教的两重性

其五，宗教。宗教对人类的影响，就是文化的冲突。这种宗教的冲突具有不可调和性。但我们的儒家思想非常有意思，其最大特点是"包容"。但目前基于基督教文明基础的会计制度，在文明包容性上由于未能烙上儒家思想印记，而不利于世界各种文明融合。这一点体现在会计准则国际化进程中，就是中国会计至今未能拥有相应的话语权，会计大国的优势未能转化为会计强国优势。从人类文明进步的必然要求出发，中国会计必须立足自身的中华文明传统，形成体现中华文化传统精髓的会计内涵，自然转化为相应的会计制度，并落实于会计实践中。这是实现中华民族伟大复兴事业的重要基础。

### （六）民主政治的两重性

其六，民主政治。民主政治并不是我们以前想象得那么完美。民主也会产生暴政，而且这种暴政带给人类的灾难是毁灭性的。20世纪70年代开始席卷全球的第三波民主化浪潮，一度让人深信世界历史将止于西方民主与市场经济的终点。但21世纪以来，民主化先于现代化的那些国家，多数都出现经济停滞、社会失序与政治固化的发展窘况。2008年美国次贷危机、2010年欧债危机、2016年英国"脱欧"与特朗普当选美国总统等"黑天鹅"事件频频发生后，西方作为世界政治发展的坐标作用大为削弱。特朗普执政4年更是撕掉了所谓"民主政治"的遮羞布。政策周期性的"钟摆"，使欧美国家发展陷入"自甘堕落"的深渊中。近年来，很多人都认为，一直以民主典范自居的欧美政治体制已暴露出了自己也无法回避的问题。那到底怎样的政治设计才匹配各国的国内治理、大众利益、政党责任、公民权利呢？"历史终结论"始作俑者弗兰西斯·福山在《政治秩序与政治衰败》一书中自我反思道:"新兴与老牌的民主国家都面临着一个难题,即未能提供国民所期待的实质性功能:人身安全、共享的经济增长和优质的基本公共服务,即实现个人机会所必需的教育、卫生和基础设施。"这句话的核心,无非是说以西方为代表的民主政治,可能在给人类社会经济文明带来巨大进步的同时,也滋生了难以自我排解的深层次难题,全面满意度在西方民主政治体制下如何实现,仍是一个尚待探索的话题。会计在现代如何弘扬民主优点,有效抑制民主的先天不足,进而在社会与国家治理中发挥积极的基础性保障作用,需要中国会计闯出模式,贡献智慧。2013 年,中国向世界提出了"一带一路"倡议,向世界宣告"一带一路"是中国的首要外交政策,以中国为核心建设"一带一路"。我们中国不想输出战争,也不会输出灾难,更不会输出冲突给世界各国。中国只是想通过"一带一路"建设,在基础设施、贸易、金融、民心等方面,与"一带一路"沿线各国实现互联互通,而会计会在其间承担着基础性的落地各国的具体责任,从而为世界社会经济文明进步贡献中国智慧提供契机。

以上,我们围绕现代会计平面式地讲了很多的知识,如果把这些知识多落地于现实,对会计的每一个功能领域我们都发现了具有明显的两重性影响。

会计是入世的,不是出世的。会计本身是现实社会经济生活的一个重要组成部分。因此,现实经济所拥有的所有东西都是会计所拥有的,所有问题会计都脱不了干系。依这样的基本认知,再思考"会计真正应该是什么样",对会计而言这样一个终极性问题,我们必须有一个符合人类社会对会计基本定位的那种思维框架。我们在会计基本理论研究方面所做的以上努力,正是为建立这样一个思考会计基本理论问题,即本质属性问题的全新思维框架,所做的一种尝试。

接下来,我们围绕这样的会计本质属性思维框架——立足人类社会经济文明进步角度,思考会计产生与发展问题,并从会计对象、货币及其计价、会计理论结构、会计制度建设、会计信息化等方面进行简短总结。

## 六、交易信用契约本质决定会计基本属性

### (一)交易的信用契约本质

如上所述,希望大家明白,现代会计对象是交易,交易的主体是法人组

织,这种交易的基础是主体利益。这些成为理解现代会计理论与实践的基本前提,有利益诉求才有交易的愿望。这种交易主体利益怎么来体现并维护?首先,主体利益表现在拥有或控制的经济资源上,主要体现为这些经济资源的所有者与经营者财富回报和创造社会财富的期望上。这样主体利益的实现,主要通过利用经济资源生产创造满足社会需求的产品与服务,市场给予相应的货币价格。同时,对这样主体利益的实现过程,市场利用货币流入流出的方式予以直接保障。会计全面反映交易主体利益形成、体现、实现,相应形成了三张最基本的会计报表——资产负债表、损益表、现金流量表;产生了最基本的会计要素——资产、负债、所有者权益(以上为资产负债表要素)、收入、费用、利润(以上为损益表要素)、流入量、流出量、净流量(以上为现金流量表要素)。由于交易体现了契约,契约保障了交易双方利益诉求,交易双方利益均等成为交易成立的前提,也是整个交易过程始终必须满足的基本条件,从而赋予了所有经济活动发生的最基本的特征,也成为会计贯彻并体现交易本质要求的核心内容。为此产生了复式记账方法,从单个经济业务到企业整体活动,均以交易双方利益均等方式予以动态反映,既体现了交易的本质要求,又监督了企业交易所有过程是否真正按交易双方利益均等要求进行(这也是社会经济文明进步对市场经济的基本要求)。

**(二)交易基本要素**

对于交易的基础,即交易双方利益诉求都得以满足(即利益均等),我们做必要的展开讨论。每笔交易,对交易双方而言,都具有明确的目的,即利益诉求。没有哪笔交易,交易双方或一方是为了亏损的。交易的目的,是为了我们大家得到发展,各得其所,这就叫盈。盈的本质含义应该是这样,绝不是简单的收入与费用差额,这样的数学计算公式毫无意义。交易发生对交易双方是由于各自拥有了对方需要而自己不需要的东西,我们称之为"要素"。现在对于交易的最基本要素,大致上有"三要素说"或"四要素说"。前者为人、财、物,后者还包括信息。信息现在也是经济很重要的一个因素。但是大家知道,这四个要素在我们的交易过程当中,从我们创造价值的逻辑结构来讲,不是简单的一种组合,而是按逻辑上重要性的先后顺序发挥作用。就企业而言,信息是反映人、财、物的这种结合的情况,既可以反映企业自身,又可以反映国内外市场上的同业竞争者,而且人、财、物这三个创造价值的实体要素,在各个企业创造价值过程中的地位与作用也是不一样的。有的企业决定因素是人，有的企业是物，也有的企业是财。但作为现实的创造价值过程，必然是人、财、物的统一体（信息化机器人广泛应用后另当别论）。会计反映交易全过程，必须把这种要素契约的生成以及履行状况一一确认、计量、记录并报告出来。

### （三）交易的时间与空间基础

从交易的角度来讲，会计反映的本质是什么？会计反映交易，会计应该是维护、保护、监督交易的利益及其实现。这一点，对于理解会计"复式记账""货币计价""历史成本""会计主体"诸理论与方法至关重要。

因此，在会计上非常关键的是把握交易的基础。会计对交易基础的反映，很强调"发生时"，不是笼统说"发生"。因为"发生"是一个很模糊的概念，只是动作，"发生时"除了动作，还包括时间与空间。"发生时"解决了两个问题，一个是发生的场景空间，另一个是所处时间。时间、空间、交易双方利益诉求，这三个维度合在一起，就产生了一个综合概念：货币计价。只有货币计价，才有效完整地反映了每笔交易发生时的时间、空间、交易双方利益诉求这三者。对这个基础的计量，是用发生的时候大家达成的共识的基础来计价，历史成本对于会计而言之所以是基本的计量属性，原因全在于此。

我们不难看出，这种共识的基础反映在成交价上，这一点很重要。人们的利益诉求是非常复杂的，我们不能描述这种复杂的、非常不可比的这种诉求，但是会计运用了市场经济很简单也非常实用的概念，即所有的诉求上升到最高层面，可以用一个东西来表达：钱。这种交易本身是各自利益所求的一种实现，利益均等直接表现为"成交价格"，这一点很重要。因此，现代会计货币计价并以历史成本计量就成为必然。会计计价并记账因用发生时的价格，故叫"原价"。"原价"记入会计账以后就叫"历史成本"。这个"历史成本"，使会计观察每笔交易基础有没有得到维护，有没有遭到破坏，有了一个客观而可检验的观察窗口。这样的"历史成本"，交易发生时记入账中，只要交易没有完成或结束，就必须保留在会计账上，交易执行过程中任何进展都必须记载为交易基础得以维持、得以维护还是遭到损害，即及时反映"历史成本"的任何变化。实际上，会计所有的记录都是在交易发生以后，会计就其本质看，无非是全面反映了交易的发生到实现全过程。按西方交易经济学说，企业所有的经济活动，包括企业的存在，都是交易的结果，更是交易发生与实现的全过程，如此而已。

由此我们可以进一步理解，用"权责发生制"概念，来概括现代会计很重要的一个特点，有其非常现实的需要。历史成本对现代会计既是非常重要的，也是要坚持的一个原则。历史成本，不是说会计计价要反映什么价值，因为会计反映价值的概念是很抽象的，会计需要反映"交易发生与实现"。只有历史成本才能使企业胜任这样的担当。人类社会经济，就是在这种交易发生和实现的过程中，不断地实现进步成长。

### （四）交易与资源配置、使用

会计发展到今天，面对着很多矛盾，理论与实务也有很多纠结。我们可以把这些矛盾与纠结，简单地归结为对会计的满意和不满意。这种满意与不满意，应该都来自交易的发生与实现过程。对这样的一种交易的这种确认、计量、记录与报告，就成了现代会计制度的核心内容。会计上，交易的发生叫成本，而成本包括耗费与补偿两个层面。耗费是我们任何的交易都要占用并使用一定的人、财、物。补偿是因为这些人、财、物都是有他的所有权的，人、财、物有关的所有权各方在整个交易的过程当中，都有他们的利益诉求。这些利益诉求，在我们经济业务发生（交易成立）之前都明确表达了，最后如果形成交易，意味着这些方面质与量的利益诉求，不论来自哪一方，都成为交易双方也是社会承认（具有法律效力）的共识。这些诉求，对于交易的各方都具有强制的约束力，这才叫契约，是整个交易过程必须履行的承诺。至于成本补偿，强调的是对我们交易发生的时候各种利益诉求的一种满足或实现，简言之为被交易双方认可。这种交易意义上的利益诉求，在人类发展历史上具有不尽相同的形式与内容。以前人类生活的水平很低，人生活得很差；后来通过工业革命大家都富起来了，生活好了，但我们很多人就欲望膨胀，忘了真的经济需要的是什么。所以说，在交易的过程当中，如何正确引导并有效解决好使人满足问题，需要会计的积极作用。

### （五）交易物质与精神效果

在物资相对匮乏的年代，这种满足非常简单，只要给人以生存所需物质上的满足。人类随着整个物质文明的进步，对精神层面的需求越来越重要，但是人类一部文明史讲起来又是非常悲哀的。技术、物质文明进步快了或者进步明显以后，并未带给人类健康的精神生活。简言之，西方的历史表明，物质文明进步，往往带来的是道德沦丧。我们看到西方有很多研究资本主义的成果，但总的评价是具有明显的优劣两重性。对资本主义经济的了解，也不应该是一个非常简单的从宏观经济到微观经济的描述，从制度层面看，一些批判性的思考还是值得我们好好理解的。我觉得有三个人的学术成果值得好好学习。两个德国经济学家或者社会学家的，一个是松巴特的，一个是马克斯·韦伯的；另一个是奥地利心理学家弗洛伊德的。松巴特说资本主义制度，最后必然产生奢侈现象。因为资本主义让少数人积累了难以想象多的财富以后，有钱人为了显示自己的富有，就产生了奢侈生活的消费现象。比如，让钻石珍贵无比，然后把很多的钱堆在这个上面，这种奢侈后来被美国著名制度经济学家凡伯伦称之为"炫耀性消费"。这种消费按照人类文明的角度来讲是不文明的。这是松巴特的观点。表明单纯地追求个体利润或财富最大化，并不一定为社会文明带来进步意义的贡献，现代会计在这方面显得非常缺乏应有的担当。

马克斯·韦伯说资本主义创造了一个很悲哀的结果，让人类把手段当成了目的。人来到这个世界挣钱是为了好好生活，但是资本主义告诉人们，人是为了挣钱来到这个世界。

弗洛伊德所处年代，可能是资本主义严重病态的时期。所以，他的理论对资本主义病态社会很有穿透力。他典型的是以解梦方式，用心理分析方法，表达对人类进入严重病态的一种忧虑。他最代表的一本书是《文明及其不满》。其中认为，我们单个个人都是整体文明的敌人。这句话的意思是，文明只是人类的一种梦幻。所以他认为每个人在当代都忘记了我是谁。弗洛伊德把我分为三个我，分别叫作自我、本我和超我。通过这样的一种精神的自我疗伤，来实现人类精神层面的健康，而且人类精神层面的健康会带来很多的人类财富的增加，最起码是有限的财富得到更多的效益。会计在对交易的反映过程中，如何引导交易双方不忘初心，牢记使命始终是个止于口头而毫无实招的难题。

### （六）交易盈利含义探讨

立足会计基本对象——交易的基本背景，既然交易必须让双方满意，这种满意程度在会计上就形成了"盈"的概念及相应的计算指标与口径。会计目前以"利润"来衡量"盈"，是收入减去费用，这是我们现在所用的标准模式。可以认为，收入是市场给企业作为交易主体总体履约质量的综合评价，费用含成本是公司为履行契约而努力的代价。因此，会计形成了一个很重要的原则，为了反映交易的经济有效性，收入与费用必须对称，即配比的原则。在成本分摊的时候，会计很强调受益原则，即谁受益谁承担（特别是现在企业很多费用是公共费用和间接费用，间接费用怎么合理分摊到对外提供的产品和劳务上，才真正符合配比原则，是一个异常艰难而复杂的问题）。当然，现在成本会计教科书对此原理介绍得比较简单，主要包括简单法、分步法和分批法。当我们把成本真的细化到按照受益的原则，核算到为整个产品和服务找到真正的驱动因素，以为成本控制与激励提供信息服务的时候，现在的成本会计往往令人大失所望。管理会计在这一方面仍处于探索状态。

按我们目前的认识，成本不只是耗费与补偿问题，更关键的是要揭示企业成功的资本即核心竞争力。企业的成功不仅仅是简单的"利"，这个"利"表明简单的市场评价跟我们付出的关系。实务中，人们非常看重销售收入，销售收入是客户利益得到满足的标志，在市场供大于求的格局下，这个指标对企业价值实现具有决定意义。但仅有这样的满意，还远远不够，还需要员工满意、供应商满意、政府满意、社区满意，最重要的应该是大自然满意。这样全面满意的概念，只能通过丰富利润指标的含义与计算口径才能真正落实于会计理论与实务中。对于企业而言，追求全面满意中，"自然满意"可能最具挑战性。自然是人类生存发展的基本空间与基础，但科学的发达让人类对自然产生了越来越强烈的控制欲望，原始意义上适应自然变成了征服自然。不过，现实已非常残酷无情地教训了对自我自以为是的人类，大自然的满意是最值得人类敬畏的层面。所以，人类发展至21世纪，就必须树立以自然满意为核心的全面满意观，这种全面满意观只有转化为会计制度的基本目标，才算践行于人类社会经济生活中。如果自然不满意，整个人类将无法生存。我们感到这是20世纪下半叶经济全球化进程加速带给21世纪人类必须牢记并吸取的教训，也是现代经济交易必须体现的人类文明进步的内在要求。这种交易新范式，为发展完善现代会计制度，从而充分发挥会计在人类文明进步中的守护神与导航仪作用，明确了努力方向。

现在我们可以说，对于目前会计而言，满意以"盈"概念定义后，产生了相应的"利润"指标，但是现行"会计利润"从基本定义与具体计算，均反映了极其片面的满意观，与全面满意观相差甚远，根本没有真正计量出一个公司的存在价值（交易主体的总体效果）。为此，会计利润需要重新定义并明确新的计算口径。之前，学术界对此已作出了一些拓展性研究。例如，EVA 理论与统一报告方案以及三重基线模式（对这三者做必要解析）。但现在看来，这些探索与交易主体全面满意观，还有很大的差距。

当我们考察一个企业全面满意度时，会计上是借助于计量其对"全面满意度"贡献指标而实现的。不过，一个企业、一个个体对整个社会与自然的利益贡献，正确定义与具体计量都十分困难。因为现代社会所有组织都是科层制，以任期制与问责制为主要特征。作为交易主体全面满意观，是短期与长期的有机统一，但适合科层制管理基本要求，如何把交易主体对长期利益的贡献，量化到任期制考核需要的短期业绩中？会计有关这方面的探索，仍未有可行方案。例如，我们以前以 EBIT 来计量企业资源创造价值能力对交易双方满意程度的贡献，后来又拓展为 EBITDA（含折旧与摊销），以为这样可以大致上反映企业对长短期满意度的贡献能力。因为有关 DA，来自长期资产摊销，长期资产（可以包括环境生态贡献的投入）是一开始投出去了，对于特定摊销年度也叫贡献（贡献是分担了你以前的投资即沉没成本）。所以说，西方一些会计教材认为，EBITDA 才是衡量一个微观的企业一定时期对社会、对各利益相关方乃至自然贡献的最具综合意义的指标。

围绕会计的交易基础，会计要做、能做的工作还有很多。到目前为止，会计无论理论还是实务中，还没有真正解决什么才叫作"盈"的问题。怎样把文明进步的内涵赋予"利润"定义与计量中，是当代会计发展亟待解决的问题。这样基于全面满意度"利润观"的确立，涉及现有会计资产、负债、所有者权益、收入、费用、利润诸要素的重新定义以及计量模式的完善，会给会计带来洗心革面的变化。

以费用成本要素为例。成本或者费用，在全面满意观下，不再是简单的传统的口径。如果说是补偿，那么，最起码包括我们企业层面自身的补偿，还要包括社会层面的补偿和自然层面的补偿。我们以前把社会层面的补偿看作为公司的社会责任，我们把自然的补偿看作为企业的环境责任。但是，作为一个完整的企业补偿，社会、环境都应该纳入企业的补偿的范围当中，都应该成为企业会计经常计量、反映的东西。如果我们把这些内容融合于会计制度中，那么，会计在对不同主体交易过程的反映当中，计量的企业"利润"就具有了社会与自然的本质属性。显然，这样的费用观，把企业耗费与补偿提升到了整个人类可持续发展的高度。

我们以前在经济学当中把对社会的责任和对环境的影响，以一个非常感性的名字来概括叫"外部性"（企业的经济有外部性）。但是现在按照科斯定律的话，这种社会成本已经大到我们都无法来承受。那么，对这种社会成本的关注，必须纳入会计里面，成为会计日常核算的内容，这样一个社会成本才能得到有效的控制。

## 七、会计计量属性的回归与丰富完善

### （一）会计货币计量的本质

以上所述阐明了交易的信用契约本质，作为会计基本理论反思，接下来我们看第二个内容：货币及其计价。货币的正常功能成了会计很重要的前提，因为会计以货币计量为核心手段。在会计世界，货币到底充当着什么样角色，履行着何种功能，值得我们好好予以反思。如上所述，货币最大的功能——最大限度体现了我们人类对自由这种梦想的追求，拥有了货币才能真正感觉到什么叫自由。然而，对于货币这种具有本质性的功能，学术界往往未能予以足够认识，但对会计而言，这样的理论疏忽，显然带来了货币计价实务的无所适从。货币能保证人类实现自由消费，但钱给人类带来的这种自由，到底意味着什么？这是一个非常值得我们去关注的东西。货币可以购买财富，其本身就代表着财富。财富对人类而言，具有什么样的意义？亚里士多德《政治学》这本书当中有一个非常经典性的结论，对人类思想产生了非常深远的影响。说人类最简单的也是最崇高的目标和理想是"过上良善与自足的生活"，这种生活是需要人去努力奋斗追求的。亚里士多德定义的人，由灵魂和身体两个部分组成。因此，人就分为两类：一类人是灵魂驱动身体，另一类人是身体驱动灵魂。"对良善与自足的生活追求"，是人类的理想，这种理想只能产生于灵魂驱动身体的人，而身体驱动灵魂的人不可能具有如此的精神品质。灵魂驱动身体的人叫贵族，身体驱动灵魂的人叫平民（因为古希腊亚里士多德时代是奴隶制）。奴隶制时代只有主人有所有权，奴隶没有所有权。所以，在只有主人才有所有权的身份背景下，这个时候奴隶也是一项重要的资产。所以，亚里士多德在这里把良善放在前面，同时也认为应该自足，这是人类生活的理想。这为会计在整个人类文明进步中正确定位，提供了参考。

亚里士多德是古希腊哲学的最高峰。他认为，人分为统治者和被统治者，被统治者是没有个人权利的，当然不存在所有权的问题。但是后来西方思想开化,说每个人的社会身份是平等的(人生而平等)。把人类解救出来的这个人,在西方要么是上帝,要么是真主。但是,把所有人都解放出来以后,带来的后果是法律上的障碍和伦理上的障碍。因为在西方奴隶制社会,奴隶主处置奴隶天经地义,但每个人拥有平等身份以后,一部人可以任意处置另一部分人的做法,已彻底不可行了。人人平等,但社会经济提供的资源有限,怎样合理协调、解决人类身份平等与财富稀缺矛盾,成为人类文明进步的重要内涵。

### (二) 会计货币计量的基础

对此,古希腊特别是古罗马文明中有一点值得我们借鉴。建立人类竞争制度。不断竞争,有限资源得到人类相对认同的公平配置结果。竞争中,淘汰的贵族最简单的做法,就是流放到其他国家。但是过了几年大家反应过来认为这个人还是好人,可以再请回来。这样看来,政治在西方的古罗马当中也是很文明的。只是到了后来,政治上的这种竞争变得非常残忍,几乎都采取结束人生命的方式来处置失败方。亚里士多德人类生活目标的定义,完全适用于会计货币计量目标的选择。经济上的竞争通过市场完成。市场经济已成为世界范围配置资源最基本的制度,其基础就是会计。市场创造了货币可以购买并计价一切交易品的奇迹。这种意义上货币购买力与计价功能,是建立在人类拥有基本信用基础之上的。货币能成为支付手段并拥有价值尺度身份证,完全是由于人类已建立了强大的互相信任制度。会计货币计量,要把交易引起的社会信用基础变化,即某笔交易对社会信用的具体影响,及时、真实、完整地反映出来。通过会计货币计量,不断夯实社会信用基础,而不是制造我们人类内部的互相不信任、互相批评。为什么我们的上市公司 IPO 以后要把会计信息披露作为我们资本市场的基础设施来去做,无非就是说必须要诚实告诉我们企业到底是干什么的,为什么 IPO 的时候一定要募集这么多钱。而且,也没有哪个公司说能钱生钱,其募集的基础在于有很多的产业能提供很多的产品和服务,满足我们市场的需要。

亚里士多德认为人类需要的财富是自然财富,钱生钱是一种不自然的财富,自然财富是真正的能让人真正过上良善和自足生活的财富。如果是非自然财富,那是不值得提倡的。资本主义,特别是和现代金融制度结合了以后,使大量的社会财富成为非自然财富。非自然财富,从能力道德来讲,它不具有正义的品质。如果把我们人类热情,都引到追求非自然财富轨道上去，那会后患无穷。现在我们一再强调，要做好实体经济，因为实体经济是增加自然财富。会计货币计量，应该把这种自然财富的概念建立起来，这种自然财富集中体现在社会信用强弱上。这种意义上的社会信用，存在的基础是交易目标的顺利实现，由全面满意观决定，交易过程双方利益均等并得到保障。会计货币计量必须充分、正确地体现并引导交易各方切实履行全面满意观。总之，夯实社会信用基础，成为会计货币计量的本质，从而为会计制度建设提供了基本的理论指导。

## 八、会计理论基础创新与重构

会计理论结构的完善，是会计基本理论反思的第三方面。美国会计学家亨德里克森在《会计理论》中，认为会计有三种理论：第一种叫机制性理论，第二种叫解释性理论，第三种叫行为性理论。机制性理论回答了会计准则是怎么回事；解释性会计理论回答了会计概念框架如何搭建；行为性会计理论回答了会计信息的经济后果。这样的会计理论基本构成，显然缺少会计哲学层面的理论探索，会计理论大厦没有奠基性工程显得有点摇摆不定。从人类社会经济文明进步角度，挖掘会计本质属性，基于会计的历史与现实，回答"什么是会计"以及"会计是什么"问题，可以为现代会计理论大厦建筑牢固的地基，从而形成的会计理论与方法体系，可以经受社会经济发展的各种挑战，也可以包容全面满意观实现过程中出现的各种异象，从而有效指导会计实践发展，在人类经济文明进步中发挥百折不挠的积极作用。会计理论，面对当今复杂现实挑战束手无策的困境，将彻底改观。

耶鲁大学会计学家夏恩·桑德在《会计与控制理论》一书中，把会计理论探索分为在微观经济和宏观经济两个层面会计如何发挥作用。会计在微观经济当中发挥的作用主要体现在契约和信用的贯彻，在宏观经济当中的作用主要发挥在为合理的分配、配置社会财富提供基础。桑德的这种探索性研究，与我们对会计本质属性研究思路异曲同工。桑德关注了会计在宏观与微观经济两个层面发挥职能作用的机制与方式以及方法，但这种职能作用机制与方式、方法赖以成立的前提是什么？桑德的研究，自然假定这是一个无需论证的问题，从而使其会计在宏观与微观经济中发挥各种职能作用的理论，给人以空中楼阁的感觉。或者说，桑德的研究在会计学术界，为会计理论搭建了一座海市蜃楼，尽管艳丽夺目，但只能观赏而无法应用。我们的研究试图在会计基本理论上釜底抽薪，从人类社会经济文明进步基本要求——真、善、美追求出发，发掘会计制度存在的最为深刻的社会经济基础，从而把会计产生发展与人类社会经济文明进程作同步考察，在会计与人类社会经济文明进步的共生、互动关系中，把脉会计产生与发展的历史规律，解析现代会计制度内部结构形成以及拥有基本职能与技术方法特征的必然性，为我们充分认识现存会计理论的实质性缺陷进而完善会计制度、改进会计实务提供了一把万能钥匙。

我们的观点，首先要解决"会计是什么"问题。这是在会计整个理论大厦框架里至为重要的一个概念，解决了会计的标准框架、理想框架到底是什么问题。如果这样的基本问题缺少旗帜鲜明的答案，会计所有问题的探讨都将是无源之水，无本之木。因为我们面对现实的会计学术与制度以及实务，根本无法判断其做得越来越好了，还是越来越差了。会计的好与差，并不体现在会计要素的多少、提供数据的详略上，这些都不是我们衡量会计好差的标准。会计只有跟其标准框架进行比较，才能看出会计是什么，然后我们才可以知道会计不是什么，更能回答现在的会计离我们理想的会计偏差有多少？这些偏差的背景和条件是什么？我们怎么样来认识这种偏差？会计理论与学术研究，很重要的任务是解释这种偏差的原因以及逐步减少这种偏差。

## 九、夯实会计制度目标基础

### （一）会计对社会文明的逆向冲击

会计基本理论反思的第四方面，关于会计制度的整体定位和发展。我们前面引用斯宾格勒的《西方的没落》一书，里面有很多很有趣的结论。其中他认为：人类每个人从来到世界的这个角度来讲是没有选择权的，人类能做的选择只有一个，做或不做。他在书中讲了一个很重要的概念，说人类通过会计实现了货币的张力（张力是讲对社会文化、文明的一种渗透影响）。货币的张力，体现在人类对更多的财富或者更多的货币之认知与追求上。回到亚里士多德在《政治学》框架里面讲被灵魂控制的人和被身体控制的人，他们追求财富或金钱的行为不一样。灵魂控制的人，追求的是自然财富，但自然财富是有限的，而且这一部分人对其他人自然财富的不足，会表示出一种高度的怜悯。但被身体控制的人，追求的往往是货币财富。人类一旦染上追求货币之瘾，则必然表现出追求无限的强烈愿望。如此，具有追求无限货币财富的人，会表现出两种明显的行为倾向：第一非常小气——钱只进不出；第二极度自私，只顾自身利益，对他人利益比较冷漠。而集齐这两种品行的人就叫"资本家"——典型的被身体驱动的人，会对钱特别钟情，最后导致货币的张力赋予了这类人贪得无厌的货币观。一旦人类持有了贪得无厌的货币观，那整个社会发展就会碰到很多问题。这种贪得无厌的货币观，表现在经济学上就形成了目标最大化，这样的经济观又深深地赋能于现代会计学中。于是，现代会计学似乎助长了全社会贪得无厌的货币观心理，对社会文明进步产生了严重的逆向冲击。

### （二）信息化对会计的挑战

在当代会计发展面临的诸多挑战中，来自信息化的挑战可能最为严峻而且是全方位的。对此，德鲁克在《21世纪的管理挑战》一书中，既看好信息化带给会计前所未有的美好前景——"会计人员会成为信息时代的领导者"，又严厉批评了现行会计的故步自封、不思进取，成了社会经济快速向信息化转型的障碍，以至于在企业中，人们对会计工作大失所望，会计职能被其他专业管理职能无情遗弃。"传统的会计系统提供的信息都不能满足这些最高管理层的任务的需要。实际上，这些任务与传统会计模式提出的假设完全格格不入。新兴的、基于计算机的信息技术别无选择，只能依赖于会计系统的数据。它也没有其他选择。它收集、组织、处理、分析和呈现的都是这些数据。信息技术面临的这种窘境在很大程度上却促使它对使用成本会计数据的经营活动产生了巨大的影响。但是，这种窘境也说明信息技术对企业管理本身的影响近乎于零。最高管理层对信息技术迄今为止能提供的这些数据表示出非常失望的情绪，正是这种情绪使得新兴的和下一场信息革命一触即发。……企业……很快意识到，会计数据并不是管理层所需要的，这也是MS和人员轻视会计学和会计人员的主要原因。但是，他们照例也没有认识到，管理层需要的不是更多的数据、更高的技术或更快的速度。管理层所需要的是对信息的界定，是新的概念过去几年中，许多企业的最高管理人员纷纷开始提出这样的问题：'什么样的信息概念能帮助我们做好我们的工作？'他们现在已经开始要求传统的信息提供者，即会计人员提出他们所需的信息概念问题而产生的新的会计系统。"① 德鲁克认为，会计适应信息化发展潮流，必须脱胎换骨，洗心革面，彻底摆脱陈旧的以资本为核心灵魂的会计理论方法，确立反映经营连续性即"创造财富"为核心目标的会计制度，并从基础信息（现金流量与流动性预测）、生产率信息（关键资源生产率分析）、能力信息（反映并促进企业持续创新）、资源分配信息（资本和利用资本的人）等方面②，做出计量与报告的变革措施，回归人类社会经济文明进步主旋律。

以上有关会计基本理论反思，通过对交易、货币、美国具有代表性与影响力的会计学术观点，和西方的思想家货币张力主张的分享，最终都具体化为对会计制度、会计实务的一些明显影响，表明会计理论与实践只有以人类社会经济文明进步基本要求为自己的灵魂归宿，以此建设会计基本理论结构，设计具体会计制度，评价会计实务，才有可能形成会计理论与实践的良性循环机制。德鲁克的以上分析，给我们对会计基本理论尤其是会计本质属性问题以很大的启发。首先，会计制度的变革完善，现在不只是会计系统内部的事务，而是直接牵扯到整个社会经济进步大局；其次，截至目前，会计理论与实务距信息时代对会计的新要求相差很大；再次，作为工业时代向信息时代转型的探行者与导航仪，会计必须从现在以"财务目标"为核心的制度结构，尽快变革为以"创造财富"为核心目标的新型结构。对现行会计以"财务目标"为核心的会计制度，美国通用汽车公司前副总裁鲍勃·卢茨曾作出了很直观而尖锐的评价："读一读任何一所商学院的案例分析（我读过许多），你会发现，它们以文字和表格的方式提供了大量数据。在这些盘根错节的信息中，可以找到获得持续财务成功的关键：'提供条件更宽松的信贷条款''降低产品分类的复杂程度''关闭工厂''将货物进行整合，以适应车辆的载重量'以及'因利润空间太小，停止在加拿大销售'，这些都挺有用，但存在致命的缺陷：从未涉及顾客，还将顾客理想化。不管进行多大程度的'提升利润的优化'，人们都认为销售量会持续增加"。③ "像美国最受尊敬的商学院研究生院教导的那样，多亏了在商界普遍存在的高度依赖分析的学术倾向，我们培养出了大批聪明的年轻主管，他们在摆弄数字和商务术语方面都非常有技巧，都渴望减少成本，并希望通过挑战这个体系来获得

---

① 彼得·德鲁克，2009. 21 世纪的管理挑战[M].朱雁斌，译. 北京：机械工业出版社：87.
② 同①，第 102 – 108 页。
③ 鲍勃·卢茨，2013. 绩效致死[M].张科，译. 北京：中信出版社：198.

高额的短期利益。毕竟我们确实每个季度都进行业绩评估，而我们也确实希望自己拥有的股票期权变现。"① 会计在近代从制度到实务的堕落，看来已是不争的事实。会计似乎已忘掉自己对社会经济文明进步所作出的基本承诺。

我们如此分析力图说明，会计既取决于文明，又直接影响着文明。会计本身就是人类社会经济文明进步的重要组成部分。现实生活中，会计这种文明品质以及会计行为是不是文明，完全取决于具体会计制度和会计人员的努力。如果我们在会计基本理念或本质属性层面，明确赋予会计以"体现人类社会经济文明进步基本要求"的品质，则具体会计制度以及执行，包括会计人员的职业素养，对各种不文明因素与行为，就具有了先天性的强大免疫力。

## 十、会计使命感与职业尊严

赋予广大会计从业者对经济不文明行为以强大的免疫力，这是一项极其艰难的工作。目前，会计工作是由每个会计人员在各自岗位上分散进行的，通过自己的行为来体现的，每个会计岗位的行为内容与形式以及面临的利益矛盾并不一样（即使同样的会计职业，同样的会计岗位，不同的人去从事，它产生的社会实际效果也不一样）。为此，会计基本理论这门课程，必须为会计人员树立正确的职业世界观与方法论，提供系统的指导。为了便于会计人员在信息化的全新背景下正确把握会计的世界观与方法论，再作如下讨论性分析。

### （一）会计变革的突破口

首先，会计现在最突出的问题是时滞（时滞是指信息反映对活动或者行为的时间延迟，即经济活动在先，会计信息在后）。现实经济活动包括财的活动，人的行为和物的流转。这些要素活动形成实体行为，不仅与其反映的信息会时滞，而且各自时滞的程度并不相同。从而，给会计信息真实反映现实经济活动带来了难以克服的困难。而且，这样的普遍性时滞以及时滞不一致，同一笔业务、同一个环节、同一个岗位，不同时期又表现不一样。

会计如何摆脱这种信息时滞困境，具有很大的挑战性。现在对会计的时滞，我们只能承认但根本说不清楚。因为会计要全面反映人、财、物要素活

---

① 鲍勃·卢茨，2013. 绩效致死[M]. 张科，译. 北京：中信出版社：201.

动过程与结果,这些要素行为的信息时滞几乎是与生俱来而且毫无规律的,则会计记账并报告的信息,其内含的时滞不一致程度,会计人员根本不可能知道。从这种意义上说,完全可以认为会计的计价、记录、报告,根本算不上是一种完整而真实的经济事实。这种挑战直接威胁到会计的生存发展。但五百多年来,我们已习惯并满足于这样的会计,所给出的几张报表,多大程度上反映了经济活动现实,实在是一个难以作出肯定答案的难题。所幸信息化时代的到来,为现代会计摆脱时滞困境,在工具手段上提供了可靠保障。

其次,是货币计量。货币计量在长期的会计实践当中,为会计职业赢得了社会普遍尊敬的权威地位。尽管会计信息存在这样和那样的问题,但是相对现在可以取得的其他所有信息,会计信息还是最靠谱的。除了会计信息,没有哪一个系统,能以明白无误的标准框架告诉我们完整、真实的经济世界是怎么样的。会计货币计量满足了人们了解现实经济的客观需要。但是,会计货币计量一直经受着计价与实际价值越来越背离的痛苦折磨。当我们面对几百倍、几千倍、几万倍市盈率的时候,会计还坚守一个简单的市场有效信念,以市场价格作为会计计价入账的依据,这样的会计信息对整个社会经济心理,以整个社会经济的健康发展,将产生非常消极的作用。货币进入严重幻觉时代,此时会计用货币计价来计量经济活动,多大程度上兑现了会计对人类文明的承诺,是个很大的问号。会计信息通过顺周期的效应,是助长了经济发展的不健康因素,还是提升了人类文明水平?这是当代会计在货币计量这个问题上,细加深思的问题。

再次,会计定期报告同样表现出了难以满足社会经济现实需要的明显缺陷。会计制度性期限的统一规定,严重违反了人类财富创造的自然过程。会计应该与经济同步的,那么,会计信息对现实经济而言应该实时。但实时会计,在会计理论上,至今仍是一种梦想。

最后,交易主体高管的任期制,会计期间假定助长了所有岗位行为短期化倾向。会计为现代社会创造了一个"短期化经济",与人类文明对经济发展的基本要求是可持续,即具有长期化特征,产生了严重的对立。

### (二) 现代会计变革方向预测

20世纪社会经济快速发展使人类在享受巨大物质进步的同时,也经历了环境、生态以及伦理道德层面的诸多磨难,20世纪恰恰是现代会计完全成型并充分作用时期。人类进入21世纪,经济文明进步的召唤,社会各界对会计制度与实际信息质量提出了多方面的强烈批评，会计已到了必须彻底尽快变革的时候。信息化技术日益成熟，也为会计切实履行对社会经济文明进步基本要求的承诺，提供了充分的可能。这些变革，以解决会计信息的时滞性困境和实时反映以及信息计量手段现代化为抓手。由此，作为会计基本理论研究的一个重要使命，对现代会计变革方向作以下预测：会计货币计量将发展为融传统货币计量与现代信息计量（图像识别与语音识别、大数据分析技术等）于会计计量一体的综合计量。会计计量对现实经济活动具有实时效果与场景解释力。如此，会计量化了实时经济活动，才能成就有效的组织管理。会计计量将为社会经济活动明确改进、发展完善的具体方向，成了人类社会经济文明进步的导航仪。如此的会计信息，为人类判断任何经济活动的效果以及文明与否，提供了充分、可靠的依据，会计因此成为人类经济文明进步的传播网络与监测机制。会计在21世纪将赢得名副其实的社会构建身份。赫拉利在《人类简史》中，认为人类需要也只能生活在社会构建中（他认为，社会构建塑造了真实世界、决定了人类欲望追求、规范了人类交流沟通的标准模式，最终体现并实现着人类社会文明）。我们深信，进入21世纪，基于20世纪会计准则化以及会计报告准则国际化的历史经验，从理论上充分肯定会计制度，是一种重大的社会构建，具有特别重要的现实意义。社会构建体现了社会规则，直接反映着人类文明进步的当代基本要求。历史与现实的会计，完全具备了社会构建性质。会计确认、计量、记录、报告，所有的行为，所有的方法手段，只有充分满足并具备了社会构建的原则与要求，才具有社会经济文明进步意义。如果舍弃了社会构建框架特征，会计就走上了与人类文明进步相悖的道路。这样的会计，在社会上无法赢得公众的信任，也就失去了存在价值。

## 十一、会计基本理论主要观点总结

围绕会计基本理论研究，我们对"会计是什么"与"什么是会计"发表了具有探索意义的看法，形成了如下核心观点：

首先，会计是记录行为。人类为什么需要会计记录？记忆、约束、引导，防止个体自由导致整体不自由，引导人类向善。会计一定程度上具备中国传统史官身份，是人类社会文明的守护神。

其次，会计是计量行为。人类为什么需要会计计量？知道、证明、分配、合作与竞争、优化行为，总之为组织与管理。会计是社会经济活动的一杆秤，是人类社会文明的导航仪。

再次，会计是报告行为。人类为什么要会计报告？知道、互信、评价、排序，总之为经济分类排序。会计搭建了社会经济活动与各个体活动的文明法庭。

最后，会计是社会构建。社会构建塑造了现实世界、决定了人类欲望追求、规范了人类交流沟通的标准模式，体现并实现着人类社会文明。会计法与会计准则形成完整的会计制度，正是人类追求文明内在要求的具体呈现。会计是人类社会文明的守护神、布道者与传教士。

会计理论与方法，无非是把会计体现人类社会经济文明进步基本要求这一本质属性，一览无余地展现为会计制度与实务。

以上所述，会计基本理论形成如图 6-3 所示结构框架图：

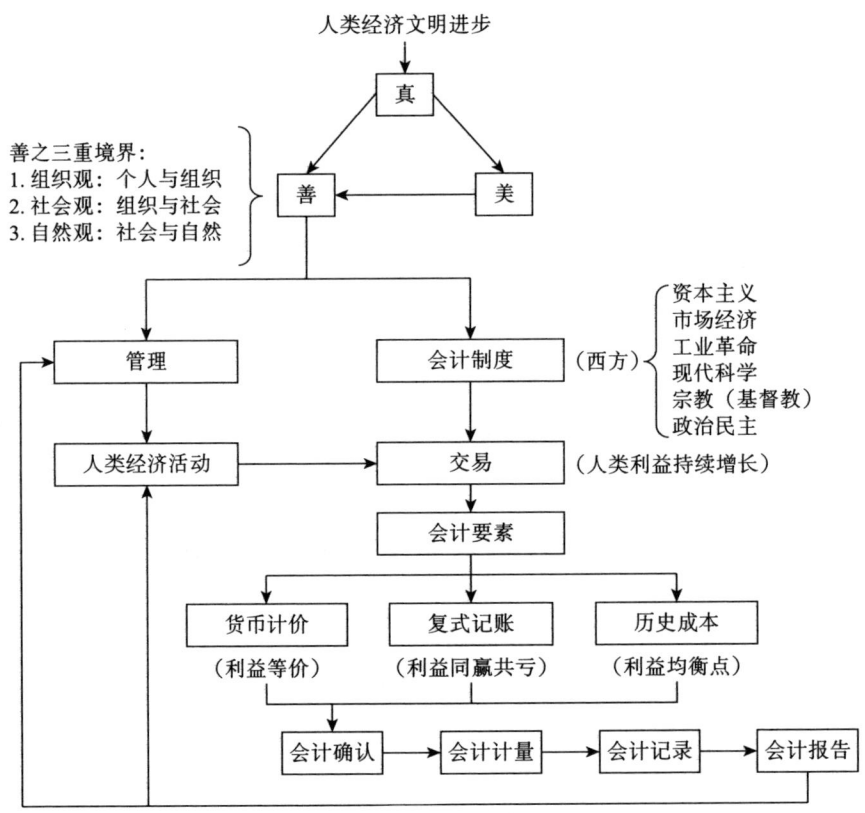

图 6-3 会计基本理论：基于人类文明进步分析框架

## 本章参考文献：

夏恩·桑德，2000. 会计与控制理论[M]. 方红星，王鹏，李红霞，译. 沈阳：东北财经大学出版社.

约翰·齐曼，2003. 可靠的知识[M]. 赵振江，译. 北京：商务印书馆.

乔尔·塞利格曼，2004. 华尔街变迁史[M]. 田风辉，译. 北京：经济科学出版社.

大卫·谢尔曼，大卫·扬，哈里斯·科林伍德，2004. 会计地雷：有效地躲避会计灾难[M]. 金马，译. 北京：清华大学出版社.

小艾尔弗雷德·斯隆，2005. 我在通用汽车的岁月[M]. 刘昕，译. 北京：华夏出版社.

彼得·德鲁克，2006. 公司的概念[M]. 慕凤丽，译. 北京：机械工业出版社.

西格蒙德·弗洛伊德，2007. 一种幻想的未来/文明及其不满[M]. 严志军，张沫，译. 上海：上海人民出版社.

彼得·德鲁克，2009. 21世纪的管理挑战[M]. 朱雁斌，译. 北京：机械工业出版社.

弗雷德·布洛克，2010. 后工业的可能性[M]. 王翼龙，译. 北京：商务印书馆.

克莱伦斯·艾尔斯，2011. 经济进步理论[M]. 徐颖莉，赵斌，毕冶，译. 北京：商务印书馆.

乌戈·马太，劳拉·纳德，2012. 西方的掠夺：当法治非法时[M]. 苟海莹，译. 北京：社会科学文献出版社.

埃尔登·亨德里克森，2013. 会计理论[M]. 王澹如，陈今池，译. 北京：立信会计出版社.

鲍勃·卢茨，2013. 绩效致死[M]. 张科，译. 北京：中信出版社.

尤瓦尔·赫拉利，2014. 人类简史[M]. 林俊宏，译. 北京：中信出版社.

保罗·萨缪尔森，2014. 经济学[M]. 10版. 萧琛，译. 北京：商务印书馆.

弗兰西斯·福山，2015. 政治秩序与政治衰败[M]. 毛俊杰，译. 广西师范大学出版社．

李伯重，2017．火枪与账簿［M］．北京：生活·读书·新知三联书店．

克莱顿·克里斯坦森，2019．颠覆性创新［M］．崔传刚，译．北京：中信出版社．

雅各布·索尔，2020．账簿与权力［M］．侯伟鹏，译．北京：中信出版社．

# 附录 A
# 中国会计理论研究应有历史使命感

杨雄胜

（此文于 2012 年发表在《会计研究》第 2 期）

> **【摘要】** 不同文化背景下的会计问题只能用相应的语境研究才能得以准确表达。目前，我国简单强调在西方英文期刊发表论文的做法值得反思。中国会计研究界目前存在较为严重的"自娱自乐"现象，导致了理论成果对中国会计实务难以产生应有的指导作用。中国会计研究的健康发展亟须解决说"真话、明白话"问题，而中国会计学会在解决这一重大问题上负有不可推卸的历史责任。
>
> **【关键词】** 会计研究　国际化　学术规范　会计学术组织

对于本文意思的表达，作者曾犹豫了很长时间。从 1993 年在《会计研究》上发表了我致杨纪琬教授公开信后，对中国会计研究一些大是大非问题的思考，一直萦绕在我脑海而挥之不去。1997 年、2004 年、2008 年、2009 年，我先后又在《会计研究》上发表了对中国会计研究一些基本面问题的看法。如今，《会计研究》编辑部在首届"两岸四地会计期刊联席会"上，极有诚意地征询学界对如何更好地开展中国会计研究的意见，故借此机会，我把数次欲言又止的话之要义尽可能准确地表述出来。我深知，理论研究中讲真话、实话往往会伤及同行，极容易使自己身陷万般孤立之绝境。但是，科学研究历来需要自我牺牲的精神，作为一名有良知的会计学者，必须具有这样的历史担当。我权且把说出以下肺腑之言，作为个人与中国会计研究同行的一次良心对白，可谓"我本楚狂人，凤歌笑孔丘"。我首先申明，当我向同行倾诉以下看法时，我视会计研究为自己生命之一部分，而非通常人们认为的只是谋生而已。

## 一、中国会计研究的"大是大非"

在西方学界，"李约瑟之谜"至今未解，其谜根是，现代科学为什么未产生在中国？或曰为何没有在中国扎根？这似乎同德国伟大思想家马克斯·韦伯留给人类的谜团如出一辙：资本主义为什么首先产生于西方而未能发生在东方？其实，对李约瑟之谜，中国学者早已有觉察并试图予以破解。1921年，26岁的冯友兰先生在美国哥伦比亚大学哲学系发表了"为什么中国没有科学"的演讲，他不仅试图回答而且拓展了"李约瑟之谜"。他认为，因为中国无科学，故落后于世界，此状况不仅影响物质，更严重影响中国的精神。其结论绝对离奇：中国没有科学，是因为按照中国人的价值标准，不需要科学。哲学家思维往往匪夷所思，冯先生这番高论，岂不是说"科教兴国"战略背离了传统价值观！看来，"李约瑟之谜"的破解绝非易事。1991年，美国学者德克·伯德（Derk Bodde）出版了一本试图真正破解"李约瑟之谜"的大书——《中国人的思维、社会与科学》，得出了一个令我不敢正视的结论：中文是导致西方科学难以扎根中国的重要原因。我知道，在西方学界，有种很有影响力的说法，就是人类一开始创造的文字（楔形文字）是象形文字，但后来由于象形文字难写，最终进化为"标音符号"并以音节发声为基础的语音书写系统，其组合就产生了现在流行的各种语言（文字）包括英语。但在东方尤其是中国，这种象形文字沿袭至今，方块字不只是一个语音发声符号系统，还往往带有很深很强、极为丰富的意境。我之前一直为此而自豪，但着实想不到，我们的文字正是科学难以落户于中国的天然屏障。看来，我现在用中文写作，很难写出具有科学元素更妄论具有国际水准的论文。幸好仔细一看，"李约瑟之谜"只是指自然科学，而我们所研习的会计大体上应归属于"社会科学"。社会科学最大特点就在于与特定的空间、时间、文化习俗及相应的语言文字紧密相关，由此，美国的社会科学用英语表述可以"入木三分"，而中国的社会科学只有用中文表述才够"惟妙惟肖"。不同的文化语境，必须用不同的文字予以表达。这一点上，自然科学与社会科学看来真不能算一回事，国际化对自然科学可能较为简单，但对社会科学而言将异常复杂。

不知何时开始，我们把科学研究泛称之为"学术"。但是，追溯人类科学最正宗源头——古希腊，以苏格拉底、柏拉图、亚里士多德为代表的一群人类共同的先贤前辈，往往采用一问一答方式表述思想。按柏拉图（约前427—前347年）的理念，思想是无法用任何文字描述清楚的，只有反复地用语言去讲（沟通交流实现心灵碰撞）并身体力行才能形成一个清晰的共识。如此看来，科学最原始的含义如果以"学"为主要途径，那么，这一途径的主要形式特征是"问"而非"术"。这一点，在中国古代也得到印证。较柏拉图早很多时候出现在中国的思想巨人——孔子（前551—前479年），他也是用问答方式表述自己思想理念。一部《论语》，讲到底就是孔夫子一生所作的具有代表性的各种答疑。由此而言，在东西方文化的源头，对科学研究本质的看法完全一致即"学问"！在古希腊，可能是毕达哥拉斯（前580—前507年）学派的兴起，由于其奉行数学是对世界万物有形无形之最妙言说，他甚至极端认为："万物皆由数字组成"，从而使整个世界包括我们今天已大致区分的自然、技术、人文、社会诸领域，均可通过数学语言得以充分表达。而数学，主要特征就是定量反映（表述）各种现象及其关系，由此使各种所谓科学都不约而同烙上了"计量技术"这一共同特征，"学术"一词不胫而走，而且几乎成了"科学"的代名词，正是由此而变为现实的。其实，按科学产生源头的权威说法，"学术"并不能涵盖科学全部。柏拉图对科学世界曾作出大致规划，整个科学面临的世界分为三大部分：不朽灵魂构成神圣的精神世界（心智世界）、人类躯体欲望构成世俗的物质世界（物理世界）、试图实现物质皈依精神世界产生了对人类具有绝对自省作用的数码世界（数学世界）。由此可言，数学表达的世界，只是科学研究对象的一部分。以"学术"作为"科学研究"的基本特征甚至是代名词，大大压缩了科学研究的发展空间。此外，科学研究决定意义的话题必然涉及"形而上"内容，但一旦定格于"学术"则只能止于"形而下"，故以"学术"代替"科学研究"必将大大降低科学研究的境界、层次。事实上，现在科学研究中一些突出问题的产生，均与满足于"学术探讨"的理论研究倾向直接相关！

以上所感，纯由扫描这几年中国会计研究之景而发。我们这几年一再强调并提倡会计研究国际化，这固然无可厚非。但由此而引发的实施方式及行为准则乃至评价标准却是大可商榷。我的疑惑很直接，中国会计理论研究及成果的国际化：（1）是否意味着只有用英文写出的才算高质量会计论文？

(2) 是否一定要用数学方法来说明问题才算作规范的会计论文？（3) 是否发表在所谓国外英文权威期刊上才算真正有价值的会计论文？作者提出这三个尖锐问题的个人态度不言自明，希望中国会计界对此慎加研讨。这些问题的争论，事关中国会计研究的大思路、大方向，我不反对追求这些，但反对以追求这些为唯一目标。

## 二、中国会计研究的"自娱自乐"

科学不应该也不可能是少数人兴趣所在的"自我消遣"，应该而且必须是为全人类贡献知识的社会性活动。英国科学家 J. D. 贝尔纳著有《科学的社会功能》一书，似乎科学除了社会功能之外还有其他功能，其实科学除了社会功能外，不可能再有其他功能了。科学之所以成为科学，就在于为社会需要。科学发展史上确实有很多科学发明或发现，纯出于科学家个人的好奇，甚至由于少数人极其偏执的"怀疑"导致了科学上的重大突破。但这些科学之得以流传，关键还是取决于社会的承认。若科学不求社会承认，就必然成为少数科学家甚至是偏执狂发泄私欲的场所，其历史就不能被社会认同，相应就不会产生我们今天津津乐道的那般璀璨夺目的科技发达史。会计，若非要傍上"科学"这个大腕，那么，必须在研究探讨中把社会作用放在首要或唯一目标地位。依此审视当今中国会计研究，值得唠叨处何其之多。

首先，会计研究的社会作用体现在哪里？是用英文写作并发表于所谓国际 A、B 级杂志？是采用所谓实证方法描述分析研究中国会计问题？这些大概只是形式，并未从基本面上解决中国会计研究的社会作用问题。按我朴素理解，中国会计研究的社会作用，集中表现在准确描述并深刻分析了中国会计实务，并对中国会计实务的进一步科学化发生了一定推动作用。至于科学化，其规范含义：笛卡尔表述为"确实性"，即"自然"，科学化就是"自然化"或让自然规律得到人类更多的认知并尊重；培根认为是"自然化的力量"，即人类多大程度上实现了"认识、征服、控制最终适应自然"？西方科学之所以不遗余力地鼓励人们去探索自然，完全来自其对"科学化"的崇拜乃至迷信，科学因此获得了相对独立的运行方式。科学化运动的结果，让我们真切感受着科学在人类社会发展每一次进步中发挥的不可替代的关键作用，使人类社会在认知并管控、适应自然各方面的能力不断提高，人类生活的物质条件日益改善，人们对自己行为的自律及自信逐渐增强。但西方科学由于越来越沦落于"学术"境地，"形而上学"问题未得到解决，因此科学在取得巨大进步的同时，也给人类道德、生存环境、文化文明带来严重问题甚至是灾难性后果。因而，人类对科学在报以极大支持热情的同时，又怀着极度警惕的心态去冷眼观察每一个当代科学的重大进展，这种极其复杂的心境当然也存在于人类对会计制度的态度中。一方面，我们对会计寄予极大的期望，总以为有了会计，我们这个社会小的层面看个人投资决策，大的层面看整个宏观资源优化配置，均有了可靠依据。可以这么说，会计制度犹如在整个世界资源配置利用的茫茫黑暗当空，挂起了一盏给人类带来普天光明指向的长明灯。另一方面，当我们面对会计一次又一次给人类传递误导信息，尤其是 21 世纪初不到十年竟已两次带给人类几近灾难性后果的现实，不禁对会计制度究竟是否具备社会性作用能力产生极度怀疑！对此，会计界的任何辩解都将徒劳。我们凭什么可以把每时每刻都挂在嘴上的社会道义担当，在自己日常行为中抛至九霄云外？会计理论研究如果不敢正视自身这种严重缺陷，甚至丧失必要的自我反省能力，那么，人类社会对会计制度的那份信心和信任最终必将荡然无存。会计产生伊始，人类社会就赋予其十分明确的功能：如实反映经济活动。会计发展的历史，恰是一部孜孜追求实现如实反映经济活动的制度和程序的历史。而现实中会计职业领域出现的各种问题，无一例外地是对如实反映经济活动这个基本原则的彻底背叛。看来，会计怎样才能真正做到如实反映经济活动，正是会计切实履行其基本职能实现社会作用的本质要求，会计研究对此应该有所作为。说来令人发指，会计研究界对此的关注严重不够，学术成果更是浅尝辄止，这是有意回避，还是无意疏忽，我们不妨做些自我检讨。

其次，把研究的目标定位于在国外顶级期刊发表论文是否恰当，值得讨论。与其他研究领域一样，目前为发表论文尤其在国际顶级期刊上发表论文而研究，已成为会计研究的直接而强烈的动机。从各高校尤其是所谓研究型大学因学校社会排名而别无选择，到政府主管部门因政绩压力而随波逐流，我国会计界实在面对了太多的无奈。不过，现行急功近利的倡导，确值讨论。（1）所论内容是中国财务与会计问题，用英文描述解释是否说得如中文一般清楚？我们不妨做个实验，把中文写的高质量会计论文，请英译水平绝对高超的专业人士译成英文，再请另一位英译中高手翻成中文，与原始中文版本做个比较，我怀疑会啼笑皆非。（2）即使忽略上述问题，那么，论文发表后的读者，是一个对中国财会背景及实务基本无必要体验的群体，他们看懂与看不懂还不一样；而置身于中国财会现实的一批专业人士，大多看不到这些论文，更谈不上去感悟并优化自身的行为，那么，这些会计研究最终目的即实际价值究竟何在！（3）就中国大陆学者已在国外有影响期刊发表的有限几篇研究中国财务与会计论文来看，尽管议题不尽相同，关注面也不一样，但核心倾向却是共同的，即中国财务与会计不好。美国亚利桑那大学李真教授，2011年5月19日在南京大学接受该校思源讲座教授聘任仪式上，作了"会计学研究：过去与未来"学术报告，报告中有一段分析，对目前（2004年以来）在AR、JFE、JAE等国际顶级刊物上发表有关中国财务与会计问题的研究论文，为什么没有一篇论文讲中国好，表达了极大的不理解。我不是一个狭隘的民族主义者，更不是偏激的爱国主义者，没有讳疾忌医心态，也不想更无资格当对中国会计存在问题视而不见的鸵鸟。但是，为什么只要在国外发表中国会计论文，只能说中国会计的不是？中国的会计难道真的如此不堪？换个角度，西方世界本来充满着对中国的各种偏见，若在国际期刊上发表中国会计论文老是以负面问题为主，那恰恰强化了西方对我国会计的偏见，这对中国及其会计极不公正！科学研究即使不要多么崇高的企求，但最起码要做到实事求是，显然，目前盲目追求国际顶级期刊发表论文的做法，对中国会计研究的主导影响并不健康。

再次，会计理论工作者必须足够熟悉其研究内容的真实背景。一篇会计论文写得怎么样，其实有一个很简单的衡量标准，就是把这篇论文向文中描述所及的那些政府官员、公司高管及财会人员和CPA们作宣讲。若他们听后觉得有道理并深受启发，则这篇论文价值就达到保本标准了。但现在我们会计学界自我感觉良好的一些论文，恰恰是通不过这样一个基本检验的。我们高校引进了一批海归，又招来一批博士生，他们对极其复杂而丰富的中国会计实务可以说感觉大于理解，远没有达到一知半解。他们已习惯于先摸准国外期刊青睐哪些中国会计问题；然后，这批不甚明了中国会计实务背景及复杂后果的莘莘学子，关在教室里反复讨论着各自苦思冥想所得的"idea"，俨然一派算命先生风范；最后写出了一篇篇颇具国际学术水准的会计论文。仅目前，我国高校每年写出的会计论文可以"海量"描述，但其中对中国会计实务真正具有透彻解析力的文章有几篇？我国高校间每年有次"实证会计研讨会"，中国会计学会一年要开一次"学术年会"，这两个会议每次都盛况空前，开幕式均为人声鼎沸，但交流的几大本论文，流到社会上能让中国会计实务多少受点益的可能是凤毛麟角。在中国会计研究的传统中，一直强调理论联系实际，一批老前辈在研究前及整个过程中，会深入财会实务第一线，做很认真调研甚至蹲点感悟。但是，现在会计研究已转轨变型，研究者拿着国家"自科"与"社科"基金项目，购置现成数据库及各种分析用软件，甚至可花钱请人做研究助理，运用国际现成的各种理论模型，可以写出一篇篇地道国际味的论文。如果我们仔细品味一下这些论文，中国的"土腥味"确实没了，但中国会计研究的感觉淡化了，更切肤之痛是中国会计研究所要遵循的原则或追求的基本目标大体上落空了。长此以往，我们这些会计理论工作者，难免成了一只只灵气十足的猫，在阳光明媚的宜人环境中，尽兴玩耍着自己美丽而细长的尾巴，一篇篇论文仅仅是猫玩自己尾巴的各种体验心得而已！

## 三、中国会计研究需要"真话、明白话"

凡是称得上科学的东西，一般都具有格外真实而且简明的特点。这一点对会计这样的社会科学尤其如此。会计学是门实用性很强的学科，它没有也不会有很高深的理论。为求当今中国会计研究之实效，必须在会计理论界大力倡导说真话和明白话。

我们现在说了很多貌似很有理的"真话"。形式上，我们每篇论文都做了必要的文献回顾，保证了选题和观点的学术性；同时，每个观点都有大量的数据及必要分析支持，使其具有足够的可靠性。问题在于，会计研究的有些话题，不似我们想象的如此一成不变。比如：会计盈余的信息含量及会计信息的价值相关性，在国外早期时研究大体上很有必要，但现在会计对新经济反映能力已严重衰退（美国布鲁金斯研究所有报告称，进入21世纪，在微软与思科这类公司，会计报表对现实经济的说明能力现在仅有5%—10%），那么，这样还企求会计信息公开后对投资者和管理者决策起重要依据作用，是否有违常理！会计研究还在死垦着这块几近贫瘠的土地，而不去图谋彻底改善土地贫瘠困境之策，这岂不成了缘木求鱼甚至在本末倒置！即使仿效西方我们也做些会计信息价值相关性研究，那么，我们应该正视中国资本市场对公司股票交易每日有涨跌幅度限制这个制度，西方无类似规定，从而决定了照搬西方那套做法研究中国会计信息价值相关性，得出的结论是难以信服的。然而，谁在乎这一点，有关会计信息价值相关性研究，我们还不是在东施效颦地做了一茬又一茬！

中国会计学者现在也说了不少似乎很有底气但其实是没有底盘的话。对西方众多的会计研究成果，包括堪称经典的研究视角及框架思路，我们必须结合中国现实甄别其可借鉴的程度。但我们现在这方面做得不尽如人意。例如，关于上市公司独立董事与审计委员会，西方已有诸多研究且确实比较深刻地说明了公司治理的一些本质性问题。在中国，虽然形式上也建立了独立董事和审计委员会制度，但真正发挥作用可能尚需时日。中国人早已习惯了"中医"思维并接受了相应的行为规范，但会计研究者们过于急进遵循了"西医"思维，我国一些会计学者围绕上述议题写出了大量与西方既有研究似曾相识的成果。这些论文的价值究竟有多少？我相信研究者本人更清楚，因为有些作者就有丰富的上市公司独董经历。但令我百思不解的是，这些作者为什么明知不可为还刻意为之。看来，在中国会计研究领域，研究者动机方面存在着严重的先天不足。又如，西方实证会计研究中的"政治成本假说"，对我国企业或许也成立。但这种政治成本具体到财务经济研究中，可不是简单地以"职务消费"或有些学者描述定义的政治关系所能替代的。首先，中国企业不论国有还是民营，高管人员的真正"职务消费"，若作为职务利益看，绝不是现行会计账户中真正能间接体现的东西。真正实在的公司高管职务利益，集中表现在对公司拥有各种资源的支配及控制上，在大型（集团）企业还表现为对下属企业人、财、物的支配性控制及利益转移上，这些显然是现行会计核算口径中无法提供的。现行会计核算所能提供的那些貌似公司高管控制的"职务消费"，既不能完全归属于高管职权行使的结果，更是真正意义上高管"职务消费"之冰山一角，而这一角对冰山的说明力极其软弱！其次，企业与政府的政治关系，在我国比较复杂，并不简单地表现在公司高管曾经、现在或即将拥有的公权岗位背景，更主要表现为政府与企业之间那种长期、非线性而且是周瑜黄盖式的经济利益交换关系，如企业为政府分担、政府给企业政策与资源，而这些，显然是现有公开数据中无法观察到的。这些关键性环节及行为后果找不到实际数据充分佐证，"政治成本假说"即使适用于中国企业，但因研究的前提条件不具备，而无法通过应用实证研究的方法对此作出验证。

如何在中国会计学界形成讲真话、实话的风气？回答这个问题可以说十分容易但非常艰难，说容易是因为其间道理和应如何做大多数学者事实上心知肚明；说艰难是因为不少学者往往由于种种理由而不能真正做到这一点。

其实，科学研究很注重日常积累，这种积累不仅包括既有的国内外高水平学术成果，而且尤其需要对所研究对象现实内在结构和具体背景的准确把握，更要求研究者必须具有科学精神与良知。笔者的建议不外以下几条：（1）中国会计理论研究必须面对中国会计现实，应该在学术界与实务界搭建有效沟通的平台。中国会计学会的各种全国性研讨会正是这样的平台，应该为理论与实务工作者实现深度交流提供制度、组织保障。（2）中国的《会计研究》中文版应该成为国际范围研究中国会计与财务问题的最权威期刊，注重其英文版的国际推介，实现这一目标对中国会计学会而言责无旁贷。（3）在中国会计理论研究努力倡导多元性，鼓励不同研究风格同时并存相互竞争，中国会计学会每年学术年会必须在制度设计上，强调大会报告的成果应具有各种不同研究风格，每年的优秀论文评选亦应包括各种风格的研究成果，以促进并充分体现学术民主和公平竞争。（4）中国会计学会已成立的学术委员会要包括各种不同研究风格代表中国会计学术水平的专家，这些专家应有严格遴选程序，以保证其德才方面都具有基本的公信力，《会计研究》的匿名审稿及中国会计学会各种重大学术活动交流论文筛选及学术成果评优，必须由这些学术委员把关或投票决定。（5）对一些脚踏实地研究中国会计问题并取得显著成果的专家，在中国会计界应给予应有的尊重，从而为年轻一代会计树立榜样。以上建议虽然是原则性的，但若我们真能做到一二，我相信中国会计理论研究生态会有显著改善。在此，我不禁想起至今在全球范围商界仍奉若神明的《成功之路》（又译《追求卓越》）一书所宣扬的一个基本观点：世界上所有成功的公司之所以成功，归结于它们能把一些众所周知的道理或老生常谈的原则，老老实实且始终如一地做到了；而很多公司之所以失败，不是不知道这些道理和原则，而是把这些道理和原则仅体现为数不清的委员会和没完没了的书面文字，就是不能真正地落实于行动。这样的概括应该也适用于中国会计界，当然也包括其他国家会计界。对于中国会计理论界而言，什么样的研究是有价值并值得提倡的，我相信大家是明白的，但现实中为什么我们不能认真严肃地身体力行，个中原因我至今无法求解一二，这种原始的冲动促使我期盼通过本文向朋友们敞开我矛盾而痛苦的心扉。

综上所述，中国会计学界在研究的基本指导原则与理念上，确实需要开展一场拨乱反正、正本清源的讨论。中国会计学会及其《会计研究》必须切实负起组织好这场讨论并促使中国会计研究早日步入良性运行轨道的历史责任。本文作者的上述所论或许过于直白简明而显得片面，从而令同行听后锥心难受，但乞请读者理会笔者急切期待中国会计研究健康发展，以早日形成问鼎国际会计学术之平台及成果的拳拳之心，更恭请同行毫无保留地批判本文的谬误！

## 主要参考文献：

J. D. 贝尔纳，1959. 历史上的科学[M]. 伍况甫，等，译. 北京：科学出版社.

托马斯·J. 彼得斯，小罗伯特·H. 沃特曼，1985. 成功之路[M]. 余凯成，等，译. 北京：中国对外翻译出版公司.

巴鲁·列弗，2003. 无形资产[M]. 王志台，等，译. 北京：中国劳动社会保障出版社.

J. D. 贝尔纳，2003. 科学的社会功能[M]. 陈体芳，译. 桂林：广西师范大学出版社.

罗伊·T. 马修斯，德维特·普拉特，2007. 西方人文读本[M]. 顾肃，主编. 卢明华，等，译. 北京：东方出版社.

罗杰·彭罗斯，2008. 通向实在之路[M]. 王文浩，译. 长沙：湖南科学技术出版社.

冯友兰，2009. 为什么中国没有科学[M]//中国哲学小史. 北京：中国人民大学出版社.

杰克·戈德斯通，2010. 为什么是欧洲？[M]. 关永强，译. 杭州：浙江大学出版社.

托比·胡弗，2010. 近代科学为什么诞生在西方[M]. 周程，等，译. 北京：北京大学出版社.

# 附录 B
# 会计理论范式革命：黎明前的彷徨与思考

杨雄胜　陈丽花　曹洋　缪艳娟
（此文于 2013 年发表在《会计研究》第 3 期）

> **【摘要】** 现代经济实体流、货币流、信息流"三流合一"，标志着会计理论进入了范式革命时代。现行会计理论方法及其实践已面临着各种来自基础层面的挑战。会计必须在信息作用突破微观桎梏拓展至整个宏观领域、信息系统嵌入现实经济活动而与业务一体化、切实履行社会与组织神经系统职责三个方面，适应信息社会的崭新环境而重构现代会计制度。
>
> **【关键词】** 会计研究　理论范式　信息社会　会计创新

## 一、缘起

进入 21 世纪，会计发展面临的挑战极其严峻。首先，在基本实务层面，会计反映进而控制现实经济的能力急剧下降，经济与社会发展越来越多的重要影响因素游离于会计视野之外，会计信息对实体现象的解释能力越来越弱，从而不可避免地动摇了会计能力发挥基本作用的客观基础。

其次，在 21 世纪开始不到 10 年时间内，会计接连两次给整个人类社会带来了比较严重的不良后果。2001 年以安然公司会计舞弊为典型的一批全球性大公司案件，严重地摧毁了人们对资本市场的基本信心，尽管后来 SOX 法案做了亡羊补牢，但对会计及相应内部控制产生的国际性影响至目前尚难作出恰当评估；2007 年，以雷曼公司破产为标志性事件，一批国际顶级投资银行对其产品及内含权责风险的不尽职会计，乃至在全球范围内引起众多非议且实践效果不彰的公允价值会计，对人类创造财富实践未尽应有的积极引导职责，对至今未见尽头的全球性经济危机事实上产生了一定的推波助澜作用，极其严重地冲击了国际经济秩序。会计对人类贪婪恶性作为的无能为力，激起了整个社会对会计制度的极度愤懑，对现行会计制度及职业的谴责和抱怨充斥舆论，以致社会上层与底层不约而同地认为不恰当的会计是这次经济危机的重要原因之一。这种情形，不禁使我们想起 20 世纪 30 年代，当人们面对美国股市崩盘，社会几乎受到致命打击时，在极度恐慌及恼怒之下，社会各界本能地声讨会计在经济走向深渊的事先、事中毫无立场观点鲜明的声息。会计职业非常不幸地成为马克斯·韦伯（1987）所断言社会铁笼的奴仆式执行人，会计人员事实上已成了"没有精神的专业人员"或"没有心灵的感觉主义者"。由此看出，同 20 世纪前半叶一样，会计目前面临的挑战不仅是基础理论层面，更深层表现为会计伦理职业道德层面，而这些问题绝不是简单地对现行会计施以技术层面改革即可解决，它需要的是会计洗心革面！

再次，日益明显深刻改变人类社会基本生活的信息革命，正无情地敲响传统会计职业的丧钟。计算机网络化后，会计过程及信息当然仍将存在并变得更为普遍和有效，但作为自然人从事的一项社会性职业，按目前会计所拥有的固有程式及工作内容而面临的人类社会现实需求而言，将慢慢淡出人们亲力亲为动作中，而将成为计算机软件固化通过计算机网络自动完成的信息流动。信息化对会计而言不啻浴火重生！会计职业在全球信息化浪潮中，如果不能实现革命性蜕变，则只能接受寿终正寝之结局。

托马斯·科恩（2003）在《科学革命的结构》这部划时代的名著中，出于科学哲学家的责任和良知，忠告科学工作者们，当一门科学赖以存在的客观环境彻底改变时，即科学之基本假设产生的必要前提不复存在或发生不可逆转的根本性变化，科学就迎来了革命的时代，其一系列范式将不可避免地发生转变。毫无疑问，现行会计理论乃至制度、职业赖以生存的前提是"实体流、货币流、信息流"三流分立，信息必须人工介入才能成为人类各界感知的"流"，从而较好地满足人类社会反映并控制现实经济活动的基本需要；但随着信息化时代的到来，人类社会组织更多进入了"三流合一"时代，产生现行会计的客观基础已彻底崩溃，会计学事实上已进入了科恩所说的"科学革命"的前夜。由此而论，当代会计研究如何迎接会计革命的挑战并积极主动地作出应对之策，应是我们这一代会计理论工作者必须面对的历史担当！

## 二、背景

其实，会计面对目前这场生死攸关的挑战，国际学界已有一些值得我们关注的研究。

1. 彼得·德鲁克，这位20与21世纪之交唯一一位可称得上管理大师中的大师，早在十多年前就对会计在世纪之交面临的新角色做了很直白的定位："新兴的信息革命正方兴未艾。……它将从根本上改变企业和个人对信息的认识。……领导这场革命的是信息产业往往忽视的人：会计人员"（德鲁克，2006）。

自从我研习会计以来，留在记忆中的中国会计理论研究，有很长一段时间在研究会计的本质、职能、任务、作用，一开始总给我以空对空此类研究无甚实用的感觉，后来方悟到这事关会计在我国有无一个恰当的社会地位这么重要的会计大是大非。曾一时，"管理活动论"与"信息系统论"势如水火，这场争论的表面着实令人费解，因为持"管理活动论"与"信息系统论"双方最权威代表学者分别写出的《会计原理》，除第1章对会计的一些提法上有所不同外，其余各章内容即会计的核心内容、程序方法诸方面看法完全相同，我也曾因此简单地视这样的争论为"虚假分歧"。现在仔细想来，这其实是一场骨子里对会计不同认识的争论，纵然双方囿于时代局限而未在基本面上短兵相接而针锋相对争论下去，未达就深化认识之效。可以认为，"管理活动论"比较接近德鲁克之"会计为信息革命领导者"这一会计新社会角色判断！问题在于，会计这种领导人的身份，至今在会计理论与实务领域未予很好探索。其一，领导人含义是什么？会计怎样才能胜任这种全新的社会角色？传统会计的身份，马克思在《资本论》中已有很精准的描述，会计一开始只是生产职能的附带，后来随着亚当·斯密所云劳动分工的日益细化，从生产职能中分离出来，成为独立的委托当事人专门从事的一项职能，履行"观念总结与过程的控制"职责。由于马克思把会计发生各种必要费用归结为"纯粹流通费用"范畴,故我妄猜,在马克思观念中(或许反映了马克思以后相当时期会计的现实),会计只为生产与管理必需,但绝不是种核心职能,用现代语言表述,会计是公司创造价值必需的活动,但其本身活动不创造价值。然而,放眼 21 世纪的今天,会计对一个公司乃至整个社会创造价值是那样基础和关键,马克思 100 多年前对会计地位作用的概括表述,与当今会计对价值创造作用现实相比,可谓"差之千里"了!在现代,信息可以毫无分歧地被认定为创造价值的最重要决定性因素。那么,作为历史上与信息打交道最为密切,甚至可以认为正是人类出于对信息无时不在的需要而产生并发展了的会计,在现代价值创造中发挥主导、关键及决定性作用,是一种社会发展的必然,会计社会革命领导人身份,正是信息社会这一伟大时代自然赋予其历史使命的结果。问题之关键,对会计身份所面临的革命性变化,以及这种变化对会计带来从灵魂到行为的革命性进步,会计界既有的研究很不充分。当今会计界,认同新使命,"苦其心志,劳其筋骨,饿其体肤,空乏其身,……困于心,衡于虑,而后作。征于色,发于声,而后喻"地担当起这种"天降大任"者,能有几人?

其二,现实中,我们会计同行能有多少人具备这种领导人的姿态。我们看到,中国企业董事长、总经理岗位数上,会计背景者寥若晨星。中国的 CEO,对 CFO 而言永远是个梦!这到底是社会不认同还是我们能力不逮?现实确令我们纠结。我一旦在会计知识更新场合向中国一些财会骨干讲点公司战略与治理、风控知识时,课后总会听到一些听众反映:这些知识应该跟董事长、总经理去讲,讲给我们听没用。我原来对现实中为什么总会计师老提不上董事长、总经理岗位而愤愤不平,但一再听到以上感触后就觉得,这是很自然的结果。因为我们同行根本没有走马上任董事长、总经理的迫切,哪怕是潜在意识,不然为什么知识更新时对当董事长、总经理的一些必备知识如此不感兴趣呢?作为会计理论工作者,对中国一些会计实务工作者,说实在话,一则忿其不幸(社会不重视),二则哀其不争(工作境界定位不高)。

2. 乔治·阿克洛夫与罗伯特·希勒(2009),对 2007 年后愈演愈烈的经济危机原因做了深入研究,出版了《动物精神》一书。其中有段论述较为精彩,引述如下:"根据资本主义信条,……CEO 们毫无愧意地为所在的公司赚钱,所以需要有一种抵消性的力量,以确保所有这样的赚钱劲头不会蜕变为欺诈。这种力量就是会计师,他们因其可靠的人格和操守而闻名。……他们……是对抗狂野西部的冷血的执法官"。他们在书中隐喻,这次经济危机是人类动物性本能即动物精神未予宏观恰当管控的结果，或曰，人类动物精神的放纵作用必然带给社会一场场灾难。直白而言，是会计制度对人类动物精神未予以控制的结果。看来，一个社会如何在基本制度建设层面加强对人类动物精神有效驾驭的经常性制度（嵌入式制度），是实现社会经济和谐有序发展的基础。会计正是人类社会为有效遏制动物精神不良作用而建立具有社会化效用的基本制度。如果这一理论成立，那么历次经济危机的发生，都可以归结为会计严重失职之故。在这一点上，会计界的认知可谓极度薄弱。现在看来，人类社会的各类组织及个体与总体的各项活动，均受人类动物精神的本能驱使。这种本能，奠定了人类各种行为发生的基本动机，从而使人们从事任何活动具有目的性，确保人类行为的效率；但另一方面，这种本能作用，因具有个体、自发、自利特征而往往具有很强盲目性，从而容易过度膨胀，对总体、长远利益和社会秩序产生极其严重而且是经常性的破坏性冲击。会计制度从社会性规制角度看，恰恰为人类社会引导、控制人类动物精神的无序作用提供了极大且不可替代的便利。一方面，会计对行为过程和结果作系统反映，能使特定个体行为置于组织乃至社会有效监控之下，确保个体行为及过程结果的规范合理；另一方面，会计通过建立标准，对各种偏离予以动态揭示，辨析偏差性质，以健全制度、完善标准，同时不断优化人类行为。说到底，会计这种完全类似"中枢神经"之于人体，而存在并作用于广袤世界遍布宏观与微观各层次、领域、环节、要素、时段的带有普遍社会性价值的计量报告制度，确保了社会与组织不断地趋利避害，实现健康长寿。平心而论，对会计制度的这等意义，我们至今的认识充其量只停留于朦胧状态。如果我们站在这样的理论层面审视目前的会计研究，需要思考和回答的问题有很多，而我们对此已很习惯于从技术层面做些挖掘，忽视了从会计的基本制度建设层面构筑会计实务框架，更缺乏从社会文化进步这个宏观层面明确会计制度建设的大方向、大战略问题，由此使会计制度数百年禁闭于微观层面而作茧自缚。

3. 特瑞·卡罗尔（2004）对近50年西方企业财务主管角色演变的历史考察，得出以下较有趣的结论："现代财务主管不能为企业增加价值，那么他简直就是尸位素餐。这意味着财务主管应该离开传统的记账职能，……必须离开琐碎的日常工作，而从战略高度来管理一个企业，对企业的商业和财务活动提供即时的建议、引导和支持。同时，财务管理还要擅长与外界的投资者、股东、战略投资人、媒体、监督者和公众打交道"。"财务主管既是职业经理人又是真正意义上的总经理，还是组织内部最精通数字以及最为客观的战略家。"卡罗尔的观测似乎从另一侧面印证了本文以上介绍德鲁克的判断：会计人员逐步将从后台走向前台，成为时代的弄潮儿而愈益进入角色走马上任担负现代组织及社会革命的领导。但是，会计职业的这种社会企求，对我国目前大部分财会人员而言似乎是一种天方夜谭。在实践中，我们大多数同行，已习惯于既定的与目前组织结构和职权关系一体化会计程式，简言之，有以下特点：（1）左脑子。只注重事后数据及数据分析，不关注宏观、市场、技术、组织因素，或者说，对于关注宏观、市场、技术、组织视角的管控，目前我国大部分会计人员存在着能力缺失。（2）一根筋。沿用传统思维报告分析并向管理诸方面提出改进建议。由于会计信息的滞后性，现行财务分析几乎是马后炮，对各方面改进建议不但丧失了针对性，更要命的是，若组织采纳了会计部门改进建议，很有可能产生不良后果。我们现在通常的做法是今天发现了昨天的问题，要求改进（措施对策）是明天的，谁保证昨天的问题明天还会存在？明天针对昨天的问题采取的对策会不会不但未能解决什么问题而产生新的问题？（3）近视眼。我们对实际发生的过去往往具有很强的解析能力，但对未来及其风险却往往三缄其口。在中国公司上市的历史上，曾经有段时间，要求公司在申请IPO时对未来三年利润作出预测。就是这仅仅预测未来三年利润的要求，难倒了全国所有上市公司会计。会计对未来三年利润的预测，就事后验证的结果来看，几乎是毫无把握的。最终，中国证监会动了恻隐之心，可怜天下会计这般窘境，特别善意地放弃了上市公司公布未来三年利润的强制要求，真可谓拯救会计于对未来无能为力水火之中。在传统会计研究中，我们一再咬牙切齿地要求会计发挥"把关守口"作用，中外会计理论均毫无例外地将"会计主体"列为财务会计之首要假定。但事实上，会计这种"把关守口"作用的发挥，在我国却写就了一部极令会计人员心酸的历史，多少会计人员因为恪尽职守而蒙受排挤打击？"把关守口"作用发挥得越多，我们更多的会计人员不约而同沦为自己核算那般科目——低值易耗品。于是，我们不禁反思，会计回归主体后，"把关守口"的理解是否具有另一番有别传统所说之含义？从社会、政府、单位组织三个不同角度看"把关守口"，会计的角色是否完全一样？这方面的会计研究极其苍白！再者，一旦确立了"会计主体"观念，我们现在会计制度及相应实务，是否恰如其分地体现了？这又是一个似乎从来没有疑虑，但现实中却矛盾相当尖锐的问题。会计实务就是如此矛盾百出：一个表面上绝对严格执行现行法规和会计准则的会计，却对"会计主体"产生了"自我清算"的效能。现实中会计循规蹈矩的结果，恰似无情地给"会计主体"注入"慢性致命毒药"。如此而言，"会计主体"的诸多振振有词解释，只不过是现代会计的一种徒有漂亮外表的装饰，甚至是"伪善"。会计研究应正视这种理论上徒具形式的"伪善"，本着"假的就是假的，伪装的应当剥去"原则，勇敢地自我清算难以自圆其说的现行会计主体理论及其相应实务。会计界只有这样大义凛然，才能凤凰涅槃，重振雄风，再次赢得社会的倚重和信任。

4. 托马斯·弗里德曼（2006）的《世界是平的》一书，迷倒了全球众多读者。这本书迷人成分中一些关键元素提炼自现代会计发展的一些大趋势中。例如，"美国的妈妈不应该让她们的孩子学会计了？……会计这一行业正处于变革期，那些故步自封的企业将遭到淘汰。而通过领导能力、创造能力和人际关系创造价值的企业将改变这一行业，并且强化它们和客户的关系。……任何可以数字化的工作，任何可以被分解的价值链都可以将一部分业务外包出去。"左脑"是注册会计师需要运用的。但这些能力对当前个人的发展来说是必要但非充分条件。在这个世界里，外包的兴起、数据的充斥和选择的激增让右脑的重要性大为提升，艺术才能、换位思考、统筹安排和追求卓越都是右脑决定的各种能力"。弗里德曼的说法和感悟是否对头，这不是我所能回答的，但国际化与信息化给会计行业带来沧海桑田般的变化却是十分真切！这种真切的影响，从小的方面看是会计人员的理念、能力、知识结构将面临根本性挑战；从大的方面看，对会计整个行业将是致命的。试想，会计诸多传统业务均外包了，习以为常的会计信息过程中很大程度上会直接或间接涉及主体商业秘密的传统理念，那种会计主管岗位绝对需要由一个领导或大股东彻底信任之人担任的中国不少企业的通行做法，都将视为不恰当了。如果我们赖以取信于社会的确认、计量、记录、报告这些传统成熟的会计，都将通过计算机软件实现固化，而演变成了由计算机系统自动实时完成的信息获取、传递、储存、分析及再处理过程，那么，会计作为人从事的一项职业，我们还能做些什么？全球咨询权威博思艾伦（Booz Allen）三位合伙人认为"CFO 已密切参与到了公司战略、运营以及绩效的策划和管理中，……处于领导地位的 CFO 甚至不再仅仅是业务伙伴，而成为积极主动、富于创新、独立自主的变革推动者"（罗布·诺顿，2007）。问题在于，我们现在的会计人员中，有多少具备胜任这方面工作并保证取得实效的过硬本领？而我们这些所谓会计学教授，有多少人胜任培养这些新型复合顶尖会计人才？更妄论信誓旦旦去研发这样一种绝无历史借鉴，仅现代才可能存在发展的新时代会计。

## 三、会计转型及其理论重塑

已经有一段时期，会计研究纠缠于规范或实证孰是孰非争议，以至于我们忽视了会计发展基本面变化带来传统会计理论举步维艰，使会计理论研究与会计发展的现实要求渐行渐远。进入21世纪，社会经济（全球化彻底挑战人类资源目前配置格局，公平与效率冲突更为明显与直接）、政治文明（国际政治游戏规则彻底改变，民主化浪潮改变几乎所有国家政治生态）、科学技术（信息化不只是手段而是人类生存环境）、管理组织（逐渐虚拟化）的急剧变化，对会计制度已形成严峻挑战，会计学界应直面并认清这种挑战对会计理论与实务的深刻影响，站在新的历史起点上重新思考会计一些基本问题，以促进或适应正在发生的会计理论范式革命。

事实上，20世纪末美国会计学界已有学者对此做过研究。例如，对会计理论与实务产生重大影响的《相关性消失——管理会计兴衰史》一书作者之一托马斯·约翰逊（H. Thomas Johnson）教授曾著文，认为现行会计理论信奉的是笛卡尔哲学与牛顿思维，总认为所有业务都可真实计量，部分总和构成全部。16世纪以来的复式簿记由此演化而来的收入与财富测量系统，明显带有笛卡尔-牛顿主义色彩。传统会计事实上始终奉行着这样观念：整体等于部分之和，结果可作无限分解，因果之间存在线性关系。于是，"财务会计的结果只是宣布答案，不欢迎深层探究，特别是避免构成组织运营方式之基础的世界观受到挑战。管理会计已经成为真正的组织学习的障碍"。约翰逊认为，"我们的会计学在不久的将来应该超越数字和数学语言去理解、评估、解释这些无形的事物，如学习、智力资本、社群、信念和原则等。否则，我们所讲述的有关部落的价值与前景的故事将会越来越错误百出。"最后他充满着信心预言道："我们不是掌握了某种超自然力量后的无助牺牲者，而是创造我们现有意识的积极参与者。在此意识指导下，我们创造了现实世界的内在模型，据此我们又创造了现有的组织和会计的概念。运用这些概念，我们创造了现有的社会"（迪伊·霍克，2008）。问题在于，会计理论研究对一些基本问题的反思不能满足于哲理层面，还应该深入会计制度内部去探究正在或将要发生的一些重大变化，为会计理论转型提供清晰的背景与大致思路。进入 21 世纪，会计理论研究如若真的想有所作为，必须认真思考并正面回答以下三个问题。

1. 会计信息在更有效地实现自己微观功能同时开始逐渐地展示其宏观性质的一面，会计职能作用在现实中如何赢得这种前所未有的高度？

会计长期以来已把自己深深地定格于微观世界，这种形象已为社会接受并认同。这种认识最明显的影响，就是在教育部新的学科目录中，我们虽一再呼吁应给予会计学一级学科名分，但专家论证与投票的结果，会计学在中国截至目前只能作为工商管理一级学科下的一个二级学科。虽然会计界对此愤愤不平，因为会计学中的"政府与非营利组织会计"与"金融证券保险会计"显然是"工商管理"范畴无力包括的。但是，会计囿于工商管理，可以说是会计界自己长期努力塑造的微观性质工作形象的"自作自受"。

历史地看，会计确实首先存在于微观主体中，并为微观管理发挥了基础性作用。这种作用集中体现在为管理提供各种需要的真实资料，从而大大地提高了管理的科学性和有效性。会计首先面对的是大量、经常、杂乱无章的交易及业务，这些业务一旦进入会计系统就将得到序时、分类记录，这种记录无疑成了再现或证明已发生经济活动的唯一和权威的资料，这样的会计资料使纷繁复杂的经济活动不再如现实中那般混沌无序，使已发生的经济活动得到全面、正确而深刻的说明，从而有力地保证了对以往活动作出客观公正评价，并据以正确分配已创造出的财富、衡量各成员工作贡献并合理奖惩、对未来资源配置作出必要安排。因此，会计不能满足于对各种业务的记录，更关键的是实现会计记录的功能，即把记录的结果及时报告给管理有关方面。传统的会计理论在这个基本面上形成了会计目标假说，立足于真实记录形成了"客观性"目标，着眼于服务管理产生了"相关性"目标，但"客观性"与"相关性"对会计而言孰重，理论界可谓见仁见智。但从这几年研究倾向看，相关性更重要的观点似乎占了上风。据笔者看来，会计记录与报告其实是会计工作的两个侧面，两者互为因果，甚至可以认为是孪生的，既然如此，争议"客观性"与"相关性"孰重似乎毫无意义。会计之存在，首先在于其记录，而这种记录的全部作用仅在于知晓（对管理者）和证明（对当事人），毋须赘言，这样的知晓与证明，无论在口径和内容及频率、方式（数量）上，还是在正确性、精细化程度及可检验性（质量）上，均应该是对称或完全一致的。会计记录与报告，对当事人与管理者都应该具备"客观性"与"相关性"之基本特质。会计的"客观性"与"相关性"，确保其在微观层次的管理中发挥了不可替代的系统提供管理所需资料这种基础作用。会计及其现代审计制度的完善，乃至会计内部财务会计与管理会计两大体系的建设并积极作用，都是现代会计积极服务并促进微观管理和切实履行自身微观经济信息系统这一历史使命的自觉进步。会计孜孜不倦努力塑造了——事实上也成功地让社会各界充分地认同了——微观经济信息系统这一社会化角色。这种对会计的根深蒂固认识，既使会计画地为牢而难以与时俱进，又使社会对会计难以产生宏观性期望，成为制约会计发展的精神枷锁。

应该承认，在传统信息加工的技术条件下，各微观组织管理的成败对整个社会极为重要，而会计恰恰为每个微观管理提供了信息支持，从而获取了微观经济信息系统身份。正是这种微观经济信息系统的身份，使会计成为能证明微观组织综合情况的最胜任和理想的工具。任何微观经济组织都需要从组织外部取得自身经营活动所必需的各种要素（人、财、物、技术等），任何要素进出微观组织都渴望现有制度保证其正确判断，社会更希望建立一种制度确保各种要素在各微观组织间的有效流动，无疑，现成的会计制度为全面实现以上理想打开了方便之门。因此，会计制度在世界各国发展中，尤其在经济国际化进程中，扮演着举足轻重的角色。各国及国际会计准则理事会（现为国际财务报告准则理事会），之所以如此重视会计准则制度的建设，道理全在于此。我相信，会计这种微观经济信息系统的身份及重要作用，在以后人类历史长河中还将存在，而作用将更加充分。

但是，计算机网络化成为我们这个时代的主要社会特征后，会计滞留于微观经济的做法已很不合时宜了。信息化对会计的影响是颠覆性的，会计在现实中其身份和作用将发生革命性变化，不但微观经济信息系统传统身份焕然一新，更增加了宏观经济信息系统身份，而且这种宏观经济信息系统身份一旦魂附会计之体，即成为现实会计身份及其作用最为亮丽的那一面，这正是信息化带给人类社会众多惊奇之一。试想，计算机网络化真正到位，整个社会将由计算机网络自然连为一体，那种自然时间、空间差异带给人类的种种障碍一扫而空，我们以往习以为常的微观信息系统作用状况（传统会计工作原理与机制），将出现在整个社会空间，从而形成宏观经济信息系统。不难想象，将来会计对每个微观单位业务发生，不但记录其对该单位经济影响，还会反映其对宏观经济的影响，这种记录反映会在信息网络世界自动进行，而且与实际发生的经济活动保持同步即"实时反映"。如此，会计在反映所有微观的同时又在整体上反映着宏观的运行状况及态势，成为微观与宏观管理的检测器、导航仪和信号灯。这种服务于宏观管理的会计尚待我们去研发，与以往我们曾研究过的社会会计、宏观会计或国民经济核算不是一回事，特别强调突出的是两点：一定社会空间健全的与各微观单位信息系统形成无缝衔接的宏观信息平台（计算机网络）；与现实经济形成实时对接关系，真正的宏观经济会计信息一旦生成，则整个宏观会计信息系统就成为宏观经济活动的"信号灯"和"晴雨表"。这样的宏观会计无论原理还是方法，对整个会计理论研究而言尚是个"黑箱"，与统计意义上的所谓国民经济核算风马牛不相及。

我们从目前社会信息化发展趋势中，看到了会计拓展宏观作用希望的曙光。事实上，有两种实践发展与一种崭新理论的产生，已使会计现实作用的空间，毫不犹豫地突破了局限于微观的传统。其一，地方或行业会计信息平台建设，为会计信息在日常加工处理过程中突破某个特定会计主体限制而发展到多个甚至大量不同主体范围加工处理提供了宝贵经验，从而使全社会统一加工处理会计信息成为可能。其二，国内外兴起的云计算及 XBRL 标准的国际广泛认同并成熟应用，为社会范围内提供公共产品性质的会计核算服务提供了可靠的技术支持。其三，智慧企业、智慧城市、智慧政府、智慧社会等概念的提出并为人们越来越广泛接受，这些概念的现实行动直接引发了必须建立相应社会会计制度迫切而强烈的要求。

从目前以企业信息化为基础而逐步引发的社会信息化趋势，使各微观主体加工处理各自会计信息同时汇总生成社会信息流，这种汇总形成的社会信息流具有独立存在的意义，彻底摆脱了传统会计信息局限于微观性质之不足，而成为反映一定地区或行业经济运行质量状况的实时报告，对地区或行业管理提供直接指导。这样，借助于地区或行业统一经济信息平台的建设，各微观主体会计所提供信息的过程已不再是传统的那般只清楚自己比以前如何，而变成知晓自己企业在整个地区或行业地位、影响力变化状况，从而能动态地实现对公司的持续改善管理。由此可见，在这样崭新背景下，会计信息不再是各微观主体的"私有资源"，而成为对全体微观主体均有引导作用，同时直接指导地区或行业一些带有整体性、全局性、综合性管理的公共资源。问题在于，会计信息作为公共资源，这方面的研究对会计界而言尚属处女地。我们期待会计学界把此作为一个带有战略意义的课题重点研究，从而为会计发挥好服务宏观作用提供充分科学的理论指导。

2. 管理从顶层到底层或所有端点，都建立在计算机软件支持基础上，怎样才能使所有管理直至人类所有经济行为须臾离不开会计信息？

我一直憧憬着这样场景的出现：我国企业领导每一天下班前或刚上班，若不看一下计算机屏幕显示的会计信息，就心里不踏实，因为不然他就不知道这一天干了什么及今天干得怎么样。我们企业每位员工看了计算机屏幕显示的会计信息，就明白自己干得如何以及接下来如何干。这样，领导任何经营决定及员工所有优化岗位行为，都建立在会计信息之上。人类社会需要的会计作用本来应该如此，只是由于会计技能力不从心而使现实中会计的作用大打了折扣。不过，上述计算机网络会计背景下所呈现的会计信息与人类经济与管理行为的水乳交融，会计信息成为现实中经济与管理行为的中枢神经，恰好唤醒了本来内在于会计制度中而历经磨难无法丢弃的灵魂，从而使我们看到了会计职能作用理想状态的壮丽图景。显然，现在我们的会计距这样状态要求绝非只有几步之遥。会计界若要真正摆脱现在的窘境，不再经常地"拔剑四顾心茫然"，必须加大管理会计理论研究和实践探索的力度。但目前会计界，就理论研究层面看，明显存在着"重财务会计轻管理会计"的倾向，原因既在于管理会计方面有关数据及案例难取得，无法按公认科研规范进行深入研究；也在于会计理论工作者急功近利、研究动机不够端正和缺乏会计研究历史使命感。从实务工作层面看，既有中国几千年封建历史长期轻商看低会计传统影响原因；又有会计实务工作者思想僵化、对科技文化进步反应迟钝导致现实中会计在战略与行为优化诸方面经常性的无所作为。中国对会计的重视可以说独步于整个世界，我们有《会计法》，还有《注册会计师法》《审计法》，同时配备了《总会计师条例》《企业财务报告条例》，又发布了《企业内部控制规范》和具有强制约束力的《企业会计准则》和《注册会计师审计准则》，在具体实践中对会计人员实行持证上岗制度，国家为会计职称与注册会计师资格分别设立了国家统一考试制度。当今世界有哪一个国家像中国这般如此重视会计！可能正是这样的宏观环境，中国会计行业得到较多重视（保护）而使社会方方面面对其刮目相看，从而自然地助长了中国会计界过度的优越感。这种优越感一旦不好好自我管理，不但未能如期激发起会计行业的自尊心和必要的责任感，反而使之产生一定的自恋以至于安于现状不能为企业发展不断发现新的动力源。集中体现在管理会计研究领域，我国进入新世纪以来足资谈论的话题和案例并不多，从有关期刊报纸发表这方面的信息来看，真正能成为管理会计亮点的实在少得可怜！

其实，在新中国会计实践中，我们已经产生了诸多具有国际影响的成果

（如果我们在理论上好好研究并系统总结）。例如，20世纪50年代"鞍钢宪法"而产生的班组为基本单位的企业经济核算制，其划小核算单位、内部结算价格、厂内结算、定额考核、联利计奖等做法，可以说毫不逊色于西方发达国家当时的任何管理会计最新创造；大庆精神、"三老四严"基础上形成的会计控制制度，更是使会计成为企业管理，突出表现在会计成了凝聚全体员工、焕发精神活动、弘扬企业文化、实现企业核心价值观的基本路径和保障；改革开放年代，我们又出现了以苦练企业内功、有效塑造企业核心竞争力为主要内容的"邯钢成本否决模式"，以精益管理企业、强健经营管控能力为基本内核的"宝钢资金管理模式"。这些源于中国企业会计自身脚踏实地探索，深深植根于中国实践，散发着沁人心脾的中华传统文化芳香的，是中国会计实务的精髓。就我个人观察，管理会计在实务中创新其实并不多难，任何企业只要有一定的发展前景，就必然有相应个性化特征，这些深深烙上时间、空间、文化印记的个性化特征，形成对自己管理会计特殊要求，适时建立相应的管理会计并能随企业发展变化而动态优化，那么，一个企业一旦成功，也就意味着管理会计在实践中又结出了一个丰硕的果实。何况中国财务会计国际化的紧锣密鼓，企业国际化程度的提高，对企业管理会计加快发展形成了一种推着往前走的倒逼机制，此情此景，中国管理会计不出现一些创造性奇迹才怪！然而，我国企业及管理会计界对这个机会的感觉和把握可以说相当迟钝而且很不到位。我曾有一个难忘的经历。2006年，财政部新颁发的《企业会计准则》施行，各企业都在掂量具体方案。此时，一大企业找到我，希望我们根据新会计准则，为其设计一套满足自身需要的会计制度。于是，我提出了建议，希望在该公司过去经常出现问题的业务领域及环节，会计提供更细化和及时的核算并建立相应内部报告制度，以实现会计核算与企业全面风险管理的有机结合，从而大大提高会计服务支持企业经营管理和健康安全发展的力度。这种建议深获企业领导及会计同行的赞同，但当真的要起步设计具体会计制度时，企业领导"圣旨"般的定位让我失望至极。他们迫切需要解决的问题，是如何使自己核算足够满足财政部和注册会计师审计要求问题，因此急于要解决的是旧核算制度如何顺利过渡到新准则的轨道上。至于会计核算更有效地嵌入企业躯体而在内部管理中发挥积极作用，则是以后的事情。在整个财务会计制度设计时过细地切入企业生产经营过程，尤其把企业常发病、多发病灶纳入财务会计确认计量乃至报告工作中，则无疑会让企业处于"裸奔"的尴尬境地。因此，财务会计不宜把企业内部有些方面算得太细太透明，否则可能会招致一些人反感，从而出现不和谐问题。即便如此，财务会计制度到位以后，我至今未见该企业在管理会计制度上做出任何改进完善的努力。中国企业对强化管理会计制度认知的片面于此可见。令人担忧的是，对管理会计的冷淡情绪至今仍笼罩在中国企业实务界和会计理论界。看来，中国企业在强化管理会计方面确实存在严重的动力不足，而这正是中国会计理论工作者必须深加研究的课题！

由此我认为，在现阶段，研究管理会计的学者应得到更多的尊重，管理会计的研究应得到更多鼓励，管理会计应成为更多优秀学者关注的研究领域。当然，解决问题的关键，是让更多的优秀人才去从事管理会计实务工作，并鼓励他们多作探索，尤其是商务智能及计算机软件控制系统引入管理会计实务，必将使管理会计实务发生诸多革命性变化，从而把会计打造成名副其实的"经济中枢神经"。这样的会计制度一旦建设到位，会计日常反映的不只是实际发生的经济活动，更主要是在系统揭示微观主体所具备的各种优势变化实态、组织各层次岗位上所有成员成功与失败的过程及其经验教训，从而对组织正在或即将进行的各种活动产生动态的警示和指导作用。当然，这样的会计与现状相比是有本质性差别的，其体现的核算与控制思想迥然不同于目前会计学思维，它不再满足于真实再现过去特定时期的经济活动，而是要全面反映至今的经济活动全貌及其积累的对指导当前、今后经济活动极具启发意义的知识。如此，会计系统对组织乃至整个社会的持续发展具有了强烈的知识库支持甚至是智囊作用，辅之以其固有的督促并达成持续改善的"灵性"功能作用，会计当之无愧地成了整个管理的"灵魂"，不再似目前那般仅提供一大堆不痛不痒、自己说不清、信息使用者悟不透的死数据而已。

3. 会计怎样才真正成为经济活动的"中枢神经"？

借鉴生物学原理或创新来深化既有理论研究，是当今所有学科发展的一个共同趋势，但这种趋势在会计研究中表现得不够明显。我们一直为一个健全体魄的人，其眼、鼻、耳、口、皮肤能对自然与人文环境如此迅速地感知并作出相应反应而感到神奇无比，这是神经系统的巨大能量的冰山一角。现在想来，作为一个正常的组织，也很需要这样的神经系统，而最有资格担当起此职责的非会计莫属。但是，现在的会计距一个组织神经系统基本要求相差何止十万八千里。

无可否认，会计产生伊始，人类社会就寄予了其实时反映经济活动过程及结果的期望。原始会计程式之所以始于记，终于报，主要由于人类对其基本功能的期待。随着人类社会现实经济活动规模扩大，性质变化，关系复杂，会计记与报的社会现实需求不断增长，会计工作对组织乃至社会的秩序稳定和经济发展的重要性与日俱增，以至于会计制度成了现代社会与经济赖以存在并顺利运行的基本前提。恰如马克斯·韦伯断言：复式簿记是产生现代资本主义的必要前提。事实上，每个时代的产生，均以赖以支撑那个时代组织与社会的相应会计制度为基本前提。我们很难想象，没有一定的会计保障，组织与社会怎么能产生，更妄论存在下去了！在人类文明发展的任何历史阶段，书写与记录历来是一切活动的起点和终点，是人类社会存在并传承的一个基本前提。对此，历史学家在评述人类最初文明苏美尔文化时，认为："他们的写作手段也许是意义最大的，因为它为信息的储存和检索增添了新的尺度。由于书写记录比人的记忆有更大的空间，更持久和可靠，因此书写记录能够让祭司和统治者按照商议的原则收集和分配大量的物质财富。这样，政府变得更加有力，命令变得更加具有强制性，成千上万的人之间相互协调成为一种常规"（丹尼斯·舍尔曼，2010）。历史学家尽管用了现代语气很感性表达了书写记录对于人类生存发展至为基础的意义，但确实描述了书写记录对于人类生存发展至关重要的历史事实。历史学家们又认为，人类最初的书写记录就是会计，甚至文字也是应会计活动需要而创造的，会计开创了人类书写记录的历史。"所有早期国家都要任命掌管所拥有物品清单的官员，需要清点国家储藏的食物和其他资源的大型仓库，这说明为什么在世界不同地区，包括美索不达米亚、埃及、印度北部、中国和中美洲，在国家形成过程中，都分别出现了文字系统。文字最早是作为会计和权力而不是记录说话的方式而出现的"（大卫·克里斯蒂安，2007）。只是在以后"文字才不仅仅是起到会计作用"（大卫·克里斯蒂安，2007）。由此可见，会计是迄今为止贯穿人类社会始终的一种最基本和重要甚至是核心的书写与记录活动，它承载着人类社会对书写与记录活动的全部希望。显然，在人类社会发展伊始，就希望拥有类似人体神经系统那般功能，而书写与记录无疑就属于人类社会对神经系统的现实探索形式，会计责无旁贷地担负了社会与组织神经系统的现实角色。

然而，会计发展的历史表明，会计充当人类社会及其组织神经系统现实角色的身份，长期处于能力不足甚至力有不逮状态。结绳记事并不正确，书契反映不够直观，单式记账杂乱不全，复式记账明日黄花。会计书写与记录的技术虽日益进步完善，但一直困扰于时滞状态而难以自拔，距社会及组织神经系统的那般要求始终遥远！在手工会计时代，我们甚至怀疑定位会计是社会与组织的神经系统，是不是一种天方夜谭！以至于《中华人民共和国会计法》在最近一次（1999 年）修订时，干脆删掉原来对会计基本品质的及时性要求。就现实中会计而言，相对于神经系统的要求看，即使不算老年痴呆，最起码是反应迟钝。这种迟钝不仅体现在时间上落后，更主要表现在反映的全面性（只反映实体全部的货币计量面）和结构性（只反映综合指标而不能提供层次结构指标）方面存在严重而致命的缺陷，从而使会计对社会与组织神经系统的追求成为一种奢望。

会计发展至今，在反映能力上有负人类期望的方面，集中表现在时间上滞后和全景性残缺（只反映货币计量和平面式），在手工会计条件下，这似乎是难以突破的瓶颈。其实神经科学的现有研究成果能在基本原理方面为会计克服以上缺陷提供指导。比如，人两只眼睛的作用机理与会计复式原理惊人相似，左右眼观察通过感受视野（receptive field）以正负符号收集应记忆之物，左右感受也均由神经调节，实际工作时均采用一一对称，但在以正负表示的记忆符号上正好相反（王志良，2011）。眼睛功能的如此作用原理，与我们会计上曾经把经济活动到引起会计要素变化均归结为增减两种影响，并概括出了通用的"同类科目有增有减，异类科目同增同减"记账规则如出一辙。这种视觉信号由视网膜到脑皮层的生物组织结构及其在视觉过程中的作用机理，对我们改进完善即使是手工会计的准确及时反映能力也是很有借鉴价值的。

神经科学的另一个重要功能领域——记忆机理，也为我们完善传统会计记录的方式方法提供了值得借鉴的思路。人类记忆储存于脑中，被整齐地归档于大脑某处，这与会计分类记账及平行登记高度相似。在人类记忆进一步研究中，发现记忆经常表现为一系列离散节点组成的网络，这种网络的形成，是由象征性节点和相关节点越来越紧密地联系在一起协同作用，这种协同作用的连接模型形成了由正负符号表示不同权重信息构成的矩阵（葛詹尼加等，2011）。不难看出，这种协同作用，与大量业务复式处理后形成会计信息结果高度相似，借鉴此改进会计的可能性极大。

问题在于，会计对上述神经作用机理的借鉴，由于会计在组织层次中的地位和影响及经济活动涉众广泛，而难以达到一个神经系统之于一个人体中如此运作状态，把会计打造成社会与组织神经系统至今尚是一种理想甚至是梦想。按中国象形文字意境，人类神经系统正常作用状况一般用"聪明"两字概括，具体含义大概就是"耳、目、口、心 24 小时"协调工作，若以此要求，现行会计值得改进处何其之多！在现行框架和技术手段条件下，会计对社会与组织神经系统的目标只能望洋兴叹。随着计算机网络时代的到来，会计成为社会与组织神经系统的梦想有了成真的希望。首先，系统整合使企业形成一个完整信息系统，从而真正实现信息层面对现实经济的实时反映与监控；其次，信息集成从技术、流程、规划、知识乃至信息资源诸方面，有效解决了经济系统的互补匹配、竞争激励、协同和谐等历史性难题，会计由此赢得了全景动态反映现实经济活动的崭新身份；最后，知识共享搭起了组织与社会的知识管理平台，形成真正的学习型组织与社会，实现智能和智慧化管理，其基础就是拥有了一个智能导向的信息系统，会计在实时反映经济活动的同时借助于知识集成又发挥着持续地对人类行为进行优化导向的作用，而这些作用的日益明显，会计就自然地进入了社会与组织神经系统的角色。

21 世纪对于人类社会将是一个脱胎换骨的世纪，信息时代将彻底改变人们在几千年漫长的农业社会、商业社会、工业社会、金融社会所形成的各种惯例和场景。会计因此也会面临理论范式的革命，当代会计学者对行将发生的这场会计理论革命应作出积极欢迎并热情投入其中的姿态。作者写作本文不是也不可能为 21 世纪会计发展指点江山，只是发出一种呼声，希望引起业界对此直接关乎会计生死存亡命运问题的高度关注。会计学界必须群策群力，不辱使命，在现代会计发展问题上拿出富有生命力的对策，在社会经济科技文化发展中，再次焕发会计的活力能量，作出会计职业及知识不可替代的基础性贡献。

## 主要参考文献：

马克思·韦伯，1987. 新教伦理与资本主义精神[M]. 于晓，等，译. 上海：三联书店：143.

H. 托马斯·约翰逊，等，1992. 管理会计的兴衰[M]. 侯本领，等，译. 北京：中国财政经济出版社.

托马斯·库恩，2003. 科学革命的结构[M]. 金吾伦，等，译. 北京：北京大学出版社.

特瑞·卡罗尔,2004.财务主管的角色[M].张明,等,译.北京:中国金融出版社:2,206.

彼得·德鲁克,2006.21世纪的管理挑战[M].朱雁斌,译.北京:机械工业出版社:84.

托马斯·弗里德曼,2006.世界是平的[M].何帆,等,译.长沙:湖南科学技术出版社:11-13,243.

阿尔多·拉切奇尼,等,2007.神经元经济学[M].汪丁丁,叶航,等,译.上海:上海世纪出版集团.

大卫·克里斯蒂安,2007.时间地图[M].晏可佳,等,译.上海:上海社会科学院出版社:305-306.

罗布·诺顿,2007.CFO思想领袖[M].李芳容,译.上海:上海远东出版社:2.

布鲁斯·艾布拉姆森,2008.数字凤凰[M].赵倍,等,译.上海:上海远东出版社.

迪伊·霍克,2008.混序[M].张珍,等,译.上海:上海远东出版社:148-149.

戈登·柴尔德,2008.人类创造了自身[M].安家瑗,等,译.上海:三联书店.

乔治·阿克洛夫,罗伯特·希勒,2009.动物精神[M].黄志强,等,译.北京:中信出版社:31-32.

丹尼斯·舍尔曼,2010.西方文明史读本[M].赵立行,译.上海:复旦大学出版社:21.

纪克之,2010.现代世界之道[M].刘平,等,译.北京:北京大学出版社:136.

阿尔弗雷德·D.钱德勒,等,2011.信息改变了美国[M].2版.万岩,等,译.上海:上海远东出版社.

葛詹尼加,等,2011.认知神经科学[M].周晓林,等,译.北京:中国轻工业出版社:291.

王志良,2011.脑与认知科学概论[M].北京:北京邮电大学出版社:202-203.

# 附录 C
# 现代会计与人类社会文明关系问题探讨

杨雄胜　熊焰韧　陈丽花　苏文兵　魏蓉

（此文于 2014 年发表于《会计研究》第 8 期）

【摘要】会计对人类文明进步作用具有嵌入性、寄生性、双向性特点，既是人类文明进步的前提保障，发挥着基础性促进作用；又往往受制于环境和自身理论方法缺陷，而对人类文明产生负面影响。如何发挥会计对人类文明进步的正面作用，这是当代会计研究必须予以明确回答事关会计发展大略的重大理论问题。为此，当代会计应在提高社会经济透明度水平、积极记录计量报告经济行为过程与结果、真正体现自身公共资源特性等方面，努力探索开拓促进人类文明进步的途径和手段。

【关键词】会计基本理论　会计环境　人类文明　会计发展　会计模式

讨论会计与人类社会文明的关系，对于中国会计学者是件颇为痛苦的事情。虽然中国在历史上曾长期领先于世界，但近五百年，随着现代会计崛起，我们逐渐落后于西方世界。最近三十多年，中国这头睡狮似乎慢慢觉醒，仿佛让人们重新回到了 1911 年出版的《牛津简明英文词典》定义的"东方"世界："光芒四射的、闪光（绸缎）高贵的、兴盛的、光明的所在，宜居之所，是理性关系的确立，是朝向，是确定自我方位的所在，朝向东方。"不过，作为东方大国的中国，虽然三十多年改革开放取得了举世瞩目的成就，但无论在经济质量，还是在社会进步和生态文明诸方面，都存在着不可忽视的问题。中国真要在国际上树立起令人尊敬的大国形象，仅仅满足于物质丰富是远远不够的，必须在社会文明方面为全人类作出表率。这是进入21世纪后，需要中国学术界深入研究作出明确答案的重大理论问题。会计作为人类文明制度重要组成部分，如何正确认识自身与社会文明关系的实质，并在中国社会文明进步中发挥积极作用，成了当前中国会计界应予重点研究的领域。

## 一、会计印证并促进了人类文明

轰动世界的《西方将主宰多久》一书忠告理论研究界："那些囿于自己学科之内的人将永远无法看到宏大的图景"（伊恩·莫里斯，2011）。因此，我们首先必须在人类文明进化整个历史广角中观察会计在其间充当着何种角色并如何发挥作用。

就文明基本含义而言，按世界著名历史学家费尔南·布罗代尔（2003）的说法，文明一词作为名词是1732年以后，由"开化的"和"使开化"两个含义合成，当时仅仅是一个法律用语，是指对刑事犯罪进行民事诉讼的审判。在实际生活中，文明既有道德价值，又表示物质价值。布罗代尔（2003）认为，人类文明包括人类可以共享的文明（文明单数）和反映一定时期或区域人类的文明（文明复数）。人类文明进步，既表示对共享文明的接纳或普及，又表示自身文明的更新或复苏。文明内涵可从地理区域（文化带，一方水土一方人）、社会（社会等级、阶层）、经济（物质和生态条件决定的财富平等状况）、集体心态（精神禀赋、文化传统、宗教习惯、价值观体系）四个方面予以概括。会计对人类文明的作用，主要表现在把文明精髓作为会计准则制度的灵魂，从而通过会计准则制度的执行，把人类文明要求转化为具体的经济活动。但是，会计在现实生活中是不是真正发挥促进人类文明的作用，不完全取决于会计自身，还取决于整个人类社会、政治、文化、经济组织，多大程度上为会计促进文明进步提供环境保证。从整个人类文明史看，会计不能独立自主地发挥促进文明进步作用，只能通过社会政治经济文明的各种现实通道体现其职能作用。因此，会计对社会政治经济文化的作用，具有嵌入式、寄生性特点。虽然会计历史与人类有文字记载的历史同样悠久，但研究会计在人类文明进步中的具体作用，仅仅考察现代会计实践，我们就可以获取丰富的佐证材料。现代会计五百多年历史，记载着人类社会的天翻地覆、沧海桑田，也是西方崛起东方衰落过程，更是现代科学逐步发达、资本主义在西方兴起、市场经济发轫西方盛行于整个世界的历史。可以认为，现代会计五百年正是人类文明进步突飞猛进的五百年。但是，人类文明进步至21世纪，社会发展的步履更蹒跚，人类通过科技经济诸领域充分展示其聪明才智同时，也越来越多地释放着贪婪和残忍。20世纪上半叶，两次世界大战充分暴露了人类的残忍与疯狂。21世纪开局十年，全球性的重大财务金融欺诈乃至经济危机就发生了两次，让人类追逐自身利益的那种贪得无厌暴露得一览无遗，人类文明由此遭遇了严重危机。以科技和经济、社会、组织制度为代表的各种文明进步，在现实中往往成为不法分子牟取私利进而严重危害社会公众利益的帮凶，会计在其间也难辞其咎。于是，会计在人类社会文明进步中到底扮演着什么样的角色并发挥何种的作用，成了不只是会计界关注的话题。放眼会计学术界，对会计在人类文明进步中的作用，原则上是充分肯定的，但对此作用的具体机制则语焉不详。为此，首先要考察人类文明进步的决定因素及其具体机制。

人类社会的文明进步取决于什么因素，这是分析会计对社会文明之作用的必备框架。在被中国学术界抬举为"20世纪的《史记》，人类文明的《离骚》"并荣膺美国普利策奖的《世界文明史》一书中，哥伦比亚大学教授威尔·杜兰特（2010）将文明的基本决定因素划分为经济、政治、伦理、心理四个方面：经济方面，文明主要体现在一个社会所有利益集团利益关系的协调状况；政治方面，文明是指通过政府、国家、法律、家庭等组织手段在多大程度上实现了私利而不违背公益；伦理方面，文明的体现是人类具备了信仰并恰当地表达自己欲望而不陷于贪婪，实现人类行为检点和节俭；心理方面，文明集中表现为人类对自然和人性的敬畏和尊重状态，主要通过文学、科学、艺术实现。显然，会计对社会各利益集团行为过程及结果的综合计量核算与报告，使有限的经济资源合理配置拥有了客观基础，从而为协调各种利益关系作出了不可或缺的贡献。通过预算、核算、分析、审计及定期公开报告，会计把社会公益的理念有效地嵌入各种经济活动，从而使各利益主体诉求的满足不仅取决于各主体的负责努力，还达成对公益要求的有效增进。在每个人行为检点和节俭方面，会计透明度的制度化要求，使每个人在经济活动中所有行为及后果，毫无隐蔽地暴露在管控区域内，从而产生强烈的自我评估和持续改善功效。通过对社会责任、社会资本、环境成本与效益、行为效果等系统核算，会计为协调人类社会与自然关系以及实现以人为本的可持续社会发展目标提供了保障。由此而论，会计对人类文明进步的基础性保障作用似乎是显而易见的。

关于会计对人类文明的基础性保障作用，加州大学伯克利分校教授罗杰·巴格诺尔（2007）有非常到位的描述：会计"写出来的东西之所以存在，是要将某人的权力行使于他人之上。因此，纸草最大的消费者是政府，政府需要保存人民和财产的档案，计算、记录和传送他们的税收，需要了解自身开销，在内部开展大量通信联络，并把所有结果报送最高权威"。"对于个人而言，之所以有书写（会计）的需要，首先是为了保护财产权，即记录土地、房产、奴隶和牲畜的所有权；向政府提供证据，表明自己已履行了各种义务。……这些交易的共同特征在于它们的未来观：未来某个时刻必须收取某项债权、断然拒绝冒牌的债主、捍卫所有权或拒绝政府要求。可能需要一式两份的副本来保护各方不同的利益。"会计作为人类社会书写的源头，其"力量不容低估，因为它关系到生活中对其肉体和经济安全至关重要甚至生死攸关的方面"。英国著名的历史学家戈登·柴尔德（2008）对会计在人类文明进步中至为基础的作用有着极为精彩的表述："一座苏美尔庙宇处置大批产业、羊群、牛群和岁赋。它依靠向其信徒租赁和放贷的手段来经营自己的财产，并使其增值。现在管理这批财产的祭司，须向他们的神主提供一份处理财产的账目，并保证其财产保值与增值。他们面临一个人类历史上前所未有的问题，此前从未有这样的巨额财富被集中控制。记录神祇的收入与支出，祭司不敢依赖自己的记忆。作为个人，祭司的生命固然有限，但其所属的那个管理团队如同他们为之服务的那尊神一样是不朽的。交易必须以这样的方式记录，即不仅某个祭司，而且整个祭司团队都能解释这些记录，并使上帝满意。一言以蔽之，书写（会计）作为社会公认的记录系统对于令人满意地保持庙宇的账目是必不可少的。""账目不是私人文件，符号也不仅是个人的提示，所以使用的书写系统就必须成为惯例。必须建立一套符号的准则，并由社会赋予权威。实际上，我们已拥有该时期一批实际符号以及账本，所有管理者必须被传授这套准则，这种传授过程我们称之为学习阅读和书写。""世界上最早的书写文献是账册和词典，……文书都是官员，是一个有组织的、永久性的公共服务部门的成员。他们的账簿和记录，必须让他们的同事、上级，最后还有一位地位最高的主人上帝所读懂。""苏美尔祭司发明文字，并非来自他们迷信教主的能力，而是作为世俗财产管理者的能力。

就像埃及和米诺斯的文书那样，他们最先不是为施展魔法和仪式目的使用这项发明，而是出于实际业务和管理目的。"由以上权威论述可得出结论，会计不仅促进人类文明进步，更重要的，它是人类文明的具体组成部分。不能说会计孕育了文明，但会计对文明恰如阳光雨露。人类文明真正起源当然是整个人类各种活动，但能把人类各种活动的精髓（文明的原始状态）传承下来，会计承担了独一无二的职责并发挥了至为基础的作用。因此，会计是人类源头文明的启明灯。

在人类社会发展中，会计又是其文明进步的前提保障。马克斯·韦伯（2006）的经典之论，为我们的观点提供了很充分的脚注。在韦伯理论框架中，资本主义与市场经济是等价的，因为他描述的资本主义，其基本前提是自由市场竞争。韦伯把资本主义分为两个基本部分：提供产品或劳务的工商企业；企业赖以运行组织的资本主义精神。这样，"资本主义存在的最起码的先决条件，就是把合理资本会计制度作为一切供应日常需要的大工业企业的标准"。韦伯资本主义概念的核心，是技术上最完美的会计核算的盈余性规范取向。韦伯（2006）认为，"纯粹从技术上看，货币是'最完善的'经济计算手段，也就是说，经济行为取向的形式最合理的手段。货币计算，而不是现实的货币使用，因此，它是目的合乎理性的生产经济的特殊手段"。韦伯对以货币计量为主要或唯一最终计量的会计对于资本主义经济的深远意义作了较全面概括，至今仍闪烁着真理光辉：可以基于市场定位现有经济资源和手段的各种盈利机会；综合计量各项经济活动的成本和收益及其净收益；定期对每个时期始终两端的资源和盈利机会进行比较，发现走势；事先和事后确定单项和总体经济活动的货币进出项（现金流量），便于资源调配管理；使经济过程运行与优化发展拥有严密的数据支撑。这些方面会计身手的充分施展，对资本主义社会宏观与微观正常秩序的形成发挥了基础性作用。资本主义的盈利原则通过会计制度而嵌入社会经济的各个层面和领域环节，"在赢利的计算中，在复式簿记形式中，特别明显地表现在：通过一种记账系统，在企业各部门之间或者单独分离出来的计算项目之间，奠定假设交换过程的基础，这种系统可以在技术上最完美地对任何一项措施的有利可图性进行检验"。韦伯不仅考虑了资本主义工业企业的理性取向，而且同时考虑了控制企业家的理性取向，这两种在日常生活中经常处于矛盾状态的理性取向，通过会计而得到持续协调。深深影响韦伯学说的桑巴特也认为，"对资本主义的发展而言，对于理性地追求无限利润来说，系统簿记的重要性怎么说都不过分"。特别需要指出的是，中国古代对会计于社会实现文明进步的保障作用也有很经典的论述。例如，《周礼》正确赋予"小宰（总会计）"职责的嵌入性特征，"冬官"篇对会计所要嵌入的那个过程，设定了十分明确的目标："天有时，地有气，材有美，工有巧"。会计的作用，就在于"适应天时，焕发地气，体现材美，弘扬工巧"。一部会计发展的历史，完全可以看作会计殚精竭虑辅助人类不断地拓展着"应天时，接地气，现材美，扬工巧"的广度、深度、精度。这完全可以看作中国古代对会计促进人类文明进步作用的经典表述，既是会计之基本目标，也是会计技术方法日臻完善的动力和依据。复式记账产生并迅速普及的过程充分印证了这一点。毫不夸张，没有日益健全的会计制度，人类文明进步将犹如一艘没有导航的远洋巨轮，不是迷失方向，就是触礁沉海。

综上所述，会计对于人类文明而言，既是卫道士，又是传播者，更是见证人。

## 二、会计对人类文明进步作用具有双向性

会计对人类社会文明进步的各种作用，理论界历来关注不够，可谓有认无知，形成的学术成果远未达到丰硕状态。35 年前，享誉国际的英国会计学家安东尼·霍普伍德（1980）发表了富有思想性的《会计在组织和社会中的作用》一文，他认为按马克思的观点，会计作为一种意识形态而存在。如此，会计为人们提供了一种蒙蔽世人的方法，它没有揭示出存在于产品生产中的社会关系的实质。进言之，会计通过人类公认的形式传递着经济和社会的意义，它至少部分地被视作为构建某种符号性秩序而建立的。"会计反映并促进了社会构建，通过各种制度形式和社会行动方式间相互作用，促进了社会的发展。"至于这样的一种构建，是不是都将是文明进步，会计漫长的历史尤其现代会计 500 年历史，并没有提供确定的答案。

波顿·G. 麦基尔（2007）通过分析资本市场发展至今西方发达国家发生的各种股市丑闻，尤其面对 21 世纪初以安然公司为代表的大公司严重的会计舞弊，不无感慨道："在太多太多的事件中，首席执行官（CEO）更像是首席贪污官（chief embezzlement officer），而某些首席财务官（CFO）可能叫作首席欺诈官（chief fraud officer）更为合适。……EBITDA 的意思变成了'在我欺骗愚蠢听众前的收益'（earnings before I tricked the dumb auditor）"。

这从根本上彻底颠覆了人们长期认同会计之严谨可靠的社会形象。

就现实看，会计的每一种具体制度安排，似乎都为人们提供了善恶相间的双重选择。以企业合并为例。大家知道，企业合并是经济实现有效增长并具有真正竞争力的重要途径，社会当然要鼓励，会计对此必须拿出相应的处理方案。股权联营法与购买法，正是因此出台的。然而，围绕这方面方案选择的种种争议，并不像会计理论阐述的如此简单。从基本立足点上看，这方面会计方案的设计和制度的实施，都必须有助于真正实现经济有效增长和增强企业竞争力。但是，我们只要认真审视以美国为代表这方面的历史，结合我们企业并购重组的乱象，不难发现，会计在现实中不但没有很好地实现其预期目标，反而成了无效甚至是企业恶性合并的帮凶。乔尔·塞里格曼（2004）详细介绍了美国的证监会、会计界、商界在企业合并会计处理上的各种争执和妥协，以至于严重偏离了企业合并的基本宗旨和原则，企业合并会计成就了既得利益方谋取最大利益的私欲。股权联营法与并购法，远不是我们现在会计理论和准则说的如此纯净和客观，都沦落为企业实际当前控制方谋取自己利益最大化的工具，从而对公司价值产生了负面的作用。约翰·布鲁克斯（2006）尖锐地指出了会计是如何明目张胆地帮助企业恶性膨胀的。他扫描了20世纪50年代至70年代的美国企业合并，认为联合企业的名声，在道德上跟妓女一样。按会计提供的方法，一家市盈率高的公司收购市盈率低的公司，会产生魔术效果，即使企业业务毫无增长，合并后第一年也会产生高于公司前一年每股盈余。布鲁克斯（2006）认为，"20世纪初，美国会计师还是视自己为推动正确而诚实的商业关系的改革者和福音传播者"。会计师行业"第一次堕落发生在20世纪20年代的繁荣期间，当时许多会计师发现了高估公司的账面资产价值，从而帮助抬高公司股票价格的隐蔽方法"。市场"对企业业绩的简化认识，很快导致会计师包括一些最好的会计师，在不知不觉中偏离他们的公正基础，不时心甘情愿地沦为无情的企业管理者和毫无诚信的股票推销商的帮凶。简言之，出卖他们的灵魂"。"会计师太过专注于披露原则"，只是"考虑什么是合法的，而不是符合良知的，……为了挣钱，向公司管理层出卖灵魂似乎也不是什么了不起的事。……会计正在失去它的灵魂，从本义上和程度上都是如此"。从企业合并会计这一点上，我们确实看到了会计在现实中时常走在与出发时所锁定的那个目标不一致甚至是相冲突的道路上，会计界对存在于自己身上的自我否定倾向，不能讳疾忌医，更不能听天由命！

美国 SEC 任期最长的前主席阿瑟·莱维特（2005）凝聚其八年经验，写出了《散户至上》一书。书中，莱维特倾诉衷肠，描述了会计在坚守自己良知和信念过程中经历的各种无奈。会计对人类文明进步作用的那种嵌入式和寄生性的本质，决定了会计作用在现实生活中的正负能量，从根本上还取决于其依附的那个社会经济权力主体意志和倾向。"无论什么时候，财务会计准则委员会试着通过加强会计标准来对现状加以矫正，都会陷入公司、国会和审计人员的包围之中。"但就在同一书中，莱维特又在第 5、第 6 两章用了 70 多页的篇幅，以极其专业的笔调揭示了公司会计是如何通过"非经常性损益、大笔冲销、存货高估或低估、注销和转回存货、向购货方融资、商誉注水、操控研发、提前确认收入"等惯用手法大玩数字游戏形成虚假财务报表。研读莱维特（2005）的这些论述，会计的真实面目究竟是什么样子，倒变得非常模糊不清！换个角度，会计对社会文明的具体作用，可从能保留下来的古代会计档案少之又少这一史实中得到验证。每个王朝或政权的更迭，失权者最急切要做的就是销毁反映他们全部经济行为过程和结果以及财富取得、保管、使用、分配状况的各种会计档案。如果这些会计档案反映的内容大体上是光明正大的，那么，仅仅因担心或不想让推翻政权者们获得财富明细，还不足以让当权者把会计档案视作比自身政治生命还要重要。从政治家的基本理性角度看，若会计档案反映更多的是光明正当的法人主体理财行为过程、结果和影响以及相关依据，那他即使就要丧失当权者地位甚至成为即将革命的对象，也会竭尽全力保护这些会计档案而保证日后自己拥有一个基本的清白，即使不想保护也不至于疯狂地在终结自己一切之前尽量销毁全部会计档案。这些会计档案之所以往往为即将失去政权者们优先除之，最大可能是里面所记载的阴暗面较多而反映了他们真实的卑鄙无耻。在此，杰出东罗马历史学家普罗柯比（2007）在其影响深远的《秘史》一书前言中有一段坦陈很值得品味："揭露整个罗马帝国真正发生的事件，我很长时间不愿讲出这个秘密。因为我担心它会祸及后人，这些邪恶丑事最好不为后世所知：以免未来的暴君模仿这些丑行。"此书第 19 章为"皇帝查士丁尼如何夺取和挥霍罗马人的财富"，第 22 章为"高级公职中更多的腐败"，第 25 章为"查士丁尼如何盘剥自己的官员"，整部秘史几乎都是丑闻，我相信东罗马帝国会计档案中记载的内容要比《秘史》反映的丑事全面深刻完整得多。因此，会计档案之所以为所有曾经当权者竭力首先除去之物，仅仅因为里面确实有其不堪入目一面的铁证般记载。另一方面，会计不仅记载着丑事，在现实中往往又是丑事的合谋和帮凶。总之，没有会计的全力配合，所有经济丑事几乎不可能发生。会计既完整地清楚记载而对丑事产生遏制作用，又使尽解数全力帮助尽量使丑事成真，这样的双重人格使我们对会计职业在人类历史长河中究竟发挥着何种性质作用，陷于一片迷茫的困境。面对会计这般真实历史，不禁使我们对会计理论界有关会计于人类文明进步作用确定无疑的结论，产生深深的怀疑！

其实，会计发展到20世纪，对人类文明进步作用已在基本原理和制度准则层面，引起了人们的怀疑。出于对会计反映控制能力严重不足的反思，历史成本尽管早已成为现代会计计量的基本基础，但对会计单一历史成本计量基础的抗议，伴随着现代会计理论与实务始终。只要我们浏览一下美国会计学会1964年出版的极具影响力的《基本会计理论》，其附录就非常明确地建议以现行成本这一报告基础作为历史成本报表的补充。而在近期的会计理论研究和实务准则制定中，改变历史成本会计为公允价值会计，随着金融衍生工具应用的日益广泛，俨然成为会计界的主流倾向。但时至今日，我们对公允价值会计的研究是不够充分的，会计准则的实施效果也没有提供足以服人的正面证据。会计的这种理论摇摆引起了学术混乱，也给会计实务带来了困境。我们不妨听听著名的奥地利学派领军人物赫苏斯·韦尔塔·德索托（2012）对近期会计发展的批评："不论是在美国还是在欧洲，数世纪以来全球通用的传统的会计原则逐步恶化。具体来说，接受国际会计标准（IAS），并将此标准编入各国法律，那就意味着放弃传统的审慎理财原则及其替代原则，即在资产负债表资产价值特别是金融资产价值评估中采用公允价值原则。在摒弃传统奉行的审慎理财原则过程中，经纪业和投资银行的作用影响很大。一般来说，所有各方都乐于使账面价值膨胀，使其更接近于假设的更为'客观的'股票市场价值，而这种股市价值在过去的经济发展的金融狂热潮中不断攀升。事实上，多年的'投机泡沫'期间，这种狂热过程具有反馈环特征：上升的股市价值会立即记入账目中，然后这些账目又为进一步人为提高股票市场上的金融资产的价值提供正当依据。在争相放弃传统会计原则并用其他原则取而代之，以求'与时俱进'的竞争中，人们通常根据异端假设和完全主观标准来对公司进行评估，而这些主观标准在新的标准中完全取代了仅存的客观标准（这些客观标准是通过历史代价而获得）。目前金融市场的崩溃，经济行为人对银行普遍失去信任以及银行的会计实务运作，都表明在放弃传统的审慎理财原则而接受国际会计标准的过程中出现严重的错误，错误地沉迷于创造性公允价值会计。近年来，世界范围内进行的会计改革的最大错误在于，当它用'公允原则'取代了传统会计原则中最受赞誉的会计准则：审慎理财原则时，就完全打乱了多个世纪以来的会计实践和企业管理。公允原则只是把动荡不定的市场价值引入一整套资产体系，这种哥白尼式转向特别有害，并威胁着市场经济基础。"美国丽贝尔·D. 科斯塔（2013）分析了 13 世纪世界上最大宗教庙宇吴哥窟为代表的高棉帝国的衰落，是"前工业时期世界上最大的城市综合建筑"，讲述着技术发展过头的警世故事，认为"导致吴哥王朝覆灭的因素，恰恰是推动吴哥发展为帝国的力量"。吴哥王朝的故事，只是世界范围内玛雅帝国、罗马帝国，也是我国古代大秦帝国衰亡故事的翻版。如果说所有促进某事成功因素恰恰也会是导致其衰落的力量，可以视作一种社会发展规律，那么，会计对人类文明进步那般不可替代重要作用，是不是在人类社会发展中又会成为其文明衰落的助力因素呢？

由此看来，会计产生并形成社会化标准制度，以至于成为 20 世纪中叶以来国际化的开路先锋，人类对其的基本期望当然是最大限度地实现公平与正义，盛行于西方会计界"真实与公允"之会计最高原则，并不是会计装点门面，而是会计本性自然流露的公然表白。但无可回避，会计在现实中往往处于迷失本性的状态，甚至经常做出一些有悖本性的表现。会计以往历史呈现"会计人格分裂"的明显特征，使社会各界对会计本质的认识相当模糊，实务中涉及会计的应用更是随心所欲，以至于会计界良知未泯而要做些尊重本性的制度选择时，往往陷于铺天盖地社会既得利益各方软硬兼施的百般干涉而最终妥协。于是，会计实务不只是会计本性使然，更重要的是已成为整个社会心理健康状况和人类文明程度的集中表现。在不甚健康的当代人类文明总格局下，会计促进人类文明进步的空间已很狭窄，手段与路径也非常有限。如何尽最大可能毋忘会计良知、守住起码不要完全丢失自己的本性，乃是当代会计理论重加研究的课题。就中国会计界而言，作为整个中国宏观与微观经济管理越来越重要的基础，既不能超然独立而独善其身，更不能顺其自然而无所作为。我们从朱镕基总理当年为国家会计学院所作"诚信为本，操守为重，坚持准则，不做假账"的题词中，大致感觉到了中国会计发展面临的无奈；而社会方方面面只记住"不做假账"这四个字的现状，使我们对中国社会曲解会计之深的程度大概略知一二了。中国会计界在中国经济快速稳步增长中面临的挑战，可能比世界上任何国家会计发展面临的挑战要多得多。不是吗？从社会风气到政府与公共治理；从生态环境到科技创新；从经济政法社会的协调发展到全面和谐局面的形成；从公平正义到中华文化复兴。这些诸多中国发展的基本面，哪个方面能离开会计支持？而这些方面面临的挑战，莫不与会计紧密相关，会计岂能置身事外！对会计与这些方面的相关性研究，寻求会计在当代最大限度焕发自己本性的恰当方式与行为尺度，这是中国会计理论界大有可为的研究领域，也是中国会计学术能形成问鼎世界成果的希望所在。

## 三、会计对社会文明进步作用：会计如何克服自身异化并在人类社会有效排除异化威胁过程中发挥不可替代的重要作用

事实上，对社会风化的不满，已经引起了人类自身的高度重视。例如，现代社会"文化面临人性沦丧"，"我们的文化已失去了它对善与恶、正确与错误、公道与不公的评价准则。这种伦理准则的缺失特别威胁着人类的同情心以及社会责任感，同时也包括人性中的尊敬、尊重、怜悯、顾虑以及集体团结感"。现代社会"无耻的人活得更轻松"，以至于社会充斥着不端行为。对此，马克思的异化理论惊世骇俗，但切中人类发展的软肋。人类社会发展如何摆脱异化的宿命，这是人类每一代每一员必须认真思考并作出积极回答的话题。会计在人类摆脱异化梦魇纠缠过程中可以发挥独一无二的作用。

### （一）保证人类社会经济活动具有基本的透明度，是会计促进文明进步的主要方式

按迈克尔·查特菲尔德（1989）的说法，1900年之前，整个西方世界会计信息披露处于杂乱无章状态。1900年后，随着推行所得税和企业对外部资本的依赖，美国会计职业在经济生活中的地位日益重要。开始认识公司保密具有反社会性质，提高财务公开性的呼声普遍高涨。1917年，在联邦贸易委员会和储备委员会支持下，由美国会计师协会（AIA）制定了《统一会计》（以后发展成为一般公认会计原则，即GAAP），为实现会计报告实务标准化提供了保障。随着1933年证券法颁布实施，美国公司会计进入了需要充分披露的时代。SEC坚持这样的观点：如果公司故意偏离标准会计实务实施披露，其提交的文件必然具有误导性。1964年，SEC要求公司致股东的年

度报告附注中披露重大背离标准的事实与影响。实务中自然形成了公司不希望自己会计实务有问题的习惯。公司忌惮财经媒体和证券分析师的责难，获得责难几乎等于受到了重罚。美国会计师审计因此开始流行"公允表达"一词并为社会各界广泛接受，虽然大家难以准确表述"公允表达"的真实含义，只好简单理解为遵循并符合 GAAP。与此同时，会计学术界开始关注何等程度和水平的会计披露才算"公允表达"？这一问题必然衍生出（20 世纪 60 年代以后）会计理论关注公司财务报告披露对会计信息使用各方行为及其利益所产生的具体影响，从而产生了会计披露的"经济后果学说"。企业会计往往受控于公司高管从而容易使之通过会计实现利益膨胀的普遍现实，使会计信息披露如何实现满足报告各种使用者的要求变得复杂而困难。把握好会计信息恰当披露的具体标准，成了现代会计在促进文明进步中能够发挥积极作用的关键所在。首先，我们必须明确，会计主体对其会计信息必须拥有产权而受到法律保护。这也是讨论会计信息披露问题的基本前提，因为会计主体对其会计信息产权没有足够的法律保障，则企业所有会计信息就成了一片任人践踏的公共空地而质量每况愈下。"如果信息被任意获取，并且其占有者无法拥有并使用该信息获得的收益，这就会刺激他在未来减少这种信息的生产。只有当国家授予个人某种法律上强有力的某种财产权利，从而使之从信息占有人变成信息所有人时，占有得来的收益才会变得安全。……向拥有信息一方施加披露义务会剥夺该信息另外提供的私人收益，披露义务就相当于要求公开分享信息的获利。……对信息产权的分配将不仅保护拥有特殊知识一方的投入，它也会向另一方施加一种机会成本从而刺激他自己进行（费用合理的）搜寻。"正因如此，一个政府包括出资人，必须好好研究对企业会计信息监督检查的频率和程度。不然，现实中企业会计信息，要么因监管过度而内容僵化，要么因监管不力而模糊不清。

其次，正确把握并建立有序的自愿披露、强制披露、公平披露制度。会计披露与人类文明制度建设紧密相关，但不同的会计信息披露制度对文明制度的作用及效果并不一样，而且在具体的信息披露制度与文明制度之间，在作用与效果方面并不存在固定不变的关系。迄今为止的会计理论，有关强制披露与自愿披露的研究虽未达到汗牛充栋的程度，但确实已蔚为大观。在早期研究中，一度流行的观念是"阳光是最好的消毒剂"，从而倾向英国式强制披露制度，而不赞成美国蓝天法式的实质性审查制度。在整个经济社会中建立会计信息强制披露制度，就是将经济资源内部化的企业组织，所产生的内部信息进行一定程度的外部化，从而拉近公司管理者与股东、债权人、金融机构、供应商、客户、监管部门和政府机关的距离。但就单个企业而言，强制披露事实上存在着成本效益问题：成本包括编纂、审计、发布、监管等直接成本，也包括披露引起竞争对手反应从而提高企业盈利难度等间接成本；收益主要是指获得投资者信任而降低资本成本、减少欺诈误解而避免损失、获得更有效的金融服务等。但是考虑会计制度政治性一面，社会层面看微观单位会计信息强制披露的成本是较清楚的，但其收益却往往是无法估值的，由此对强制披露问题作出科学性研究似乎是一种奢望。"50 年来，管制的支持者并没有给出科学可靠的证据，来表明任何强制披露法规的成本-收益比率是让人满意的。"为此，美国教授 Dye（1990）集中研究了会计强制披露的外部性，试图为自愿披露与强制披露制度比较提供一个较科学规范的框架。他把会计信息强制披露的外部性分为两个层面：直接层面表现为实物外部性，即披露改变了其他相关公司的现金流；间接层面表现为金融外部性，是披露改变了投资者对其他公司现金流的认识（预期），从而潜在地影响其他公司的股价。在实际生活中，一个公司会计信息披露，既能改变投资者对其他公司现金流分布的认识，也能实际地改变其他相关公司的现金流分布。Dye（1990）研究得出了以下结论：最优的自愿与强制披露之间的分歧，依赖于公司的披露产生哪种形式的外部性。将披露外部性区分为实物与金融后，就能揭示出反对强制披露而采取自愿披露的各种后果。研究表明，一些披露比另一些披露更具有实物外部性是经常出现的：关于盈利预测的巨额增加、边际成本数据、业务联盟的盈利性等信息的披露，就产生了潜在的现金流影响。这些理论研究，只是为我们思考会计信息披露究竟采用何种制度，提供了一些规范的分析工具，但远没有真正解决了会计信息披露的具体制度选择问题。在我国，市场与法制不够健全，加上传统文化对现代会计的相容性问题并未解决好，使会计信息披露从强制角度看是解释力不够，从自愿角度看是乱象环生。前者以内部控制信息披露为代表，自我评价与审计报告都属良好的公司，却被媒体屡屡爆料内部控制存在诸多问题。后者以各种新闻媒体道听途说公司消息为代表，一些公司有意无意地利用社会渠道发布足以影响公司市场表现的非标信息，如公司并购意向、战略策略调整设想等。看来，中国企业对外公开会计信息在口径、范围、格式方面已无问题，但在内容表述精准、规范、可验证方面还有很多值得细化研究的议题。会计自愿披露领域，规范性问题已亟须研究，这方面有必要借鉴美国 SEC2000 年的选择性披露和内线交易法规，对中国上市公司非公开实质性信息披露行为作出行之有效的规范。

最后，准确把握公司透明度。人类文明与人类书写功能及制度的形成紧密相关。"书写记录比人的记忆有更大空间，更持久和可靠，能够让祭司和统治者按照商议的原则收集和分配大量财富。由此，政府变得更加有力，命令变得更加具有强制性，成千上万的人之间互相协调成为一种常规。"在中国古代，也有这方面的深刻见解。《淮南子》"诠言训"中云："天下非无信士也，临货分财必探筹而定分，以为有心者之于平，不若无心者也。"意思为"天下并非无诚信之人，但面临财货分配的时候，一定要用筹码来计数，因为人们普遍认为有心之人不如无心筹码（会计）公平"。人类最初成形书写活动主要有文学（诗歌）与会计，对人类文明均发挥重要作用。前者影响社会风化，后者直接影响每个组织和个人的行为。由于文学较感性、抽象而会计较理性、具体，故文学作品尤其是优秀者很容易一代代广为流传，会计记录尤其是极其重要的会计记录会藏匿得非常严密，一旦风吹草动即刻销毁，以至于现代国家在法律层面对会计信息提出了妥善保管和不准擅自销毁的严厉要求。社会角度会计惯例化进而标准化，对人类文明进步的意义尤为关键。"永久的祭司集团担负着管理属于苏美尔神祇空前积聚财富的艰巨任务，管理庙宇税收的集团代表神祇主人的利益，必需保留所有票据和消费支出的精确记录，让神祇的仆人必须为其管理提供账目。不光是文书要对自己所作的记录清楚明了，而且还要能够被继任者和共同开展工作的所有参与者都能理解。用符号把这些记录下来以便使他能够记忆，这些符号要对他有意义，而且也要对他的继任者、谷仓管理者以及其他同事有同样意义。"柴尔德（2008）对公元前2500年前后美索不达米亚原始会计所具备特性的分析，正确地描述了那个时代会计信息所发挥的重要作用，也表达了会计信息公开对社会、组织的重要价值，为我们关注并深入研究会计透明度问题建立了一个稳固的起点。无疑，一个社会保证各级政府、各类企事业单位会计信息的透明程度，综合反映着该社会拥有的文明进化程度和水平。

不过，一个国家对其会计透明度的把握可是一个极具挑战性的难题。当代领导理论大师沃伦·本尼斯（2009）认为，"彻底的透明是不可能的"。无论从国家安全还是保护微观主体合理利益，"防止竞争对手获得有关创新、原始工艺、秘方或者公司战略等信息"，百分之百透明显然是弊多利少。但是对于一个社会与企业而言，具有必要透明度是形成坦诚健康文化的前提。

"坦诚对于个人和组织的健康都至关重要，拒绝真相会对我们造成无法衡量的伤害。组织需要坦诚，就像心脏需要氧气。"本尼斯（2009）列举了 GE 透明充分跨职能部门沟通交流大力提高决策效率和效果与佳腾对已知产品致命缺陷避而不谈而丧失市场份额两个例子，透露了把握透明度的基本含义："合适的人在合适的时间因为合适的理由获得关键信息"。大约 26 年前，《Inc.》杂志首次提出了透明化一词，是指公司所有人共享财务信息，可表述为"内部透明度"，即组织的利益相关者对于影响其利益的事项，能够得到必要的信息。唐·泰普斯科特（2008）出版了《赤裸的公司》后不久，谈到透明化的诸多好处，他对《观察》杂志的 CIO 说："这不仅仅是新时代的产物，事关金钱和效率。开放并且坦诚会帮助你降低交易成本，减少办公室政治和钩心斗角，提升员工的忠诚度，最终提升公司效率"。本尼斯（2009）认为造成一个组织透明化障碍表现为：领导带头成员倾向隐藏信息尤其是不好信息、组织体系设计不合理导致信息资源错配、造神与闪光效应即报喜不报忧、鼓励向客户所谓善意说谎。据"对美国各阶层雇员的科学调查，超过 2/3 的人表示曾经在工作中亲身经历过不道德行为，但这些人当中仅仅有 1/3 的人向上级报告了他们看到的事"。在电子网络日益完善普及的当今社会，政府与企业都毫无选择地必须保持必要的透明度。《赤裸的公司》一书为公司选择透明度提供了三种基本模式：

一级公司：立足合规文化，追求商业业绩最大化。单一标准化的会计信息公开。

二级公司：立足关系管理文化，协调相关者利益关系，对不同利弊会权衡判断，全面做好员工关系管理、投资者关系管理、供应链关系管理、客户关系管理、社会慈善管理。针对性的各种不同用途的标准化会计信息公开。

三级公司：立足开放式企业组织文化，履行全面人文社会与生态环境责任，关注可持续发展。实施综合全面统一报告制度，全天候公开企业以下信息：领导力、公司治理与报告、战略与企业家精神、公司性格、品牌与声誉、环保参与度（含碳排放）、利益相关者参与度、产品和服务、运营、信息技术、经济与环境及社会表现指标（吸收了荷兰全球报告倡议组织即 GRI 指标体系的理念）。

**（二）积极的记录、计量是会计对人类文明进步发挥持久正向作用的基本措施**

英国畅销书作家乔·欧文（2011）在《现代管理的终结》一书中开宗

明义:"现代管理不堪自身矛盾之重负,正一步步走向终结。""现代管理,曾预示着科学、效率和见识带来的社会进步。自工业革命开始,现代管理创造了巨大的社会进步和繁荣,现在却渐入尾声。如今,与所有人做同样的事已再无优势可言。"这样看来,迄今已相对成型的会计以财务会计为代表,它确实让天下所有的会计做同样的事——按公认准则进行对外报告,在今天已毫无人力资源方面的竞争价值。不出所料,欧文在该书第四章毫不留情地对会计发展到现在面临的困境作了貌似外行其实切中会计肌理的分析。他认为,500多年前,卢卡·帕乔利作为有史以来第一个对会计学进行书面总结并以当时大众熟悉的语言公开出版的人,为此后全世界商人和会计明确了标准做法。最近500年,帕乔利的记账和会计系统在全世界广泛流传并取得惊人成绩,可算是人类理论发展历史上的一种奇迹。"一个在帆船和马力时代创建的系统,一直沿用至宇宙飞船和核动力时代,不得不说是个奇迹。"尽管欧文以极其包容的心态原谅了会计,现在会计"表现得有些衰老和落后,但也属正常"。但是,他还是相当严肃地提醒现代会计真的出了实质性问题而必须改变。"首先,新世界的无序状态暴露了一系列重要的技术缺陷,严重危害到了传统的会计方法。"他以会计对当今无形资产的高度冷漠、对现代公司负债的严重遗漏和扭曲、费用与投资区分的极无道理,说明现在会计常常在给人误导。因此,"我们正步入一个未知的世界,我们需要一个现代的帕乔利,为接下来的500年设计一个系统"。"更为危险的挑战是传统会计系统所面临的第二类难题。会计不仅是枯燥的记账,也越来越与权力、政治和目的相关。在理论上,大多数公司的财务预算过程应当是一个有效进行资源配置、使回报最大化的技术过程。而实际上,它也是一个管理者寻求资源占用最大化、承诺义务最小化的过程。"更糟糕的是,会计在计量过程越来越多的场合愈发迷信于各种所谓"科学"的估值模型,如CAPM,但是现在看来,由于市场天生不稳定,基于假设前提的任何估值模型"在理论上是有缺陷的,在实践中也被证明具有灾难性"。欧文以财务会计、管理会计、预算过程、回报和指标四个领域为研究对象,以其畅销书作家独具的视角和笔调,对现代会计是如何深陷困境仍作茧自缚而又气又好笑的众生相,作出淋漓尽致的分析。他戏谑现代会计,在很多场合,就像没有帕乔利和新簿记理论的中世纪商人一样,在努力挣扎着寻找方法。我们不能把欧文对现代会计的此般抨击,轻描淡写地视作对会计的一种调侃。其实,欧文对会计能否具有历久弥新的能力深抱怀疑态度,以至于他只好无奈地告诫社会各界:不当的会计、盲目相信资本资产定价模型以及对风险基本敏感的严重缺乏，导致了全社会信用危机，"无论是财务理论还是会计都不能为管理面临的挑战提供可靠的答案"。"在高效的财务理论或会计问世之时，我们可能已经老去、过世。我们不能也无需去等待完美。我们面临的挑战是，利用现有的、不完美的工具提出正确的问题，找到正确的答案。"欧文的分析可谓振聋发聩，但其建议却是那样的苍白无力。没有一个恰当的会计制度保证，连问题是什么、在哪里都不清楚，我们怎么能提出正确的问题，更遑论去寻找解决问题的正确答案。社会文明进步的脚步，已经直接摇打着会计的整个躯壳，对现代会计发出洗心革面的强烈呼声。会计别无选择，要么在沉默中死亡，要么通过勃发赢得新生。作为一名会计学者，我对当代会计具有的自我反省能力深信不疑！

　　立足当代，我们首先以信息化为全新背景来审视现行会计理论与基本实务。通行的认识和做法，会计大体上分为确认、计量、记录、报告四个环节，形成了会计循环。我们姑且不去比较这种概括是否恰当，仅就流行实务做法面临信息化崭新背景而亟须改革作出讨论。目前，我们借助于凭证、账簿、报表而完成会计循环，凭证代替了实际业务，账簿包括了所有凭证，报表概括了所有账簿，如此形成了"折叠式"会计信息机制。在手工处理数据时代，人、财、物三要素在现实中时间上处于分离，在空间上又是分立的。如此，"折叠式"会计信息生成模型无可厚非，滞后反映经济活动就具有必然性，而成了此种会计信息的基本质量特征，"相关性"与"可靠性"只是这种滞后信息的用途与来源特征。但是，信息化后，人财物将一体化运行，信息会实时反映经济活动。这样，"折叠式"的现行会计机制就与内外环境生态要求不相协调。如何把"折叠式"会计信息机制改造成适合时代要求的"分布式"会计信息模式，需要会计界认真而艰苦探索。另一个角度看，会计要素的基本内涵在现代会计实践中并没有得到充分体现，信息化为化解会计此方面困境提供了有利条件。以资产为例，尽管我们定义上非常慎重地以"带来未来经济利益即创造价值"为核心要点，但会计准则、制度、具体实务中，我们一直以自然形态为核算资产的标准，从而，资产定义与实务产生了严重冲突。显然，能作为企业资产的标准，是其能为企业创造价值，创造价值的基本单元才是我们确认资产的主要标准。对企业而言，创造价值基本单元不是自然形态的各种物资，这些物资必须在物理上形成一个现金流的基本单元，才能视为具备创造价值能力，才可以确认为资产。由此审视现行的以自然形态核算资产的会计实务，在提供创造价值信息方面是无能为力的，以至于在企业资源配置过程中，会计的话语权极其有限。而较严重的企业资源错配低效配置现象，会计对此虽然不能负完全责任，但起码应承担不作为责任。现代会计在这方面的有心无力，与不成熟的会计理论及相应实务紧密相关。随着信息化水平日益提高，会计以创造价值标准来核算资产的技术条件已充分具备，会计界应对此积极研发尽早形成规范。类似的是中国企业会计负债的含义，转型期中国政府担负更大使命之现实，赋予了中国各级政府的资产、负债以更丰富内涵，西方现成做法对我们可借鉴成分有限，这些方面更需要我们进行原创性探索。若这些方面有所创新收获，则在我国，不但管理会计作用充分发挥，而且财务会计信息决策有用性，均具有实质性提高。就企业价值创造确认与计量而言，《赤裸的公司》（泰普斯科特和蒂科尔，2008）一书介绍的一种企业价值图谱模式（见图 C-1）值得我们研究借鉴：

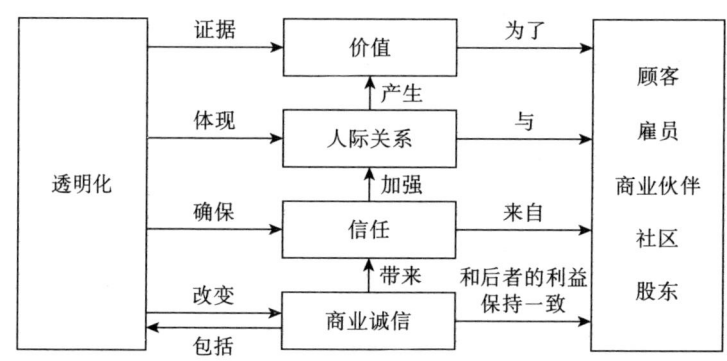

图 C-1　价值观-价值矩阵

该书作者认为，公司需要与利益相关者建立起彼此信任关系才能基业长青。而使公司透明化正赋予了信任崭新的内涵，由此产生了"开放式企业"。开放式企业奉行透明化公司价值观，积极融合诚信、责任和增进信任等原则，从而能给客户创造更多的价值；能将商业伙伴组成一个高度透明化的网络，提供更低成本并有市场差异化优势的产品和服务；将知识投入者视同企业最权威的所有者，通过透明化有效建立他们对企业的忠诚度；明白社会信任的重要性，创造尽可能多整合外部溢出效益至商务全过程的战略。开放式企业不管在哪个国家和地区从事商业活动，都会践行最高的诚信、透明化，建立互信、全球稳定和社会公正的标准，形成"创造财富的新机制"。

**(三)体现并实现确保自己提供公共产品及其资源性质,是会计对人类文明进步发挥社会性积极引导作用的必要前提**

1995年,日裔美国著名学者弗朗西斯·福山继其1992年颠覆学界的《历史的终结及最后的人》一书后,又出版了敲打人类灵魂的《信任:社会美德与创造经济繁荣》一书。福山认为,政治与经济的任何体制理论上再优越也不能指望就能产生良好的实践效果,只有依靠健康、有活力的"文明社会"才能如愿以偿。"文明社会"的最大特征是人类以"家庭"为存在基础。各种经济行为依赖的法规、道德义务和其他习俗自然联成一体,形成了社会。"一个国家的福利,以及它参与竞争的能力取决于一个普遍的文化特性,即社会本身的信任程度。"福山在书中以意大利、法国、美国三国例子,说明群众若缺乏一个习俗,就会失去很多商业发展的机遇。这样的一种社会习俗形成程度,福山定义为"社会资本",它决定着群体和组织让其成员一起合作的能力,其基础是共享规范和价值观程度的高低,以及社团能否将个人利益融进群体利益。这种共享价值产生了"信任",创造了巨大的经济价值。尽管"法律、契约和理性经济为后工业社会的稳定和繁荣提供了必要基础,但还需要用相互关系、道德义务、对群体的责任以及信任来激活它们。"福山深刻论述了信任对于社会文明进步是那样的重要,并分析在不同国家这种信任产生的文化基础存在着很大差异,尤其对中国以"家庭"为核心的传统文化,加上历史上缺少对产权保护的习惯,男性遗产均分制,社会收养机制残缺,造成对非亲非故不信任,从而带来中国企业做不大也很难做强和做久的现实。中国企业现实,"既不是当代中国社会发展水平问题,也不是缺乏现代法律制度或金融制度",是中国文化中家庭那种独一无二的地位,衍生出一种强大的社会心理倾向自然作用的结果。从而决定了中国社会塑造其信任基础具有相当的特殊性。福山在书末总结道:"与工作和赚钱有关的活动和这些行为赋予的常识更紧密相关,金钱不是物质的标志,而是社会地位或社会认可的标志。""经济生活的目标并不是单纯为了尽可能多地积累物质,同时也是为了社会认可。"福山的研究可谓慷慨激昂,但如何真正地建设好文明社会,确立并增进促进人类文明进步的社会信任,他未提出认真的建议。笔者循着福山的思路,如何把道德义务、对群体的责任和信任即"社会资本"有效地激活?如何使组织与家庭乃至个人获得更多并在更大空间更长时间取得"社会认同"?健全有效的会计制度可能是一种不二的选择!一定程度上，会计制度是社会认同的宣言，一个组织的会计政策更是其文化价值取向的公然表白。我们可以从企业在自身经营环境条件下，对会计要素确认计量标准、方法的选择，对相关业务风险的会计关注以及相应披露政策，对公司在践行诚实守信价值观上是应付差使还是向往进步，作出基本判断。例如，内部控制制度的建立完善，对企业各层次、领域、环节、岗位禁止事项（每人都应有禁忌）与风险容忍度（每人都有充分发挥主观能动性的空间和裁量权）的明确，集中体现着企业自我管控意识与态度；管理层尤其高管与一般员工薪酬待遇差异，及其会计计量与披露的透明程度，反映出公司对人力资本尤其是智慧资产的重视珍惜程度；企业信用政策及其准备金计提，反映了其对待经营交易风险的基本态度。

会计对所有业务处理在得失比较和绩效衡量与报告方面所作的选择，体现了企业整体价值观，这种企业文化基因，对企业在整个社会经济系统中的地位及其影响产生决定性作用。由此可见，一个社会信任和信誉的基础，相当程度上取决于价值观不尽相同的各微观主体，是否能形成并认同一种相容相融的氛围。这样的氛围，只有通过社会化会计制度的持续引导和各微观主体会计实务的尽职尽责，从而在会计信息充分披露基础上实现全社会范围和政府与市场间经常有效的信息交流沟通，才可能形成。进而言之，会计制度的建设与完善，其主要标志就在于是否真正地促进并保障了社会资本的形成以及在现实中积极发挥作用。实现这样的宏大目标，很大程度上取决于会计是否充分地认知自身的"公共资源"品质并在实践中不遗余力地追寻和塑造！

理论上，我们可以轻而易举地论证会计信息的公共资源性质。按权威说法，公共资源或产品，必须具备两大特性：产品收益上非排他性、非竞争性；产品使用消费上的非唯一性，可供所有人消费（联合国开发计划署发展研究中心，2006）。如此，会计尤其是财务会计信息，是典型的公共资源。确认会计信息的公共资源身份，我们就可对国家如何以社会管理者身份行使对会计的管理职责有了更为清晰的认同，也为解决政府、市场、社会在经济资源配置过程中的三者关系提供了一种实现认知趋同的有效工具。政府作为公共产品的设计者和使用、管理者，各微观主体典型是企业作为公共产品的提供者与使用者，社会作为公共资源的所有者及其权益的维护者，市场作为公共资源发挥功用的场所，这几者对会计都产生直接影响，从而在人类文明进步的共识下而协调作用，促进会计的进步发展。但综观当今会计学术界，对这些事关会计发展大方向、大思路问题的研究并不很多，会计实务中信息滞后的习俗，也严重地感染了会计理论研究。信息化时代的到来，为会计信息更充分地赢得公共资源身份，从而深入研究如何使会计信息公共资源性质在实践中得到足够的尊重并发挥积极作用，提供了可能。让我们仔细品味一下信息社会的"布谷鸟"美国加州大学伯克利分校教授曼纽尔·卡斯特（2003）的一段话："网络社会'是开放的结构'"，"一个以网络为基础的社会结构是具有高度活力的开放系统，能够创新而不至于威胁其平衡。对于奠基于创新、全球化和分散性集中的资本主义；立基于弹性与适应性的工作、劳工和公司；无穷无尽地解构与重构的文化；致力于即时处理新价值与公共心态的政治体；以征服空间和消除时间为目标的社会组织"，网络都是必不可少的工具。不难想象，将来社会经济资源的所有配置活动都会在网络上进行，如此，支持这种资源配置活动的会计信息就为大家都需要的公共资源。虽然我们在会计准则、内部控制规范、宏观会计信息质量监督、会计信息高速公路及会计 XBRL 方面已有很多深入研究，但距会计信息公共资源身份并发挥应有作用的时代要求尚相差甚远。因此，对会计信息公共资源命题进行攻关研究并尽早提供能指导会计实践发展的理论成果，实属会计学术界的当务之急。

## 四、结语

康德（2003）在《实践理性批判》一书结尾，有句话震撼了活着的每一个人的心灵——只有两样东西使他一直难以释怀并保持深深且持久和无以复加的赞叹与敬畏：头上无穷的星空和人类内心的道德法则。其实，这只是表达了人类对大自然和人性基本面必须予以充分尊重的强烈愿望。但是，这两方面在人类实践中能否真正体现，光靠人们自我醒悟是远远不够的，必须建立一种制度予以保证，而会计恰恰正是人类社会为了实现这种自觉，而煞费苦心逐步建立起来并日趋完善的一种基本制度。树立这样的认识，会计理论及实务就拥有了一个崭新起点，我们因此才能深深领略会计之崇高，正确定位会计职业，从而对会计担负之职责产生由衷的历史使命感。近百年前，伯特兰·罗素这位 20 世纪最博学伟大的哲学家，以其极其敏锐和深邃的思辨能力，对中国在世界文明进步中的独特地位及贡献做过很好的预期。他认为，中国文明是可知的世界古文明（埃及、巴比伦、波斯、马其顿、罗马帝国等）中唯一得以幸存并延续下来的文明。受过欧美教育的中国人已认识到，中国需要外来的新因素来振兴传统文化，以期开拓一条更理想的文明之路，创造出一种新的更加灿烂文明，这种文明将比西方现在所能创造的任何文明更令人神往。会计不仅促进人类文明进步，而且本身就是人类文明的组成部分。中国对世界文明进步的贡献，当然离不开中国会计理论对世界会计发展的贡献。罗素对中国文明的那般热忱期待，平添了中国会计理论工作者的几分豪情，从世界发展进步的高度来研究中国会计问题，应该是中国会计学界应有的视野和境界，本文作者试图以对康德旷世警言作出会计领悟为基础，并在格外珍惜罗素对中华文明辉煌期盼的前提下，探讨会计对社会文明进步作用问题，整个研究过程及得出的结论力求具有更多的国际广度和中国实践深度。但限于水平和认识，本项研究不一定真正取得了实在的预期效果，敬候同仁严厉批评。

## 主要参考文献：

BURCHELL S, C CLUBB, A HOPWOOD, J HUGHES, J NAHAPIET, 1980. The Roles of Accounting in Organizations and Society [J]. Accounting, Organizations and Society, 5 (1): 5 – 27.

迈克尔·查特菲尔德，1989. 会计思想史[M]. 文硕，董晓柏，等，译. 北京：中国商业出版社.

DYE R A, 1990. Mandatory versus Voluntary Disclosures: The Cases of Financial and Real Externalities [J]. The Accounting Review, 65 (1): 1 – 24.

马克斯·韦伯，1997. 经济与社会（上卷）[M]. 林荣远，译. 北京：商务印书馆：107 – 108，114.

弗朗西斯·福山，2001. 信任：社会美德与创造经济繁荣[M]. 彭志华，译. 海口：海南出版社：8，12，14，358.

费尔南·布罗代尔，2003. 文明史纲[M]. 肖昶，冯棠，张文英，王明毅，译. 桂林：广西师范大学出版社.

弗朗西斯·福山，2003. 历史的终结及最后的人[M]. 黄胜强，许铭原，译. 北京：中国社会科学出版社.

康德，2003. 实践理性批判[M]. 邓晓芒，译. 北京：人民出版社.

曼纽尔·卡斯特，2003. 网络社会的崛起[M]. 夏铸九，王志弘，等，译. 北京:社会科学文献出版社:570-571.

乔尔·塞里格曼,2004. 华尔街变迁史[M]. 田风辉,译. 北京:经济科学出版社.

阿瑟·莱维特,葆拉·德怀尔,2005. 散户至上[M]. 陈剑萍,严莉,译. 北京:中信出版社:97-168.

弗兰克·伊斯特布鲁克,丹尼尔·费雪,2005. 强制披露与投资者保护[M]//强制披露与证券立法. 北京:社会科学文献出版社:162.

联合国开发计划署发展研究中心,2006. 全球化之道:全球公共产品的提供与管理[M]. 张春波,高静,译. 北京:人民出版社:78.

马克斯·韦伯,2006. 经济通史[M]. 姚曾廙,译. 上海:上海三联书店:174.

唐纳德·A. 威特曼,2006. 法律经济学文献精选[M]. 苏力,等,译. 北京:法律出版社:119-121.

约翰·布鲁克斯,2006. 沸腾的岁月[M]. 万丹,译. 北京:中信出版社:118-120.

波顿·G. 麦基尔,2007. 漫步华尔街[M]. 刘阿钢,史苂,译. 北京:中国社会科学出版社:83.

罗杰·巴格诺尔,2007. 阅读纸草,书写历史[M]. 宋立宏,郑阳,译. 上海:上海三联书店:14.

普罗柯比,2007. 秘史[M]. 吴舒屏,吕丽蓉,译. 上海:上海三联书店:1-2.

戈登·柴尔德,2008. 历史发生了什么[M]. 李宁利,译. 上海:上海三联书店:86-87.

戈登·柴尔德,2008. 人类创造了自身[M]. 安家瑗,余敬东,译. 上海:上海三联书店:136-137,139-140.

唐·泰普斯科特,戴维·蒂科尔. 2008. 赤裸的公司:透明化时代如何推进企业变革[M]. 蒋旭峰,译. 上海:上海译文出版社:76,95-96,133.

沃伦·本尼斯,丹尼尔·戈尔曼,詹姆斯·奥图尔,帕特里夏·比德曼,2009. 透明[M]. 牛文静,译. 北京:中信出版社:5,9,132.

丹尼斯·舍尔曼,2010. 西方文明史读本[M]. 赵立行,译. 上海:复旦大学出版社:21.

威尔·杜兰特,2010. 世界文明史[M]. 台湾幼狮文化,译. 北京:华夏出版社.

彼得·沃森,2011. 人类思想史[M]. 姜倩,译. 北京:中央编译出版社:16,127-129.

乔·欧文,2011. 现代管理的终结[M]. 仇明璇,季金文,孔宪法,译. 北京:商务印书馆:1,100,128.

伊恩·莫里斯,2011. 西方将主宰多久[M]. 钱锋,译. 北京:中信出版社.

弗里德里克·F. 努斯鲍姆,2012. 现代欧洲经济制度史[M]. 罗礼平,秦传安,译. 上海:上海财经大学出版社:114.

赫苏斯·韦尔塔·德索托,2012. 货币、银行信贷与经济周期[M]. 葛亚非,刘芳,译. 北京:电子工业出版社:5-8.

沃尔夫冈·汉克尔·克维特曼,2012. 道德沦丧:禁忌消失时我们将失去什么[M]. 周雨霏,译. 北京:中国画报出版社:15.

丽贝尔·D. 科斯塔,2013. 即将崩溃的文明[M]. 李亦敏,译. 北京:中信出版社:21.

# 附录 D
# 中国会计发展：立足国际大背景的战略思考

杨雄胜　陈丽花　缪艳娟　时现

（此文于 2018 年发表在《会计研究》第 11 期）

**【摘要】**《会计法》修订、管理会计备受重视、全球性贸易战，中国会计发展赢得了崭新的历史机遇。现代会计发展成型至今，在为人类社会文明发展作出基础性贡献的同时，也屡令社会对其失望。追溯会计在现实生活中对其职业精神的背叛的缘由，使人们深刻反思沿袭至今立足于微观层面及短期利益视角的会计发展思路之局限。本文提出以社会公共资源以及可持续发展视角来重塑会计发展基本战略是现代会计因应社会经济科技文化发展内在需要的明智之举，也将是中国会计为世界会计发展贡献智慧的大有可为之地。

**【关键词】**会计发展　会计信息　公共资源　中国会计　会计职业精神

## 一、现实呼唤会计自省与突破

中国正处于经济社会发展崭新阶段，中国会计当前也正处于发展转折期和新的起点。这样的判断，主要依据以下三点：

1. 《会计法》正着手全面修订。这部富有中国独创性的会计法，1985

年首次问世至今，曾历经了两次修订，每一次修订都是应我国社会经济发展的需求。1993年修订是为了适应中国建立社会主义市场经济体制的新要求，改变了一些基本术语和框架，使之满足市场经济体制建设并顺利运行的需要。1999年修订是基于中国市场经济体制建设尤其是中国资本市场发展面临的主要问题，主要充实完善了企业会计的职责与责任以及具体工作机制，从而使会计在社会主义市场经济体制建设中更加有效地充当起保驾护航使者的角色并切实发挥积极作用。而这次修订《会计法》，适逢中国国际经济地位提升与全面深化改革的崭新阶段，如何充分发挥会计在提升中外各界对中国社会、经济、科技、文化发展信心方面发挥更加积极有效的作用，无疑是这次中国会计修法应承担的历史使命。

2. 管理会计正得到各界前所未有的高度重视。尽管从理论上我们一直认为，管理会计是企业与组织内部管理需要，其作用如何完全取决于单位组织内部。但从2014年开始，我国财政部从管理会计基本体系框架到管理会计基本实务准则，以及管理会计具体实践方面的业务工作应用指引，出台了一系列具有纲领性指导意义的文件，引发了中国各界人士对管理会计的空前重视，也使管理会计研究成为中国会计学术近几年的热门领域。政界强力推动、商界积极行动、学界高度聚焦、社会普遍关注，这四者交会作用，使管理会计成为主导未来几年中国会计发展大势的主要力量。

3. 中美贸易摩擦使中国国际化策略急需调整。正如十多年前人们一开始无法确定能否将美国次贷危机定义为金融海啸和经济危机一样，现在我们尚难以对中美贸易摩擦性质正确定性，但有一点已十分肯定，中美贸易摩擦绝不会简单表现或限定在贸易层面，必将涉及经济、技术甚至文化、政治、军事诸方面，在这一过程中，中国会计必然承担着自重与包容有机结合的角色，在维护中国核心与根本利益的同时，有效地向世界充分展示中国文明进步的基本面，以争取世界尤其是西方发达国家的更多理解和尊重，中国会计从制度到实务乃至学术研究，面临着前所未有的严峻挑战！

以上三个背景，决定了中国会计进入了一个新的发展时期。这些挑战，国际上没有现成的做法可资借鉴，中国历史上也没有曾经的探索经验教训可资参考，学术界至今尚未对此做出整体性研究，从而决定了中国会计发展的未来是一个未知的"必然王国"。实践探索需要理论先行，对于中国会计学术而言，如何基于以上现实背景，对中国会计发展做出整合性探索研究，从而对中国会计发展的方向、路径以及方式方法提供可行的方案，实属当务之急！

## 二、会计的今生与前世

会计到底是什么？作为人类社会经济的一种基本制度，其应具备及已具备了什么样的原始动机和功能？这些终极问题对会计而言，始终是无法正确、明确回答的。会计产生与发展至今的历史，似乎也不足以为回答这些问题提供充分的证据。尽管会计界通过历史研究试图回答这些问题，但囿于身份和会计在整个学科体系中地位与层次，这种自我感觉往往得不到社会的认同，也无法得到整个人类社会发展实践总体轨迹的有效印证，因此只是一些理论上的自我安慰！鉴于此，本文不想引用中外会计同行对会计的自我评估，想跳出会计之外，放眼整个人类社会发展的大环境，观察会计的立身之本和价值所在。

2012年诺贝尔经济学奖得主罗伯特·希勒著有《金融与好的社会》一书。对于现在还深深蒙受金融危机之苦的整个人类，这个书名特别别扭。我们从历史现实中，更多地看到金融助长了人类贪婪，加剧了人类不平等，严重冲击了社会公正。但看了希勒的书，我们不得不佩服这位顶尖学者高超的说服技术：一方面写出《动物精神》与《钓愚》两本名著，另一方面又能写出《金融与好的社会》这样富有思想深度的专著。说老实话，前两本书让我们看到了现实中金融（精英金融）是怎样让人类变得无道德底线而愚不可及地发生了各种日常行为；后一本书让我们知道理想中的金融（大众金融）是怎样使人类变得理性而充满着善性行为。而正是后一本书，才唤起了人们对金融制度改革完善的信心和坚定的意志，从而面对现实金融的种种困局而不迷失方向地除弊兴利完善金融制度。我们认为希勒的研究可以为会计发展的战略性研究提供可资参照的一种范式。本文正是借鉴希勒的研究模式，对中国会计发展作出一些方向性战略研究。

希勒（2012）在《金融与好的社会》第13章专门研究了会计审计在理想金融制度中的角色、地位及具体作用，这对我们研究中国会计发展的现实模式不无启发价值。希勒（2012）指出："会计师（尤其是公司CFO）对金融的重要性在于，他们是维护核心金融架构的正直品性的护航者。"其将一个组织的CEO比作大脑的前额皮层，把会计师或CFO比作大脑的海马体，会计的不可替代作用主要表现在"将短期记忆转化为长期记忆并把大脑中不同的记忆串联成一体"。他认为，在理想的金融制度中，"会计师是核心信息的储存者，因此他们也是保持机构道德标准恒定不变的监督者，因为要记录机构所做出的承诺和业务细节，记录者拥有一贯的道德准则是必要的前提。他们自身必须有强烈的道德感"。希勒认为，"会计师必须与服务的机构与个人保持情感上的距离，不受其情感伎俩的影响；CEO 不能兼任机构的会计或 CFO，两者之间存在着天然的利益冲突"。具有可靠的道德品质保证的会计制度与人员队伍，是"金融社会的脊梁"。"会计的职责在于保证账面表现与实际财务状况相符，也正是通过他们的工作，我们才会对自己的业务有信心，才会有信心继续为公司服务，继续向公司投资。"希勒对会计说了这么多，无非证明了"会计主体"假定的道德价值与存在的不可动摇性。纵观会计产生发展的历史，其主要职责就是要将人类社会各种分散且每时每刻都存在的经济活动所内含的诚信面，真实完整及时地展示出来。这一点，对于科技与国际化日益发达和组织规模日益庞大的当今人类社会尤为重要！

如果我们追溯到会计发展的源头，看看人类社会最原始会计体现了什么样的基本特征并具有何种具体功能，对理解会计是什么以及会计在其发展中是如何异化的可能有所帮助。英国著名学者彼得·沃森在其《人类思想史》一书中，在介绍人类文字和书写起源时，选取了大家公认的源头——美索不达米亚的楔形文字组成的书写系统。据 20 世纪 60 年代的考古发现：这个书写系统最明显的特征是物体图画与具体符号一一对应，从而形成了古代计数书写系统。这也正是人类社会会计的源头。这样的会计系统，可以让人类交流各方在时间与空间上相互分离，从而使经济活动的组织与管理成为可能。这样的说法，也在西方另一本颇具影响力的著作——英国菲利克斯·马汀《货币野史》一书中得到充分印证。1969 年，年轻的法国考古学家丹尼斯·施曼特－巴塞瑞特对最远古的美索不达米亚泥板作了缜密分析，认为这些泥板上的是"对应计数"上的代符。其主要特征是一种物品的数量，记录另一种物品的相同数量。这种对应计数最终发展为一个抽象的数字来记录具体物品数量，从而产生了对人类社会发展具有特别重要意义的三大社会技术之一——记账（另两个是文字和计数，是美索不达米亚拥有人类社会最古老繁荣的商业文明的三大技术保障）。"记账这种社会型技术，把用文字及数字有效记录数据的能力，与标准化的时间单位结合在一起。这样一来，数量可以通过资产负债表上的存量与利润表上的流量记录下来。这是一套前后一致的记账系统，可以让高层的指导变成实际的指令，而这些指令被完成后，它们也可以由人们最熟悉、最严苛、也是最古老的数字职业者——会计师所验证。"那么，这种人类社会会计源头，体现了什么样的会计基本特征和核心能力？通过以上考古成果的介绍不难发现，会计源头，其主要特征是把经济活动的存量与流量各要素以及数量与质量，如实记录下来，从而具备了对现实经济活动的动态记忆功能，这种记忆功能正是人类组织与管理经济乃至整个人类活动的基本前提。而这样的会计，核心能力也就在于这种记录功能对人类社会的必不可少和无可替代上。

抚今追古，在整个人类发展史上，会计记录实际发生经济活动这种功能的重要性，作任何强调都不算过。会计对现实经济记录功能对人类社会发展为什么必不可少？这里牵涉两个基本命题：（1）现实经济活动需要记录？（2）现实经济活动需要什么样的记录？前者决定了使经济发展充满活力和信心，后者决定了经济发展的方向和速度。

为了给上述命题以规范答案，我们运用古希腊柏拉图对现实世界认识的经典模式做分析。经济活动在理论上只是一个笼统而抽象的概念，在现实生活中则是一个杂乱无章且无边无际和无所不含的客观存在。理论研究必须为有效认识进而合理组织与管理经济活动提供框架结构和具体工具手段。事实上，从认识论角度看，经济活动存在可具体表现为三种形式：客观存在、人类可感知的存在、人类可理解的存在。用现代语言表述，这三种存在是：物质与能量、信息、知识。在这里，信息层面对人类格外重要。首先，物质与能量若没有信息方式存在，则人类社会就永远无法感知，当然更谈不上理解和利用了。其次，信息又是人类知识创造和发展的唯一源泉。知识就是充分利用信息发现揭示了规律，信息的丰富和充实，会挑战现有知识从而使现有知识不断完善发展，科学研究正是满足了人类面对不断拥有新信息，发展现有知识从而不断提高认知、适应甚至影响（控制或改造）客观（自然与社会）世界的需要。由此可见，在整个人类社会发展进程中，信息是最为核心的要素或环节。借用《认知的边界》作者弗雷德里克·亚当斯在《信息简史》中的名言："信息是形成心智的基本要素，信息必然促成心智的起源。"在现实生活中，这种信息又分客观存在的信息（如形状、空间位置、时间特性等）和客观计量的信息（如体积与重量、因素构成、颜色与面积、时间与地点、所有者与使用者等）。显然，计量信息取决于存在的信息，而计量信息的能力、质量与水平又直接决定科学研究以及组织、管理的水平和能力。显而易见，计量信息提供了人类认识客观存在的具体框架和技术方法，而这种框架结构和具体方法，则形成了我们认识世界的基本方式，即我们通常所说的世界观。运用这样的观点，会计是人类社会认识经济世界的基本方式和主要途径。因此，会计不仅影响人类对经济活动的组织与管理，也表达了人类社会观察和欣赏的经济活动是什么？如此而言，会计不仅与人类经济活动的工具理性有关，而且直接表达了人类经济活动价值理性的基本内涵。就此而言，会计代表了人类信奉的经济世界观。然而问题要害在于，纵观会计发展历史，其工具理性的一面得到了人类越来越明确的肯定和重视，但其直接体现人类经济活动价值理性的一面却为人类严重遗忘掉了，以至于现实中会计时常处于魂不附体、形如行尸走肉的尴尬境地！人类一直在道德制高点上要求会计，但时常在利益诱惑面前又滥用会计，会计正是在这极其痛苦地坚持更盲从的现实中一路走到了现在。

在人类发展史上，会计究竟代表了人类的正义还是邪恶？在理论上，我们可以轻而易举地论证会计必然是人类体现正义的具体制度，但现实中我们又会看到习以为常的一幕：每一个组织或政权的终结，最后必然发生的事件是销毁所有有关的会计档案。如果会计档案记载了人们崇高的行为，这样的销毁行为就难以理解。如此看来，人类社会发展过程中所有严重问题的产生，无一不与会计有关系。正如《廉价的代价》一书所言，现代资本主义世界所有问题，都是"通过军队、神职人员、会计和书报而成的"。会计不一定是凶手本人，但现代会计确实为整个人类"经济行凶"提供了可能的框架和工具。

## 三、会计对职业精神背叛

会计之所以可能成为人类"经济行凶"的"帮手"，是其在发展过程中逐渐脱离了职业精神应有的轨道。我们有这么多理论、准则、法律，也采取了职业证书的形式，对会计行业几乎采取了人类社会迄今为止所有管理重要职业的办法，但会计信息质量始终是一个令社会方方面面头疼不已的难题。会计职业越来越背离社会对其期望的模式发展，现在愈演愈烈，甚至会计职业内部对自己所从事的工作究竟应怎么做才是正确的也无确切答案！

如何认清自己的职业性质，在职业生涯中更自觉地兑现职业承诺、秉承职业操守、维护会计职业尊严，正是本文试图探讨的。引发笔者对上述问题深思，不仅是会计现实社会评价与其职业定位的巨大反差，还在于会计理论与实务效果的南辕北辙，也在于爱德温·莱顿《工程师的反叛》一书的启发。

就人类社会发展至今的所有职业而言,工程师可能是与会计师相似性最强的职业。它对社会经济发展的基础作用,其职业分布的广泛性及对职业伦理、纪律与素质要求,都与会计师十分接近。爱德温·莱顿(2018)在上述著作中讲述了工程师职业是怎样从壁垒森严的专家型职业,变成商业气息浓郁的行业,以至于成为谋利的主要领域。爱德温·莱顿(2018)不无调侃地描述了现代工程师的多重面具:"工程师既是科学家也是商人。工程是一种科学职业,然而对工程师工作成果的检验并不在实验室,而是在市场中。科学和商业的目标时时会在两个相反方向拉扯工程师。"若把工程师换成会计师,上述论断也同样适用。下面的感慨更让会计师无限共鸣:"工程师的起源伴随着雇主所要求的科层制忠诚和职业主义所隐含的独立性要求之间的矛盾。"当一个专家型工程师同时又是一个经营企业的商业经理或谋利商人时,身份冲突就成为必然。在资本主义与市场经济为背景的社会,工程师的一切行为无可避免地以商业利益为首要选择,而商业利益现实所遵循的就是商人们的眼前短期利益。于是,工程师在现实中更多地背离了职业主义的要求,更经常地兑现着商业要求,从而带来了全社会对工程师职业的极大失望和越来越多的严厉批评。会计师行业也是如此!

那么,工程师行业是怎样偏离职业主义轨道而陷于金钱利益至上的商业短期利润最大化困境?如何认知这样的职业困境以求得职业健康发展之道?《工程师的反叛》同样可以为我们寻求会计师行业的健康发展之道提供启发!

据介绍,1816年以前,美国几乎没有工程师职业。1850年,全美才有2000位土木工程师。铁路与运河建设直接引起了社会对工程师的需求,也形成了工程师职业的兴旺。工程师职业伊始,就在层级制框架内工作:总工程师、驻地工程师、助理工程师。1880年至1920年,是美国工程师职业发展的第二阶段,科学开始应用于工程师工作中,工程师队伍增长到13.6万人。第二次世界大战结束后,工程教育摆脱了自学或在岗训练即师傅带徒弟这一传统工程师技艺学习方式,变成大学"工艺技能训练"专业培养方式后,科学知识已成为工程师培养的基础知识,从而使当代工程师同时明确拥有了科学家身份。自此,工程师的科学精神与职业主义融为一体,赋予当代工程师职业无法自我排解的内在矛盾:工程师所掌握的科学知识是高度理性的,但其职业尊严并不是由于其科学知识的高度理性,而全赖于其拥有外行所不能理解的专业知识与技能,从而带来了强烈的职业主义色彩。这一点上,会计师与工程师完全一样。会计学一直在追求着科学知识的身份，并努力证明自身理论与方法的科学性。但会计职业能为社会看重的，恰恰是其计量记录经济活动的专业语言与表达方式，即那种成为公认商业语言的专门知识。从数学意义上看，现代会计中运用的数学知识，远没有达到高精深的程度，既没有对数学发展的贡献，也没有对现存数学方法起到任何改进完善作用。因此，即使会计具有科学性，这种科学性也是一些比较浅显易懂数学常识的应用而已。会计为社会愈益看重的，是其在应用数学一些基本常识于商业领域后所体现的特殊思维方式和表达呈现语言。这种思维方式及其沟通语言，并不是具备现代科学素养的人所能理解和熟练运用的，由此决定了会计知识与技能与众不同的特点，从而使会计师行业自然拥有了职业主义的内涵。职业主义要求会计师与工程师一样认同职业价值观。这种职业价值观包括以下3点：

1. 自治。自治表现在两个层面：一是行业组织对从业者提出从业要求；二是在企业或机构，职业行为具有自决权力。作为职业工作者，都必须有医生那般的处方权，雇主可以不按处方抓药、熬药、用药，但其不能干扰医生开出什么处方。会计师工作亦如此，其可受雇于任何组织或个人，但必须按公认会计准则处理经济、向各方报告会计信息，雇主可以不信或不用会计信息，但绝不可以要求会计师按其意愿和想象生成各种会计信息。

2. 职业工作的同行控制。凡是能成为职业并服从职业主义的，其对社会一般都具有至高无上的价值。从这个意义上说，整个社会的职业公会，只是为了实现这种至高无上价值的组织保障。失去了这种保障，在科层制忠诚冲击下，职业本身的性质很容易变异，职业行为操守在日常生活中就很难得到坚守。当然，行业公会如何拥有坚守职业使命的权力和动力并使之不至于成为牟取行业利益的工具，这是整个社会制度设计时必须考虑的。

3. 社会责任。这种社会责任集中体现在内外两方面：内部自我监督检查以避免从业者滥用的责任；对外制定立足充分准确体现社会赋予职业使命规范（制订公共政策）的责任。无疑，社会责任的确立，使任何职业可以免受科层制忠诚对职业使命的冲击。会计行业各种法规与准则、独立审计、政府会计监管制度及行业协会（学会或联合会）自律管理，都是为了最大限度上为会计行业切实履行其职业产生之初向社会所作出的基本承诺提供充分的制度性保障。用句时髦的话，这些社会性基本制度设计并顺畅作用，全在于为了让会计行业始终不忘初心！

美国工程师成为职业以后，整个行业表现出了对自己社会地位如痴如醉的热爱。这种社会地位，并不只是工程师收入和权利的提升，更在于全社会的尊重与认可。为此，工程师职业界达成了共识，为了获得更高的社会地位，必须体现更高的社会责任感。这种社会责任感的提升，完全取决于工程师行业体现的职业精神。这种职业精神的重要性，美国杰出工程师万尼瓦尔·布什（Vannevar Bush）1939 年对丧失职业精神的后果作出了至今仍是很精辟的论断："我们可能沦为被操控的雇员，丧失自己的独立性。如此，我们可能得出这样的结论，我们只不过是人类社会中又一个群体而已……缺乏崇高理想，唯命是从，（唯私利是图）在文明团体伟大力量的冲突之间，随波逐流"。我们觉得这种振聋发聩的提醒，对于会计行业更适用。不过，令人痛苦不堪的历史现实，恰恰是这种职业精神在商业组织中被严重侵蚀甚至被无情地遗忘！当工程师与会计师进入商业高层后，彻底瓦解了工程师与会计师对他们职业的认同。历史发展至今，这种职业主义与商业价值观冲突依然存在而且愈加激烈和复杂，以至于对立的双方居然成了谁也不能离开对方的独立存在。"现代商业需要非常深奥的技术知识，且只有职业人员才能提供。技术人员需要组织来应用他们的知识，与科学不一样，技术不能为了自身而存在。这个问题一直在寻找合适的平衡和协调机制。对于美国工程师而言，这个平衡已经过度地向商业方向倾斜，并且协调也在很大程度上服从雇主的主张。工程师的职业独立被彻底地剥夺了。"同时期的会计师，何尝不是如此！乔尔·塞里格曼在《华尔街的变迁：证券交易委员会及现代公司融资制度演进》一书中，对 20 世纪 20—60 年代，美国会计界对企业合并应该采取"购买法"还是"权益联营法"的争议和选择，再也清楚不过地说明，会计具体准则制订以及业务技术方法选择，已完全服从于商业利益，会计原则并不是会计行业首先要遵循的了。尽管安然等一系列大公司会计舞弊案引发了美国会计界从"准则导向"向"原则导向"转变的呼吁，但客观审视近 20 年美国会计准则和具体实务以及会计学术研究呈现的足迹，商业利益至上的风格仍十分明显，职业主义精神始终是会计界陷于各种困境时的一块"遮羞布"。联系当今会计与审计界现实，国际会计准则宣言中"会计中立"身份和审计界公认的"独立性"原则，完全是一句根本无法验证更难以兑现的"呓语"。对此，美国畅销书作家约翰·布鲁克斯在《沸腾的岁月》一书中说得更直白："在企业合并会计中，会计师这个高尚而令人自豪的职业，为什么出现堕落？……老式传统太根深蒂固了，……会计师太过专注于披露原则，却没有意识到，……诚实的披露甚至有可能被用来撒谎，迷惑那些没有受过训练或者不太谨慎的投资者。……企业越来越壮大，大量的资金和随之而来的权力卷入其中，会计师开始考虑什么是合法的，而不是什么是符合良知的，并或多或少地接受公司管理层的摆布。为了赚钱，向管理层出卖灵魂似乎也不是什么了不起的事。……会计师开始接受公司的想法，再也不考虑自己的独立性和批判性，或者甚至司法上的审查员身份，而把自己当作管理层的一部分，当作公司团队的一员。……会计角色定义出了问题，正在失去它的灵魂，从本义和程度上都是如此。"如何摆脱困境，《工程师的背叛》一书至结尾都未能提供答案，这让读者对我们社会能否变好产生强大挫折感。当然，该书结语是"科学职业主义的兴起"，意在唤起工程师对职业主义及其职业精神的关注、认同并死心塌地坚守。但作者又提醒我们，这似乎是一个不可能完成的任务。他们认为，工程师只有获得一种更新的社会意识，才有可能激活内在职业精神，从而重塑职业主义，实现人类社会的职业理想。作者对美国工程师职业发展作出凝重的历史分析所得出的结论，对于置身于会计面临全方位挑战而束手无策的我们，无疑打开了思考问题的天窗。看来，彻底摆脱会计现实困境，让会计找回本属于自己的灵魂，必须重塑会计的社会意识。怎样在商业利益至上环境中坚守职业操守，是当代会计行业必须作出思考并需社会整体层面作出科学合理的顶层制度设计的现实话题。

## 四、现代会计职业精神的探寻

那么，会计的社会意识即会计灵魂的真实面目是什么？在现存的会计理论中，有没有会计社会意识的现成答案呢？

会计社会意识或会计灵魂，这在理论上属于形而上会计问题。会计灵魂当然不是一个先验的东西，它深深植根于产生会计制度的社会经济文化甚至是科技土壤中，并赋予了会计的本质特征即基本内涵。因此，研究会计社会意识，必然从会计基本特征入手分析。关于现代会计的基本特征及其决定因素的探讨，若简单地直接引用会计理论领域本行专家的观点，难免有自我选择之嫌疑。为了使本项研究具有推进会计理论建设意义，本文以国际思想界影响深远的人物观点以及争议，作为考察会计本质特征的背景窗口，以求得对现代会计是怎样及为何这样更具启发性的认识。

资本主义发展到现在一直是西方世界的主流制度，也是西方发达成为无可置疑现实的决定因素。不过，西方 200 多年来一直领先于世界的历史，除了资本主义制度以外，现代科技、市场经济、工业革命、政治民主也是期间发挥重要作用的因素，以至于我们很难把西方强盛简单地完全归结为资本主义制度的优势，更难以确定上述诸项究竟是哪个方面对西方 200 多年来领先于世界起了绝对关键性作用。不过西方社会发展到现在已经问题成堆，而且从人类社会可持续发展来看，其致命缺陷已暴露得充分严重和深刻！然本文不想对现代西方社会制度的优劣作出什么评价，只想联系人类社会在资本主义制度选择过程中的一些重大理论争端，来说明现代会计是怎样把西方基本制度范式化于整个社会的。

资本主义为什么首先成功普及于西方？德国两位伟大的思想家马克斯·韦伯与维尔纳·桑巴特对此作出了不同的解释。尽管他们都认为是由于西方首先产生并普遍接受了资本主义精神，但对资本主义精神究竟是什么具体内容却认识截然不同。前者认为是新教伦理即理性节欲并积累财富，后者认为是放纵赢利。他们都对资本主义采取了批判的态度，但批判具体所指完全不同。作为会计研究，并不关注更不倾向于这种分歧的具体方面，只是强调这一对人类思想产生重大影响的分歧，事实上有着一个双方共识的前提：经济理性主义成为现代资本主义的显著甚至是核心特征。而使这种经济理性主义能成为人类经济行为普遍接受的基本原则，主要借助于产生于中世纪意大利的"簿记"的积极作用。桑巴特认为，正是这种簿记，实现了人类社会从"满足需求原则"（传统主义）根本转向"渴望财富原则"（资本主义），让出现的一种新的对财富追逐的强烈欲望——无可抑制的拜金欲，即贪婪的动机，通过"复式记账"提供的"经济理性主义"钥匙，打开了那扇通往计算利润的大门，从而活生生塑造出了资本主义世界每个人的精神基本面——"只要活着，就要渴望并拼命赚钱"。韦伯的看法与桑巴特不同，他尽管也谴责资本主义"把赚钱作为人生目的"即"把手段当目的"有悖于"价值理性"的要求，但"禁欲积累财富"作为一种世俗的新宗教教义，为资本主义制度提供了生存发展的温床。对这种入世的禁欲主义，资本主义是最具有激励作用的社会制度，而这种全社会对新教伦理价值观的普遍认同与制度层面的强烈激励，使西欧经济发展进入新阶段、获得新动力。孕育于中世纪意大利城镇的复式簿记，使计算、投机以及商业成为一种生活方式，从而培养了资本主义制度需要的"献身于赚钱的职业"。韦伯在《经济通史》一书中明确指出："一个合理的资本主义企业就是一个附有资本会计制度的企业，也就是，根据现代簿记和结算的方法来确定它的收益能力的一个机构。"韦伯进一步认为，资本主义理性主义主要追求或借助于形式理性实现，而理性资本核算正是企业层面实现形式理性最大化的基本手段。"现代资本主义存在的最起码的先决条件，就是把合理资本会计制度作为一切供应日常需要的大工业企业的标准。"在韦伯看来，对理性的经济盈利追求而言，"资本计算是通过对一个赢利企业一方面在开始时整个赢利货物（以实物或货币计算）和另一方面在结束时（还剩有的和新获的）赢利货物的货币估计数量进行比较，对赢利机会和成果的估计和检验；在一个持续的赢利企业的情况下，是通过对开始以及结束时的结算进行比较，对一个计算周期的赢利机会和成果的估计和检验。资本叫作为结算目的在资本计算时确定、为经营目的可支配的赢利手段的货币估计数目，利润以及亏损是通过最终结算与开始时的结算相比较多余的以及减少的估计数目，资本风险是估计结算损失的机会，经济的经营是一种可以自治地以资本计算为取向的行为。这种取向是通过计算而实现的：预先计算在要采取的措施中可能会遇到的风险和期望得到的利润，事后核算以检验实际出现的盈余或亏损。有利可图性（在合理的情况下）意味着：（1）被认为可能的和通过企业家的措施所力争的、通过预先计算的利润；（2）根据事后核算实际取得的、无损于将来赢利机会，对企业家的预算在一个周期内可支配的利润，一般用与平衡开始的资本相比的数量（今天用百分比）表示。"关于为资本主义奠定制度基础的现代会计，其基本特征韦伯概括为"以有利可图为取向"，并且作了如下具体而生动的描写：复式簿记和资本会计以合理货币计量为核心。任何货币计算，"在市场赢利中都以价格机会为取向，价格机会是通过在市场上的利益斗争（价格斗争和竞争斗争）和利益妥协形成的。这在赢利的计算中，在簿记（所谓的"复式"簿记）技术（迄今）发展最高的形式中，特别明显地表现在：通过一种记账系统，在企业各部门之间或者单独分离出来的计算项目之间，奠定假设交换过程的基础，这种系统可以在技术上最完美地对任何一项措施的有利可图性进行检验。因此，在其形式上以最合理的形态出现的资本计算，是以人与人的斗争为前提的，而且是在另一个非常特殊的前提条件下进行的。对于任何经济来说，主观存在的"需求感觉都不可能等于有效的需求，也就是说，考虑通过货物生产达到满足的需求。因为那种主观的感情冲动能否得到满足，一方面取决于事情的轻重缓急，另一方面取决于（存在着的，或者往往根据重点才搞到的）为满足需求估计可以支配的货物。"如此，现代会计为资本主义完全实现"经济活动形式理性"提供了有效而系统的制度保障。对此，著名的韦伯研究专家伊拉·科恩总结道："从这个角度，现代资本主义企业表现出了这样一定程度的形式理性的行动模式，以至于一个组织的所有目的和达到这些目的的手段，都通过理性资本核算的方式和按照营利性的抽象标准来加以计算。这样，企业经营中所涉及的所有因素，不仅包括产品的可销售性（marketability），还包括企业的劳动成本、固定资产、专门的技术知识、运输、仓储等，都是由通过资本核算程序来衡量的潜在的生产利润所决定的，最终在账簿上，成本和利润又会取得平衡。这就为企业提供了真实的利润核算。这再一次说明，正是营利性抽象规范的计算取向，使形式理性成为现代资本主义企业的最显著标志。"

在最近200多年的岁月中，现代会计为资本主义不遗余力地贡献了自己的全部，资本主义的各种辉煌离不开现代会计的汗马功劳。同时，资本主义出现的种种问题，现代会计更脱不了干系。资本主义对人类物质欲望的强烈尊重与鼓励，确实极大激发了人类创造创新奋斗的积极性，以至于在科技进步和生产力提高方面取得了人类前所未有的成绩。但也由于对人类物质追求欲望疏于管理，导致了人类物质追求欲望的空前膨胀而危及人类自身的生存发展。会计对企业利润以及个人利益最大化的系统引导，使人类在现实中变得越来越贪婪。与韦伯同时代的另一个思想家斯宾格勒在《西方的没落》一书对此一针见血指出：资本主义带给了人类一种生活方式，即人生一切以金钱为标准和目的，而使资本主义在全球范围内产生巨大而深远影响的，是会计通过利用货币账面价值张力影响会计账上的每一个客体，使人们深信不疑——只有货币是财富，其余所有物品是不是财富还取决于它能不能变成货币以及变成多少货币，从而把资本主义精神彻底灌输给每个人。"资本主义的存在通过一种磁性的吸力将全部财物吸引到自己身边。产生势力横跨全球的现代资本的是账面价值优势。这种账面价值的抽象体系被复式簿记迅速从人身分离出来，依靠自己的内在动力向前发展。"恰如桑巴特与韦伯一开始就批评资本主义的理性经济主义实质上只是形式或工具理性，以数量化和符号化甚至机械化来组织管理经济，复式簿记正是由于其严密的经济机械化逻辑思维而成为现代资本主义的护身符。在这方面，我们一直很自豪地引用歌德赞美会计与"伽利略体系"一样精美，恰恰证明了会计把人类社会的一些基本原则，通过数量化的逻辑推理细化为对日常行为的计量与控制，从而实现了人类文明的进步。

现代会计对人类文明进步意义在于，它使人类摆脱了物物交换无法顺畅进行的普遍而巨大的困境，采取了公认的抽象的数字和价格来为人类经济活动提供认知和管理框架，从而使人类的行为和各种具体物品都具备了全社会可交换的属性，对于繁荣经济和丰富人类的物质生活产生了基础性保障作用。资本主义本质恰恰正在于此，正如萧伯纳所言："对财富的普遍关心是我们文明中充满希望的一种事实。金钱与生活这两种东西是完全不能分裂的。金钱是一种砝码，这种砝码使生活可以进行社会化分配。金钱本身就是一种生活。"会计就是以传播这种基本理念为重要使命，在现实中，会计也确实真真切切地无时无刻发挥着这种功能作用。

但问题也随之而来，当代社会各种严重问题，资本主义制度难辞其咎，会计当然首当其冲了。资本主义对人类欲望充分调动的期望，完全是通过现代会计制度作用而实现的。那么，这种制度充分作用的后果是什么？《人类简史》作者有个很直白的概括："我们拥有的力量比以往任何时候都更强大，但几乎不知道该怎么使用这些力量。更糟糕的是，人类几乎比以往任何时候更不负责。我们让自己变成了神，而唯一剩下的只有物理法则，我们也不用对任何负责。我们对周遭的动物和生态系统掀起一场灾难，只为了寻求自己的舒适和娱乐，但从来无法得到真正的满足。拥有神的能力，但是不负责任、贪得无厌，而且连想要什么都不知道。"事实上，西方学界早已指出："工业经济对过度生产和消费经济物品有一种内在的偏爱。现代资本主义的创新精神及其应付销售压力而成立的精巧的组织，物质主义的刺激使人们对物质满足的某种本能被过度激发。使人类将过多的精力投入经济过程，变得毫无节制。不断地获取，不断地花费，我们在白费力气。"事实也是如此。现代会计以权责发生制确认的利润，产生了一大部分并不是真正社会意义上的真实使用，如此带来了经济不同程度的虚假繁荣，人类愈来愈过度且不均的财富占有，最终必定造成巨大的社会资源浪费。如果一个社会，很多人生存艰难，一小部分人财富怎么都用不完却还在拼命积攒财富，这肯定是一种社会病态。会计对此不能无动于衷，因为这本来就是会计的结果。

由此可见，会计在现代其精神世界完全融化或驯服于其赖以生存发展的基本制度环境，并自觉自愿地充当了这一基本制度的卫道士、播种机、传教者。这种基本制度的实质性缺陷也深深地烙印在现代会计的社会意识当中，成为当代会计灵魂的核心内涵。问题显而易见，当这样的基本制度成为社会文明进步动力和保障时，会计灵魂与职业精神的崇高得到了充分展示；而一旦这样的基本制度发展至极限而陷于不可持续困境时，与此相伴的会计所体现的灵魂以及职业精神就以扭曲的形式出现而变得丑陋不堪。

现代会计历经了以往资本主义辉煌带给其无上荣耀，现在又必须承受资本主义百孔千疮带给它的千夫所指！会计不能改变社会，会计却是每一个社会经济制度落地生根的神经系统。这样的社会经济神经系统，为社会经济发展必需。一旦社会经济需要实质性变革，则必须借助于也根本无法撇开这一神经系统而实现。当前，正处于全球范围内社会、经济、文化又要进入大变局的时代，在这一轮变局一开始，就赋予中国以不可忽视的重要角色，新国际社会、经济、文化秩序的形成，需要中国正确行使自己的话语权，贡献中华民族的聪明才智，由此决定了中国会计不能再满足于西方会计既有框架，必须拿出体现中华民族智慧的实质性行动方案，这是会计对中国在世界社会经济文化大变局中充当重要角色身份的应有呼应。中国会计学术界对此要集中精力作出深入而广泛的争鸣探索，以期为中国会计的健康发展提供强有力的理论指导。

## 五、会计信息是一种极其重要的社会公共资源

我们现在谈论中国会计，已经无法回避西方会计的上述背景。1993 年后迈出实质性步伐的中国国际化，使现在中国会计已基本上实现了与西方会计接轨。因此，西方会计面临种种困境，也应该是我国目前会计发展无法回避的。只要我们冷静思考，我国会计行业面对的问题与 20 世纪初美国会计面临的问题何其相似！我们现在出现的会计造假问题，无论是手法还是情节，与美国已发生的会计问题又是何等的相同。我们的《会计法》，我们的会计与审计准则，我们的完整证券监管制度及严格的会计监督措施，加上我国独创的全国会计人员管理体制，也未能防止和解决中国会计信息质量问题。由此看来，中国会计理论研究，已不能就事论事地分析中国会计问题，更不能满足于借鉴西方会计学术范式来解读中国会计问题，有必要釜底抽薪，立足中国会计改革发展的现实背景，从中国发展总战略角度，恰当定位中国会计发展的基本方向和具体路径。

现在我们的会计已是简单的"accounting"翻版，会计的中国元素已难以找寻。历史地看，会计无疑是先于 accounting。在中国传统文化中，会计

不只是简单的经济记录员身份，还担负着理财治国之要务。"理天下财，计百姓利，平官府账"一直是中国会计的基本目标。中国历史上第一个国家政权——夏朝能得以成立并实现顺利统治，主要是得益于严格有力的会计制度。不然，为什么夏禹死在茅山后，就把茅山改名会稽山，会计俨然成了中国第一个国家政权最倚重的一种制度。这种以"天下归一、海内一家、等级礼制、万寿无疆"为核心理念的会计，应该与西方以个人利益至上的会计有着本质上不同。当然，我们也可以把过去中国的辉煌与近200多年中国的落后，看作中国传统的会计得失。但面对西方社会深层问题的日益严重，我们当然不能要求中国会计回到中国传统做法那个套路，也不能被动地踏着西方会计的脚步而难以自拔。明智的做法，是基于中国发展拥有的国内外现实背景，对中国会计作出重新认识，使中国会计制度真正地成为中华民族伟大复兴的基础保障。

如果我们从中外会计产生发展的全部历史背景出发，会计作为人类自创的一种制度，其主要功用集中表现在引导所有行为主体理性地谋取并实现自己的经济利益。无论是会计源头的"刻木求日""垒石计量""结绳记事"，还是现代会计的"公允价值"，主要宗旨都是为了解决拥有多少经济资源及这些经济资源的来源与现实分布问题，其核心点是不断增强人类社会可持续发展能力。创造更多的财富（此为手段）使人类社会拥有越来越强的可持续发展能力（此为目的），正是会计的基本目标。相比于仅满足对既有财富保管与分配的传统会计，现代会计的巨大进步集中表现在：为最大限度鼓励并激发人类创造财富的激情和创造力提供了客观可能。但这巨大进步的背后，也暴露了现代会计的严重缺陷：财富创造越多，可持续发展就越差。会计适应时代进步要求与时俱进，就要为解决人类财富创造与可持续发展协调一致问题作出实质性贡献。按这样的思路来考虑会计发展的路径，在会计基本理论上，是让会计要素定义冲破主体利益羁绊，回归社会经济利益属性；在会计制度基本功能上，不只是为了提供"反映微观主体综合经济信息"，而是要赋予会计信息以"重要的社会公共资源"属性。会计发展上述两方面的变革存在着互为因果关系：会计基本理论突破是内因，而会计制度基本功能的重新定位是充要条件。

会计信息是一种极其重要的社会公共资源的观点，完全依据会计信息的基本性质。会计信息产生伊始，就以反映社会经济各项具体资源的存在、分布、使用状况以及效果为主要目标。人类社会发展历史长河，以"社会经济资源的认识和开发运用"为主旋律，具体表现为生产力水平的不断提高。现代经济学的诞生，以社会经济资源稀缺性为基本前提。如何有效配置并使用有限的社会经济资源，成为现代经济学所追求的核心目标，也是现代组织与个人判断各项行为是否合理并实现最优化的共识性标准。西方社会通过人类公权与财产私权的严格界定和充分保护，试图从基本制度层面极大地调动、激发人类有效开发利用各种社会经济资源的创造性和积极性。但由于资本主义制度的实质性缺陷，把资本作为目的，把社会经济资源作为手段，导致了资本高度繁荣但社会经济资源无论从规模还是质量上都处于日益萎缩的结局。我们从现代西方"资本主义、市场经济、工业革命"三者融合模式，带来社会物质财产巨大丰富的同时，也带来了日益严重的精神堕落、社会撕裂、分配不公、两极分化、自然污染、生态破坏的普遍性现实中，深深感到社会经济资源的保护对于人类社会发展而言，仍是一个悬而未决的难题。

而我国改革开放四十多年取得巨大成就的同时，也面临着文化与环境的严峻挑战，这让我们感到简单地融入国际社会并遵循国际惯例并不能使我国驶入可持续发展的轨道。立足整个人类社会发展至今的全部文明史，我们不难结论：只有树立社会经济资源是人类生存发展的公共资源的观念，并以此作为人类社会政治与经济活动的基本准则，从而在基本制度层面和具体运行机制设计上充分体现这一点，人类社会才可能走出以往过于自我和自私带来对社会经济资源无限度追求的迷宫。这样的认识，在西方现成的主流理论中，是找不到多少依据的。我们只能从对西方社会制度深刻反思的历史与现实文献中，找到些星星点点的理论作为本文的立论根据。

历史上看，马克斯·韦伯对现代资本主义制度基本面的深刻批判，一直吸引着一代代学人无穷地思考。按马克斯·韦伯的分析框架，一个社会制度的健康发展，需要很好地解决价值理性与工具理性以及两者协调问题。按此观点，现代西方资本主义尽管在工具理性领域取得了空前的成就，但在价值理性层面却存在着致命的先天不足。资本主义解决了生产力充分爆发问题，给人类社会带来了物质财富方面前所未有的进步，大大提高了人类社会的生活水平和质量。但在精神方面，却导致了人类欲望空前膨胀，以至于使人类心智产生了实质性偏差，严重扭曲了人类的灵魂：人活着就是为了挣钱，而不是人挣钱是为了好好活着，目的与手段彻底颠倒！"The business of business is business"（企业的使命就是挣钱），正是资本主义制度本性的生动表达。在这样的社会制度中，人类迷失了方向，生活与生命的存在严重背离了价值本身。虽然其对激发人类生产力快速提高从而丰富人类社会的物质财富无疑发挥了至关重要的作用，但其不可能成为人类社会发展的终极理想制度，至多是人类社会制度发展的一个阶段而已。对这样的制度，任意放大其使用的空间与时间，必然给人类社会发展和文明进步带来灾难性后果！

21世纪初，整个世界一再出现的经济危机引发了西方世界对自己基本制度的深刻反思。总括这种种反思声音，可以集中为以下几点：（1）制度导致人类越来越贪婪（人类基本同情心缺失）；（2）人类行为越来越反自然（生态环境变坏）；（3）贫富不均越来越严重（财富的创造取决于投机）。由此，使人类变得越来越冷漠、短视、功利，可持续性发展的基础日益薄弱。

人类行为如此不堪，不仅与基本制度有关，更与践行基本制度的会计制度直接相关。现代会计制度对现代西方基本制度的建立具有基础性作用。马克斯·韦伯把西方簿记制度看作现代西方企业制度的两大前提之一（另一前提是两权分离）。而会计作为一种通用、基本的商业语言，把资本主义精神正确无误地带给了与社会经济活动有关的方方面面，几乎深刻改变并塑造了现代每一个人。现代会计以会计要素为基本语言结构，准确完整地向社会方方面面持续不断传达着资本主义制度的基本教义。资产无疑是会计诸多要素中最为核心和根本的概念。按通行定义，资产是单位控制与拥有，并给单位带来未来经济利益的经济资源。这样的概念，与现代市场经济强调企业是竞争主体的理论一脉相承。在亚当·斯密的经济学说中，市场是充分竞争的，每个人是充分理性的，企业以利润最大化为追求目标，而个人或企业利益的最大化必然带来社会福利的最大化。因此，理想的市场经济，必定是个体利益与总体利益、短期利益与长期利益的高度一致。亚当·斯密以后的人类社会发展现实，已充分证明了亚当·斯密经济学对现实人类社会只是一种乌托邦式的理想。以前可能限于计量能力与手段，会计只能立足个体与短期反映各种经济活动，这种规范反映对企业在市场中公平竞争动态相对有效配置社会资源发挥了重要作用，成为现代任何市场机制的基础。相对过去，资本主义与市场经济肯定是一个非常伟大的进步，而这种进步的实现，离不开现代会计提供的基础性保障。但资本主义发展到21世纪，其问题与优势越来越明显地展现在人类面前，而且问题比优势更突出。如此，以现代经济学为灵魂的现代会计理论与实务，在如此严峻挑战面前，既不能当驼鸟，更不能做蜗牛。按西方社会发展的基本逻辑，新的经济制度的形成，首先要新的会计制度来逢山开路、遇水架桥。现代会计制度与时俱进，当然应该从变革会计要素入手，而资产要素的重新定义无疑成为会计发展的突破口和出发点。

从人类社会发展的内在要求看，首先必须赋予社会经济资源以公共资源基本属性。由此，会计资产要素定义必须以"带来未来社会经济利益"为基本特征。把未来经济利益从"企业"拓展至"社会"，这是人类社会从18世纪以来历经200多年的工业革命、资本主义、市场经济血和泪洗礼后得到的真知灼见，也可以认为是人类社会文明进步使然。

18世纪之前，人类的争执只局限于当前的经济利益。实现从当前经济利益转向为立足未来经济利益，这是资本主义对人类文明的卓越贡献，而实现这种转变的催化剂，正是现代企业制度的确立，而现代会计制度则是现代企业制度的基础保障。由此可见，工业革命、资本主义、市场经济三者之间，正是借助于现代会计制度而自然一体的。某种意义上，现代会计制度是工业革命、市场经济和资本主义的黏合剂。工业革命的身子，市场经济的架子，资本主义的脑子，现代会计成为三者合一并赋予其生命活力的经络。从文艺复兴现代会计生命胚胎——帕乔利复式簿记的产生，及至工业革命兴起孕育了工业会计，企业多产品大规模生产导致成本会计诞生，资本市场建立催生了对外公开会计信息制度，公司经营管理的职能化与组织化形成了管理会计，市场经济优化配置资源的内在要求推出了独立审计制度，我们很难理清这系列历史场景之间的本质联系：究竟是资本主义、工业革命、市场经济三者合力自然催生了现代会计，还是现代会计制度为三者自然融为一体并有效发挥功能作用提供了必要前提？这样近乎"鸡生蛋"还是"蛋生鸡"的问题，无碍于我们对会计在现代文明进步中积极作用作出客观认识。以企业为立论基点来定义"资产"，使会计提供的信息能极大地激发企业积极地赢取并用好各种社会经济资源的创造性，并且使社会经济资源在现实中真实摆脱了自然人那种固有的生命与利益的局限，拥有了永续存在的社会制度基础。当我们高度肯定资本主义、工业革命、市场经济为人类社会发展和文明进步作出卓越贡献时，千万不要忘掉，现代会计在其间起到了不可替代的基础性保障作用。同理，我们面对日益严重的以上三者对人类社会文明带来的很多负面影响时，也不可忽视现代会计对这些负面影响的推波助澜作用。因此，立足整个人类文明进步高度，尽快改革完善现代会计，已不再是一个什么理论先行的学术问题，而是会计实务适应人类社会文明进步发展的内在要求。把资产这个会计核心要素重新定义为"带来社会未来经济利益"，使会计从"以企业为出发点"确认、计量、记录、报告狭隘立场上解放出来，从而回归经济资源对人类社会而言的本质属性。一旦会计实现了这样基本立足点的转变，则会计信息不再只是简单反映企业微观属性，而是以反映企业对整个人类社会的贡献价值为基本目标。如此，会计信息不仅反映了企业自身的价值，更直接反映了整个社会经济资源在本企业具体运用的有效性，从而成为市场对经济资源配置基础性作用的发挥以及政府对宏观层面经济的总体调控的基本依据。这样，会计信息自然而然成为一种重要的社会公共资源。

明确会计信息是一种重要的社会公共资源，将在理论、制度和具体实务三个层面直接影响我国会计发展。

首先，在基本理论层面，新会计观使我们对会计基本属性形成新认识。会计学术界，曾经对会计属性问题产生过严重的认识分歧。说会计具有社会属性者有之，一些学者认为会计主要具有技术性，更多的会计同行赞成既有社会属性又有技术属性，即两重性。后来由于我们自觉不自觉地把整个会计置于"形而下"地位，更多关注于具体会计实务，而对会计基本理论问题逐渐失去了兴趣。现在看来，满足于从"形而下"层面研究会计，会计理论研究就永远无法深入，对会计实务出现的种种困惑必将难以作出入木三分的剖析。会计信息的重要社会公共资源定位，则要求我们必须从人类社会文明进步高度来看待会计一切问题。这样的会计观，立足会计发展与人类经济文明进步至今的全部历史，形成的对会计的全新认识，将深深影响会计制度以及会计职业走向，对会计专业知识和会计人员的能力素质提出了新的更高的要求。作为会计学术界，必须围绕人类社会经济文明进步中会计的角色、地位、职能定位与具体作用方式以及技术方法体系，以信息社会为全新背景，作出系统研究，以为当代会计发展提供理论指导，也为新的会计理论与方法体系的建设提供方法论依据。反观近二十年，我们严重忽视了这方面研究，对中国会计发展遇到的各种问题，尤其是一些与环境及其他制度紧密相关的问题，往往做不出令人信服的分析，最终是社会范围内会计话语权越来越萎缩，会计的自信和尊严处于每况愈下状态。

其次，在会计制度建设层面，新会计观可以有效消除人们对会计职业与工作的误解。在会计制度建设，尤其是在当前《会计法》修订关键时刻，新会计观便于赋予会计确定的法律责任，从而设计科学合理、有效保障会计责任真正落地的会计组织、工作、职权以及具体保证机制。中国政府制定《会计法》的理论依据，就是会计是重要社会公共资源的理论。作为社会公共资源，中国政府理所当然肩负着管理职责。市场经济、社会信息化、中国社会主义性质，三者自然融合，决定了会计信息必然成为重要的社会公共资源。在整个社会公共资源中，会计信息除了具有社会公共资源共有缺陷——过度使用和质量低劣外，其地位、性质以及存在形式和具体功能，都具有特殊性。这些特殊性决定了对会计必须在整个社会层面立法，其目的是为有效保障并努力实现会计信息的重要社会公共资源属性与功能。为此，有必要对会计信息的内涵与质量要求、会计生产的规范流程以及各环节质量标准、会计信息生产者与使用者的责任权利、会计信息质量的日常保障体系和检查监督制度、整个中国会计信息管理组织、国家会计信息网络建设等，与会计信息生产、使用、保管直接相关的各方面和工作，作出必须强制执行的统一规定。如此，才能使会计信息领域不至于重演公共产品低效率而出现的"公地悲剧"。这些方面具体问题共识的形成，取决于我们围绕会计信息作为重要社会公共资源一系列问题，能否展开深入研究。我国已实施会计法的实践，积累了丰富的经验与教训，只要我们实事求是，相信在会计信息作为重要社会公共资源这一问题上，会取得共识的。形成共识必然来自会计界广泛深入的研究，这对于保证会计法修订的质量至关重要。

最后，在会计具体实务层面，新会计观能唤起广大会计从业者做好会计工作的自觉性和责任感。会计信息既然是社会公共资源，则作为会计信息的生产者、提供者、使用者就不应仅局限于某个会计主体的立场或受其利益的束缚。当前，各会计主体生产加工的会计信息，即使是对外公开的财务会计信息，无论范围与内容，还是在频率和形式上，都与社会公共资源的基本要求相差悬殊。为此，要在对会计信息作为社会公共资源的基本需求与功能方面作出透彻研究，并在求得共识基础上对这些方面作出适合中国国情与民情的强制性规范。如此，我国在发展过程中遇到的不可持续性等问题将会迎刃而解，这也必将对整个人类社会的有序发展作出中国会计应有贡献！

**主要参考文献：**

赫尔曼·戴利，等，2001. 珍惜地球[M]. 马杰，等，译. 北京：商务印书馆.

马克斯·韦伯，2004. 经济与社会（上卷）[M]. 林荣远，译. 北京：商务印书馆.

马克斯·韦伯，2006. 经济通史[M]. 姚曾廙，译. 上海：上海三联书店.

约翰·布鲁克斯, 2006. 沸腾的岁月[M]. 万丹, 译. 北京: 中信出版社.

乔尔·塞里格曼, 2009. 华尔街的变迁: 证券交易委员会及现代公司融资制度演进[M]. 徐雅萍, 等, 译. 北京: 中国财政经济出版社.

查尔斯·卡米克, 等, 2010. 马克斯·韦伯的《经济与社会》: 评论指针[M]. 王迪, 译. 上海: 上海三联书店.

彼得·沃森, 2011. 人类思想史[M]. 姜倩, 等, 译. 北京: 中央编译出版社.

罗伯特·希勒, 2012. 金融与好的社会[M]. 束宇, 译. 北京: 中信出版社.

詹姆斯·格雷克, 2013. 信息简史[M]. 高博, 译. 北京: 人民邮电出版社.

尤瓦尔·赫拉利, 2014. 人类简史[M]. 林俊宏, 译. 北京: 中信出版社.

菲利克斯·马汀, 2015. 货币野史[M]. 邓峰, 译. 北京: 中信出版社.

奥斯瓦尔德·斯宾格勒, 2016. 西方的没落[M]. 齐世荣, 等, 译. 北京: 群言出版社.

爱德温·莱顿, 2018. 工程师的反叛[M]. 丛杭青, 等, 译. 杭州: 浙江大学出版社.

拉杰·帕特尔, 等, 2018. 廉价的代价[M]. 吴文忠, 等, 译. 北京: 中信出版社.

# 附录 E
# 仰望会计星空　静思会计发展

杨雄胜　缪艳娟　陈丽花　时现　李翔

（此文于 2020 年发表在《会计研究》第 1 期）

---

**【摘要】** 会计理论需要脚踏实地，更要仰望星空。仰望会计星空，时刻不忘会计本性，可以对会计理论与实践发挥动态矫正作用。会计如何切实履行人类经济文明进步导航仪与守护神的历史使命，东西方已有的会计实践已积累的丰富的经验与教训。认真面对并冷静分析现代会计发展至今的历史，审视中国传统会计所体现的独特风格，从而沉着应对信息化崭新社会、技术环境对会计发展形成的现实挑战。在中华民族伟大复兴实践中实现中国"会计强国"之梦，必须虔诚仰望会计星空，方能达成中国会计发展的大政方略共识。

**【关键词】** 会计本质　会计法则　会计实践理性　中国会计发展

---

## 一、会计星空今何在？

最近几年，我们一直在纠结：中国会计行业到底需不需要思想？中国会计学界怎样才能做到脚踏实地仰望会计星空？整个世界范围已形成的现有会计理论与实务，使我们看到看清了会计星空多少？当我们以贫困不发达身份起步改革开放，积极主动地学习、引进、借鉴代表先进发达水平的西方各种文明包括会计理论与制度时，中国会计界根本无暇思考这些问题。但 40 多年改革开放的巨大成就，一下子把中国推向世界进步发展的前列，中国国际话语权和影响力随之明显提升，中国会计发展实践蕴藏其间的独有理论问题，亟须中国学者贡献自己智慧。

就我们个人而言，以前从未敢想，代表目前世界最高水平的西方会计理论与实践，到底回答并解释了整个会计星空多少？进入21世纪以来，中国会计从实务到学术界的主流行为，似乎已（不管情愿还是不情愿）接受了西方会计理论与实践为会计星空全部的概念。虽然我们对中国会计学界目前高度形式化那般国际化做法并不赞成，但觉得这种不具实质内容的形式上国际化，比过去会计学界一些"既无实质内容又没有国际认同的形式"的做法，多多少少进步了一些。但是，中国会计学术总不能满足于只图形式而无实质内容的状态。长此以往，中国会计学术将成为一片寸草难生的贫瘠荒地，这显然不是我们需要的。遗憾的是，近几年中国会计学界似乎已处于满足于现状的麻木状态，对我们这样一种不识时务的大呼小叫，表现出了不正常的冷漠。从1986年至今，我们曾发出了多次呼吁（先后在《会计研究》1986年第6期、1993年第5期、1997年第11期、2004年第12期、2008年第7期、2009年第12期、2012年第2期，就中国会计理论研究的基本取向问题发表了看法），但这种对中国会计学术的切肤之痛，至多被同行视作"学术牢骚"而已。中国会计学界这种"自甘平庸"局面必须打破，否则中国会计理论健康发展就会失去必要的土壤。

2019年诺贝尔物理学奖授予对"理解宇宙演化和地球在宇宙中位置"理论作出杰出贡献的三位学者。这种理论告诉我们，人类对整个世界的认知只达到31%，尚有69%的客观世界对于整个人类只是"暗能量"三个字。其究竟是什么？在哪里？我们至今无法知道。这样的信息，让我们不禁联想到会计领域。尽管我们现在很难提出会计星空未被认知的准确比例，但从会计学发展至今一直落后、滞后于自然科学的客观历史看，人类对会计星空认知的比例，绝对不会高于69%。也就是说，即使从整个国际角度看，会计理论与学界对会计星空的认知，尚不足30%。于是，立足中国大地改革开放40多年和接下来中华民族复兴的伟大实践，会不会提供了一些属于对70%未知会计星空具有一定解释能力的会计理论与实务？这就需要中国会计学者站在中国这块大地上，立足中国会计发展真实全面的全部实践，通过冷静而严肃的思考，来向世界会计同行认真证明中国会计理论贡献的实际价值。正是出于这样的自我认知和对中国会计学术的责任担当，让我们觉得有必要把自己近期站在中国大地仰望会计星空反复沉思的一些所虑，以文字形式呈现给同行。

仰望会计星空，可以让我们对会计形成一种天生的敬畏。这种令我们心存敬畏的会计，存在于会计星空，正是人类社会所要追求的会计制度及其理想效果。康德在《实践理性批判》一书开篇开宗明义指出：纯粹实践理性是客观存在的，它是批判全部实践能力与效果的唯一依据。依此而论，会计作为人类普遍的一种经济实践活动，也必然存在着其纯粹理性。揭示这种纯粹会计理性，可以对会计发展至今的历史，尤其是新中国成立至今的会计理论、制度和实务，作出相对客观的评价，以利于中国会计更健康地走向未来。按康德的说法，体现纯粹理性的实践法则是客观内含并不依靠任何个人意志而存在于实践全过程的；现实中人们往往陷于"现实准则"与社会公认"实践法则"的冲突困境中。我们终于可以明白，为什么我们只能说"会计准则"，而从未说过"会计法则"？那么，对现实会计而言，存不存在这样的"会计法则"？当我们以文明、积极、开放的心态仰望会计星空时，大家会不约而同地感到并认同确实存在着"会计法则"！只是在并不算漫长的会计发展历史中，我们被严峻的现实彻底迷住了双眼和心智，不敢正视更遑论坦承"会计法则"的存在，以至于把远离直至背离"会计法则"的"会计准则"，看作会计实践所具备的理性所在。当"会计准则"的实施在世界范围内无一例外问题成堆时，我们就陷入了会计虚无主义的自卑中。本文作者呼吁置身于中国波澜壮阔伟大会计事业（从会计大国向会计强国努力）的会计学者们，有必要养成立足中国会计实践但也要昂首仰望会计星空的习惯，竭诚寻找超越于现实会计全部历史而客观存在的"纯粹会计实践理性"即"会计法则"，召回本属于中国会计的灵魂，使其具有自我革新和完善的能力，从而为中国会计发展战略定位与具体部署提供洞见。

对于一名会计学者，经常仰望会计星空，不仅能激发自己认真研究会计的万丈豪情，还能督促自己冷静审视自己所做会计研究，是事实上增强还是削弱了自己面对会计星空的胆识。以下我们所做的这些思考，或有偏颇，但毕竟是自己会计良知与会计星空的一种心灵互通，希望这样的感性论文能引发中国会计界更多的理性呼应，从而对中国会计发展为世界会计星空应作而实作添砖加瓦的贡献，形成可验证共识，以从整体上真正提升人类认知会计星空的能力与水平。

## 二、遥远的中国会计星空

现在中国学界"会计"一词，已经在基本含义上混淆不清了，所有分歧大概来自对 accounting 的种种不同解释。当我们站在中国这块土地上，遥望真正属于中华民族会计的星空，蓦然发现，在遥远的 3000 多年前，灿烂的中华文化星空就高高悬挂着"会计"两字。"司会，……掌国之官府、郊、野、县、都之百物财用凡在书契版图者之贰，以逆群吏之治，而听其会计"——《周礼·天官冢宰》。"孔子尝为委吏矣，曰：会计当而已矣！"——《孟子·万章下》。"会稽者，会计也"——《史记·夏本纪》。中文"会计"一词的出现，相比于 19 世纪才产生于西方的 accounting 后由日本人译为汉语传入中国而流行于现在的"会计"一词，早了 2000 多年。

那么，中国传统文化意义上的会计具有什么样的真实面目和具体含义？考察上述经典文献中的"会计"一词具体背景，有助于管窥有关会计问题的本质。根据上述文献记载，时间上最早出现的"会计"一词，是在夏朝之初，即大禹施政那些年，大禹召集全国各地诸侯开"年会"所在地"茅山"改名为"会稽山"。"禹始也，忧民救水，到大越，上茅山，大会计，爵有德，封有功，更名茅山曰会稽"——《越绝书·卷八》。以此可断，中国文化源头"会计"一词，非常明确地包括了两项基本内容："爵有德，封有功"。这两个基本目标，通过两项基本活动完成：对"爵有德"，通过"祭天"活动完成，主要考查所有官员（岗位）的"诚"；对"封有功"，通过"考核政绩"活动完成，其中关键是解决反映政绩各种活动过程与结果的"实"。祭天的物品与反映政绩的证据，都是一些可检证的东西，从而确保了"任用与奖罚"各路诸侯的恰当公正。解决每位封疆大吏对"公事"与"公物"所有活动过程与结果的"诚"与"实"两大难题，应该是中国原始会计的基本内涵。可以看出，最原始的中国会计是以当事人为主，以解决个人对组织的忠诚与能力问题为核心目标。以物与事来考察人，与日后西方 accounting 以"责任利益"来考察人的做法，在基本逻辑上截然不同。这种不同点表现在，中国传统文化强调事与物对各人而言，都是公家的，为公家尽职多做贡献是天经地义的，会计就是要考察每一个人对这种理念的认同及践行程度，即所谓"公人"。西方强调每个人是一个独立的利益存在，追求自己利益最大化是人的天性，accounting 就是考察每一个人发挥这种天性的状况与结果，即所谓的"私人"。如果我们站在现在的时点上来看原汁原味的会计与 accounting，这两种工具技术性制度实施的后果截然不同：会计将培养出越来越多具有功德心即以公为核心的能人，accounting 将培养出越来越多个人利益至上即以私为核心的能人。中西方两种会计，事实上奉行着截然不同的世界观。会计只承认一个永恒的存在——整个民族、国家、社会、自然而每一个独立具体存在的个人，其存在只有相对于整个民族、国家、社会、自然才有价值；accounting 只承认一个独立自由的个体，民族、国家、社会、自然只有让每一个独立的个性自由存在才有价值。简言之，对人类社会而言，会计是整体长远利益导向，accounting 是个体看得见利益导向。而资本主义制度与市场经济体制融合，恰恰为个体看得见利益导向的文化提供了最适宜的生存空间，accounting 正是把这种个体看得见利益导向的文化，通过会计制度与会计信息反映有效地嵌入人类行为中，从而反过来为资本主义与市场经济融合的现实生活提供了充分可靠的基础性保障。在中西方文化发展史上，对人性的控制与疏导都是一以贯之的主题，只是中国文化对此采取了教育、抑制甚至压制的态度，西方文化对此采取了利用、激励、释放的态度。

在这里，简单地评判两种文化观优劣与先进落后，既不可能，更无必要。在激励个人方面，西方文化显然是效果明显的。但在维护整体长远利益方面，中国文化体现出了明显优势。人类发展至今，我们不能无视个体看得见利益与整体长远利益并不真正兼容这一事实，无论是终极意义上还是在日常生活中，这两者的冲突都是一个客观存在的事实，人类社会基本制度安排，必然会在这样的矛盾中作出以哪一个为中心出发点的选择。通观人类发展全部历史，无论是人口规模的稳定与扩大，还是政局与地域的固定与广袤，以及经济稳定增长和科技事业发展，中国作为四大文明古国至今唯一存在并有活力，而且在历史上曾长时间领先于世界，这些为中西两方在文化价值观选择上恰当与否这一问题，提供了具有相当说服力的答案。从人类文明进化的自然演化角度看，亨廷顿"中华文化会超越并挑战基督教文明"的说法，具有一定的道理。

## 三、混沌的过去几百年会计实践

在现实中，悬挂在会计星空的人类对会计制度基本定位（可以认为是整个人类社会在会计制度来到人间之前对其的顶层设计），最为直接体现了会计本质——人类社会经济文明进步的基本要求，往往不是也无法直接呈现在现实人类眼前，从而在人类对会计现实感知与会计理性本质之间形成了一层迷雾。此外，置身于现实中的人们，由于存在以下局限，导致了难以正确感悟，甚至容易曲解会计本质，从而决定了即使流行的基于现实会计产生发展历史而归纳出来的会计理论，也不能代表着真正或正确体现了会计本质的内在要求。

借助现代实验哲学也是现代科学基本方法论鼻祖的培根在《新工具》中建立的分析框架（族类、洞穴、市场、剧场四种假象），导致会计实务偏离或背离会计本质要求，一般来自以下四个方面：其一，传统文化与习惯影响。人类先有经济活动再有会计的整部历史，导致了人们对会计滞后反映经济活动这一貌似本质特征的深信不疑。会计基本目标"可靠性"与"相关性"的争议，均基于会计信息滞后反映经济活动这一现实前提。如果从会计本质层面看，会计制度作为人类社会经济活动的基本框架，先于所有现实经济活动而客观存在。这样的会计，对经济的反映与控制就不可能是滞后的，而应该也必须是同步的，这才是会计本质的真实体现。显而易见，基本会计制度的日益完善与丰富，固然是在会计产生与发展历史进程中逐步实现的，但最初设计出台会计的基本依据，只能是人类社会经济文明进步的本质性要求。因此，基于会计产生与发展的历史，即使是至今最完整的全部历史，也不可能真正回答会计本质问题，充其量只能解释会计本质多大程度上得到体现以及体现的具体形式与路径（技术与方法手段）。其二，个人经历与利益影响。每个人的行为往往都是自身所处内外环境条件和个人利益诉求权衡利弊的结果。现实会计亦如此。这样的个性化经历与经验恰恰限制了现实会计对其本质基本面的探索与认知，从而使会计现实行为往往难以真正地体现会计本质要求。这方面最为典型的一点，是会计"持续经营"与"会计期间"的内在冲突；至于"会计主体"与"货币计量"的假设，由于会计计量基础并没有始终体现社会经济文明的本质性要求，从而使现代会计无形中对经济主体产生了自我清算的隐性破坏作用，而与会计制度的本质要求南辕北辙。其三，会计行业的从众心理作用。相对于现实经济尤其政治权力，会计一直处于被动反映和受人支配状态中。一些秉承会计本质要求履职的会计，在实践中往往得不到应有的生存发展空间；随波逐流的会计反而过上了风生水起的生活而赢得越来越多的现实名利，人类逐利的本能使现实的会计习惯于把会计使命挂在嘴边，而具体行为并不完全体现了会计本质要求，久而久之现实会计慢慢陷于灵魂缺失的困境。其四，现有会计知识体系的影响。现代占主导地位的西方会计理论，其产生的基础是"资本主义、市场经济、工业革命、现代科技、民主政治、基督教文化"等代表西方文明的综合体，会计制度具体体现着这些基本制度精神，是这些基本制度精神能转化为人类行为的主干通道。问题在于，在西方最近二百多年的快速崛起中，上述一些基本制度一直处于不断变化中，甚至出现了异化，以至于社会经济文明的基本要求的体现，变得越来越扭曲，有时候走向了人类社会文明进步的对立面，这一过程正是借助于现代会计制度实现的。如此，目前流行的西方会计理论、准则与具体实务，已不完全体现了现代社会经济文明的基本要求。以此为标准统一全球会计，则会计就难以在人类社会经济文明进步中发挥本质意义上的促进作用。以上四个方面因素强烈而顽固地存在于现实会计实务中，某种意义上形成了会计产生与发展至今全部历史的主旋律，那么，现实中会计偏离甚至背离其本质就成为常态。会计研究必须突破这样一层罩在会计历史上的迷雾，还原一个清澈的会计星空，让社会各方面看清楚会计本质的真实面目，从而为现代会计制度找回不慎丢失的灵魂。

应该承认，西方文艺复兴后，无论是商业，还是工业以及科学，都得到快速发展，以至于把曾经很长时间领先于西方的中国，远远地甩在了后面。西方强大并主宰世界，不仅与文艺复兴有关，还与基督教世俗化、现代科学、工业革命、市场经济、资本主义甚至政治民主化等交织在一起。这一过程，恰恰又是以复式簿记为主要特征的 accounting 兴起并形成系统化制度与理论方法的历史。于是，伴随着世界范围内全球化浪潮，20 世纪 80 年代中国实施改革开放国策，历经 40 多年的艰难探索，取得了举世瞩目的成就。这一过程中，中国会计已完全为 accounting 附身，而其传统基因，对现在年轻一代中国会计人而言，倒成了一种实实在在的陌生。因此，严格意义上，我们现在学校里讲述的会计，只是 accounting，而不完全是中国传统文化意义上的会计了。

但尽管如此，会计与 accounting 都具备了两个本质意义上的共同特征：滞后反映与货币计量。

### （一）会计信息的滞后性

相对于会计所要反映的那个实际发生的经济活动，会计反映的信息永远具有"滞后"性质。正是这种滞后，使会计目标在定位于考核为主要使命的"经管责任论"时，会计实际作用显得游刃有余；但如果定位于面向未来的资源配置与使用行动选择的"决策相关性"时，往往是会计表现出了明显难以满足现实需要的力不从心。

随着社会经济管理对会计信息需求的日益增长，会计信息滞后性的缺陷越来越多。组织与政府部门内部结构日趋复杂，科层制与职能化组织管理的有机结合，对会计信息无论是规模还是结构以及频率均产生了越来越强烈的需求。资本的全球流动，伴随着金融国际化，从而资源全球配置的决策与风险管控，特别需要会计信息有力支持。因此，服务内部日益复杂管理需要的管理会计与服务于企业所有投资者需要的财务会计，在 20 世纪得到野蛮生长。会计信息已成为经济实现有序增长与有效管理的主要依据。但是，随着市场变化周期的加速，会计无论对内服务管理会计还是对外服务财务会计，均由于时滞性而引发了社会各方面强烈的不满，从而招致越来越严厉的批评。

在会计实务中，这种反映经济活动的时滞性，呈现日益复杂而严重的问题。首先，由于各种业务信息反映经济活动是滞后的，而业务信息，如采购、生产、销售、质量、设备使用、物料消耗、出差、业务接待、人员调配、维修、项目施工等众多领域，它们的信息反映与其实际业务也存在时滞。同时，这些业务信息在不同业务之间，在同一类业务的不同时期，其时滞性并不相同，从而决定了基于这些业务信息再加工形成的各种会计信息，其时滞性已经是一个无法确切描述出时滞程度的概念，反映出来的整体经济活动，究竟是不是一个单位过去真实存在的哪一个时期的经济活动，会计根本无法作出正确回答。这种与生俱来的缺陷，如影随形深深地困扰了现代会计，从而使其在"考核过去业绩"与"预见未来趋势"两大方面，均给社会带来越来越多的失望。

其次，单位规模日益扩大，表现为分布涉及越来越广的空间，在自然物理上表现为不同空间同时存在。这些不同空间存在的内部单位，各自信息对实际活动的滞后性不一样，总部对各单位会计信息处理在时滞性方面也不会相同，从而使一个完整单位会计信息，究竟多大程度上反映所在时期经济活动实际状况与过程、结果，恐怕是没有一个会计人员能明确回答的问题。

最后，不同岗位的会计人员，对已时滞的各类会计业务，进行会计处理的节奏把握并不一样，从而使会计人员分别处理较多单位形成的会计记录与报告,其时滞性必然是一个一定程度又受会计工作人为干扰影响的结果。如此而言,传统会计信息对经济活动的必然时滞,使会计在现实生活中真正发挥理论上所定义也是人类期望的功能作用,受到了极大的限制。

### (二)会计计量的局限性

会计以货币计量为主要手段,综合反映并控制经济活动。货币会计计量,"一种经济行为的形式上的合理应该称之为它在技术上可能的计算和由它真正应用的计算程度"(韦伯,1921)。"纯粹从技术上看,货币是最完善的经济计算手段,也就是说,经济行为取向的形式上最合理的手段。货币计算,而不是现实的货币使用,是目的合乎理性的生产经济的特殊手段"(韦伯,1921)。利特尔顿(2014)甚至认为,"在将所有有关财产及产权交易按这在相同度量因素(货币)予以简化之前,会计是不能工作的。货币计量作为会计计量主要手段的必然性,会计发展历史本身就已经作出了无可置疑的回答。但是,货币计量在会计计量中,充当了什么样的角色,学术界似乎对此未能予以应有关注并得出令人信服的答案。在传统的会计理论中,会计上的货币计量,无疑是货币"价值尺度"职能的具体实现。但会计至今的历史,对企业与产品价值的计量,始终是困扰自身自如施展手脚的难题。现实中,会计只能用价格来代替价值,但这种替代显然并没有体现会计计量的初衷:全面反映"经济活动价值创造与实现以及分配"。这样的会计货币计量只能以能计量即交易为前提,而未通过交易行为但对公司价值创造产生越来越关键性作用的无形资产,会计就不予计量反映,从而使会计信息反映事实上经济活动的能力受到越来越多的批评,以至于美国纽约大学著名会计学教授列夫(2018)认为:会计这种计量能力上的局限导致了"会计的没落"。

但我们在本文所要指出会计货币计量缺陷,并不是大家已非常熟悉的以上计量能力方面不足,而是会计计量对货币社会化角色的无情摧残。以色列饮誉国际的历史学新秀尤瓦尔·赫拉利在《人类简史》一书中认为:货币为什么能成为一个大家公认的存在,关键在于为社会经济活动构造了一种真正代表人类互信系统的"想象建构的秩序";人类之所以接受货币,完全在于货币内含了"信任"这一最基本原料。正是由于货币,形成了有史以来"最普遍也最有效的互信系统"。他同时指出,"这种信任的背后,有着非常复杂而长期的政治、社会和经济网络"。货币的这种社会属性,使人们能摆脱宗教信仰(自己相信)不同带来的冲突,形成货币信仰的共同性(大家相信),从而使人们即使"互不相识、不清楚对方人品,也能携手合作"。这种金钱制度也产生了摧毁人类互信的风险。会计把货币当作自己唯一最终计量表达经济的工具形式,作为人类理性的制度安排,应该也必须是要充分体现建立、维护和增进人类互信的本质要求。然而,会计计量的历史,往往出现了严重损害人类互信的种种行为。在这方面,会计原则层面(真实公允)确实坚持了对社会互信系统的竭力维护,但作为兑现会计原则的会计准则,在具体实施中往往产生了背离社会互信甚至严重损害社会互信系统的行为。反欺诈与内部控制能成为当代会计行为所应做好的首要工作,多少说明了现代会计计量实务,已明显偏离了社会互信内在要求轨道。

如何在现在会计实务中通过货币计量,有效地为社会互信系统的建设与良性运行提供有效保障?现代会计必须从理论到制度最终至职业,作出深刻反思,形成充分体现会计初心和崇高使命的行动方案。作为理论工作者,我们认为首要任务是从理论上赋予会计信息以社会公共资源身份与特性。18世纪之前,人类争执的只局限于当前的经济利益。实现从当前经济利益转向立足未来经济利益,这是当代资本主义对人类文明的卓越贡献,而把这种转变体现为现实经济行为,主要借助于会计基本要素——资产的明确定义。

把资产这个会计核心要素,由简单的"未来经济利益"定义拓展为"带来社会未来经济利益",使会计从"以企业为出发点"确认、计量、记录、报告狭隘立场上解放出来,从而回归经济资源对人类社会而言的本质属性。一旦会计实现了这样基本立足点的转变,则会计信息不再只是简单反映企业微观属性,而是以反映企业对整个人类社会的贡献价值为基本目标。如此,会计信息不仅反映了企业自身的价值,更直接反映了整个社会经济资源在本企业具体运用的有效性,从而成为市场对经济资源配置基础性作用的发挥,以及政府对宏观层面经济的总体调控的基本依据。这样,会计信息自然而然成为了一种重要的社会公共资源。对于这方面,我们已在《中国会计发展:立足国际大背景的战略思考》一文中做了比较详尽的论述。

## 四、拨开会计星空的云雾

会计作为人类自己创造的一种社会性制度,本身就对人类具体行为产生规制与引导的作用。以往会计研究,过多集中于会计信息的性质、功能与具体作用,忽视了一切会计信息都是按既定框架生成。这种生产会计信息的标准框架，本身代表了人类社会对经济活动倡导与反对什么，是人类社会对各种具体个性经济活动自由意志（道德法则）的基本规范。就这个意义上讲，不是经济活动决定了什么样的会计信息，而是什么样的会计制度决定了会发生什么样的经济活动，会计信息只是对经济活动有没有充分体现或满足了会计制度的实质性要求，通过系统的量化信息作出具体的回答。因此，我们不可忽视，高质量的会计制度不只是为了保证高质量的会计信息，而是经济实现高质量发展的前提保障。

这方面，西方经济学者已作出了很好的分析："信念形成经济参与者的观点的最引人注目的方法，也许是借助于会计的作用。既然会计的重要性常被忽略，因此，对此作详述，是值得一为的。……既然会计制度实际上酷似现代前的人用以使事实条理化的那种图表，因此，现代社会与人类学社会之间的差距，就比我们通常想当然地认为的小。复式簿记的二元性，与结构人类学家所分析的那种复杂的亲属体系相似。……会计的这个特点，源自下列事实，即在一种复杂的经济中，经济分析的各个基本范畴，利润、亏损、收入等，没有一个是具有明白无误的意义的。某个企业，在一定季度或年度，是盈利了还是没有盈利，都不只是一个是收大于支，或是相反的问题，例如，由于把投入资本看成有别于日常费用，这个问题就还取决于人们如何看待某些支出了。某项费用属于一个范畴，还是属于另一个范畴，这还要看当时实施的会计规则如何才能有个精确说法。当代生活的似是客观的经济事实本身，就是由会计惯例形成的。会计惯例这个习惯用语，就清楚表明，这些规则并非一个'客观'科学过程的结果。……会计师必须有诸如此类的断案规则；若是任由他们根据各自的事实真相断案，该职业也就失去其客观性资格了。……会计制度，不论是为特定企业制定，还是为公共部门制定，抑或是为计算全社会国民生产总值制定，都是由于存在这些颇具任意性的惯例，而给建立起来的；这种制度，足以导致精确化和简明化。就因为有会计师的工作，于是就有了某家企业亏损或政府账户出现赤字这样的结论，而这种信息，那是可以成为形成对数百万人有深刻影响的决策的基础的。人们不应低估信念，包括赞成具体会计惯例，对形成经济行为的力量"（布洛克，2010）。

会计制度，某种意义上也是最典型的"人类想象建构的秩序"，按赫拉利的说法，这样的想象建构的秩序，往往会"深深与真实世界结合"，"塑造了我们的欲望"，"存在于人与人思想的连接"（赫拉利，2014）。人类总是生活在自己想象所建构的秩序中，会计制度正是为人类提供了社会想象建构的经济秩序，供大家遵循。正是基于这样的认识，中国会计制度的建设，必须把我国社会、政治、经济、文化的本质要求充分体现出来，以使会计制度的执行成为整个中华民族文明进步的重要保障。

我们以往会计基本理论研究，一般是从会计产生发展至今的全部历史中予以分析考察。关于会计本质"管理活动论"与"信息系统论"的不同认识，也是如此背景形成的。现在看来，人类应用会计的历史，作为具体每个人类有限生命活动所引发的经济活动及其管理过程不可或缺的组成部分，或多或少地受制于具体存在的人类本身。每一个真实的人，其具体的每一个行为，都必然表现为以下三大不足：（1）有限理性，即人类认知能力并非无限，计算能力与记忆能力都有明显缺陷；（2）有限意志力，即人们经常做那些明知与他们长远利益相冲突的事情；（3）有限自利，即在有些场景下，对于非自己的人与事，均装作在乎或不在乎（桑斯坦，2006）。如此而言，因会计应用一般都表现为真实人的会计行为，与人类社会建立基本制度的初衷定位都会产生这样那样的差异，使人类社会建立会计制度的那种初衷可能很难从人类社会已发生的会计历史中得到充分体现。以此为总结提炼会计本质的研究，在基本方法论方面存在着难以解决的缺陷。对这样的会计研究，我们也可以认为存在着波普尔批评的"历史决定论的贫困"！简言之，会计本质完全体现着人类社会一开始建立会计制度的良好愿望（初心），赋予会计职业的历史使命，是先于并完全独立存在于会计实践自然的一个不以任何具体会计实务意志转移的客观存在，借用康德框架，用"会计自然法则"一词来加以定义。

本文试图对先于具体会计制度与实践存在的"会计自然法则"即"会计本质"作如下探索。会计本质是人类社会自然选择演化过程中，为了保证人类社会自然选择内在要求，更充分有效地体现在无处、无时不在以及无人不相关的经济活动中的一种社会理性制度。简言之，就是要让每一个人的经济行为，更多地满足并服从文明是否进步的要求。衡量文明是否进步的唯一标准，是人类道德水平在提高还是下降。对道德水准提高的追求，是人类生存发展自然法则的基本内涵。对此，达尔文曾有过非常明确的结论："我们千万不要忘记，对于某一个部落中的某些成员来说，为自己建立一个高标准的道德，对自己以及他们的子女并没有多大好处，或者甚至没有任何好处（与同一个部落中的其他成员相比）；但是，对于整个部落来说，如果部落中天赋良好的成员数量有所增加，而且整个部落的道德水准有所提高，却肯定具有莫大的好处，因为这样有利于这个部落在竞争中胜过另一个部落。毫无疑问，如果某个部落拥有许多这样的成员，他们拥有高度爱护本族类的精神，拥有忠诚、服从、勇敢、富有同情心等品质，并且几乎总是能随时随地进行互助，又能为大家的利益而牺牲自己，那么，这样的部落将会在竞争中战胜其他部落，这就是自然选择的结果"（博姆，2015）。如果整个社会没有一个相对确定公认代表人类文明进步要求的会计制度，人类行动必须会处于低效率与反社会状态，经常陷于"主观错觉"中，从而就很难形成社会经济发展的基本秩序。对此，亚当·斯密《道德情操论》有一段对人性入木三分的描述："人类生活的不幸和混乱，其主要原因似乎在于对一种长期处境和另一种长期处境之间的差别估计过高。贪婪过高估计贫穷和富裕之间的差别；野心过高估计个人地位和公众地位之间的差别；虚荣过高估计湮没无闻和名闻遐迩之间的差别。受到那些过分激情影响的人，不仅在他的现实处境中是可怜的，而且往往容易为达到他愚蠢地羡慕的处境而扰乱社会的和平。……若谨慎没有指导，正义也未允许我们改变自己处境的努力，那个确想这样做的人，就会玩各种最不合适的危险游戏，押上所有的东西而毫无所得"（斯密，1998）。进入 21 世纪，我们已把人类对文明进步的自然追求概括为同理心（1909 年才进入人类词典的名词）。"一种长期存在的观点认为，丰富多彩的人类历史是由五彩缤纷的文化叙事组合而成的，而这些文化叙事都具有一个相似相通的人类品质，将每个个体的行为黏合在了一起。这种品质就是同理心"（里夫金，2015）。"事实上，人类历史中每个新的、更加复杂的、消耗能源的文明，都会提升和扩大人类交流的节奏、范围和密度，让人与人之间的联系变得更加密切。能源流通的增加带来了物质资料的过剩和人口数量的增长，也拓宽了与远近社会间的商贸关系。基于大规模灌溉系统的农业社会和基于化石燃料消耗的工业社会构成了更加发达、也更加复杂的人类文明，对社会劳动分工和社会角色分化提出了更高的要求。人们在一个相互依存度更高的社会环境下各司其职。社会分化的过程使个体脱离了所属部落，从集体色彩浓厚的"我们"转变成了个体色彩浓厚的"我"。而社会成员的角色分化也为自我意识的萌芽铺平了道路"（里夫金，2015）。总之，社会分工精细化与经济化，唤醒了人类越来越强烈的自我意识，从而产生了较为普遍的同理心，最终不断提升人类社会的文明水准。正是基于这样的崭新的社会心理基础，为会计在现代回归其本源起点的初衷，更大程度上体现

"自然法则"的要求,提供了必然性和紧迫性。会计无疑是把同理性文明要求嵌入当代人类行为中的最主要通道。正是基于这样的认识,我们才感到立足当代人类文明进步的共识性要求,来全面审视会计制度,使现代会计制度与文明进步的基本要求保持严格的一一对应关系,是 21 世纪初会计学术研究的重大课题。总之,会计不只是主动反映经济文明的状况与程度(会计核算),更重要的是努力引导经济活动走向文明(会计监督)。显然,我们现在流行的会计理论与实务,只是体现了前者要求,对后者这一更为重要的要求却明显忽视了。本来对社会经济发展基本制度建设至为重要的会计,之所以在现实社会经济发展中一直处于不受重视和待见状态,可能与我们长期以来习惯于会计只是单纯的对经济活动"反映与控制"直接相关。如何在社会经济文明与会计制度之间建立起严密的逻辑链条,使会计从基本概念到具体实务准则规范,都建立在保障人类文明进步这一基点上,并充分体现社会经济文明进步的内在要求,这是需要会计学界认真深化研究,以为完善会计准则制定模式与框架以及具体结构,提供可靠理论指导带有战略性的现实话题。

信息化背景下,这个世界是什么样子,某种意义上已并不取决于世界存在是什么,而首先取决于我们以什么样的框架和口径去看这个世界。会计无疑为人类如何认识目前这个混乱、庞大而复杂的经济世界,提供了一个标准化的框架与口径。这样的框架与口径,应该而必须充分体现了社会经济文明进步的基本要求。如此,会计制度的执行包括会计职业的作用,才能成为社会经济文明进步的导航仪和守护神。

对于会计学术而言,必须实现研究基点的战略调整,当务之急可能是首先端正"业财融合"与"价值创造"两个事关财会职业发展大方向重要概念的认识。

目前,学术界和企业界都在谈"业财融合"。"业财融合"到底是什么?尽管我们理论上可以有这样的看法和那样的说法,但根据我们经历的调研、访谈和案例总结,业财融合概念,是以计算机网络化背景为必要前提。单纯抽象谈"业财融合"概念,已是一种老生常谈。我们上学的时候(20 世纪 80 年代),会计课老师就告诉我们,会计和财务要走与技术相结合的道路,即经济要跟技术结合,财会人员必须经常到企业现场去熟悉生产、弄懂技术,这样才能算清账。这种意义上的"业财融合"概念,早在一百多年前,在美国当时的卡耐基钢铁公司,安德鲁·卡耐基借鉴并创新了铁路公司会计制度，在"综合用费"的控制和"会计凭证制度"上，其实践、观念和理论都比我们现在所理解和看到的所谓业财融合，做得更到位。显然，我们现在讲"业财融合"，跟我们以上传统说法和做法，是完全不同的两回事，它是面对新时代信息化的崭新背景，对财会工作新场景的一种全新概括。

要想实现这种意义上的"业财融合"，我们的财务会计人员，必须要有过硬的"闯四关"本领。这四关，第一是"技术关"。会计要清楚你所在企业生产的产品所用的技术是什么，即相关的物理、化学、生物以及数学原理是什么？第二是"工艺关"。要明白这些技术用什么样的方法、手段和平台实现的。第三是"用材关"。企业产品与服务用什么材料来实现现有的工艺技术，满足客户的各种需要？第四是"流程关"，包括生产与服务的技术、工艺、组织、管理等各种流程。真正过好这四关，对财会行业从业者来讲，有非常具体的内容和比较高的工作要求，我们要清楚并正确核算好企业这四个关上的投资回报、市场前景、潜在风险以及收益能力。如果我们真正动态地把这些账都算清楚了，"业财融合"对于财会行业就是一个实实在在、有具体内容的概念。如果我们拥有了这样的能力，我们在未来的经济增长和企业发展过程当中，就找到了我们这个专业发挥作用的具体路径，从而在业财融合中找到了我们自己发挥不可替代重要作用的角色。显然，算好这四本账，离开了信息化以及信息新计量与计算分析、展示技术的支持并有效运用，将是天方夜谭。根据这样的思维来理解，"业财融合"就不是一个简单的概念或标签，而是需要会计全行业付出大量的努力，以"三流融合、时空一体、实时互动、同赢共生"为全新工作场景，做出实在业绩，绝对不能停留在传统的记账、算账、报账的工作状态。

在信息化背景新业财融合观下，财会行业对"价值创造"的概念必须形成新的认识。到现在为止，我们会计人员无法回答公司的价值到底怎么算？尽管我们从西方引进了很多模型，煞有介事地对一个个企业进行定价。但大家知道，所谓的定价，其科学性和可验证性，至今一直是个困扰我们这个行业发展潜力难题。在计算机网络化的背景下，信息手段的改进，信息革命的到来，为我们会计行业，在"业财融合"的崭新工作背景之下，真正实现财会职能价值创造的目标和能力提供了极大方便。具体来讲，我们现在不能再笼统地说创造价值，这是一个非常不清楚的概念。我们创造的是股东价值，还是顾客价值、员工价值、供应商价值，还是社会责任，或者环境价值？在价值取向上，同行之间有不一样的看法，每个企业可能有不同的框架结构。

基于不一样的看法，我们衡量价值的指标体系和我们的计量模式，有时并不一样。所以我们必须要毅然决然地跳出传统笼统的、抽象的、大家都认为清楚的，但在实践当中很难形成非常清晰的奋斗目标的这种"价值管理"困境。脱困之道在于首先赋予价值创造概念以新的含义。价值创造，到底创造什么？在今天大环境下，比如创造客户价值，比笼统的"创造价值"概念似乎更确切。因为在现今经济的条件下，市场是第一位的。对一个企业来讲，如何实现公司的可持续发展？如果把创造价值、创造客户、创造知识（解放客户），这三个概念合在一起，那么，会计在未来的发展过程中，就承担着很大的责任，我们怎么把这些概念融合在一起并计量出来，继而应用到我们的具体的经济活动当中去，就需要财会行业拿出能有效解决问题的行动方案，而这为财会职业赋能注入了新动力。

现代会计尽管对社会经济做出了巨大的贡献，但是面对工业化转向信息化的社会环境，真正的价值计量到现在仍未得到很好的解决。西方也承认，会计已经陷入困境，要振兴，要再造，要重新创造会计行业的辉煌。会计职业未来发展，首先取决于在解决这样一个难点问题上能否有所作为。信息化已经把我们带到了全新而充满挑战的神奇地段。比如说，我们以前普遍满足于货币计量，结果公司的价值驱动因素中，一些重要因素因货币不能计量，而使会计对价值创造作用贡献能力日趋式微。但现在，货币计量之外一些计量手段，比如微表情分析、语音识别，过去一些货币无力计量的对价值创造影响重大的因素，现在都能借助人工智能的技术计量，为会计拓展计量能力提供了很好的技术手段。这给我们的会计行业赋能以很大的启发，它们能回答我们经济管理中一直非常难以解决的一个难点——人的动机：做一件事情之前和过程中的心理活动是什么？当我们把内在的和外在的因素结合起来实现了统一综合计量，会计就有可能把经济活动的价值计量推向新的高度，我们财会行业就能为企业乃至整个社会的健康发展，提供更充分的信息服务。我们在以上方面做出脚踏实地努力，价值创造对于财会职业就不再是一个简单的口号，而是一场实实在在的革命和行动。

康德认为，仰望星空，可以激发人们研究探索的热情，但不能保证研究探索就能得出正确的结论。本文作者仰望会计星空所激发的对会计理性本质的探讨，尽管竭尽自己努力试图得到相对完善的认识，但仍不能自信所得出的结论就是正确的。我们深信，会计实践理性或会计法则，对社会各界与会计从业人员，都是显而易见的，事实上这方面存在着一种先验的毋庸争辩的共识。不然，为什么在所有出现的会计问题上，社会与会计界均认为会计不应该这样！这表明，如何才是社会需要的会计，事实上存在着一个不用争议但也无法正确描述的标准。我们可以认为对会计应是什么样，可能说不清楚。但是，一旦面对现实会计的任何理论、制度、实务，这是不是我们需要的那种会计，很快就会有明确的态度和结论。希望本文的探索，能唤起会计界尽快养成把自己所做的每一项会计学术研究，发表的每一个会计专业意见，从事的每一种会计工作，出台的每一款会计准则条文，都能自觉地与"会计法则"比对，以确保自我感觉差别最小化的良好习惯。如此，中国会计理论与实践的理性水平，就会得到快速与持续的提升，从会计大国走向会计强国的中国会计梦，就有早日实现的可能。

## 主要参考文献：

康德，1995. 实践理性批判[M]. 韩水法，译. 北京：商务印书馆.

亚当·斯密，1998. 道德情操论[M]. 蒋自强，等，译. 北京：商务印书馆：180-181.

哈耶克，2000. 致命的自负[M]. 冯克利，等，译. 北京：中国社会科学出版社.

凯斯·R. 桑斯坦，2006. 行为法律经济学[M]. 涂永前，等，译. 北京：北京大学出版社：16-23.

培根，2008. 新工具[M]. 许宝骙，译. 北京：商务印书馆.

弗雷德·布洛克，2010. 后工业的可能性[M]. 王翼龙，译. 北京：商务印书馆：36-38.

马克斯·韦伯，2010. 经济与社会[M]. 阎克文，译. 上海：上海人民出版社：106-108.

杨雄胜，陈丽花，曹洋，缪艳娟. 2013. 会计理论范式革命：黎明前的彷徨与思考[J]. 会计研究，3：3-12.

C. 利特尔顿，2014. 1900年前会计的演进[M]. 宋小明，译. 上海：立信会计出版社：12.

杨雄胜，熊焰韧，陈丽花，苏文兵，魏蓉，2014. 现代会计与人类社会文明关系问题探讨[J]. 会计研究：8：3-15.

尤瓦尔·赫拉利，2014. 人类简史[M]. 林俊宏，译. 北京：中信出版社.

杰里米·里夫金,2015. 同理心文明[M]. 蒋宗强,译. 北京:中信出版社.

克里斯托弗·博姆,2015. 道德的起源[M]. 贾拥民,等,译. 浙江:浙江大学出版社:15.

巴鲁克·列夫,等,2018. 会计的没落与复兴[M]. 方军雄,译. 北京:北京大学出版社.

杨雄胜,陈丽花,缪艳娟,时现,2018. 中国会计发展:立足国际大背景的战略思考[J]. 会计研究:11:3-14.